本书为江苏省教育科学"十二五"规划重大课题
"初中教育内涵发展与全面提升的整体推进研究"成果

本书得到江苏省教育科学研究院资助

初中发展：中国基础教育无法缺场的研究

彭 钢 马维娜 等著

中国社会科学出版社

图书在版编目（CIP）数据

初中发展：中国基础教育无法缺场的研究／彭钢，马维娜等著.
—北京：中国社会科学出版社，2015.12
ISBN 978 - 7 - 5161 - 7405 - 0

Ⅰ.①初…　Ⅱ.①彭…②马…　Ⅲ.①基础教育—研究—中国
Ⅳ.①G639.2

中国版本图书馆 CIP 数据核字（2015）第 309500 号

出　版　人	赵剑英
责任编辑	周晓慧
责任校对	无　介
责任印制	戴　宽

出　　版	中国社会科学出版社
社　　址	北京鼓楼西大街甲 158 号
邮　　编	100720
网　　址	http://www.csspw.cn
发　行　部	010 - 84083685
门　市　部	010 - 84029450
经　　销	新华书店及其他书店

印刷装订	北京君升印刷有限公司
版　　次	2015 年 12 月第 1 版
印　　次	2015 年 12 月第 1 次印刷

开　　本	710×1000　1/16
印　　张	23.75
字　　数	401 千字
定　　价	88.00 元

凡购买中国社会科学出版社图书，如有质量问题请与本社营销中心联系调换
电话：010 - 84083683

目　录

引论 中国基础教育的历史使命与初中发展

中国基础教育的发展总是与各项历史使命的承载与担当相伴相随，其中培养使命、公平使命、改革使命尤显重要。这里关注的是中国基础教育的三大使命与初中发展问题，一是因为初中发展是中国基础教育历史使命中无法割裂的重要组成部分，二是因为在整个基础教育发展进程中，初中发展又是一个具有相对独特性的特殊学段。中国基础教育的培养使命是培养有理想、有道德、有文化、有纪律的一代新人，强调的是整个基础教育合格公民培养的全段性与层级性。这更多的是一个纵向的渐进过程，初中发展不可短缺；中国基础教育的公平使命是提优与扶弱的广覆盖性与平衡性，强调的是整个基础教育强与弱之间的有限差距与共同发展。这更多的是一个横向的内升过程，初中发展尤其是农村初中发展不可短腿；中国基础教育的改革使命是不同教育学段的战略统筹、合作共赢，强调的是进入"深水区"的教育领域综合改革的系统性、整体性与协同性，初中教育的变革无法脱离基础教育的整体，基础教育的整体变革也无法忽视初中教育。这更多的是一个深层的艰巨、持久过程，基础教育发展不可短视。

一 基础教育的培养使命：初中发展"短缺"不得

这里对基础教育培养使命的关注，主要集中在三个方面：一是国家对整个基础教育阶段培养目标的总体性呈现；二是义务教育与普通高中教育培养目标的层级性表述；三是基础教育培养使命达成中的初中发展关怀。

就中国基础教育的培养使命而言，目标的统领性与法理性几乎没有争议。在国家层面上，从国家教育方针的表述到义务教育法的表述，从

《基础教育课程改革纲要（试行）》中的表述到《国家中长期教育改革和发展规划纲要（2010—2020年）》中的表述，都佐证了这一点。1957年，毛泽东在《关于正确处理人民内部矛盾的问题》中提出了我国进入社会主义建设时期后颁布的第一个教育方针，即"我们的教育方针应该使受教育者在德育、智育、体育几方面都得到发展，成为有社会主义觉悟的有文化的劳动者"。2006年，修改后的《中华人民共和国义务教育法（2006）》总则第三条强调：义务教育必须贯彻国家的教育方针，实施素质教育，提高教育质量，使适龄儿童、少年在品德、智力、体质等方面全面发展，为培养有理想、有道德、有文化、有纪律的社会主义建设者和接班人奠定基础。2001年，《基础教育课程改革纲要（试行）》中，更是通过对新课程培养目标的表述，强化了基础教育的这一培养使命。这就是：要使学生具有爱国主义、集体主义精神，热爱社会主义，继承和发扬中华民族的优秀传统和革命传统；具有社会主义民主法制意识，遵守国家法律和社会公德；逐步形成正确的世界观、人生观、价值观；具有社会责任感，努力为人民服务；具有初步的创新精神、实践能力、科学和人文素养以及环境意识；具有适应终身学习的基础知识、基本技能和方法；具有健壮的体魄和良好的心理素质，养成健康的审美情趣和生活方式，成为有理想、有道德、有文化、有纪律的一代新人。在学术研究层面上，则存在不同的表达方式。最具有代表性的一种认为，根据21世纪的发展特点，有研究者认为，中国基础教育的总目标应该是"培养素质全面、个性鲜明、富于创造、适应发展的人"，其核心是创造性。具体地说，"素质全面"是指做人和成才的基本素质要全面，主要包括政治思想、道德品质、人生价值观念、文明行为规范、科学文化素质、劳动技能、审美能力、智力发展水平、身心健康水平等。"个性鲜明"是指各学段要因材施教，重视培养学生的个性特长，到高中毕业时，学生应该具有鲜明的志趣方向。对于不同专业发展方向的学生，应有不同的知识结构。要重视在学科、文艺、体育等方面有特殊才能学生的培养。"富于创造"是指各学段都要重视学生创造能力的培养，并将创造能力的培养和观察能力、思维能力、想象能力、自学能力的培养紧密结合起来。创造能力是竞争能力的核心，主要包括创造意识、创造心理、创造反应和创造思维。"适应发展"是指培养出来的学生能适应未来社会、经济发展和继续学习的实际需要，有较强的应变能力，将来都能成为对社会有贡献的成功者。① 而考察许多发达国家的义务教育、基础教育培养目标，它们普遍重视的就是国民基础素质的发展，鲜有提到为高等教育选拔输送人才的。②

基础教育培养目标的统领性要求，并不表明基础教育各学段③之间不存在差异性与差别性，统领性是国家对培养使命的规范性、普适性告知，差异性与差别性则是各学段、各学校培养使命的独特性关怀。也就是说，基础教育的各学段事实上因为学生的年龄、生理、心理发展的不一致，决定了在统领与持久的培养使命中必须内含体现差异性与差别性培养使命的层级梯度。譬如，《基础教育课程改革纲要（试行）》在对总的培养目标进行描述后，又提出基础教育课程改革的具体目标，即改变课程过于注重知识传授的倾向，强调形成积极主动的学习态度，使获得基础知识与基本技能的过程同时成为学会学习和形成正确价值观的过程。在提出此一具体目标时，又分别对义务教育课程标准和普通高中课程标准作了明确表述，即义务教育课程标准应适应普及义务教育的要求，让绝大多数学生经过努力都能够达到，体现国家对公民素质的基本要求，着眼于培养学生终身学习的愿望和能力。普通高中课程标准应在坚持使学生普遍达到基本要求的前提下，有一定的层次性和选择性，并开设选修课程，以利于学生获得更多的选择和发展的机会，为培养学生的生存能力、实践能力和创造能力打下良好的基础。2003 年《普通高中课程方案（实验）》也清晰地表明，普通高中教育是在九年义务教育基础上进一步提高国民素质、面向大众的基础教育。普通高中教育为学生的终身发展奠定基础。2010 年《国家中长期教育改革和发展规划纲要（2010—2020 年）》对义务教育与普通高中教育的层级性也作了明确表述，即义务教育是国家依法统一实施、所有适龄儿童、少年必须接受的教育，具有强制性、免费性和普及性，是教育工作的重中之重。注重品行培养，激发学习兴趣，培育健康体魄，养成良好习惯。高中阶段教育是学生个性形成、自主发展的关键时期，对提高国民

---

　　① 胡百良：《关于 21 世纪我国基础教育目标的思考》，《课程·教材·教法》1999 年第 3 期。

　　② 杨启亮：《底线均衡：义务教育优质均衡发展的解释》，《教育理论与实践》2010 年第 1 期。

　　③ 就理论而言，基础教育包括幼儿园、小学、初中、高中四类学段，但因为本书所阐释的初中学段下承小学、上接高中，与幼儿园距离相对较远，故此书所指的基础教育学段更多地指小学、初中、高中三类学段，特此说明。

素质和培养创新人才具有特殊意义。注重培养学生自主学习、自强自立和适应社会的能力，克服应试教育的倾向。

可见，基础教育培养目标的诸多表述均表明，小学、初中、高中或者说义务教育与普通高中教育之间存在层级差异。若一味苛求三类不同学段之间的截然不同性，无异于人为割裂基础教育各学段的关联性；但若无视三类不同学段之间的差异性，也无异于人为混淆基础教育各学段的特殊性。正是在这个意义上，作为基础教育中承上启下重要学段的初中教育尤其值得关注，只是一直以来，初中学段似乎又总处于某种尴尬的发展境地。在基础教育的情结关注中，小学、高中学段的生存、发展、变革、走势，相比初中学段的生存、发展、变革、走势来，更易引发社会各界的热议与关注，坊间所谓"高中铜头小学铁脚初中细腰"的戏说并非完全没有针对性；而在义务教育的情结关注中，小学发展的强劲优势又在某种程度上遮掩了初中发展的艰辛与薄弱；而"中小学教育""中学教育"这样一些涵括初中教育在内的统称，在 2006 年义务教育法修改颁布后已经不常提及，初中教育更多地涵括在义务教育中，也就更多地与小学教育相关联。而事实上，初中教育不仅与小学教育相关联，更与高中教育相关联。结果是，初中学段好似一个既下承小学又上承高中但却身处边缘，既左右两端不可或缺但又无法融入主流的局外人，致使其自身发展在义务教育的涵括与基础教育的无法脱离中都感觉"短缺"了点什么。也就是说，在基础教育的培养使命中，初中发展培养使命的培养关怀中可能遭遇到其他两个学段不易遭遇的问题，而其他两个学段不易遭遇的问题，恰恰正是基础教育培养使命中常常容易忽略的问题。

第一，培养使命中的完成率关怀。完成率关怀指的是在义务教育阶段要确保每个学生享有受教育的权利，不出现学生辍学的现象。但这一问题在九年义务教育最终完成的初中阶段反而显得更为突出。既然义务教育是为培养有理想、有道德、有文化、有纪律的社会主义建设者和接班人奠定基础，那么保证这些需要培养的社会主义建设者和接班人不辍学，就是基本的前提性条件；若初中学段出现高比例辍学现象，则彰显的就是该学段前提性保障的缺损。虽然近些年的国家统计数据已经基本上取消了义务教育阶段的升学率、辍学率等类目的设置与统计，但并不表明此类问题事实上彻底消失了，相比其他两个学段尤其是同属于义务教育的小学学段，初中学段的辍学率近些年来仍然是一个较为严峻的问题。1998 年，全国初中在校生辍学率为 3.23%，达 167 万人，比 1997 年上升了 0.09 个百分点。农村辍学率为 4.2%，高于全国平均水平 0.97 个百分点，有的地方高达 10% 以上。① 这一数据已经令人惊讶，而在 2001—2011 年的十年布局调整、撤点并校中，初中辍学率更是令人震惊。2002 年，东北师范大学农村教育研究所对 6 省 14 县 17 所农村初中历时两年的调查显示，初中学生的平均辍学率超过 40%，其布局调整的推进在一定程度上加剧了辍学率的上升。②

　　第二，培养使命中的学业合格率关怀。学业合格率关怀表明义务教育的本质是合格，在这个意义上，那些没有达到合格基本目标的不合格学生理应受到加倍关注。事实上，这类初中学生比例也不在少数。以经济发达的江苏省某市为例，到 2015 年，该市还有 8000 多初中学生学业考试不合格，占全部初中学生的 16.53%。此前几年的不合格初中学生比分别是 2013 年 19.32%，2014 年 17.16%。③ 无论是教育的外部还是内部，对初中学校的评价最为关注的是优秀率和升学率（即升入好高中的人数和比例），从根本上淹没了对合格率的关注。似乎合格是无需努力和无关紧要的，而事实是恰恰在合格率上出现了最大的问题。这是由初中不同于小学，也不同于高中的特质所决定的：初中阶段知识量增幅明显，分科教学特质更加鲜明，教学难度不断增加，教学节奏明显加快，教学的功利性逐步上升（升学），学生的不适应感受表现明显，稍一懈怠就会掉队。早在 1977 年，联合国教科文组织在讨论基础教育时就认为："基础教育是向每个人提供并为一切人所共有的最低限度的知识、观点、社会准则和经验"的教育。一切人的教育也就是一切人的合格教育，不仅关注升入重点高中的学生，更应关注进入一般高中的学生；不仅关注学业考试合格的学生，更应关注学业考试不合格的学生，是培养使命的"最低限度"，把"合格关注"演变为"优秀关注"和"升学关注"，把"合格人才"演变为"考试合格人才"，是对基础教育尤其是对初中教育培养使命的某种扭曲。④

----

　　① 杨东平：《对建国以来我国教育公平问题的回顾与反思》，《北京理工大学学报》（社会科学版）2000 年第 4 期。

　　② 姜荣华：《农村学校布局调整政策的历史沿革与文本分析》，"城乡教育一体化发展的国际经验与本土实践"国际学术研讨会，2013 年 9 月。

　　③ 符永平：《基于"课堂教学生态"的苏中初中发展整体推进研究》，《教育理论与实践》2015 年第 B35 期。

　　④ 杨启亮：《底线均衡：义务教育优质均衡发展的解释》，《教育理论与实践》2010 年第 1 期。

第三，培养使命中的学生特殊性关怀。相比处于儿童期的小学学段学生和处于青年期的高中学段学生来说，处于儿童后期与青年前期的初中学段学生其特殊性更为鲜明。特殊性之一是双重性，表明的是初中学生是儿童后期与青年前期的复合体，生理发育和心理发育处于一种不协调之中，看上去像个大人，其实是个孩子；特殊性之二是过渡性，表明的是初中学生在从儿童后期走向青年前期的过程中，常常伴随着种种不适、困惑、焦虑与叛逆等情绪；特殊性之三是首次人生选择，表明的是初中学段的毕业是人生第一次重大选择的开始，而这一"初次选择"在现有教育体系中又是一次性地决定了"终身的命运"。至少就目前而言，在我国绝大多数地区，九年义务教育的强迫性教育截至初中毕业宣告结束，或继续升学或走向社会，每一个初中学生都会面临选择的茫然和迷惑，更会承受"被选择"的无奈结果。在这一重要且短暂的过程中，初中学生的生理心理、情感态度、个性性格都会彰显出比其他两个学段的学生更为强烈的独特性与个体性。缺少了这种特殊性关怀，缺少了上述言及的学生完成率关怀与学生学业合格率关怀，基础教育培养使命的全程达成真的就需要打一个问号了。

二　基础教育的公平使命：初中发展"短腿"不得

这里所说的基础教育公平使命的意涵包括三个方面：一是这种公平是高水平的公平而不仅仅是低水平的公平；二是这种公平是内涵与质量的公平而不仅仅是办学条件的均衡配置；三是这种公平是促使每个学生健康成长、充分发展的公平，而不仅仅是考上所谓名牌高中的指标数量的平均分配。这里尤其要关注薄弱的农村初中，避免农村初中发展的社会遗忘。

应当承认，伴随着国家在基础教育领域的强力投入与政策介入，在基础教育领域国家颁布的现有相关数据统计中，几乎所有体现硬件配置的基础性数据"办学条件"中的校舍与图书（这部分又包括生均校舍建筑面积、寄宿生生均宿舍面积、生均图书册数三个方面）、仪器设备（这部分又包括生均仪器设备值、理科实验仪器达标学校比例两个方面）、信息化水平（这部分又包括建网学校比例、每百名学生拥有计算机数两个方面）三部分七个方面都表明，这些年无论是小学、高中还是初中，其各学段指标均呈逐年上升态势，可以说，底线型基本配置大致达成，因而一定要说初中学段在这些基础性资源配置方面与小学、高中相比有很大差异，未免有失偏颇。即便是体现软件指标的"师资建设"包括本科及以上学历教师比、一级及以上职称教师比、生师比、超大班额比四个方面也都表明，各学段指标同样呈逐年上升态势，同样不能简单得出初中学段弱于小学与高中学段的结论。但是，当把公平使命的眼光从数据表层移向现实深层，就会发现，那些深处边远地区的农村初中、那些在城镇化进程中的撤并初中、空巢初中，那些虽身居市区却渐被遗忘的"城中村"老初中，其发展现状与小学、高中学段相比，差距还是相当之大的。若从基础教育发展的关键内核看这些初中的校长与教师群体发展现状，则会发现与小学、高中学段的差距更为明显。而这些差距或可能在国家各类数据统计中因无法纳入相关指标体系而被悬置，或可能在有意无意地忽略中被遗忘，由此造成基础教育公平使命中出现隐匿在数据内外的初中发展的实际不公平，尤其是农村初中发展的实际不公平。

第一，初中尤其是农村薄弱初中生存境遇堪忧。在全国范围的新型城镇化建设进程中，面广量大的农村初中、边远初中以及"城中村"初中，开始遭遇到城市初中少有遭遇到的复杂境况。其中，乡镇"超小规模学校"与城镇"超大规模学校"的"两极"现象尤其突显。以东部发达地区的江苏省内欠发达的苏北地区为例，[①] 截至2013年，苏北地区某市共有159所初中，其中在校生200人以下的初中43所，约占全市初中学校总数的27%；在校生200—500人的初中59所，约占全市初中学校总数的37%。有的城乡接合部初中全校不到100人，有的一个年级只有十几人，出现"超小规模学校"，学校只能"被小班化"教学。与之相反，城镇优质初中人数激增、规模扩大。某市在校生1500人以上的初中19所，占全市初中学校总数的11.94%，80%以上集中在县镇；3000人的初中6所，全部在县城。有的初中在校生甚至达到4000人以上，出现"超大规模学校"，学校又只能"被大班额教学"。[②]

第二，初中尤其是农村薄弱初中教师群体发展堪忧。初中尤其是农村初中薄弱的根本说到底是人的薄弱。在这些薄弱中，已有的老问题如教师

① 诸多研究表明，江苏苏南、苏中、苏北三类不同地区的发展状况，在一定程度上是中国东、中、西部发展状况的缩影，此处以江苏为例也是基于这一重要缘由。
② 参见张德超《基于新问题关注的苏北初中发展整体推进研究——以苏北某市初中教育为例》，《教育理论与实践》2015年第B35期。

的结构性缺编继续存在，而伴随着新型城镇一体化生发的农村初中教师"库存"与隐性流失并存等新问题又相继出现。一方面，农村初中学校学生数量减少，导致农村初中语文、数学等学科出现暂时富余或"库存"教师，而这些"库存"教师因为人事编制刻板、部门协调不畅等因素，其流动比较困难。另一方面，一部分青年骨干教师因为农村初中生活环境、工作条件、教学特色、专业平台等与城市初中的实际差异，仍然将心思放在如何进城教书上；而另一部分教书水平一般的教师则又因为工资待遇不比城里教师少，生源减少反能落个清闲，则成为"等星期、等放假、等工资"的"三等"教师，导致农村师资质量的隐性降低。[①] 更令人担忧的是，这些农村薄弱初中教师群体内"核心人物"和"种子选手"的缺失，在一定程度上动摇了农村薄弱初中的发展根基，制约了农村初中教育质量的真正提升。就东部发达地区的江苏而言，无论是江苏省第九到第十二批特级教师在中小学中的分布情况，还是江苏省第一、二、三批人民教育家培养对象在中小学中的分布情况，都表明初中学段的发展相对薄弱。以后者为例。第一批人民教育家培养对象 50 人，其中高中 30 人，占比 60%；初中 3 人，占比 6%；小学（幼儿园）17 人，占比 34%；第二批 50 人，其中高中（中专）28 人，占比 56%；初中 5 人，占比 10%；小学（幼儿园）17 人，占比 34%；第三批 50 人，其中高中（中专）24 人，占比 48%；初中 7 人，占比 14%；小学（幼儿园）19 人，占比 38%。再进一步聚焦目光，以东部发达地区江苏某市某区学科带头人、骨干教师、特级教师在农村初中的分布为例。该区《2014 年普通教育事业统计资料》显示，全区初中专任教师 2028 人，其中城区学校 578 人，农村学校 1450 人。全区初中教师中，2011 年和 2013 年被评为区学科带头人、骨干教师的 84 人，其中城区初中 29 人，占城区初中教师总数的 5.02%；农村初中 55 人，占农村初中教师总数的 3.79%。2012 年和 2014 年被评为市学科带头人、骨干教师的 47 人，其中城区初中 14 人，占城区初中教师总数的 2.42%；农村初中 33 人，占农村初中教师总数的 2.28%。现有在职省特级教师 3 人，全部在城区。而进一步的统计与分析又发现，该区初中（含完全中学初中部和九年一贯制学校初中部）27 所，其中城区初中 3

---

① 参见张德超《基于"新问题"关注的苏北初中发展整体推进研究——以苏北某市初中教育为例》，《教育理论与实践》2015 年第 B35 期。

所，农村初中 24 所。农村初中的区、市学科带头人、骨干教师，实际上又主要集中在镇区完全中学的初中部或由完全中学改为初中的 8 所学校中，其余 16 所地处农村的初中占比极小，不少初中占比为 0。①

第三，初中尤其是农村薄弱初中内涵与质量发展堪忧。总体看来，初中教育内涵与质量发展现状可以确认三点：一是总体水平较高的学校较少（明显少于小学和高中），主要为两类：原各地著名普通高中分离出来的民办初中（后大部分转变为公办初中）和原直属于市县教育局的所谓实验初中（原民办初中），既是老百姓"择校"的热点学校，也是初中学生高度集中的大规模班额学校，升学压力较大，总体上缺失内涵发展和质量提升的动力。二是所谓现有"著名初中"，几乎都是农村或薄弱初中，从某个单项变革入手，如发明一种"教学法"而引发革命性的轰动，从一所默默无闻的学校突变为"名校"。由于学校的综合实力较差，可持续发展的能力很弱，全面提升内涵与质量的任务艰巨。三是普遍存在的所谓一般学校和薄弱学校，无所谓"内涵"、无所谓"教学改革"、无所谓"内涵"和"质量"。而在乡镇初中普遍弱化、生源较少的情况下，尽管硬件水平和办学条件明显改善，但与提升内涵与质量高度相关的教学改革和课程改革却难有作为。若缺少有效措施进行整体的政策扶持和外部强化，要全面提升初中教育的内涵与质量，办好每一所学校，教好每一个学生，实现有质量的公平，几乎就是一句空话。

罗尔斯正义论原则的第一个原则是人人拥有相同的不可剥夺的权项，享有一套恰如其分的平等的基本自由，这套基本自由兼容于为所有人皆享有的一套相同的基本自由；第二个原则是社会和经济不平等应当满足两个条件：（1）它们牵涉到的岗位和职位在公平均等机会条件下向所有人开放；（2）它们应当最有益于最少受惠的社会成员（差别原则）。② 从中可以看出，"平等自由原则"与"公平机会原则"与"差别原则"三者并列存在、不可或缺。结合基础教育的公平使命而言，其"平等自由原则""公平机会原则"和"差别原则"表明的是，基础教育中的不同学段享有大致相当的基本教育资源，拥有大致相当的竞争机会与发展平台，重点优

---

① 秦德林：《"种子工程"：破解农村初中师资建设困境的杠杆》，《中国教师》2015 年第 6 期。

② 张国清：《罗尔斯难题：正义原则的误读与批评》，《中国社会科学》2013 年第 10 期。

惠与扶持薄弱学段的成长与发展。这里特别要提及的是差别原则的实施问题，或者说，如何对差别原则进行现代解读的问题。进入深水区的基础教育改革，其公平使命如果还是仅仅满足于大量基础性配置数据的对比，满足于对普遍数据的表层关注，那么，那些不能深层到位的关注点譬如农村初中发展问题、农村初中教师群体与校长群体的发展问题、农村初中的教学与课程改革等，就会演变为缺少深度、厚度、浓度的表层公平，其"使命"也就会演变为一种实质性的社会遗忘，导致所谓的差异补偿充其量只能对弱者起到一种蜻蜓点水式的作用，不会引发教育教学行为深层的内部实质性的变革。在这个意义上，真的需要检视在基础教育的公平使命中，初中发展、农村初中发展"短腿"了没有？

三　基础教育的改革使命：全段发展"短视"不得

改革是促进发展的基本动力。初中教育的当前发展得益于改革，初中教育明天的发展也必将得益于今天的改革。在全面深化教育综合改革的背景下讨论初中教育的改革问题，起码在方法论上需要明确三点：一是改革要使初中教育的发展更符合学生成长规律和教育教学规律，而不是折腾来折腾去，反而离规律越来越远，使教育教学更缺失学校教育的专业性。符合规律和原理的改革，也许并不新颖并不独创，而只是回归原点、回归本质。二是改革要影响和深入学校教育的内部，而不是只停留在外部和表层，要由外而内、由表及里地促发学校内涵变化与深层变革，从而引发教育教学观念和行为的变革，引发课程与教学的改革，形成新的教师和学生的学习文化与学校文化。三是改革要引发学校的积极性、主动性和创造性，要有基层和学校结合实际、针对问题、着眼未来变革实践的自觉性，才能产生不只是听命于行政的"应付式""口号式"的改革，也才能真正形成基于本土性的原创性的改革实践。"自上而下"的改革需要"自下而上"的改革相互配合，相互促进。

全面深化教育领域的综合改革，强调的是改革的系统性、整体性、协同性。不同于以往的"改革"主要有三层要义：第一，摒弃零星式触疼罗列、碰硬揭示、制顽改进，坚持系统性问题梳理、系统性问题剖析与系统性问题解决的原则；第二，摒弃局部性差别扶持、间断性问题关注，坚持整体性问题跟踪与持续性差异扶持的深层到位；第三，摒弃个别性功利竞争，坚持协同性战略统筹，合作共赢、有机发展。需要强调的是，所有涉及系统性、整体性、协同性的关系问题，都不仅仅是基础教育系统或教育系统"自家"的事，而是社会系统、教育系统、基础教育系统诸系统之间"大家"的事；也就都不仅仅是或纵向或横向或外部或内部的简单关系，更是纵横捭阖、纷繁复杂、跌宕起伏的交错关系，更有如同描述未来第五次工业革命的那种一对多、多对一、多对多的虚实互动、互生、互存的平行社会关系；且系统性、整体性、协同性之间同样也是你中有我、我中有你的叠加错层关系。就此而言，以下有关改革使命系统性、整体性、协同性的分而述之，只是为了有所侧重与强调的阐释之需。

就基础教育改革使命的系统性而言，应当看到，教育系统与社会系统从来就不是两股道上跑的车，只是随着时代交替与社会前行，社会系统与教育系统之间的吻合、啮合、融合会不断出现与以往不同的或在以往基础上发生变异的新问题与新情况，这使得社会系统对教育系统的作用变得更为复杂、多变与不确定，也使得对教育系统中发生的新问题与新情况，不可能只在教育系统内部孤芳自赏地自说自话，而需要多系统之间进行系统性设计与预期、系统性跟进与反馈、系统性修正与完善。以新型城镇化为例。有研究表明，当前我国的城镇化率大约为53%，而义务教育阶段学生的城镇化程度则达到了74%。2015年5月，国家教育咨询委员会在河南周口、信阳地区的调研，"大班额"教学现象可谓触目惊心。如信阳市息县某小学，最大班额达150人，最小的也达70余人。周口市商水县某中学，平均班额超过100人。它显示的正是长期以来城乡教育发展失调的一个后果：在历时十年之久的集中规模办学、"撤点并校"的过程中，城乡的教育差距仍在继续拉大。[①] 当然，它更加显示出的是社会系统与教育系统、基础教育系统之间系统性设计与预期、系统性跟进与反馈、系统性修正与完善的薄弱与断链。而此类事情在整个社会系统与教育系统中可以枚举的不在少数。因此，这里不缺的是零星、个别的触疼罗列，缺的是从整个社会系统、整个教育系统、整个基础教育系统的系统性问题梳理；不缺的是局部的、小范围的碰硬揭示，缺的是从整个社会系统、整个教育系统、整个基础教育系统的系统性问题剖析；不缺的是个别性、单一性制颟改进，缺的是整个社会系统、整个教育系统、整个基础教育系统的系统性

---

① 杨东平：《警惕城镇化虚火"烧伤"城乡教育》，《中国教育报》2015年10月9日。

问题解决。需要研究的是：就整个社会系统而言，不仅在一般层次上思考教育系统的调整与发展如何与社会系统的整体变革相适应，社会系统如何更有效地促进教育系统的发展，而且在更深层次上思考诸多系统之间正常的矛盾、规约、制衡为什么常常会发生变异与走形？这些变异与走形背后的利益关系、运作机制、博弈过程又是怎样的？就整个教育系统而言，不仅在一般层次上思考笼而统之覆盖不同地区、不同学段的规划方式的合理性与不合理性，某一差异就地解决的行为方式的合理性与不合理性，而且应在更深层次上思考不同教育领域内部的系统规划、系统差异对待、系统解决方略又是怎样的？就整个基础教育系统而言，不仅在一般层次上思考不同学段之间由低一级向高一级过渡的各个学段特质、各自知识的重点问题，而且在更深层次上思考对每一学段不同特质的系统把捉，每一学段不同成长因子的系统关联，每一学段不同发展规律的系统作用究竟又是怎样的？在这个意义上，当年帕森斯所提出的有关系统运作的四个基本必要功能即适应性功能（adaptation，A）、目标实现性功能（goal attainment，G）、统合功能（integration，I）、模式维持功能（latent pattern mainte-nance，L），仍然具有现实的借鉴与参考价值。

就基础教育改革使命的整体性而言，其整体性持续跟踪、整体性差别扶持与整体性深层到位的意涵更多指的是：一是基础教育不同学段、不同学科、不同群体、不同资源之间的整体设计与深层到位。思考的不仅是某一学段的自身发展，更有不同学段之间的关联发展；不仅是某门学科或某门主学科的自身发展，更有同类学科、辅助学科之间的左右联通与上下贯通；不仅是教师群体的学历、职称达标，更有与学历、职称相匹配与吻合的教育教学能力的深层达标；不仅是基本硬件指标的标准配置与拾遗补阙，更有各类软件指标的制度规约、整体落实。二是优势学段与薄弱学段之间的整体统筹与差别扶持。差别是任何领域都存在的客观事实，基础教育领域各学段的差别同样是客观存在的教育现实，关键是如何从局部差别关注到整体差别对待与整体统筹扶持的全面深化与综合改革的问题。不仅是局部检查督导场地、校舍、仪器、图书等的数量指标差异，而且是整体检查督导那些场地、校舍、仪器、图书等的质量使用指标差异，即是否仅仅只是摆设，是否真正为学生所用；不仅是局部关注优势学段与薄弱学段中的佼佼者，而且是整体关注那些无论在优势学段还是在薄弱学段都会存在的弱者，尤其是义务教育强制学习阶段中的不合格者；不仅是教育改革理念的侃侃而谈与装潢门面，而且是对改革理念内化与否、改革方法合理与否、改革行为自觉与否的细嚼慢咽与不断反刍修正。三是薄弱学段内部包括学生、教师、校长、课程、课堂、管理等的整体改进与重点突破。不仅"全面""综合"思考学段、学校薄弱的客观制约因素，更要从"全面深化""综合改革"的要义出发，去反思、挖掘薄弱的主客观因素之间的相互作用与合力制约所在；不仅"全面""综合"地把经费投入、资源扶持、弱项改造作为关注重点，更要从"全面深化""综合改革"的要义出发，去整体把握"师德为先、学生为本、能力为重、终身学习"的全方位教育意涵，去整体关联并剖析那些实际存在的或显或隐的局部问题。换句话说，类似校长的办学理念与学校的人性治理、课程的国家执行与课堂过程的目标达成、教师的群体力量与制度的合理规约、学生的成长研究与教师的专业发展等问题，以往不是没有关注，而是缺少整体关注；不是没有解决，而是缺少整体性改进和以重点突破推动的整体性改进。

就基础教育改革使命的协同性而言，摒弃个别性功利竞争，坚持协同性战略统筹、合作共赢、有机发展，主要指涉这样几方面：一是基础教育的全段性发展不是一种纯定义行为，或者仅仅是某学段如何受益与获利行为，而是不同学段之间利益综合考量、关联主动打通、人才共同培育的公益性行为；也不只是为少数优等生升入高一学段提供的掐尖衔接高地，而是为绝大多数合格学生进入下一阶段学习输送合格人才的平原。二是基础教育的三类学段之间既有相互独立性更有相互依赖性。如果说以往的诸多研究更多地放在小初衔接、初高衔接的知识衔接或学段本身的衔接上，那么这里想强调研究的，首先是处于小初衔接、初高衔接两个衔接点上的不同学生的心理衔接与情感衔接，以及由心理衔接与情感衔接而生发的上下学段衔接之间的不合拍与不协调；最后是处于小初衔接、初高衔接两个衔接点上的不同教师（包括校长）之间的理念衔接、方法衔接与评价衔接，以及由理念衔接、方法衔接与评价衔接而生发的教与学之间的诸多不合拍与不协调；最后是处于小初衔接、初高衔接两个衔接点上的不同学校之间的设计衔接与战略衔接，以及由设计衔接与战略衔接而生发的学校发展之间的诸多不合拍与不协调。如此，既能彰显各自学段、教师、学校的不同特色，又能在其中寻找到某种共通共融的共生点，既有升学意义上的内在关联与不可分割，更有高瞻远瞩意义上的有机团结与实质性发展。正如法国著名社会学家涂尔干在《社会分工论》中所认为的，只有社会成员间存在一定的向心力，即"团结"，作为成员集合体的社会才能存在。"正常的劳动分工的最大作用，并不在于这种以分化的方式提高了生产率，而在于维护社会稳定、社会和谐，带来新的社会团结和社会秩序，使'社会'成为可能。"① 可以这样说，社会分工所产生的相互依存和彼此协同是社会团结的基础，承载着不同教育使命的各类不同学段之间的相互依存和彼此协同则是全面深化教育领域综合改革的基础，或许这正是涂尔干有机团结在协同性发展中的彰显所在与现代解说。

四　历史使命与初中发展：研究什么

就在 2014 年 3 月 1 日，中国教育新闻网与《中国教育报》基于"中国知网"教育学文献的检索，对与教育学相关的 20 个二级学科进行分析，在教育各个层次研究力量分布以及研究成果分布方面得出的基本结论是："在所有层次的教育研究中，初中教育的研究处于最薄弱的状态。"② 可以说，这一基本结论既是对研究者多年来持续进行初中教育发展研究③的一个佐证，更是对整个基础教育研究中初中研究薄弱现状的一个警醒。基于上述对中国基础教育历史使命与初中发展的解读，本书试图聚焦与研究的主要问题是：第一，初中教育是否薄弱？哪里薄弱？何时薄弱？第二，初中发展因何薄弱？怎样薄弱？第三，初中教育整体发展"发展"什么？第四，初中发展的整体推进之路何在？这四大问题同时也构成本书的整个逻辑结构。

全书除引论与结语外包括八章。第一、二章大致对应聚焦与研究的主要问题之一，即初中教育是否薄弱？哪里薄弱？何时薄弱？**第一章"中国百余年基础教育初中发展之检视"**，是对中国基础教育自清末民初以来这一长时段历史进程中初中发展的历时轨迹的系统扫描；**第二章"新世纪基础教育初中发展之检视"**，是对新世纪中国基础教育初中发展的共时

① 杨方、文娜：《分工产生团结——涂尔干的〈社会分工论〉研究》，《当代经济》2014年第 17 期。

② 参见教育调查《失衡的教育科研——基于"中国知网"教育学文献的检索分析》，《中国教育新闻网—中国教育报》2014 年 3 月 1 日。

③ 主要指江苏省教育科学"十一五"规划重点课题"初中教育全面提升的公共政策与专业支撑研究"（课题批准号：B－a/2008/01/006）和江苏省教育科学"十二五"规划重大课题"初中教育内涵发展与全面提升的整体推进研究"（课题批准号：A/2011/06）。

问题的系统扫描，其主旨是获取进入初中问题研究的入场券。**核心问题是**：在基础教育整个发展历程中，初中教育是否存在薄弱之相？若存在，这种薄弱轨迹开始于什么时候？新世纪又有哪些新问题需要关注？**基本内容包括**：（1）中国百余年基础教育初中发展之学制检视。第一，发生在清末民初时期的主要对学制进行架构的初中教育，因为其学制着眼点在于创建或探索，且初中教育涵括在整个中学教育"三三"分段之中，所以学制对初中教育的影响并不显著，初中发展的薄弱未显端倪。第二，发生在新中国成立之初到"文化大革命"结束时期主要对学制不断变更中的初中教育，因为其学制着眼点在与国家不同历史时段的政治、经济、文化任务相匹配，所以多变、缩短且混乱的学制对初中教育产生了一些直接或间接的影响，初中发展的薄弱初显端倪。第三，发生在改革开放到现时期的主要对学制进行反复调试的初中教育，因为其学制着眼点一方面是探求如何更加符合学生身心和教育教学规律，另一方面学制的长短有意无意地掩盖了学制的其他诸多问题，初中发展开始呈现出薄弱走势。（2）新中国成立以来基础教育初中发展之政策检视。第一，政策统合是国家在义务教育或中学教育实现国家目标、价值、意志的一种整体行为，但须关注两个问题：若以政策统合取代基础教育各个不同发展阶段的针对性与独特性，则统合的政策就会以貌似的全局关注掩盖实质的非全局关注；统合政策的公平性原则与补偿性原则必须同时具备，否则，弱势领域的发展就会在统合中被大一统的所谓公平取而代之。第二，政策执行中的空间变异问题在各个不同历史时期对任何阶段的教育都存在，但长期形成的在小学、高中发展中处于弱势的初中，其空间变异产生的影响更大。第三，政策出台过程中若缺失了对以往政策出台论证、形成颁布、实施效果等的记忆与借鉴，就会出现政策的可信任度问题。（3）中国百余年基础教育初中发展之师资检视。第一，作为师资母机的师范教育的大起大落、急上骤降，从源头上再制了中小学师资的薄弱态势，而裹挟其中的初中师资也逐渐呈现出相应的差异。第二，城乡初中师资差异的复杂性，主要表现为持续差异与渐变差异、显性差异与隐性差异、现象差异与实质差异的多重交织和联手彰显。（4）新世纪基础教育初中发展之问题检视。第一，资源配置的显性公平与隐性差异问题，不仅是配置中的弱者关注，更有配置的深层到位与配置的全程关注。第二，政策效用的扶持风向标与执行心理场问题，不仅是政策制定者的政策预期效用，更有政策执行者的政策心理效用。第三，内涵提升的制度制约与群体合力问题，不仅是作为内涵提升关键内核的教师自身发展问题，更有教师群体、校长群体、学生群体相互依存的共生发展问题。此三方面问题之间的关系也不仅仅是资源是基础、政策是推力、内涵是关键的简单关联，更有三者之间统筹关注、相互制衡、协同整合的实质贯穿。

第三章"初中教育的本源性问题重提"，大致对应聚焦与研究的主要问题之二，即初中发展因何薄弱？怎样薄弱？这是对初中发展研究中本源性或常新性问题的重提，但重在对初中教育特质的再思考、初中教育属性矛盾的再解读以及初中教育专业性的再阐释，是对初中教育"因何薄弱"问题的根源解读。**核心问题是**：怎样读懂具有"成人外貌、儿童心理"的初中学生？初中学制类型与初中发展的关系究竟怎样？初中教育特有的专业性到底体现在哪里？**基本内容包括**：（1）初中教育特质在教育规律显现之中。教育规律包含这三个层次的规律：学生成长规律为第一层次的规律，是遵循规律的"原点"；教育教学规律是第二层次的规律，是遵循规律的"近点"；学校治理规律是第三层次的规律，是遵循规律的"远点"。这三个层次的规律不能颠倒，颠倒的结果就是"违反规律"。（2）初中教育内涵发展重于初中学校学制类型。对初中学校现有学制类型本身进行利与弊的分析固然不可或缺，但初中学校谋求发展的关键更应是内涵发展与全面提升，是作为关键内核的教师、校长的发展与提升，是作为变革之本的课程课堂的发展与提升，是作为深度追求的学校文化的发展与提升。（3）初中教育专业性指的是在教学、课程、管理、师资、文化等内涵与质量方面的专业特性。初中学生成长规律是初中教育专业性的内在依据，课程标准是提升初中教学专业性的基本要求，学校课程建设是提升初中专业性的重要路径，教师队伍建设是提升初中教育主体专业性的有效抓手。

第四、五、六、七章大致对应聚焦与研究的主要问题之三，即初中教育整体发展"发展"什么？**第四章"初中教育整体发展的思路架构"**，是对初中教育整体发展的宏观把捉，也是对进入初中发展具体问题阐释的统领。**核心问题是**：如何宏观地对初中教育整体发展进行思路的系统架构，为以下各章对初中发展重点问题的阐释提供有理可据且科学合理的研究参考？**基本内容包括**：（1）初中教育整体发展的思路架构起点，是对初中发展弱在何处的基本判断。一是"弱"在整体；二是"弱"在内涵；三是"弱"在支撑。（2）初中发展的设计定位是转型初中发展方式，即从更多关注外部投入、外延扩张、粗放发展，到更多关注从外部到内在、从粗放到精细、从同质到异质、从模仿到创新的发展方式转型；设计主旨是寻求初中发展合力，即如何整合共享各类资源，形成多种教育资源环境的整体合力；如何唤醒各类主体活力，形成学校软实力与竞争力的整体合力；如何跳出教育看教育、跳出初中看初中，形成教育内部的统筹决策和教育内外部相融协调的整体合力；设计路径是动态分步项目选择，一是从校域入手，转变生存、发展样态，建设一批初中新典型学校；二是从区域入手，推进同一区域不同学校、不同区域不同学校的整体发展；三是从省域入手，规划与设计不同省域初中教育的全面提升；四是从工程与项目入手，选择适合本校、本区、本省的重点工程与项目分步实施。**第五章"初中发展的关键内核：校长与教师"**，主要以解剖麻雀、窥一见全的方式，对初中教师从职业情感到专业培训、从认知差异到行为差异进行问卷描摹。**核心问题是**：不同校长与教师的比较差异何在？不同学校的教师比较差异何在？不同地区的教师比较差异何在？**基本内容包括**：（1）三类群体的相互走近（进）与相互读懂是初中教育内涵发展的前提性条件；职业理想、职业情感、职业认同与教师待遇之间并非简单正相关；教师培训的意识、内容、方式有待完善与重构。（2）三类不同学校差异中的中间地带现象，其发展空间具有相关不确定性；三类不同地区差异中的苏北现象，可能同样存在多面性；不同学校、不同地区的教师差异，为教师多样性发展提供可能。**第六章"初中发展的变革之本：课程与课堂"**，这是对初中教育整体发展落脚生根之地的寻路问径。**核心问题是**：校本课程与课堂教学怎么走？个性特质的课程实践模式什么样？富有活力的教学形态如何创？**基本内容包括**：（1）如何从满足需要到提供选择，理清从初中课程建设到初中校本课程建设再到区域推进初中校本课程建设的实施意图，二是如何从怎样教到怎样学，实现"知识传递"到"学会学习""能力生成"到"意义建构"的课堂教学转变；二是如何从初中阶段学生学习与生活、成长与发展的特殊需求出发，把学校办学理念"静静地、几乎察觉不到地"融入各有特色的课程设计与实施之中；三是如何在并非轻而易举的课堂之事上做出因校而异、因生而异的可能探索。**第七章"初中发展的深度追求：学校文化与特色"**，这是企图从深层次上对特殊学段的初中学校文化和特色的"重塑"探寻。**核心问题是**：学校文化与学校特色之间究竟是一种怎样的关系？哪些因素对学校文化与学校特色建设发生着深刻影响？初中学校文化建设的冲突能否适度缓解，初中学校特色建设的多维关系能否适度"黏合"？**基本内容包括**：（1）学校文化与学校特色有着本质的、内在的一致性，"学校特色"就是"学校文化特色"，是一种有独到思想、个性风格、行为体现、生命依托的"有特色的文化完形"；（2）政策频繁调整导致学校文化与特色难以积淀，教育模式趋同导致学校文化与特色难以形成，办学整体薄弱导致学校文化与特色难以提升；（3）无论是初中学校文化建设还是初中学校特色建设，都需要探求多种文化冲突之间的适度缓解与多维关系之间的适度黏合问题。

　　第八章"初中发展整体推进的多元实践"，大致对应聚焦与研究的主要问题之四，即初中发展的整体推进之路何在？这是初中教育实现整体性、改革性、可持续性发展如何在教育实践中植根、生长、检验、收获的多方位透视。**核心问题是**：初中教育整体发展究竟有怎样的多元实践之路？**基本内容包括**：（1）初中整体发展的省域全面推进强调顶层设计、重点扶持，即以改造初中薄弱学校为宗旨的课程基地建设，以重点扶持初中教师教育科研为宗旨的初中课题专项设置，以携手共进整体提升为宗旨的初中科研协作联盟；（2）初中整体发展的区域重点推进强调不同区域因地制宜，即苏南区域整体推进的关键词是"文化提升"；苏中区域整体推进的关键词是"课堂教学生态"；苏北区域整体推进的关键词是"新问题关注"；（3）初中整体发展的校域联手推进强调共享共荣与帮扶结对。

　　2010 年诺贝尔经济学奖获得者阿玛蒂亚·森贡献了一个关于发展的独特视角，这就是以自由看待发展。其重要贡献是在以能力这一概念为核心的自由观之下将发展的不同侧面——经济的、社会的以及政治的——统一在一个完整的理论框架之中。当发展的目标被确定为对人的自由的扩展的时候，我们就不可能只关注经济增长，而必须同时关注社会和政治的进步。[①]一旦基础教育进入全面深化教育领域综合改革阶段，一旦进入教育改革的系统性、整体性、协同性发展阶段，中国基础教育的历史使命也将会在这种三位一体的发展中得以创造性地承载、担当与完成。

[①]　姚洋：《自由可以这样来追求——阿玛蒂亚·森新著〈作为自由的发展〉评介》，《经济学》（季刊）2001 年第 10 期。

第一章　中国百余年基础教育
初中发展之检视

　　在中国基础教育中，位于小学教育和高中教育之间的初中教育究竟处在一个怎样的位置和怎样的判断之中，似乎总是一个"公理婆理"的问题。把初中教育问题从基础教育或义务教育中离析出来阐释，可能有"割裂"基础教育或义务教育的嫌疑；但初中教育问题的存在与解决若总是笼统在基础教育或义务教育之中，更可能导致那些真正的薄弱初中尤其是农村薄弱初中走向更深层的薄弱。因此，要进入初中发展问题的研究场域，就必须先获取"进入"的入场券，这个入场券就是为中国基础教育的初中发展进行历史把脉与轨迹扫描。对中国百余年（包括新中国成立以来）基础教育初中发展问题进行的检视，主要集中在三个方面：一是学制检视，着重检视学制的不同架构、不断变更和反复调试与初中教育薄弱之间到底有无内在关联？二是政策检视，着重检视政策统合、政策执行和政策的弱历史性与初中发展边缘化之间到底有无生产关联？三是师资检视，着重检视历时差异、共时差异与初中教师弱势之间到底有无再制关联？试图回答的问题是：从清末民初到当今的百余年间，涵包在基础教育里的初中教育究竟是一个怎样的生存境脉？初中发展的强弱态势呈现出一个怎样的运行轨迹？薄弱初中在整个发展过程中因何薄弱以及如何薄弱？

一　学制检视：架构、变更、调试
与初中发展的强弱关联

　　在中国百余年基础教育发展历史的长时段中，学制检视大致分为三个时期：一是清末民初时期不同架构的学制；二是新中国成立之初到"文化大革命"结束时期不断变更的学制；三是改革开放到现阶段反复调试的学制。检视的主要问题是：不同架构、不断变更、反复调试的学制与初中教育的薄弱之间究竟有没有关联？若是有关联，究竟是一种怎样的关联？若这种关联是从无到有的，那么这其中的演绎轨迹又是怎样的？

（一）架构学制：中学教育的弱—弱—强脉络

这里检视的是1902—1922年清末民初的学制问题。作为学校教育制度化产物的学制，从发轫到学制体系建设的基本完成，其间历经四个阶段20年的嬗变：1902年的壬寅学制、1904年的癸卯学制、1912—1913年的壬子·癸丑学制、1922的壬戌学制，最终完成中国近代教育体系之转型。

从学制酝酿诞生的过程看，"谁"来架构学制，会对学制的制定产生重要的影响，并进而对中学教育的发展产生影响。1902年的《钦定学堂章程》即"壬寅学制"，是中国近代第一个比较完备的学校系统，从纵向的蒙学堂到大学毕业，从横向的简易实业学堂到高等实业学堂和师范馆，第一次从法律上确立了整个教育包括中学教育的学制章程。但就是这样一个貌似庞大完备的新学制系统最终却并未实施，恰恰在新学制制定者是"谁"的问题上引发了是否实施的争端（当然，我们无法排除当时新学制制定时百日维新失败、义和团运动爆发、八国联军入侵、清政府内外交困等复杂背景）。清政府中种种守旧势力指责主持制定该学制的张百熙为一汉臣，所订学制弊端丛丛，令人不能容忍，要求增设满大臣主其事，重新制定学制，致使"壬寅学制"胎死腹中。1904年的"癸卯学制"，制定者角色由单一汉臣变为汉臣、满臣、日本专家等多种角色，从学制相关内容的变化中可以看出多角色学制制定者的基本成效：一是改变了晚清以来教育发展的重点。即变比较重视专业技术教育到开始重视基础教育和教育的普及，变以往重视传统儒家道德教育和专业教育到开始转向普通教育。二是教育内容的改革。学制中自然科学科目的设置名正言顺地进入课堂，打破了一直以来"中体西用"的思想支配。作为中国现代学制实践开端的"癸卯学制"，一直沿用到1911年（宣统三年）清政权灭亡，先后将近八年。1912—1913年的"壬子·癸丑学制"，其制定者角色又发生了变化，变得更加多元。当时的教育部部长蔡元培邀请教育界著名人士，各就所学，分类拟订小学、中学、专门、大学等各项学制，还招聘了从英、美、德、法、俄、日等回来的留学生，各就所长，把各国的学制都翻译出来以备参考。壬子·癸丑学制成为中国第一个资产阶级性质的学制，从教育方针和各级各类学校教育宗旨到课程设置，从教学内容到教育制度，都体现了资产阶级对教育改革的要求，标志着西方学制在中国的基本确立。该学制自颁布实施起，延续了近十年，直到1922年新学制的诞生。1922的"壬戌学制"，经过1915年、1919年、1920年三次酝酿，直到1921年10月才进入实质性阶段。其制定者不仅涉及广东、黑龙江、甘肃、浙江、湖南、江西、奉天、云南、福建、直隶等省的教育会提出的学制议案，而且还展开了全国性的学制讨论热潮，参加人之多、涉及面之广是空前的。其中，既有各省、市、县的各级教育行政人员，又有大中小学的校长、校务主任、学监或级任、科任教员，还有著名的教育家以及国外的学者，与此同时，还在广东和天津进行试点。整个学制参与者众，覆盖面广，历时长久，使其呈现出更广泛的关注度与影响力——关注问题更全面，主要表现为教育阶段的年龄划分不仅考虑社会、政治、经济、文化的需要，而且更多地考虑儿童身心发展的特点和对教育规律的遵循；地方伸缩性更强，主要表现为鉴于全国各地政治、经济、文化、教育发展的不平衡，在学制的各个阶段做出比较灵活且富有弹性的规定。"壬戌学制"即"六三三制"的主体架构经受了历史的长期校验，直到今天还在延续并发生着重要影响。

从颁布并有所实践的三种学制内容看，对中学教育的关注呈现出弱—弱—强的轨迹。1904年的"癸卯学制"虽然实践八年，且在女子教育、初等教育、成人教育、分科教育方面作了一些可贵的变更，但最终无法继续实施，其主要弊病缘于学制法令繁多、学制年限太长、课程设置重复、中学过早分科、小学和师范阶段存在偏科等因素。其中的中学部分，因为过早分为文科和实学科，造成的人为困难更大：一是中学毕业生科学知识水平太低；二是实科师资、设备均显不足。1912—1913年的"壬子·癸丑学制"，虽说立足于国民教育、人才教育、职业教育"三者必当并重"的基本思想，但同样出现了不少问题。涉及中学教育方面的，一是学制系统没有充分考虑儿童身心发展的阶段性特征，小学7年、中学4年、大学6—7年的学制安排显然不尽合理；二是中学教育无论从时间安排还是从性质任务上看都存在明显不足，四年中学无法适应为高一级学校输送人才的需要，也因不具备中学生应有的知识能力水平而无法具备直接参加社会工作的资格。与前两个学制相比，1922的"壬戌学制"则在中等教育阶段最具特色。一是修业年限从四年增加到六年，提高了中学受教育程度；

二是中学分成初、高二级，增加了灵活性；三是增强职业教育，兼顾升学和就业；四是实行选科制，发展学生个性。[①]

可以说，清末民初四大学制的制定过程，既是中国教育不断改革、学制不断架构的过程，也是学制制定者不断变更又反过来对学制以及中学教育发生深刻影响的过程。就付诸实施的三大学制而言，中学阶段年限变更反复、课程多有重复、分科左摆右摇，使得日后关于学制的多种变更似乎都能够在这里找到源头。当然，在这一历史时期，初中教育的学制问题因为涵括在中学教育学制之中，其整个发展轨迹与中学教育大致相似，呈现出弱—弱—强的轨迹，暂时没有表现出弱势倾向。

（二）变更学制：初中教育成"任务基调"的附属品

这里检视的是从1949—1976年新中国成立到改革开放前的学制问题。这一阶段社会动荡的特点是从外部转向内部，新中国成立意味着教育改革与发展时空的转变。如果说在学制的不同架构中，学制制定者对学制的影响导致对初中发展的关注呈弱—弱—强的特质，那么在社会的政治、经济、文化动荡与变迁中，学制的不断变更导致初中教育由弱—弱—强开始形成强—弱走势。这与不同历史时期确立的教育发展的不同"任务基调"密切相关。

新中国成立之初，为劳动人民服务的政治任务，使教育确立的发展基调是"普及教育"。发生在1949—1957年特定历史时段的学制变更毫无疑问与"普及教育"的基调相呼应，变更的主要指向是普及教育对象的改变与强调。1949年12月，教育部在北京召开第一次全国教育工作会议，确立全国教育工作的总方针是坚持"教育为工农服务，为生产建设服务"。由此，自1922年颁布实施并一直保持着相对稳定态势的"壬戌学制"即"六三三"学制受到挑战，认为小学6年修业年限且"四二"分段，不符合当时刚成立的新中国国情，因为90%的小学生只能读完初小四年。也就是说，旧学制不利于广大劳动人民接受系统、完整的基础教育，必须缩短学制且取消分段。1950年6月，教育部初等教育司在北京师范大学第一附小、第二附小、北京市育才学校等六所学校进行小学五年

---

① 张平海：《中国早期教育现代化的现代学制的突破》，华东师范大学2001届博士学位论文；璩鑫圭、唐良炎：《中国近代教育史资料汇编·学制演变》，上海教育出版社1991年版。

一贯制改革试验，部分地区也展开学制改革试验，结果认为，将小学修业年限缩短一年是可行的。于是，中央人民政府政务院第 97 次政务会议于 1951 年 8 月 10 日通过并于 10 月 1 日颁布《关于改革学制的决定》。虽然当时在《决定》的总体概述中有"在目前全国学制的完全统一虽然还有一些困难"的表述，但"改革各种不合理的年限与制度，并使不同程度的学校互相衔接，以利于广大劳动人民文化水平的提高，工农干部的深造和国家建设事业的促进，却是必要可能的"决心显然压倒了前者。这样，仅在试验一年后的 1952 年 11 月，教育部就发出《关于小学实施五年一贯制的指示》，规定"除了一部分少数民族地区、游牧区及个别经济文化特别落后的地区，可以推迟实施外，其他地区，不分城乡，争取到 1957 年秋季，小学全部改为五年一贯制"。但就在全国各地开始普遍推行小学五年一贯制不久，即出现一系列问题，原有师资力量较低、校舍简陋、新课本不能及时到位等，造成小学教育发展混乱、教学质量很差的局面。这样，仅在全面实施五年一贯制一年后的 1953 年 11 月 26 日，政务院第 195 次政务会议通过了《政务院关于整顿和改进小学教育的指示》，规定从本学年起一律暂行停止推行，小学学制仍沿用四二制，分初、高两级，小学入学年龄复改为六岁。至此，小学推行五年一贯制宣告结束。

在这一阶段的学制变更中，普及教育的宗旨成为新中国成立后教育的首要宗旨，为提高劳动人民的教育水平，小学教育的普及成为当时紧要之事。相比之下，中学两段学制虽然相对稳定，但由于对培养目标的片面理解，开始隐约呈现出学制对中学发展的影响包括初中发展。从 1953 年以来，就存在高小毕业生和初中毕业生升学与就业之间的矛盾，在对毛泽东劳动者教育方针和为国家培养具有社会主义觉悟、有文化教养和健康体质的新公民，培养建设社会主义的劳动大军的后备队和接班人的中小学教育任务的实行中，出现对"劳动者"的片面化理解，造成中小学过多从事劳动、教学秩序混乱、教育质量失去保证的局面。

"大跃进"时期，为工农业现代化服务的经济任务，使教育确立的发展基调是"教育大跃进"。发生在 1958—1965 年特定历史时段的进一步缩短学制的变更毫无疑问与"教育大跃进"的基调相呼应。1958 年 6 月 21 日，《人民日报》发表社论，指出用最高的速度来发展中国的社会生产力，实现国家工业化和农业现代化，是总路线的基本精神。速度是总路线的灵魂，教育领域的主要表现则是与之相匹配的"教育革命"口号的提出。1958 年 3 月，教育部在北京召开全国教育行政会议，指出"文化革命"的主要任务是："扫除文盲，普及小学教育，逐步做到一般的乡都有中等学校，一般的专区和许多的县都有高等学校和科学研究机关"。1958 年，《关于教育工作的指示》又提出全国要在三年到五年的时间内，基本完成扫除文盲、普及小学教育、农村合作社社社有中学的任务。为完成这些任务，学制必须改革，1958 年下半年，全国各地开始大规模的中小学学制改革试验。当时缩短年限的试验有小学三年一贯制、中学五年一贯制、中小学三四二制、中小学九二制、中小学九年一贯制、七年一贯制、十年一贯制、初中二年制、中学四年制、中学四二制、三二制、二二制十二种之多。与此同时，进行六周岁入学的提早入学试验。1960 年 9 月，根据 27 个省、市、自治区的统计，进行学制改革试验的小学达 92341 所，占这些地区小学总数的 14.77%；中学达 3495 所，占这些地区中学总数的 18.67%；个别地区的中小学全部实行新学制。

这一历史时期学制变更的一个重要特点就是大起大落，其中缩短学制是最为突显的方面。正如费正清在《剑桥中华人民共和国史》（1949—1965）中所指出的那样，在"大跃进"的形势下，教育领域的指导思想是要在短期的时间内普及教育。为了达到这一目标，在学制试验中缩短修业年限就成了当时试验的主要方面，如生产上"浮夸风"一样，认为修业年限越短越革命，越快实行教育普及就越符合总路线"多快好省"的精神。在这种大起大落中，小学因为有先前的试验经验而显得相对平稳和成熟，而中学则遭遇冲击，多种学制试验的快上快下，自下而上的改革方式，使中学阶段的整个教育极不稳定，甚至一度出现过分缩短修业年限，过多增加生产劳动，过多下放教学内容以及在各年级进行套级过渡的现象。忽视学生年龄特征和循序渐进教育规律的学制变更，使中学教学质量严重下降，小学戴帽的初中更是质量堪忧。

"文化大革命"时期，再也不能让"资产阶级统治学校"的现象继续下去的文化和政治双重任务，使教育确立的发展基调是"教育要革命"。发生在 1966—1976 年特定历史时段的继续缩短且愈益混乱的学制变更毫无疑问与"文化大革命"的基调相呼应。1966 年 5 月 7 日，毛泽东"学制要缩短，教育要革命，资产阶级知识分子统治我们学校的现象，再也不能继续下去了"的"五七"指示，成为很长一段时间教育领域"闹革命"的重要依据。大幅度的缩短学制且学制混乱，成为这一时期中小学学制变更的主要特征。1969 年 5 月 12 日，《人民日报》发表吉林省梨树县革命委员会和有关方面起草的《农村中小学教育大纲（草案）》，其中规定的中学由公社或大队联办，小学由大队办；中小学实行九年一贯制（其中小学实行五年制），废除考试、留级等制度，使当时中小学学制进一步混乱。与农村中小学学校逐级下放、学制混乱相呼应，城市中小学学制则出现短期内频繁变动的格局。以上海市为例，中小学学制在"文化大革命"期间竟变动过三次。第一次是在 1969 年之后，废除原有学制，规定城市中小学实行九年制，五四分段；第二次是从 1970 年起，中小学学制延长一年，改为十年制，六四分段；第三次是从 1974 年起，中小学学制又改为五五分段。[①]

这一历史时期整个学制不仅频繁变动而且相当混乱，这一方面导致新学制很难实行，也很难看出新学制的优越与不足；另一方面全国中小学学制普遍缩短两至三年与"中学毕业教中学"的实际现状，导致身处其中的初中教育走向一种学制短而混乱所带来的畸形发展。

（三）调试学制：初中教育渐显强—弱走势

这里检视的是从改革开放一直到当下的学制问题。这一阶段对外开放、对内搞活的突飞猛进的经济建设大潮，把人们赶进从"有学上"到"上好学"的教育追求大潮，人民群众日益增长的教育需求与教育有限资源无法供给的矛盾愈益突出。如果说，在学制的不同变更中，其外部社会的政治、经济、文化动荡与变迁突出地影响学制并导致其中的初中教育开始出现"任务基调"下的简单跟从，那么在学制的反复调试中，初中教育的强—弱走势又是怎样发生的呢？

改革开放的到来，从理论上为中国中小学学制的完善与探索提供了新的发展空间。20 世纪 70 年代末，中国小学普遍是五年制，初级中学则大多是三年制。1980 年，国家决定，将中小学学制陆续恢复到各六年，即小学六年、中学的初高中各三年。1981 年，当时的教育部发出《关于在城市试行六年制小学问题的通知》，行政指令实行"六三学制"。1986 年教育主管部门又宣称要将"五四三制""作为基本学制确定下来"。问题

---

① 刘桂玲：《建国至改革开放前义务教育学制改革的历史研究（1949—1976 年）》，西南大学 2011 届硕士学位论文。

是，如此反复的"六三""五四"学制调整，若是一种从上到下或从下到上的自觉行为倒也无可厚非，但这一时期的学制反复，一方面基本秉持了"建国以来我国的中小学学制虽然多次变更但无争议，基本上是上面怎么说，下面就怎么做"的传统，另一方面像一些学制调试的重大决策如1981年"这样一个重大决定是如何出台的，依据是什么，至今也是一个谜"①。这对由此带来的中小学发展的影响无疑是巨大的，尤其是初中教育，在"三"或"四"的学制反复调试中，究竟如何定位如何发展，往往成为一个令人不知所措或无所适从的问题。

20世纪90年代初，全国开展的素质教育与应试教育大讨论，从某一侧面表明，应试教育的后果已经相当严重，各种改变与改革应运而生。学制调试也成为当时试图改变此种格局的尝试之一，其重点大致还是关于"五四"与"六三"的问题。有学者在90年代初就从课程、教学的角度撰文讨论了学制中的"五"或"六"的问题。认为五年制小学和六年制小学基本相同，教学大纲对两种学制的教学要求基本相同，教材内容基本相同，仅由于年限不同安排有所不同而已。这说明小学五年能够完成教育任务，花费六年时间无异于对青少年宝贵光阴的巨大浪费。与此同时，长期的教育实践表明，三年制初中由于时间过紧，教学计划安排存在着严重缺陷：思想政治教育和劳动技术教育得不到必要的时间保证；体育锻炼、课外活动和学生自由支配时间受到限制；文化课安排更是并进科目过多、课程难点集中、坡度过大，学生课业负担过重、消化不良，致使初二年级就发生明显的两极分化。② 有意思的是，这些现象在21世纪的今天笔者进行学制问题调研时仍然具有极大的相似性，但似乎更强调需要正视青少年身心发展提前的现实和遵循教育教学发展的规律。2004年，上海市义务教育阶段全面实行"五四制"，可以说，正是这种争论与探索的当下实践。

然而，值得关注的是，从"五四"或"六三"学制之争到反复调试，除了上述理由之外是否还有其他尚未彰显的部分？初中发展在这个过程中究竟被怎样了？不可否认，上述理由都非常"正当"也非常冠冕堂皇，但是不能忽略的是，近些年随着素质教育的深入人心，应试教育在中小学阶

---

① 周贝隆：《尽快结束紊乱，理顺基础教育学制——再提中小学"5；4＋3"改制质疑》，《教育研究》1998年第2期；张振国：《基础教育学制的选择与实施》，《山东教育科研》1999年第9期。

② 肖敬若：《关于小学初中学制改革的实验与研究》，《人民教育》1991年第11期。

段也在逐渐改变触须方向，向一种更加潜移默化与集体行动发展。表现在学制上，对"五四"学制的探讨在新招迭出的同时，折射出学制、升学率与学生身心发展、教学规律多方之间的利益博弈。一是在标榜探索适应学生身心发展提前需要的教育的同时，一些学校把"六三"学制中的"六"拿出来，举办少年班选优拔尖，为升入优质初中做准备；二是更为追捧"五四"学制中的"四"，其不便也无需言说的原因是延长原先初中三年课程加复习中考的时段，让学生第四年可以全身心投入中考的应试准备。如此，若把学制调试本身作为应试加重的后果加以诟病未免冤屈，但学制反复调试的隐性追求若被有意无意地忽略却值得质疑。也就是说，若学制的长短更多地被认为就是学制的全部，关注学制似乎更多关心的就是学制的长短问题，这本身就是一种误区。其实，在90年代初，三年制初中造成的后果就被学者们提及过，即初级中学既没有较好地为社会培养劳动后备力量，也没有较好地为高一级学校培养合格新生，导致流失率较高和毕业不合格率较高；而将小学由五年制改为六年制的重要缘由也被学者们警醒过，即片面追求重点初中的升学率。① 这就告诉我们，学制的长短是可以被用作各种用途的。有时可能会被当作一种应试与升学的挡箭牌，即在反复调试学制的同时更多的是从应试和一味追求升学率出发的。在这个过程中，遵循青少年身心发展规律，遵循教育教学规律，减轻学生过重负担的初衷或本意可能被弱化甚至异化，初中教育的发展也会相应走向薄弱。

综上所述，就对中国基础教育初中发展的学制检视，可以得出的简要结论是：第一，发生在清末民初时期主要对学制进行架构中的初中教育，因为学制着眼点在创建或探索，且初中教育涵括在整个中学教育"三三"分段之中，所以学制对初中教育的影响并不显著，初中发展的薄弱起码未显端倪。第二，发生在新中国成立之初到"文化大革命"结束时期主要对学制不断变更中的初中教育，因为学制着眼点在与国家不同历史时段的政治、经济、文化任务相匹配，所以多变、缩短且混乱的学制对初中教育开始产生一些直接或间接的影响，初中发展的薄弱可以说初显端倪。第三，发生在改革开放到现时期主要对学制反复调试中的初中教育，因为学制着眼点一方面在探求如何更加符合学生身心和教育教学规律，另一方面学制的长短往往在有意无意中掩盖了学制的其他诸多问题，使学制本身负载了

---

① 肖敬若：《关于小学初中学制改革的实验与研究》，《人民教育》1991年第11期。

一些本不应承载的东西，致使包含在基础教育中的初中发展开始呈现出薄弱走势。

二　政策检视：统合、执行、弱历史性与初中发展边缘化生产

　　新中国成立以来整个基础教育的发展历程中，国家与地方出台的相关政策可谓汗牛充栋，只是这里的研究重点不是对汗牛充栋的相关政策进行系统整理与爬梳，而是试图在历史的长时段链接中检视基础教育政策中与初中发展相关的教育政策，并主要阐释三个问题：第一，政策制定中的统合问题，即在宏观教育政策制定中，是否存在着初中教育发展信号微弱，且在不同时段的教育政策重点扶持中有意无意地忽略重点扶持之外的农村初中发展问题。第二，政策执行中的空间变异问题，即政策制定在留下诸多实施空间的同时，是否存在着初中教育发展的政策空白问题。第三，政策过程中的弱历史性问题，即初中发展中的相似教育事件出现在不同历史时期时，是否存在着弱化历史关联度与借鉴力，致使相似事件反复重现、反复解决的问题。

（一）政策统合：初中发展信号微弱

　　初中教育的独特之处常常被淹没在基础教育政策文本与政策实施的大一统之中，即我们能够阅读的专门针对初中教育的政策文本并不多见，而更多的是在国家关于中学教育、义务教育或基础教育的总体阐释与规定中。笔者以《中华人民共和国重要教育文献》（1949—1975，1976—1990，1991—1997，1998—2002）四卷本为依据，统计国家在53年的教育发展历程中与基础教育相关的政策文献，以及在这些政策文献中专门针对初中教育的文献。[①] 基本结果是：在1949—2002年的"基础教育"政策文献类目中，大约有584个文件，其中专门针对初中教育发布的有13个，所占比例为2%；其他部分与基础教育相关的文件有108个，其中2

---

　　① 该书由何东昌主编，海南出版社出版。所摘要文件均是有"中共中央、政务院（国务院）、教育部（国家教委）"标注的，或其中一家或几家合发，而书中所收集的领导人讲话、《人民日报》社论、纪要等没有作摘要，因为明确标有国家政策方面的资料对研究者而言客观性相对更强。

个文件是专门针对初中发布的。一是编号971106，"国家教委关于印发
《初中毕业生升学体育考试工作实施方案》的通知"；二是编号20010305，
"教育部办公厅关于做好2001年初中学生毕业升学体育考试工作的通
知"。与此现象可以互证的是，在1949—2007年间有关"基础教育公平
与发展"的政策文件，以国务院、教育部名义所发的22个政策文件中，
只有2个是专门针对初中的且内容大致相似，即1986年国家教委《关于
在普及初中的地方改革招生办法的通知》和1995年国家教委《关于进一
步推动和完善初中入学办法改革的通知》，其余均含包在义务教育、中小
学教育、各级学校、基础教育的统合表述中。①

　　这里值得研究的问题是：第一，不是说非要有多少专门针对初中教育
的政策不可，在整个教育体系中，"义务教育、中小学教育、各级学校、
基础教育"之中都涵括了初中教育，尤其是2006年中国新《义务教育
法》颁布实施后，国家以"义务教育"政策统合初中教育政策的情况更
加习以为常，而是说在我们这个教育也更多地秉持由上而下的国家里，政
策针对性的强弱所引发的外界反响差异极大。起码教育政策作为某一教育
领域发展的信号，不可能不被地方教育行政或学校管理层加以进一步解读
甚至过度解读，表现在实践中则是指涉信号强的教育领域先被或更被重
视，指涉信号弱的教育领域后被或不被重视。在这个意义上，初中发展的
针对性政策相对较少并由此引发的关注度不够，可以说是不争的教育事
实。第二，如果说国家政策因为其宏观统合性，而不可能关注到初中教育
的细微部分，则与现有的教育政策事实不相符合，因为在上文关于专门针
对初中教育的政策文件梳理中，恰恰有较为细微的"国家教委关于印发
《初中毕业生升学体育考试工作实施方案》的通知"和"教育部办公厅关
于做好2001年初中学生毕业升学体育考试工作的通知"，而针对初中教育
发展的宏观政策则所见甚少。第三，在存有的教育政策差异中，若更多地
有利于城市中小学发展较少针对农村中小学包括农村初中发展的政策，可
能会加剧城乡中小学教育差异的扩大。这起码有违国家教育政策制定的初
衷。因为对一项教育政策而言，其初衷就是人为制造差异这种可能性几乎
很小，或者说谁也不愿也不敢这么做，但差异的有意无意间制造却很有可

———————
　　① 根据罗刚《基础教育均衡发展政策的价值分析》（华东师范大学2009届博士学位论文）
附录1作出的统计。

能存在。譬如"重点学校"政策问题。不可否认，分别在 1953 年、1962
年、1978 年、1980 年四次出台的兴办或建设重点学校的政策，[①] 是加速
造就人才和带动整个教育发展的需要，且不说，重点学校政策在日后发展
中所引发的诸多弊端，仅发出的"重点学校"政策信号与信号实情，就
清楚地表明国家和教育行政有意识地对相关重点中小学尤其是城市重点中
小学进行资源投资与扶持的意图。如 1953 年教育部《关于有重点地办好
一些中学与师范学校的意见》颁布后，对文件中"一些中学"重点确定
的分布是：北京 20 所，江苏 14 所，天津、上海、四川、安徽、福建各
10 所，其他各省、自治区分别为 1—9 所，总计全国重点中学为 194 所，
占全国中学的 4.4%。显然，重点中学所占省域（直辖市）中，发达省域
（直辖市）明显高于欠发达省域。而 1962 年教育部《关于有重点地办好
一批全日制中小学的通知》颁布后，据 1963 年 9 月统计，北京、吉林、
江西等 9 省、自治区、直辖市共 135 所重点学校的布局是：城市 84 所，
占 62%；县镇 43 所，占 32%；农村 8 所，占 6%；有 7 个省、自治区没
有选定农村中学。显然，重点中学所占市、县类别中，发达市、县明显高
于欠发达市、县。[②] 可见，当时的重点学校绝大多数设立在较为发达的城
市、城镇，可以更多获得国家特殊资源政策和发展政策的青睐，可以更有
利于城市、城镇学生的升学与发展。而在这一系列重点学校政策的颁布、
实施、演化的全过程中，作为含包在"一些中学"里的初中学校，其发
展便呈现出多种复杂情形：第一，一些当时作为完全中学的初中学校，得
到相当一部分重点倾斜的教育资源，获得相应的重点发展，且这种发展一
直延续到非实质性的初高中剥离时期；第二，一些当时作为完全中学的初
中学校，虽然在重点学校重点投资过程中也获得一些发展，但其后由于初
高中剥离，大部分优质资源被高中所占有，初中部发展逐渐沦为弱势；第
三，也是特别值得关注的，主要是一大批农村初中学校，在重点学校发展
政策时期就没有获得过重点资源和发展政策的"重点关注"，先期的被边

---

①　四次出台的兴办或建设重点学校的政策分别是：1953 年教育部《关于有重点地办好一
些中学与师范学校的意见》；1962 年教育部《关于有重点地办好一批全日制中小学的通知》；
1978 年教育部《关于办好一批重点中小学试行方案》；1980 年教育部《关于分期分批办好重点
中学的决定》。

②　中国教育年鉴编辑部：《中国教育年鉴（1949—1981）》，中国大百科全书出版社 1984 年
版，第 167、168 页。

缘化使其失去"一次发展"的机会，而到提倡义务教育均衡发展时期，原先造成的沟壑难填、追赶乏力，又使其"二次发展"陷入深度瓶颈，由此出现初中阶段学校强者更强、弱者更弱的现象。

（二）政策执行：初中发展空间变异

　　教育政策执行是整个政策过程中至关重要的环节，所有政策制定的目标、价值、意志都需要在这一环节获得实现，而发生的各种政策执行变异也会在这一环节以各种形式彰显。更值得关注的是，这种政策执行导致的变异同样具有历史长时段性与绵延性。也就是说，在各个不同的历史时期，政策执行变异问题都可能出现甚至成为某种顽疾，问题的关键在于，对政策执行变异的各种现象进行事实性描述固然重要，但我们更需要对这些变异现象背后的诸多原因进行揭示，以便警醒整个政策过程。这里有三个问题需要厘清：一是政策执行空间变异与政策预留空间中的国家意志有关。这与上文的政策统合问题紧密相连。作为政策制定者的国家，为各地政策执行留下足够空间，以便各地在具体执行中因时因地因人因情制宜显然无可厚非，但是政策指涉信号的强弱肯定与执行力度的强弱呈正相关，况且政策制定时的国家意志即便在体现统合的"中小学教育"或"义务教育"表述中其实相当清楚，如上文"一些中学"确定重点时的城市取向。这也就意味着，政策在其预留空间中一方面不会将国家意志悬置起来，另一方面又留给地方与学校诸多空间可能，如此，在可能空间与有效边界的把捉过程中容易产生政策执行变异。二是政策执行空间变异与不同执行群体对政策空间的解读有关。作为地方教育行政的政策执行，会精心解读国家政策中所释放的各种强弱信号，然后会酌情选择在本地具有一定影响力的学校或能对本地教育快速奏效的项目予以实施，而一般学校尤其是薄弱学校不会在其首选范围，这既体现出对国家政策根据本地实际的创造性执行，也是对国家政策意志无法达成时的机智让步。而作为具体学校的政策执行，同样更多地秉持"效用"的原则，即选择对学校发展有利（绝对包含升学率）的政策先期执行，感觉有所难度的则缓步或在后期执行。如此，虽然政策执行中都是选择自己能做的事情去做，但两个主要执行群体之间所存在的差异也容易产生政策执行变异。三是各方群体的利益博弈成为政策执行空间发生变异的关键因子。可以说，无论是国家、地方还是学校，肯定都期待在政策执行的空间中最大获益，但怎样才是或才能最大获益是无法言说的，于是政策空间变为政策空白的情形就会有意无意地发生，而对政策尚未执行就遇到的问题并不深究，并不较真，模糊执行且以部分执行替代全面执行等现象，在很大程度上都缘于此。在这样一个政策执行过程中，作为长期形成的处于小学、高中夹缝中的弱势初中，常常会在统合的政策与选择的执行中被遗忘或被边缘化，其发展空间无疑会发生变异。

以九年一贯制学校的"一贯"政策问题为例。从上文对政策的检视中可以看出，初中教育在新中国成立前基本上都是作为中学教育的一部分进行各种阐释的，新中国成立后至改革开放前初中教育也大多在"中学"或"中小学"的语境中被阐释，直到1986年颁布《义务教育法》后，尤其是2006年《新义务教育法》颁布后，初中教育才更多地被放置到九年义务教育的框架内进行阐释，同样，政策的下达也多以九年义务教育涵括初中教育。这意味着，在九年制义务教育中，初中教育可能获得两种不同的发展空间：一种是在九年一贯制学校结构中，另一种是在独立设置的初中学校结构中。就前者而言，似乎九年一贯制学校对国家有关九年义务教育的政策执行更具有针对和便利的特点，因为九年的政策对应无论让地方还是学校都感到，虽然儿童前期与儿童中期的学生在生理、心理上都有不小的差异，但毕竟学校的"一贯"既可以有一以贯之的谋划，也可以有相对不同的空间。但事实是，九年一贯制学校本应具备的九年义务教育政策执行的便利，实际上演变为九年的并不一贯。2012年，我们课题组在江苏苏中、苏北地区的几所九年一贯制学校考察与座谈时，几乎没有发现一所学校在学校发展、课程设计、课堂教学、教师发展、内部管理等方面，试图从学生身心发展和健康成长角度做出九年一贯的整体规划与整体设想，充其量只是小学学段与初中学段一些活动尤其是德育类活动的部分整合，因为这样的活动小学、初中整合起来搞更为省时也更有效用。有学校也坦承，小学、初中的一贯性体现不到位，没有真正坐下来考虑相辅相成的问题。而在座谈中有校长提及打算考虑将小学高年级部教师与初中部教师打通使用时，所在区的教育行政官员则立刻表示了担忧，理由是小学、初中教师交流可能会对小学带来不利的影响。至于九年一贯中的小升初政策设想，充其量也只是理论设想而已，事实上也无法得到真正落实。如某实验学校在小学学段保持有8个平行班的规模，但到初中却只变成了5个平行班，主要原因是周边还有两所名校，该实验学校夹在其中，要保住原有生源相当不容易。2014年4月，我们又对江苏苏南的几所九年一贯制学校进行了调研与座谈，发现上述问题同样存在，只是表现形式更为复杂：初中生源发生萎缩，初中发展遭遇边缘，既有与上述相似的附近有更好的初中学校的缘故，也有新城镇化进程中大量年轻人的涌入与流动所带来的生源无法稳定的缘故，更有地方政府与教育行政每年都要重新进行学区划分与调整的政策缘故。

进一步说，政策执行中，与小学、高中相比初中相对被忽视的情况相似，对优质初中着力打造的政策执行也可能导致薄弱初中愈发薄弱的政策空间变异。虽然从1995年择校问题进入国家政策议程，到2010年历经16年16次勒令禁止，但是，对教育优质资源的无限向往和无法扼制的择校热，仍然使地方、学校把对国家政策的执行力发挥到极致，也使择校发挥到极致。而在满足老百姓的就学愿望、举所有之力打造优质初中的同时，常常忽略了本来就捉襟见肘的乡镇初中，使得这些初中愈益薄弱。如不少地区是通过把初中学校搬迁到开发商房产所在地发展起来的，称之为举全区之力办老百姓满意的初中，据说，这些学校能接收全区 2/3 的学生生源。这一现象形成了一个政策执行利益链：一方面，开发商要开发房产，政府要为老百姓办优质初中进而搬迁初中，两者达成利益共谋；另一方面，老百姓想上优质初中进而搬迁农村，似乎达成开发商、政府、老百姓三方之间的利益多赢。但是，在整个花钱搬迁—出钱择校—拿钱租房—拼钱陪读的过程中，一方面老百姓成为最为弱势者，另一方面也使那些国家所谓保证基本办学条件的乡镇初中越发走向边缘，成为更为薄弱的初中。

(三) 政策弱历史性：初中发展问题重现

不论教育政策的制定主体如何变更，也不论不同历史时代如何发生变迁，就针对的同一类事物或事件而言，教育政策不可能是去历史或弱历史的，更不可能无视历史既有事件的存在与发展而另起炉灶。从这个意义上可以说，在不同历史时期的不同教育政策中，人们都能触摸到历史的痕迹。问题是，这些历史的痕迹常常在新政策制定时被有意无意地悬置起来，以致政策结果并不如政策制定者们所预期的或人们通常所认为的那样总是波浪式前进、螺旋式上升，总是朝着"好的"和"进步"的方向前行。由此，置身在这样一种政策现状中的初中教育，其发展进程中总有一些并不陌生的问题却反复重现就不足为奇了。

不妨以学校发展规模政策为例。可以把中华人民共和国成立到现今有关基础教育学校发展规模的政策分为两个大的时段，新中国成立后到改革开放前为一个长时段，改革开放后到当下是另一个长时段。前一长时段的基础教育学校发展规模伴随着"有学上"的教育普及的热切渴望，整个教育政策围绕加速与收缩展开，快速办学政策与快速缩学后果，使初中学校在此一阶段的发展中屡屡受挫。此处的重点在于检视这一长时段中教育政策是如何不断反复修改的，又是如何在政策修改的弱历史性中不断影响中小学发展，尤其是初中发展的实际境遇的。第一次学校发展规模政策调整发生在 1957 年，主要针对的现状，一是 1956 年教育事业建设的总方针，即"加速发展，提高质量，全面规划，加强领导"；二是各级各类学校的发展要求，即"普通中学，大量发展，增加高中和初级中学的学生；小学教育，加速发展，对实施小学义务教育积极进行准备，在生产发展较快、入学率已达到80%以上、又可能解决师资的地区，就可以开始实施小学义务教育"，中共中央采取的教育修改政策是"适当收缩、保证重点"，力图使过快增速的中小学教育有所降温。但是，与这一次政策修改仅仅相隔三年，就又发生了 1961—1965 年第二次学校发展规模政策的调整，主要针对的同样是过速发展的 1958—1960 年"大跃进"的严重后果。教育部采取的教育修改政策是，在中央"调整、巩固、充实、提高"的八字方针下，对教育事业进行调整，包括《1961 年和今后一段时期文化教育工作安排的报告》，提出区别城乡和根据不同地区的不同情况，有计划、积极地普及小学教育的方针；1962 年的《关于进一步调整教育事业和精简学校教职工的报告》，要求进一步放慢中小学教育发展速度，适当压缩全日制中小学规模，注意调整学校布局，方便学生就近上学；以及 1963 年出台的《全日制中学暂行工作条例（草案）》《全日制小学暂行工作条例（草案）》，进一步规范了学校办学工作。① 不可否认，上述所言各个历史时期的不同政治、经济、文化任务强力制约着教育与学校的发展规模，但不断调整的政策显然遭遇的是大致相似的重复问题，致使反复出现超出国家承受能力的教育发展规模过大、以生产劳动代替教育等"左"的错误和问题，对中小学教育发展包括初中教育发展带来了深刻的影响。仅 1965—1975 年，农村普通初中学校数就由 1.81 万所增至 12.35 万所，

---

① 宗树兴：《1986 年〈中华人民共和国义务教育法〉立法和实施研究》，河北大学 2010 届博士学位论文。

这种大起大落的变化所带来的初中教育诸多质量问题就可想而知了。

后一长时段即改革开放之后，尤其是进入 21 世纪后，基础教育学校发展规模伴随着"上好学"的教育需求日益高涨，布局调整、撤校并点、新造学校等依据国家政策行使的举动使初中教育发展中的问题又重复着历史老路，不少初中学校快速兴起，或快速撤销，或停滞不前，或弱势加剧。其实，1949—2012 年，中国农村学校布局调整的教育政策始终在颁布—实施—调整、再颁布—再实施—再调整中徘徊难行，呈现的五个不同历史时期的阶段性特征分别是：1949—1965 年，"供不应求"的学校布局调整政策；1966—1976 年，"文化大革命"十年"教育工农化阶段"的学校布局调整政策；1977—1985 年，"恢复和整顿不合理教育布局阶段"的学校布局调整政策；1986—2000 年，"义务教育巩固普及阶段"的学校布局调整政策；2001—2012 年，"农村学校大幅度撤并、延缓撤并与调整、部分教学点恢复与稳定阶段"的学校布局调整政策。[①] 诚然，这些不同历史时期学校布局调整政策实施后的教育效果各有不同，但不可否认的是，一些具有共性的问题既不难寻找，更是长期存在，尤其是 1986—2012 年，急功近利、一刀切、片面化、上学难、城镇大班额、教学点大量撤销、寄宿制、校车安全等问题都在这几十年中或大或小、或隐或现、或多或少地存在着，但教育政策在其中彰显的"历史话语权"却微乎其微。其中"村不办小学，镇不办中学""初中进镇，高中进城"的调整策略，更使农村初中发展前景堪忧。1998 年，全国初中在校生辍学率为 3.23%，达 167 万人，比 1997 年上升 0.09 个百分点。农村辍学率为 4.2%，高于全国平均水平 0.97 个百分点。有的地方高达 10% 以上。[②] 这一数据已经令人惊讶，而到了 2002 年，东北师范大学农村教育研究所对 6 省 14 县 17 所农村初中历时两年的调查显示，初中学生的平均辍学率超过 40%，其布局调整的推进，在一定程度上加剧了辍学率的上升。[③]

进一步说，尽管布局政策看起来一直在调整，但从这种调整中可以看出与前一历史时段的政策调整具有同样的相似性，更多表现出的仍然是承

① 姜荣华：《农村学校布局调整政策的历史沿革与文本分析》，"城乡教育一体化发展的国际经验与本土实践"国际学术研讨会 2013 年 9 月 28—29 日。

② 杨东平：《对建国以来我国教育公平问题的回顾与反思》，《北京理工大学学报》（社会科学版）2000 年第 4 期。

③ 同上。

认问题与回复问题，当然也不乏问题的解决之策，但却很难看出是在做出相关历史比较与政策相似性比较之后的自觉且科学的政策行为。正因为如此，与农村边远地区撤点并校形成两极的另一种格局，即一些发达地区学校布局调整中出现的新造学校、快造学校、速增班级的现象至少目前并未引起足够的关注，更未见具有历史意涵的预测性政策出台。在我们课题组新近的调研中发现，一些发达地区应对年轻人大量涌入、学龄儿童激增的现状，新造快造了不少九年一贯制学校或独立初中。与此同时，年级班轨不断扩大，尤其是扩大初中部，因为整个学校规模呈现金字塔状，即小学适龄儿童越来越多，原有初中部规模无法满足，必须不断扩大班轨规模和班级规模。虽然这些新建学校都很成功，但在每年都必须变更的学区调整中，在九年一贯制事实上也不能保证一以贯之的情况下，初中教育发展的前景同样令人担忧。这是一种情形。另一种情形是，一些本来较为薄弱的城乡接合部初中，在教育行政达标验收升级政策的导向下，通过验收进入第二方阵，而那些地处乡镇本来同样薄弱的初中在这一过程中越发边缘弱势下去。第三种情形是，还有一些学校在布局调整中，名义上是资源放大，即从较为局促的市区调整到较为宽敞的城郊原先较为薄弱的学校地址上，但其实质是地处城市中心区学校的地理位置本身更受到关注与开发。可想而知，如果我们的教育政策总在拾遗补阙，身处其中的教育包括初中教育又怎能不在弱化的历史脉络与历史借鉴中走向边缘与变异？

综上所述，对新中国成立以来基础教育初中发展的政策检视，可以得出的简要结论是：第一，政策统合是国家在义务教育或中学教育方面实现国家目标、价值、意志的一种整体行为，本身必然具备合理性与合法性的解释，但在这种政策统合中需要关注两个问题：一是若以政策统合取代基础教育各个不同发展阶段的针对性与独特性，则统合的政策就会以貌似的全局关注掩盖实质的非全局关注；二是统合政策的公平性原则与补偿性原则必须同时具备，否则，弱势领域的发展就会在统合中被大一统的所谓公平取而代之。具体地说，若在基础教育各项统合政策中，对初中教育发展所释放的信号太微弱或有意无意地加以忽略，则初中教育的边缘化发展在所难免。第二，政策执行中的空间变异问题在各个不同历史时期对任何阶段的教育而言都是存在的，但长期形成的在小学、高中发展中处于弱势的初中，政策执行中的空间变异对其的影响更大。这些变异背后的关系有三方面需要把捉：一是政策执行变异空间与政策预留空间国家意志的关系；

二是政策执行变异空间中不同执行群体与政策空间解读的关系；三是政策执行空间发生变异中各方群体之间相互博弈的利益关系。第三，政策出台过程中若缺失了对以往政策出台论证、形成颁布、实施效果等的记忆与借鉴，就会出现政策的可信任度问题。具体地说，政策的弱历史性如果使初中教育在发展中本可有所避免的老问题反复重现，本可少走弯路的新问题得不到及时关注，必然会延缓初中教育的发展，甚至在一些表面繁荣的现象背后可能会遮蔽日后继续发展的隐患。

三　师资检视：历时、共时差异
与初中发展的弱势再制

初中教育相对薄弱的问题并非一个人为预设的问题，而是长期以来教育现实生活中以及先前的诸多研究中相继被佐证且可能继续被佐证的问题；初中教育相对薄弱的问题也并非一个可以简单地统而论之的问题，而是需要区分不同历史时段、不同地域层面、不同学校特质、不同师资境遇的问题。由此，对中国百余年基础教育初中发展的师资问题进行检视，也就不能、事实上也无法进行人为预设与统而论之，因为百余年的师资问题不仅是一个初中师资问题，而是一个涵括各个不同学段师资命运的整体裹挟的问题。同理，百余年师资建设关涉到的相应制度问题也不仅是农村初中师资或惠及或变异或遗忘的问题，而是整个基础教育都无法回避无法绕行的问题。由此，这里对百余年基础教育初中发展的师资检视，试图努力在基础教育的整体历史观照中部分厘清初中师资的发展问题，且在可阐释范围内主要聚焦两个方面：一是初中师资薄弱从什么时候开始彰显的？力图在整个师范教育百余年发展的历程与整个中小学师资成长的息息相关中，发现初中师资的薄弱之相以及这种薄弱的彰显历程；二是城乡初中师资差异具有怎样的复杂性？力图透过城乡初中生师比的历史演变与悄然变化、初中教师抽拨补缺的历史演变与悄然变化，去折射农村初中师资的复杂镜像，并捕捉城乡初中师资差异背后易于忽略的问题。

（一）初中师资薄弱：何时彰显

试图从作为师资输血机的母机——师范教育发展历程上把捉初中师资薄弱的源头固然重要，但决不表明师范发展的跌宕起伏只与初中师资的发展息

息相关。也就是说，整个师范教育的百余年发展历程与整个中小学师资的发展息息相关，此处的关注是：在这种整体的息息相关中，是否具备发现初中师资存在薄弱之相的可能？若存在，这种薄弱又是从什么时候开始彰显的？

从清末民初到中华人民共和国成立之前，整个师范教育可以说在究竟是设置还是取消之间反复拉锯。第一次拉锯从清末开始。主张设置师范教育、被称为中国第一任的梁启超在《论师范》中，提出"师范学校立，而群学之基悉定"，强调"欲革旧习，兴智学，必以立师范学堂为第一义"[①]；而主张取消师范教育的则认为，既然初级和优级师范学堂的毕业生分别与中学堂、大学堂毕业生的程度相等，就意味着根本没有单独设置师范教育的必要。拉锯的结局是：坚持"师范为世基"的思想。第二次拉锯从1921年左右开始。主张设置师范教育的有识之士认为，普通学校无法分担师范教育培养具有科学家头脑与宗教家热情的教师的责任；而主张取消师范教育的民国政府则颁布了《学制系统改革令》和《学校系统改革令》，师范教育的独立设置再次遭遇削弱。拉锯的结局是：师范教育脱离普通教育，自成独立的学校系统。[②]

两次拉锯的上马还是下马之争，对整个中小学教育的师资发展带来的直接后果是：师资缺损值加大，中学师资尤甚。从1922年到1928年，全国师范学校由385所减少到236所，减少了38.7%；师范生从43846人减到29470人，减少了32.8%。根据1930年的统计，全国学龄儿童总数为52733307人，其中受教儿童仅为11720596人，而该年度全国初等教育教职员为568484人，生师比为1:21.47。如果要让尚未受教的41012711儿童全部入学，按照1:40的生师比，还必须增加教师1025317人，说明小学师资就已相当匮乏。与已经相当匮乏的小学师资相比，中学师资情况究竟怎样？同样根据1930年的统计，当时中等学校教师中师范大学毕业者只占4.39%，高等师范学校毕业者只占11.42%，二者合计不足16%，其余80%以上的中学教师都没有受过教育专业的训练。[③] 这表明，此一阶段

---

① 张旸：《中国百年教师教育政策的演变及特点》，《河北师范大学学报》（教育科学版）2011年第4期。

② 王建军：《中国师范教育百年简论》，《河北师范大学学报》（教育科学版）2002年第4期。

③ 教育部教育年鉴编纂委员会：《第一次中国教育年鉴》，开明书店1934年版，第90页。转引自方健华《嬗越与创新：中国百年师范教育传统及现代意蕴》，南京大学出版社2011年版，第152、154页。

师资缺损值加大的直接后果是体现在整个中小学教育之中的，而由于初、高中师资大致都统合在"中学教师"中，所以初中师资暂未彰显也无法彰显明显的学段差异。换句话说，若只凭借这一时段师资缺损值的部分统计进而判断初中师资力量相对薄弱尚显证据不足。

从新中国成立一直到 21 世纪初，整个师范教育则是变先前"上马还是下马"的反复拉锯为"急上骤降"的大起伏曲线（见表 1.1）。

表 1.1　　　**新中国成立至 21 世纪初师范学校、学生上下起伏表**

（单位：学校数——所；学生数——人；涨/降幅—%）

具有代表性的不同历史时期		高等师范院校				中等师范学校					
		学校数		学生数		学校数				学生数	
		总计	涨/降幅（%）	总计	涨/降幅（%）	总计	涨/降幅（%）	中级	初级	总计	涨/降幅（%）
新中国成立前夕		12		12039		610		321	289	151750	
"一五"时期	1952	33	175.0	31551	162.1	916	50.2	334	582	345000	127.3
	1957	58	75.8	114795	264.8	592	−35.4	492	100	296000	−14.2
"大跃进"时期	1958	171		157000		1028				386000	
	1960	227	291.4	204498	78.1	1964	232.8		343	839000	183.4
"文化大革命"时期	1965	59	−74.0	94000	−54.0	394	−80.0	362	32	155000	−81.5
	1976	58	−0.02	110000	17.0	982	149.2	982		304000	96.1
拨乱反正时期	1979	161 专 102		311000		1053		1053		484000	
	1988	262 专 187	351.7	491000	346.4	1065	8.5			684000	125.0
调整时期	1996	232	−11.5	602900	22.8	893	−16.2			880100	28.7
	1999	227	−0.22	845000	40.2	815	−0.86			923000	4.9
	2001	210 专 101	−0.75	1350000	59.8	570	−30.1			662000	−28.3
	2007	173	−17.6	565996	−58.1	196	−65.6			238900	−63.9

说明：本表根据胡艳《建国以来师范教育发展的问题及原因分析》（《教育学报》2005 年第 10 期）第 88—96 页附录和方健华《嬗越与创新：中国百年师范教育传统及现代意蕴》（南京大学出版社 2011 年版）第 167、170 页中的相关数据重新计算研制而成。

表 1.1 直观呈现出这一时期与初中师资相关的高等师范院校和中等师范学校的大起大落的发展轨迹。笔者特意选取六个具有代表性的不同历史

发展时期，即新中国成立前夕、"一五"时期、"大跃进"时期、"文化大革命"时期、拨乱反正时期、调整时期，一方面从中彰显政治、经济、文化对中学教育包括初中教育发展的强制约性，以及教育在国家强制约面前的弱反作用力；另一方面也从中彰显作为中小学师资输血机的师范母机的大起大落，对中小学师资特别是初中师资带来的巨大影响。这种巨大影响的表现：一是清末民初中小学师资整体供需缺损的严重状况在这一时段的前30年里始终延续着。与1930年中小学师资大缺额一脉相承，据20世纪70年代末的统计，中学须增加教师300万人，小学须增加教师100万人，但同期的高等师范学校毕业生仅21万人，只占应增教师数的7%，中师毕业生补充仅40余万人。二是初中师资与小学师资、高中师资相比在70年代末开始出现较明显的差异。据统计，1965年高中教师中高校本科毕业的为70.%，1977年下降到33.2%；小学教师中中师及以上毕业的，也从1965年的47.4%下降到1977年的28%；至于初中教师中高等专科及以上毕业的，更从1965年的71.9%下降到1977年的14.3%。1979年，全国初中教师具有高等院校毕业和肄业学历的，只占10.6%，是基础教育阶段教师学历不合格比例最高的。[1] 虽说学历并非衡量师资差异的唯一标志，但至少在改革开放之初师范教育体系尚未发生重大变革、教师学历继续教育尚未全面铺开的这一时段，学历仍然是衡量各学段师资差异的重要标识。即使到1981年，根据小学、初中、高中各学段对教师学历的不同要求的统计，在小学被调查的558.01万教师中，中师、高中毕业及以上学历的有288.80万人，占比为51.8%；在高中被调查的49.45万教师中，高等学校毕业及以上学历的有17.79万人，占比为36.0%；而在初中被调查的234.96万教师中，高等学校肄业及专科毕业的有31.38万人，占比为13.4%；[2] 从中可见初中师资与小学、高中师资之间的显著差异。

　　及至21世纪初，尤其是近五年来，整个基础教育师资学历状况开始发生变化，仅从学历达标程度看，初中师资与小学师资、高中师资相比，差异已明显缩小甚至不存在太大差异。以最近的2012年数据统计为例。同样

---

[1]　胡艳：《建国以来师范教育发展的问题及原因分析》，《教育学报》2005年第10期。

[2]　中国教育年鉴编辑部：《中国教育年鉴（1949—1981）》，中国大百科全书出版社1984年版，第199页。

根据小学、初中、高中各学段对教师学历的不同要求，小学高中毕业及以上学历教师比例为 99.81%，初中大专及以上学历教师比例为 99.12%，高中本科及以上学历教师比例为 96.44%。① 这本是一件幸事，但恰恰这样的幸事从另一个角度表明，对初中师资是否薄弱的判断需要且必须从表层进入深层。也就是说，在教师学历继续教育全面展开后，学历上的简单比较已不足以作为判断初中师资薄弱的充要依据，必须辅之以其他数据尤其是体现师资发展内涵（如核心团队拥有数、领军教师拥有数等）的多方数据比较，方能判断初中师资是否薄弱以及这种薄弱以何种方式依旧存在着。以在全国处于东部发达地区的江苏特级教师数为例，在 2006—2012 年的最近四批特级教师评定结果中，初中特级教师所占比例虽然每批均有所上升，但与小学相比，其比例分别少 18.15%、13.35%、7.05%、6.40%，与高中相比，其比例分别少 42.99%、31.42%、27.25%、18.29%。

概言之，与自清末民初百余年来师范教育大起大落式发展紧密相连，整个中小学师资同样难逃大起大落之命运。至于初中师资，则在同样的波澜起伏之中彰显出不同历史时段的差异性。其一，清末民初到新中国成立前的 40 多年中，初、高中教师因初、高中统称为中学而更多地被统称为中学教师，母机起伏所造成的师资缺损是整个中小学师资的缺损，所以起码无法单独判断初中师资是否处于薄弱状态；其二，新中国成立以后到改革开放之初，在师范教育体系的不断规划、膨胀、混乱、调整的历程中，初中师资与小学、高中师资相比，在学历达标、职称评定、生师比等方面开始出现差异增大趋势，且实际地影响着初中教育教学质量的全面提升；其三，进入 21 世纪，教师学历差异普遍获得补偿提升、职称拥有数也趋于大致平稳后，初中师资与小学、高中师资相比，差异开始转向内部，上述教师核心团队拥有数只是极具说服力的明证之一。

（二）城乡师资差异：怎样复杂

如果说，上述师资差异主要体现在中小学师资的供需差额巨大以及从学历差异到内涵差异的隐性转向上，那么，此处目光则更多地聚焦城乡初中师资之间的差异，尤其要揭示这种差异具有怎样的实际复杂性以及这种实际复杂性的历史发展轨迹，且这种揭示并不试图从教师的学历达标、职

---

① 教育部发展规划司：《2012 年全国教育事业发展简明统计分析》，第 197、217、231 页。

称拥有等看起来相对得到补偿与大致趋于平稳的方面着眼，而是从城乡初中生师比之间的历史演变与悄然变化、从初中教师抽拨补缺与"被补缺"的历史演变与悄然变化的细微处着眼透射农村初中师资的复杂镜像，并捕捉城乡初中师资差异背后易于忽略的问题。

　　首先，从初中生师比变化看城乡初中师资差异的复杂演变。在对初中教育进行的诸多研究中，一个意味深长的现象是：无论从硬件（这里主要指办学条件）还是从软件（这里主要指师资建设）看，农村初中几乎所有指标均低于城市，唯一"高于"城市的恰恰是不需要这种高比例的生师比，至少2008 年之前的国家相关数据统计是如此。① 持续多年的城乡初中差异缩小微乎其微，其本身就存在着一定的复杂性，而生师比则是其中表征师资差异的一个重要因素，此一历程可以说是几十年未有之大改变。1958 年"教育革命"时期，中小学的盲目发展使小学和初中教师负担的学生数成为这一时期最高的一年，其生师比分别达到25.9∶1 和38.9∶1。② 历经 30 多年后，到 1992 年，数据表明，城市初中生师比已降低到 13.1∶1，远低于县镇、农村初中 16.6∶1 的生师比，初中教师存量的多余部分主要分布在城市。据当时测算，今后 8 年县镇、农村初中规模发展需补充的教师人数占需补充总数的 95.4%，其中广西、贵州、云南、海南、河北、陕西、广东及河南 8 个省、区的比例就高达 51.9%，而这些地区的师范专科培养能力仅占全国总数的 28.9%，累计缺额高达 19 万人左右。③ 及至 2010 年，笔者对江苏城乡初中师资队伍所作的相关研究也表明，江苏城市初中与农村初中的师资差异显著。其中，城乡初中生师比分别是 2006 年，城市为 14.20∶1，农村为 17.41∶1；2007 年，城市为14.32∶1，农村为16.17∶1；2008 年，城市为 13.70∶1，农村为 15.16∶1。④ 不难看出，在持续多年的初中教育发展中，城乡师资队伍即便就生师比一项而言，其差距缩小相当有限，甚至微乎其微。

　　上述透过城乡初中生师比所折射出的农村初中持续薄弱态势尚属某种显性复杂，从 2009 年开始，城乡初中生师比现状开始悄然发生一些变化，这就是城乡生师比之差从先前的城市低农村高后者呈负值，到现在逐渐向

---

　　① 马维娜：《从数据统计看江苏初中教育之发展空间》，《教育理论与实践》2011 年第 1 期。

　　② 转引自刘桂玲《建国至改革开放前义务教育学制改革的历史研究（1949—1957 年）》，西南大学 2011 届硕士学位论文。

　　③ 马树超：《2000 年中国初中教育普及与质量的宏观研究》，《上海教育科研》1994 年第 2 期。

　　④ 马维娜：《从数据统计看江苏初中教育之发展空间》，《教育理论与实践》2011 年第 1 期。

相反方向发展，即城市高农村低后者呈正值（见表1.2）。

表 1.2　　　　　2009—2012 年全国位居前五地区初中阶段生师比　　　（单位：%）

年份	2009				年份	2010			
排序	地区	均值	城市	农村	排序	地区	均值	城市	农村
1	北京	10.48	11.22	8.87	1	北京	10.24	11.04	8.46
2	天津	10.84	10.43	11.09	2	天津	10.56	10.51	10.58
3	湖南	12.31	15.93	11.84	3	新疆	11.98	14.21	11.36
4	新疆	12.62	14.57	12.06	4	吉林	12.19	14.47	11.59
5	上海	12.67	12.75	12.59	5	湖南	12.45	16.31	11.95
	2011					2012			
1	北京	9.90	10.67	7.77	1	北京	9.83	10.60	7.54
2	天津	10.13	10.45	9.76	2	天津	9.85	10.16	9.46
3	吉林	11.20	13.01	10.06	3	吉林	10.41	12.22	9.23
4	江苏	11.41	11.87	11.09	4	江苏	10.81	11.54	10.30
5	新疆	11.46	13.17	10.85	5	新疆	10.98	13.01	10.32

资料来源：教育部发展规划司：《2010 年全国教育事业发展简明统计分析》第 220 页；教育部发展规划司：《2012 年全国教育事业发展简明统计分析》，第 216 页。

　　对近几年来这种城乡生师比所发生的变化，各方诠释呈多元态势。来自国家层面的解释是，农村生师比低于城市，是因为义务教育学校教师配置状况得到明显改善。"2012 年继续实施农村义务教育学校教师特设岗位计划，吸引高校毕业生到农村从教，农村学校教师配置状况改善明显。"在来自研究层面的解释中，既有"尽快从以'生师比'为核心的教师人事编制制度转向以'专业标准'为核心，促进郊区教师队伍的结构调整和资源优化"的期待，也有对在教师数量增加、生师比降低的情况下，班额却呈增大趋势的一系列更加复杂和深刻问题的剖析与反思。[①] 来自实践层面的事实是，城镇化进程与对教育优质资源的热望，使初中发展出现

----

　　① 教育部发展规划司：《2012 年全国教育事业发展简明统计分析》，第 39 页；陈丽霞：《专业教师配置不足有望改善，上海中小学生师比将下降》，《联合时报》2010 年 9 月 7 日；冯芳：《从生师比和平均班额看我国中小学教育现状——从我国与部分 OECD 国家的比较角度》，《教学与管理》2014 年第 10 期。

"两极"现象。一方面，农村初中门可罗雀，出现超小规模初中，甚至出现"空壳"学校；另一方面，城区初中人满为患，出现超大规模初中，有的班级甚至达60—70人。为何出现不同层面的不同解释？这些解释之间的差异到底在哪里？其差异又是如何发生的？这些问题尚待专文继续探讨，这里需要特别强调的是：无论随时代变化的生师比发生怎样或低或高的变化，也无论这种变化是显性持续还是隐性复杂，其最终结局至少在当下是相同或相似的。这就是农村初中生师比与城市初中生师比的差异始终存在，农村初中不论处于哪个历史时段，其弱势境地始终存在。

其次，从教师抽拨补缺与"被补缺"看城乡初中师资差异的复杂演变。与城乡生师比持续多年变化微乎其微相似的是，农村初中教师抽拨补缺持续多年改变甚少。新中国成立初期，提高广大劳动人民的文化水平，促进工农干部深造和国家建设事业发展的决心，使教育目标放在全国各地普遍推行的小学五年一贯制上。虽然出现原有师资力量较低、校舍简陋、新课本不能及时到位等一系列问题，造成小学教育发展混乱、教学质量很差的局面，但此时的中学教育或许尚未具备相应的发展条件，暂时没有出现需要抽拨补缺的现象。到"文化大革命"期间，针对教育"革命性取向"期短量大的主要特点所提出的"城市普及10年教育，农村普及7年教育""小学不出村，初中不出队，高中不出社"等口号与目标，使本来开始捉襟见肘的师资发生严重紧缺，各地不得不降低办学条件办教育，很多小学教师被抽调到中学补充师资困境，"工人农民教小学""小学毕业教小学""中学毕业教中学"，更成为解决师资尤其是农村师资的主要手段。如当时贵州省小学骨干教师全部被调入中学，广东省小学教师调入中学的达8万人之多。[①] 进入21世纪后，上述六七十年代的师资拨用现象并未因新世纪的到来而发生实质性改观，所不同的是抽拨补缺的空间扩大了，抽拨补缺的学段也扩大了。过去更多的是小学骨干教师抽拨到中学（初中），现在则更多的是初中骨干教师被抽拨到高中。虽说抽拨的都是骨干教师，但教育教学规律表明，不同学段的特殊性客观存在着，是无法违背的，这些抽拨补缺的教师仅仅就或长或短的适应期而言，就可能或多或少地影响教育教学质量的全面提升。在这一过程中，小学骨干被拨用到

---

① 转引自刘桂玲《建国至改革开放前义务教育学制改革的历史研究（1949—1957年）》，西南大学2011届硕士学位论文。

初中与初中骨干被抽补到高中的双重抽补,使初中学段大有"两面夹击、腹背受敌"之势。加之,这种抽拨补缺在某种意义上更多地具备城市中心主义偏好,农村初中的师资发展境遇可想而知。至于那些边远、贫困地区、山区的学校,在遭遇结构性缺员、教学点派不出足够数量的公办教师时,采取的补救方法则是低薪聘请代课教师。据统计,2001 年,我国中小学 70 多万代课教师中有 82.3% 在农村地区;2006 年,全国农村尚有 36 万代课教师。[①] 更值得关注的是,近些年来,农村学校包括初中新代课教师现象再度出现,新代课教师问题再度抬头。至于学科结构方面的问题更为严重。农村学校的外语、音、体、美教师严重不足,一些课程根本无法开设。我们课题组 2009 年在江苏苏北某初级中学调研时,学校反映该校 105 名教师中,有中学高级职称的只有 3 人,没有史、地、生专职教师,这些课程只能由其他学科教师"兼任"与"补缺"。而截至 2013 年底,苏北某市初中专职音乐教师缺编 173 人、美术教师缺编 38 人、体育教师缺编 195 人。[②]

进一步说,与农村初中生师比悄然下降、"空壳"学校相继诞生紧密相关,近些年来,教师的抽拨补缺现象也悄然发生着变化,出现"库存教师"的复杂现象。如江苏苏北某农村一所初中学校,初一时班级规模为 35 人,初二时却变成了 8 人,生源结构变化导致的"被小班化"使农村初中教师由紧缺变为闲置,看起来师资缺员缓解了,但其实,在这类"空壳"初中坚守的教师,无论是日常教学还是专业发展都十分堪忧。这里分为两类群体:一类是撤区并校后有一定教龄的老教师群体。这些教师并不想去所谓的城里学校、优质学校,他们认为,农村初中生源减少是好事,带的学生少可以让自己落得清闲,进而成为"等星期、等放假、等工资"的"三等"教师。另一类则是青年教师群体。这些教师则拼命想去所谓的城里学校、优质学校,他们似乎患有"农村恐惧症",将全部心思都放在进城上,一有机会立马走人。[③] 如果说,早些年的教师抽拨补缺

---

① 徐坚成:《我国普及义务教育的进展及问题分析》,《教育发展研究》2002 年第 12 期;路甬祥:《全国人大常委会执法检查组关于检查〈中华人民共和国义务教育法〉实施情况的报告》,2007 年 6 月 28 日。

② 这部分相关数据与相关事实均来自与江苏一些教育行政官员与教育科研人员的访谈交流。

③ 同上。

造成的是农村初中师资的显性流失，那么，近些年出现的教师抽拨补缺造成的则是农村初中师资的隐性流失，农村初中出现此类现象显然要多于城市初中。

综上所述，就对中国基础教育初中发展的师资检视而言，可以得出的简要结论是：第一，作为师资母机的师范教育的大起大落、急上骤降，从源头上再制了中小学师资的薄弱态势，而裹挟其中的初中师资也逐渐呈现出相应的差异。同等学历教同等学校、骨干教师被抽拨至高一级学校、不足师资由低一级学校补充的达标缓慢、供需难衡现状，使初中教育质量提升与发展的路程既有一种历史的沧桑，更有一种现实弱者的无奈。随着办学条件、学历达标、职称晋升等问题获得较大改善和趋于相对平稳后，初中师资发展当从显性关注迈向隐性关注，当从重指标比较阶段进入指标比较、核心团队、群体建设、实践改善的多重比较阶段。第二，城乡初中师资差异呈现出的复杂性主要表现为持续差异与渐变差异、显性差异与隐性差异、现象差异与实质差异的多重交织和联手彰显，若只知其一不知多重，只关注其一不关涉多方，或者单纯使用"差异是绝对的"而"差异缩小是相对的"这种总体性解释，都可能使对此一问题的解读与剖析陷入无从剖析、解释不通、没有办法的多难境地。而持续存在且改变不力的城乡师资差距，无疑会与长期坚守乡村、边远、贫困地区教师的心理、精神、价值的社会期待与精英期待形成纠结、胶着甚至抵制。相应地，作为教师心理、精神、价值直接外化的初中教育教学质量，就会成为这些差异的衍生物，这对成千上万即将面临人生第一次重要选择的初中学生来说显然是不公平的，更遑论中国基础教育的整体和谐发展了。

第二章　新世纪基础教育初中
发展之检视

　　在完成中国百余年基础教育初中发展分别进行的学制检视、政策检视与师资检视的历时扫描后，检视的目光移向新世纪的初中发展问题。作为进入研究的另一张入场券，把捉的是新世纪的共时性问题，且试图从多角度完成这种把捉，以构成对基础教育初中发展的全景敞视。如此，检视主要聚焦于四个方面：一是新世纪地域关注，重在初中发展的实地考察；二是新世纪问题关注，重在初中发展的要症剖析；三是新世纪研究关注，重在初中发展的文献综述；四是新世纪文本关注，重在初中发展的政策解读。

一　新世纪地域关注：初中发展实地考察

　　从 2009 年以来，我们初中教育研究课题组持续进行与初中教育相关问题的实地考察、现场听课、调研座谈以及后续访谈，涉及的地域有江苏省外的北京、天津两个直辖市，江苏省内苏南、苏中、苏北的 10 多个市（区）的 30 多所学校；涉及的类型有不同省域调研、不同区域调研、不同类型调研；涉及的问题有如何定位判断初中、如何看待初中类型、如何平衡把持初中以及如何对初中的复杂性生存进行进一步考证与反思。

（一）不同省域调研：如何定位与判断初中

　　着眼于新世纪初中发展不同省域的实地考察，课题组是从 2013 年对北京、天津两地的调研开始的。调研的主要目的是考察两地初中教育发展现状，梳理两地初中教育的经验与特点，共同探讨江苏与北京、天津关于初中教育的一些共性问题，在此基础上，探寻整体推进江苏初中教育的内涵发展与全面提升的对策与建议。调研主要以召开座谈会、学校考察等形式展开，涉及的机构与学校包括北京教科院、北京市第二中学、北京市第十八中学，天津教科院、天津市第五十五中学、天津中学等；涉及的内容包括北京市教育委员会重点打造的"初中建设工程"、北京市初中学校评价实践、北京市初中学生综合素质评价等，天津市小升初招生政策、随迁子女入学政策、义务教育学校现代化标准建设（100 条）、天津市教委重点实施的包括未来教育家工程、265 工程、教学校长工程等在内的师资队伍建设项目等。

1. 调研中的基本发现

对京、津两地初中教育状况调研的结果，对初中发展研究有了一些基本的发现，即初中发展的定位判断呈动态走势；初中学校的主要存在方式呈多样生态；区域初中发展的基本路径是项目推进；初中教育内涵发展的重要元素是主体关注。

动态走势：初中发展的定位判断。近年来，初中教育无论是办学条件还是自身发展等都有了较大提升，但社会、经济的迅速发展和人民群众对优质教育需求的日益增长，对初中教育提出了更新更高的要求，使初中教育与基础教育其他学段一样，面临新旧问题与矛盾交织的困境挑战。可以说，这些困境挑战是京、津、苏三地乃至全国性的共性问题。当然，在两地调研过程中，课题组发现，关于初中教育的现状定位，京、津两地与江苏也呈现出一定的认知差异。从江苏整体情况看，课题组的前期研究表明，就全国看江苏，总体发展水平不容乐观：从总体指标看，在 2006 年、2007 年数据的五个方面，即江苏初中巩固率与升学率、江苏初中的校舍与图书、江苏初中的师生配备、江苏初中的信息化水平、江苏初中的仪器设备 15 项指标，江苏初中与全国同类初中相比，排在 1—5 位的只有 3 项，6—10 位的有 6 项，10—15 位的有 5 项，16—20 位的有 1 项；而从师资水平看，江苏初中的师资力量在各项指标中处于较弱位置。在全国范围内，江苏城市初中的师资力量不仅低于北京、上海、浙江、天津，而且低于重庆、吉林、宁夏、云南、陕西；江苏农村初中的师资力量不仅低于上海、北京、浙江、天津，而且低于宁夏、吉林、西藏、重庆、内蒙古。[①]
而从京、津两地的调研情况看，京、津两地对初中教育在基础教育中的薄

---

① 马维娜：《江苏省初中教育现状研究报告》，《江苏教育研究》2009 年第 10B 期。

弱地位虽也有认同，但似乎没有江苏的感觉明显和强烈。

细究起来，原因可能来自两方面：一方面，可能与初中发展的专题性研究和关注度有关。江苏近年来不乏洋思、东庐、后六等有一定影响力的初中学校，但在此基础上，如何从内涵发展与全面提升以及整体推进的视角，不断寻求初中学校的新发展与新典范，江苏显得较为迫切，而每年举办"初中教育论坛"、江苏教育科学规划课题申报单列"初中教育研究专项"，以及开展"初中教育内涵发展与全面提升的整体推进研究"的重大课题研究等一系列举措，就是要通过这类专题性研究和关注，给予初中发展更多层面上的拓展与点上的突破。与之相比较，调查发现，京、津两地对初中教育研究则更多地纳入基础教育或义务教育整体研究之中，客观上造成了在初中发展定位判断上与江苏存在一定程度的地域差异。另一方面，可能与认知判断的时间节点有关。江苏从"十一五"之初开始着手研究初中教育的困境与突围问题，此时，全国范围内教育均衡发展正风生水起。在各级政府、各教育行政部门、各初中学校以及社会内外教育力量数年的努力下，尤其是伴随着一些区域性行政化工程的推进，许多问题的解决在一定程度上暂时舒缓了初中教育问题的严峻性，如北京市教育委员会重点打造的"初中建设工程"、北京市初中学校评价实践以及北京市初中学生综合素质评价、天津市小升初招生政策、随迁子女入学政策、义务教育学校现代化标准建设（100 条）等，也使在初中发展的定位判断上呈现出动态、相对、发展的特点，并由此导致在初中发展的定位判断上与江苏存在一定程度的地域差异。

多样生态：初中学校的主要存在方式。截至调研之时，北京共有纯初中学校 341 所，完全中学 289 所，初中班级数 9354 个，初中在校学生305510 人。[1] 天津共有独立初中 317 所，完全中学 159 所，初中在校学生 256541 人，初中毕业生 84072 人。[2] 其中，天津各区县的种类较为多样，如河西区 18 所初中分为 6 所国办初中校、3 所民办校、9 所完全中学，而 9 所完全中学又分为三类：2 所市教委直属学校、5 所区属市重点、2 所区属重点学校；又如大港区 17 所初中，其中就有 1 所隶属大港油田的，5 所属于九年一贯制（包含前一所）的，1 所属于完

---

① 2012/2013 学年初北京市教育事业统计信息快报。
② 2012/2013 学年初天津市教育事业统计信息快报。

全中学的。调研的整体情况表明，京、津两地初中学校的主要存在方式，呈现出特色明显的多样生态。一方面，存在的种类多样。从调研中考察的四所初中学校看，北京市第二中学、北京市第十八中学，天津市第五十五中学、天津中学四所学校有着共同的特征：一是它们都是优质学校，二是它们都是完全中学。进一步深入调研又发现，完全中学中的初中、九年一贯制中的初中、公办初中、民办初中等多种类别，在两地呈百花齐放的存在方式。而高中附属初中的存在方式，普遍得到被访的科研人员与一线学校的认同，甚至当年分离的此类学校也开始出现不少复合或明分暗不分的现状。这其中为完全中学的高中部保存生源固然是现实动力，但强调初、高中六年整体设计与文化的传承创新，或许是更高远的追求，需要进一步论证与反思的可能倒是初、高中分离政策的"一刀切"问题。

　　项目推进：区域初中发展的基本路径。初中发展相对薄弱的地位和现状，决定了其在发展的原始积累阶段，仅凭自身变革意愿和草根行动无法突破困境。从全国各地的经验看，近年来，上海浦东的学校托管机制、杭州的学校集团化机制、四川成都武侯区的城乡学校"捆绑发展"机制等区域的实践探索表明，区域推进是初中发展的重要路径。调研显示，也没有例外。通过加大对初中学校的资源整合力度，将人力、财力、精力聚焦，统一规划，强力推进，是基本经验与基本路径。北京市以"初中建设工程"为基点，先后出台《北京市教育委员会、北京市人民政府教育督导室关于实施的意见 2005—2009 年》《国家教育体制改革项目——义务教育均衡发展 2010—2013 年》《中小学建设三年行动计划 2012—2014年》，通过布局调整与资源重组，整体强力推进初中教育发展。天津市则以量化的指标考核验收，强势推进教育现代化建设，初中学校虽未有单列，但配合义务教育阶段的整体推进，也从很大程度上得到了提升与发展。就江苏初中区域发展的实际而言，从调研中获取的思考是：若能突破分数质量的单线追求，以初中教育为圆心，向教育内外两条线辐射；若能突破同类学校同质性的整合共享，向不同特征学校异质性的合作拓展；若能突破教师、校长交流互动的"人力资源共享"，更多引入或借助数字化教育资源共建共享平台，或许是提升初中发展区域推进层次与水平的聚焦和关键所在。

　　主体关注：初中内涵发展的要素探寻。在初中教育发展过程中，如果说加大投入、区域推进、政策导向等是体制层面的外围力量的话，那么在现有体制内，关注相关主体，探寻初中教育发展要素，则是初中教育走出困境的内在驱动和必由之路。从京、津两地的调研情况看，三类主体甚为关键：一是政府。无论在学理上还是法理上，政府都是初中教育公共产品提供者的"第一责任人"，因此，激发政府的主体作用是首要前提。北京市在初中建设工程中，推出"北京市初中学校评价实践项目"，通过对初中学校的分析诊断，以此为基础制定区域和学校发展规划与分年度实施计划；通过建立北京市初中建设工程数据库，以此分析和了解区域和校际之间的差距，掌握全市初中发展现状；通过每年一次的全面数据采集，用具体数据掌握工程的进展和效果，建立与信息技术相适应的教育管理模式。天津推行的新旧"100条建设标准"以及300多人督导队伍，地毯式督导，不达标者即撤销学校。所有这些政策的强势推进，都体现了政府主体的力度与效度。二是校长。实现初中发展的困境突围，校长的引领力提升是关键。北京二中钮小桦校长有着"完中校长我为初中做几件事"的清晰思路，以学校图书馆为载体，在图书馆设立学生博物馆、教师博物馆、原版电影馆，凸显师生主体的作用；天津中学校长有着"不让一个孩子掉队——不让掉队的孩子掉队——让掉队的孩子不掉队"的教育理念，将学困生编成天使班，分层次进行实践探索，帮助学生找到成功的感受与体验。所有这些都成为提升校长领导力的示范。三是教师。实现初中发展的困境突围，每一个教师都是具体的践行者与研究者。随着初中教师合格学历比例的提高和更高学历教师人数的增加，激发教师主体活力尤其需要关注新出现的问题，如在教师专业化大背景下，普遍的职业倦怠问题、成熟教师发展的高原现象问题；又如在绩效工资背景下，教师的职业认同与职业幸福感问题；更有如何认识学生、发现学生、研究学生、引领学生发展等问题。

2. 调研中的思考生成

京、津两地调研，逼迫并生成对初中发展问题的诸多思考：一是初中教育的独立价值究竟在哪里？二是初中教育发展究竟面临哪些新问题？三是初中教育发展究竟需要怎样的政策设计？

就第一个问题"初中教育的独立价值究竟在哪里"而言，从目前的实际现状和研究关注看，处于12—15岁年龄段的初中教育，无论放在中学阶段、基础教育阶段还是义务教育阶段，似乎学界、行政、社会都各执一词。这种不同侧重定位的差异，多半缘于着眼点的不同：是侧重于经济成本核算，还是行政管理便利？是侧重于学生成长规律还是人生规划、发展？

钱理群先生曾在《我的精神自传》中提出对教育原点的追问："现在的教育最根本的问题，就是教育的精神价值的失落。如果要解决这个问题，首先要回到教育原点上来，追问我们办教育是干什么的？大学是干什么的？中小学是干什么的？如果这些根本的问题不解决，其他的枝节问题就无从谈起。"① 从教育哲学的层面对照、延伸，初中教育发展的原点问题，恐怕还是对初中教育独立价值的再认识问题。第一，初中教育独立价值的本质是个性化。初中教育是一种在寻求服从于一般教育共性的基础上，竭力创造出富有个性特征的学段特质的过程，它追求的是独特性。这种独特性不应当仅仅满足于承上启下的过渡功能，而应当成为在通盘考虑当下学制学段划分的基础上，遵循教育和学生身心发展规律，顺应本地与社会发展的实际要求，创造本学段独特的办学理念、办学内容、办学策略的过程，并由此凝聚形成一种整体而独特的学段风格与学段风貌。第二，初中教育独立价值的目标是优质化。初中教育的独立价值，不是因为有了历史生成的这个学段而演绎其价值，而是更多地要从反思入手，找寻其本身应有的和蕴含的价值，为初中年龄段学生提供卓越、优质的教育服务，以回归教育教学规律，回归培育基础教育合格人才的要求。第三，初中教育独立价值的归宿是人本化。不管初中教育的设置本身如何，影响怎样，能否让初中学校充满生命的温暖，让初中校园更灵动、课堂更鲜活，进而让学生更快乐、教师更幸福，应该成为初中教育独立价值的方向标与最终归宿。

就第二个问题"初中教育发展面临哪些新问题"而言，"如果说普及九年义务教育确保了每一个儿童受教育的机会，实现了基本的教育公平，那么关注和提高教育质量则涉及更高层面、更本质的教育公平问题"②。在这样的背景下，一些在初中发展过程中随之产生的问题，就成为绕不过去的新问题。一是新市民子女教育问题。随着异地高考方案的陆续出台，加上区域性的特殊区位和经济发展特点，新市民子女受教育问题大量增

---

① 钱理群：《我的精神自传》，漓江出版社 2011 年版，第 10 页。
② 朱小蔓：《对策与建议——2006—2007 年度教育热点、难点问题分析》，教育科学出版社 2007 年版。

加。一方面，新市民子女接受与当地同龄学生同等的教育，既是教育公平的体现，也是一些学校在生源下降过程中，支撑学校办学规模不可缺少的要素；另一方面，新市民子女的就读需求是一种流动的教育需求，当地各校无法准确预计要求入学的所在年级与人数，加之中途转入当地的外地学生与本地学生在学习基础、学习方式和行为习惯等方面存在较大差异，给教育教学管理带来较大困难。教育公平理念与地方有限资源的博弈关系处理，在一定程度上成为初中发展中的新关注点。二是师资结构性矛盾问题。虽然，近年来各初中学校都开始意识到师资队伍是影响和制约学校发展的关键因素，但历史原因造成的客观上面临的师资结构性矛盾却无法回避，包括年龄的结构性矛盾、学科的结构性矛盾以及骨干教师的结构性矛盾。这些结构性矛盾，如果不能得到有效解决，势必制约师资队伍建设的层次和水平，影响初中教育发展的内涵发展与全面提升。三是绩效工资背景下的绩效管理问题。实行素质教育一直是初中教育发展的基本目标定位，但这一过于笼统的目标，往往在实践中出现理解和行动的偏差。家长、社会对分数关注度高而对教育容忍度低的现实，使初中教学工作从目标确定到内容选择再到方式运用，实际上以中考为指针。2009 年 1 月 1 日起绩效工资的实施，既给学校发展带来利好机遇，也对学校管理提出新的挑战。也就是说，在绩效工资背景下，要让教师走出驾轻就熟的应试取向，投入时间精力更多、收效未必立马可见的素质教育，并不是一件轻而易举之事。绩效工资政策带来的究竟是新一轮大锅饭还是新的教育发展增长点，是摆在各初中学校面前的现实而又迫切的新课题。

就第三个问题"初中教育发展需要怎样的政策设计"而言，调研过程中京、津、苏三地的讨论与比较表明，除了面上的整体布局外，政策顶层设计中对一些点上的突破可能需要更大的力度与空间。一是体制突破的量质齐变问题。从数年的教育发展与当下实际看，小打小闹的变革已经无法满足人民群众对优质教育不断增长的无限需求。当单纯依赖数量增长无法引发新的质变的情况下，尝试进行内部结构的变化，以此引发质变不失为一种新的思路。如不妨可以在学制突破上做些探索，如改"六三制"为"五四"制，或者缩短小学学制延长初中学制等，只要更有利于学生身心发展，未尝不可以做些努力。当然，学制探索本身只是手段，由学制变化所带来的量质齐升的变化，才是政策探索的根本所在。二是政策设计的论证反馈问题。从调研情况看，附属于完全中学的初中学校发展，在一定程度上体现了更多的文化传承、更多的课程整体设计、更多的资源整合共享与更多的教师成长空间诸多优势，尽管这一事实的样本量还需要进一步扩大与求证，但一刀切地要求初、高中分离的政策制定与实施，可能还需要回到教育实践之中进行更广泛的可行性论证，以使决策更科学、更合理。三是教育成本的投入指向问题。与发达国家普及教育由低到高、循序渐进的路径不同，中国基础教育战略实行的是政府主导型的赶超战略，把普及基础教育与发展高等教育同步进行，从而出现在教育价值和发展重心上"重高等教育、轻基础教育"的格局。近年来，随着教育均衡发展战略的推进，这种现象虽有所改观，但从调研情况看，整体并不乐观。因此，教育成本的投入指向，不能仅仅是基本设施等硬件投入，而要把有限的人财物投入事关初中发展的核心指标与核心要素上，且理应成为主要的政策设计考量依据。

（二）不同区域调研：如何看待初中类型

如果说对京、津初中的调研获得了一些基本发现与生成思考的话，那么基于江苏苏南、苏中、苏北相关区域与初中校的调研①则表明，初中教育的发展问题，已经不是简单地说应当怎样或不应当怎样发展的问题，而是一个需要多方求证、多元解读、多位实践的问题。其中，现有初中类型到底谁更合理或者说谁更具备生存的可能性，在江苏的诸多调研中成为一个较为突出的需要多方求证、多元解读、多位实践的问题。

就目前中国尤其是江苏而言，除少数民办初中和十二年一贯制的初中外，现有大多数公办初中类型大致可分为三种：一是九年一贯制学校中的初中校，二是完全中学中的初中校，三是独立设置的初中校。从目前现实状况看，第一种类型学校尚有不少存在；第二种类型在教育行政部门初、高中分离的条令下已基本分离，但事实上情况比较复杂；第三种类型似乎是现在的常态。调研发现，若对三类学校本身还是进行笼统的利与弊的分析，恐怕还是会形成公说公有理、婆说婆有理的局面，或许从各类学校形成以及存在的诸多缘由上作些剖析，其对初中不同类型的解读可能会更全

---

①　从 2009 年到 2014 年，课题组在江苏苏南、苏中、苏北先后进行过多次初中教育的相关调研与实地考察，涉及的区县近 10 个，涉及的学校有 20 多所，涉及的人员包括当地教育局、教科院（所）、教研室行政官员、研究人员以及调研学校的校长、教师、学生等。

面、更合理也更多元些。

如何看待九年一贯制学校中的初中。这一问题事实上在理论研究、教育行政、学校实际之间存在较大差异。无论是九年义务教育需要一种整体设计，还是九年一贯制学校便于统一管理，抑或是初、高中学生身心发展特点更为接近完全中学的合理性，我们都在这里暂且把已有的或将有的理论阐释悬置起来，而着重描述调研中相关学校现存类型事实上的复杂情形，以为更全面、合理、多元的解读提供实践依据。（1）九年一贯制学校的设置有其历史和地域的特殊性。在考察与座谈中得知，扬州市的邗江实验学校与邗江美琪学校的形成，可以说就是这种历史和地域特殊性的代表。如原先的邗江实验学校本来是民办初中（现已回归公办，确切地说，原先就不是纯民办，而是公办民助，学校教师都是公办编制），这在很大程度上满足了该学区部分家长的择校需求。但邗江区地处城乡接合部的地域特点，又决定了不是所有阶层尤其是贫民阶层子女都能进这所学校。这样，从九年义务教育的强制性、义务性和基础性出发，就又办了一所纯公办的九年一贯制学校。现在这两所学校甚至成为这一地区满足不同阶层子女就学的民办性初中与公办性初中的一种互补形式，因为形式上的回归公办仍无法将这两所初中的九年一贯制性质完全等同。（2）九年一贯制学校的"一贯"有时有名无实。首先，在考察与座谈的几所学校中，几乎没有发现一所学校就学校发展、课程设计、课堂教学、教师发展、内部管理等方面，试图从学生身心发展和健康成长角度作出九年一贯的整体规划与整体设想，充其量只是小学学段与初中学段一些活动的部分参与。调研中有学校就坦承，小学初中的一贯性体现不到位，没有真正坐下来考虑相辅相成的问题。而在有校长提及打算考虑将小学高年级部教师与初中部教师打通使用时，所在区的教育行政官员则立即表示出担心，理由是小学、初中教师交流可能会对小学带来不利的影响。其次，九年一贯制学校的小升初事实上也无法得到真正落实。某实验学校在小学学段保持了 8 个平行班的规模，但到初中则变成 5 个平行班了。主要原因是周边还有两个名校，该实验学校夹在其中，要保住原有生源相当不容易。（3）教育行政的"有利管理说"也未得到充分佐证。首先，学生的在校时间不同、上课时间不同，对学校管理带来的是实际上的不利。就此一项，不同学校对不同上课时间的不同做法是：或者让小学生多休息 5 分钟；或者让初中部也同样上 40 分钟课，多出的 20 分钟再变成一个小自习。其次，中小学老师本身工作、学习性质差异较大，但学校对老师的要求在很大程度上又是一样的，如上班作息时间学校就只能作统一要求，这同样对学校管理带来了不利。

如何看待完全中学中的初中。（1）不少学校认为，从教育心理学的角度出发，初、高中学生的生理、心理发展特点更为接近，故初、高中学生在一起似乎更符合教育教学规律与学生身心发展规律，需要从诸多方面自觉作出符合教育规律的设计。但与此同时，这些学校也无奈地承认，迫于现行教育体制与评价机制，学校自觉作出符合教育规律的诸多设计显然很困难，而必须更多考虑的是，如何从自己的初中部输送出更多中考发挥稳定且能被各名高中录取的优质高中生源。（2）不少学校还认为，完全中学有高中部，可能视野更为开阔些，也会由此带动初中部的视野开阔。譬如，高中部最大的教育资源是杰出校友的影响力，这种影响力从物质到精神均无法小觑。作为完全中学中的初中当然不会轻易放弃。考察中我们看到，即便是一所完全中学原先的初中部，也会把主要是高中阶段的杰出校友作为本校的重要资源加以展示。当然，这带来的另一方面就是，在完全中学，学校的主要精力更多地会放在高中部，初中部则会被有意无意地边缘化。这或许是初高中被要求相互剥离的原因之一，或许也是初中发展缓慢的原因之一。

如何看待独立设置的初中。（1）单独办初中能让初中学校具有更多的自主性，也更能实现学校自身的发展。这里需要指出的是，从目前初中学校的实际现状看，作为独立设置的初中学校，在设计学校发展理念、制定学校发展规划时，能够自觉意识到初中阶段学生有着与小学、高中学生不一样的人生发展特点，并据此整体规划初中阶段的学校发展，以让学生无论将来做什么都能受益终生的，委实并不多见，而提高中考升学率、为优质高中输送更多的"进入"指标，可能是考虑更多也是更为当务之急的。这本也无可厚非，但从长远看，初中生面临的是第一次重要的人生选择，这一选择不仅是职高与普高的选择，选择所导致的也远不仅是学校之间性质的差异，而是与人的一生发展密切相关的连带差异，包括高校选择以及其他选择的机会，与之相关的文化资本、经济资本、社会资本的积累，可能获取的身份、地位、荣誉等，初中教育乃至整个教育不可能是包治百病的神医，但起码在现行制度框架内，是否有意识地考虑如何为一个初中生的未来与终身负责，对一所独立设置的初中学校的整体和长远发展来说却是大不一样的。（2）涉及调研中不少学校提及的不同学校都有各自使命的问题。到底怎样看待这些所谓的各自使命，同样直接关系到作为独立设置的初中如何定位如何发展的问题。其实，尽管在调研中校长们使用了"各自使命"这样的字眼，但究其实，他们所说的各自使命更多的是不同学段的培养任务，或者更确切地说，是各个不同学段的升学任务或压力。各自使命的不同似乎与各学段时间的长短不同有关。小学学段长有利于长远规划，初中高中都是三年但又有不同，初中是进门有择校出门有选拔，高中是进门出门都有选拔。座谈中一位校长说的话非常值得深思，"现在都是办学校而不是办教育"，其中意涵着作为学校的当下使命与作为教育的长远使命之间的巨大差异。从理论上而言，办学校与办教育之间并没有必然的沟壑，但为什么会出现一些人为的割裂，这值得深究。这一问题不明确或不理顺，将会对初中的独立设置带来相当大的影响。现在的初高中明分实不分，或明分后又静悄悄地合并且教育行政睁只眼闭只眼的默认现象，说到底就是这一问题的最好佐证。

（三）不同类型调研：如何平衡把持初中

就不同的初中学校而言，其三年的行走轨迹同样各不相同。一种学校情形是，初一抓衔接，初二抓分化，初三抓升学。这是一种行走，但更多的是一种狭隘的谋求时间与功利之间如何平衡的行走；另一种学校情形是，硬件的不足导致在软件上下功夫，或打造教师队伍，或抓行动德育，或抓中考改革。这也是一种行走，是大多数学校都希望的把学校发展、中考升学与时间整合的行走。在整个调研中我们强烈地感受到，无论哪种行走，学校、校长、教师都在以一种持衡的姿态进行着各自的探索，不仅是初中三年时间上的平衡把持，也不仅是教学与升学的平衡把持，而是一种更大时空的整合，是一种素质与应试的整合，虽然其中的艰辛与艰难几可触摸。

学校文化、课程课堂、素质教育的可操作与具体化。与几年前人们对学校文化建设大都还滞留于概念与设想层面、课程建设大都还滞留于在国家课程之外增加一些校本课程开发的情形有所不同，多次调研发现，不少学校更强调实实在在的学校文化、课程课堂、素质教育的可操作与具体化。一是学校文化建设。无锡河埒中学认为，好的学校不是管出来的，而是靠氛围，靠气场，靠文化熏陶渗透的。制度要从墙上走下来，他们把这个走下来的制度就化育在学校的"梁溪书苑"中，使其不仅成为老师们研讨休闲之处，更是学生们阅读、思想之地。而同在无锡的蠡园中学则试图把所提出的"孩子气、诗书气、浩然之气"的理念，细化在接地气又可操作的各级指标之中，以让老师和学生在这个过程中，能实实在在地说出对某学科我能做到什么样。常州勤业中学的学校精神是"勤业精神"，他们认为，学校要做的无非就是两件事，即文化与课程，并且这两件总的事要通过每一件具体的事（如大课间活动、酬勤园课程、大声讲话、展评学习法等）来实现，达成"让我们的孩子喜欢我们的学校，让我们的老师喜欢我们的学校"的教育目标。江阴云亭中学更是依托"云亭"二字，把云亭文化、山水文化渗透到全部的物质文化、价值文化、师生文化之中。学校现代化的物联网系统建立在让学生能感知成长的人文理念之上，从具有穿越感的史地教室到感知生长田地，从心理辅导室到各种传感器，学生们各自在其中的成长似乎时时能感知，时时伸手可触。二是课程课堂设计。常州勤业中学把校园一角的一块荒地开辟为"酬勤园"，师生不仅一起挖沟开渠，翻土施肥，种上瓜果蔬菜，而且一起研究土壤结构，研究植物特性，形成种、产、销一条龙，更以"酬勤园"课程打通多门其他课程。这种简洁方便又能人人参与的具体的可操作的事情，源于学校的一系列教育念想：勤业的学生要长得比别人高、比别人壮，人人脸上写着笑意；让有特长的学生更优秀，让没有特长的学生变得有爱好；优秀是夸出来的，让每一个学生都能得到学校的表彰；学校要教给学生一生受用的品质、习惯和能力；学校要培养学生终生平和幸福生活的能力。无锡蠡园中学立足于"理想中的教育可操作"课程设计，起源于问题又凝练于问题。譬如一个体育学科课程理念的设计，最初是源于老师们与体育相关的 61 个问题，再进一步梳理成 41 个基本问题，最后形成学校"爽"体育的要义：阳光、开朗、快意、舒适；更形成"爽"体育的宗旨：康健其体魄，阳光其精神，舒畅其身心，率直其个性，豪放其性情。无锡河埒中学的教师微课堂记录，是用"微思考生成微记录""微行动促进微变化"的方式，作出的某种富有启发的细微尝试，在这种开放、自然的"微"过程中，老师们教育教学行为的渐变是润物无声的，课堂教学效果的渐变也是润物无声的。三是素质教育的新解。多年前关于素质教育与应试教育的争鸣，在今天似乎有些疲惫。或许人为的分割与单一的解读已不能满足人们对这一问题获取清晰认知的基本要求，又或许愈演愈烈的择校、升学竞争早已盖过底气不足的素质教育的呐喊。其实说到底，素质与应试本就无法分开，真正的素质教育并不会惧怕考试，而不能面对考试的素质教育会被认为底气不足。在初中调研中，一个重要的发现就是，面对绕不开的中考，不少学校开始从素质与应试相互对立或两张皮的怪圈中走出来，并试图获得他们自己的新解与各不相同的关系设计。如简单地教与有意识的教的新解与设计；从应试80分走向全能80分的新解与设计；从背水一战、提高成绩的学习法到明确目标、主动研究学生的学习法的新解与设计；从你怎么说、我怎么做到我来琢磨、我来想想的新解与设计。这其中的差异显而易见，其教育实效也大不相同。在现今教育体制下，对一所学校而言，要想撇开升学完全不谈无异于揪着自己的头发想离开地球，校长们说升学不是不要，关键是要看怎样学与怎样升，其中学问很值得深究。

挖掘存量、提升增量的更多平衡把持与各得其所。博弈论中有一个概念叫做"零和"，意思是双方博弈一方得益必然意味着另一方吃亏，一方得益多少，另一方就吃亏多少。之所以称为"零和"，是因为将胜负双方的"得"与"失"相加，总数为零。在零和博弈中，双方是没有合作机会的，因此，零和博弈属于非合作博弈。但是随着时代的进化与博弈理念的变更，人们早就开始从零和博弈走向双赢博弈乃至多赢博弈。这在多年来人们在素质教育与应试教育的对立、互融、双赢多赢的探索中，能明显感受到这一点。调研发现，不少学校既积极探索在不同的学校背景与现状下如何发挥老师们的教学潜能，与此同时，倒也并不忌讳谈论中考谈论成绩，他们谋求的是一种在各方利益间的平衡把持，并期望在这种平衡把持中能各得其所。这其中值得一提的是一个以往研究中不多见或较少发现并关注的问题，即不同的学校背景与现状决定了校长们不同的师资建设理念，而校长们不同的师资建设理念又决定着不同教师群体的形成方式与发展方式。无锡河埒中学校长坚持认为，可以用自己的多做增加与老师们的沟通和信任，在中考指标压力与"一所单位人永远是最宝贵的因素"之间，形成一个充满阳光的教师群体。与之相应的主要发展方式是微课堂记录，认为不能神化校长、教师的功能，每个学段的人承担好那一学段的教育责任即可，哪怕是细小的与微变的。无锡蠡园中学校长组织起富余的师资力量，进行课程与评价的整体设计，在简单地教知识与有意识地教知识之间，形成一个"存量很大"的教师群体。与之相应的主要发展方式是，琢磨怎样从被动接受到主动参与，进行一系列改革的原创设计。常州勤业中学校长从不把学校设备、生涯、师资三差挂在嘴上，在普通学校与夸出来的老师之间，形成"像一本厚厚的书值得回味"的教师群体。与之相应的主要发展方式是，没有教研规定但时时处处都有教研存在，都需要思考如何在学校做好每一件具体的事。邗江美琪学校校长在学校相对薄弱的情况下，实施"用发展教师来发展学校"的联通策略，形成一个有压力又有规范的教师群体。与之相应的主要发展方式是，特别注重系列主题培训、特别注重职业生涯规划、特别注重文化引领。

在校长、老师们"这样做"的情形下，我们能听出并感受到一些与以往相比悄然发生着变化的东西和与之相应的各得其所——学校收获较多的是在微成长与好成绩之间的相辅相成与平衡把持，校长收获较多的是在理想与现实之间的相辅相成与平衡把持，教师收获较多的是学校不同硬软件环境与个体主观能动之间的相辅相成与平衡把持。

（四）初中复杂生存：进一步考证与反思

在以往的研究中，我们曾对江苏初中教育作过一个基于数据比较的现状判断，这些数据比较包括江苏初中在全国初中的位置比较，江苏初中在江苏小学、高中的位置比较，江苏城市初中与农村初中的位置比较。得出的基本结论是：江苏初中总的发展趋势薄弱于全国，尤其是在师资队伍建设等软件建设方面。2013 年 5 月，我们对北京、天津的相关初中进行调研时，试图检验并类比这一基本结论。然而，如上所言，调研的结果却不尽一致，起码京、津地区对初中教育发展的薄弱感不及江苏强烈。值得一提的是，在江苏的多次调研中也发现，即便是江苏的初中学校，对是否认为初中教育发展薄弱也是不尽一致的。有学校认为，总体说，初中与小学、高中相比还是较为薄弱的，主要表现为自主空间不够、研究起点低、狭隘的质量观等；有学校则认为，就课堂教学与效果而言，小学活跃、初中沉默是事实，但原因要做多方分析，如身心发展特点、课程要求各异、教学内容不同等，关键是要对各阶段素质教育的内涵进行重新把握。正因为上述呈现的诸多情况，所以对初中教育的整体判断尚需进行由表及里、由外而内的深层剖析。或者说，初中教育相对薄弱的"豆腐腰"的总体判断需作进一步考证，且不仅仅从数据出发，而应是多方面的考证，并且着重突显的应是初中教育发展过程中生存样态的特殊性。

特殊性之一：初中教育扛着全科性与选拔性带来的复杂性。所谓"全科性"指的是不同学校不同学段所有科目的合格率；所谓"选拔性"指的则是不言自明的重点高中择校生或升学率。应当承认，随着时代变迁与观念更新，素质教育与应试教育的概念界定、内涵意义、实践操作等，都发生了一些相应变化，这一方面使对该问题的观照置于一个广袤的时空场域之中，另一方面也使处于这一时空场域之中的各方关系更加扑朔迷离、多元复杂。现在的问题是，小学、初中、高中无论如何都回避不了素质与应试既一张皮又两张皮的问题，不管是小学低中年级搞素质、高年级搞应试也好，还是初一抓衔接、初二抓分化、初三抓升学也好，抑或是高一搞素质、高二赶进度、高三忙高考也好。关键是这三个学段所涉及的全科性与选拔性各有所异，也就使各学段的素质与应试具有各不相同的交换关系，且使二者之间的博弈更趋于双赢和多赢。就小学与初中相比，当下小升初的竞争激烈并不亚于初中中考的竞争激烈，而九年义务教育中的小学与初中，又是一个需要在全科合格率上达成100%的教育阶段。这样，小学事实上存在着的全科与选拔的竞争，其竞争标杆就是择校。就初中与高中相比，当下中考的竞争激烈可以说也不亚于高考的竞争激烈，而处于九年义务教育中的初中与处于非九年义务教育中的高中，在全科合格率上有所差异。初中是学校除去重点高中20%左右的指标分配外，重在80%左右的全科合格率，最终合成100%（当然，这其中既有几乎一半的职高比例，更有为争取计划外普高招生的另外竞争）。这样，初中阶段事实上存在的全科与选择，竞争标杆则是升入重点高中的人数。而高中的全科合格率几乎淹没在高考的选拔性之中。如此，如果说小学阶段的全科与选拔或者说素质与应试是一种相互帮扶、相互交换，应试更多隐于素质之中，高中阶段的全科与选拔或者说素质与应试也是一种相互帮扶、相互交换，但素质更多隐于应试之中，那么处于小学、高中之间的初中教育，已经既在客观上又是人为地形成一个全科与选拔或素质与应试的复杂镜像：初中的全科性无法摆脱升入重点高中数的选拔性，而初中的选拔性又必须在九年义务教育的全科合格的框架内。课题组考察和座谈获得的信息是，小学的分数压力偏小，高中的分数压力偏大但选拔性更强，而初中既有全科性又有选拔性的特殊现状，导致初中教育陷入既无法彰显全科性的丰富多彩与生动活泼，又无法自拔于中考压力的复杂境地。这在一定程度上带来整个初中教育发展的特殊性。

　　特殊性之二：地方政府资助初中学校并无刚性规定所带来的复杂性。在以往研究中，我们曾就江苏初中教育硬件指标的办学条件作过相关研究，即"办学条件"指标包含三部分七组数据：一是江苏初中校舍面积与生均图书在全国同类初中里的位置，包括三方面：生均校舍建筑面积、寄宿生生均宿舍面积、生均图书册数。二是江苏初中仪器设备在全国同类初中里的位置，包括两方面：生均仪器设备值、理科实验仪器达标学校比例。三是江苏初中信息化水平在全国同类初中里的位置，包括两方面：建网学校比例、每百名学生拥有计算机数。[①] 这些比较研究表明的是，小米加步枪式的发展初中教育的观念与方法需要进行适时调整，没有基本的现代化的物质设施，不能排除制度的与文化的相应改革会或多或少受到影响。在现有办学条件下，虽然 2006 年修订后的《中华人民共和国义务教育法》明确规定，国家义务教育经费保障机制，实行国务院与地方各级政府根据职责共同负担、省级统筹的义务教育投入体制，但在实际学校发展过程中，作为学校所在地的乡镇政府在其中的作用决不可小觑。譬如，同属江苏苏南无锡地区的江阴初中学校，有一所中学所在的镇政府支持力度相当大。镇政府把学校作为街道的一道风景线来设计，每年根据学校规模或学生人数按照公用经费标准划拨学校办公经费，年初预算审核，年末决算审计。若学校需要大件物资采购或资本性投入支出，则由学校另外打报告审批。虽然在这一过程中也会因为双方教育理念、对问题理解不同而出现一些矛盾、分歧与制约，但总体而言，还是让该学校在办学上既有强大的经济保障，又有相对充分的自主空间。而另一个乡镇的一所初中学校所在的镇政府，可能由于诸多因素，对学校投入的力度就要小得多。座谈中，后者比前者陈述的办学艰难溢于言表，也从一个侧面佐证了办学条件诸多方面的强弱对一所学校发展利弊的重要。当然，客观地说，乡镇政府是否一定且必须资助所在乡镇的初中学校，似乎并无刚性规定，这使乡镇政府投入或少投入或不投入的任何行为都无可厚非，但直接带来的教育后果却是，同属乡镇的不同初中学校会因资源或资金的富余与否而带来发展的特殊与复杂。

　　特殊性之三：师资队伍缓慢建设历程与过快现时拨用所带来的复杂性。

---

　　① 马维娜：《从数据统计看江苏初中教育之发展空间》，《教育理论与实践》2011 年第 1 期。

可以说，中国基础教育阶段的师资队伍建设与达标过程是一个相当缓慢的过程，而初中尤其是农村初中师资队伍的建设与达标过程，更是一个缓慢且艰辛的过程。有学者在 20 世纪 90 年代就撰文描述并预期中国初中教育的师资状况，认为在新中国 40 多年的教育发展历史中，师资队伍出现过"低标准、低质量"的普及。如 70 年代初期，全国初中由 72.2 万所增加到 131.3 万所，但初中教师学历达标率由 74.7% 下降到 9.8%，学校设施、设备恶化，甚至任意改变教材、随意缩短学制，使教育质量严重降低，形成的是一种低效益的"普及"。由于各地区初中师资存量分布不合理，初中规模增量不平衡，以及师资培养体系可提供后备教师的地区分布结构与需求结构差异，师资补充面临的实际困难非常严重。一是县镇、农村初中教师数量充沛程度堪忧。即难以补充到足够数量的学历合格教师，初中教师的城乡分布不合理现象可能会更加突出。1992 年，城市初中生师比例为 13.1∶1，远低于县、农村初中 16.6∶1，目前初中教师存量的多余部分主要分布在城市。据测算，今后 8 年，县镇农村初中规模发展需补充的教师人数占需补充总数的 95.4%。但 1992 年分配到初中就职的 9.93 万名大专及以上毕业生中，到县镇、农村初中的比例只有 78.5%。[1] 课题组在 2010 年对江苏城乡初中师资队伍所作的相关研究也表明，江苏城市初中与农村初中的"师资建设"差距较为显著。其中，城乡初中本科及以上学历教师比例的差额 2006 年、2007 年、2008 年分别达到 14.53%、24.59% 和 22.46%；城乡初中一级及以上职称教师比例的差额 2006 年、2007 年、2008 年分别达到 9.39%、9.32% 和 8.45%；城乡初中生师比分别是 2006 年城市 14.20，农村 17.41；2007 年城市 14.32，农村 16.17；2008 年城市 13.70，农村 15.16。[2] 不难看出，在十多年的初中教育发展过程中，城乡教师队伍的差距缩小相当有限，即便就生师比一项而言，其变化也是微乎其微的。二是好师资的过快拨用同样堪忧。调研中不少学校反映，现在较好的初中教师还是会抽拨到高中，弥补或充实高中师资力量。如果撇开其他问题，仅就教师结构本身而言，过度拨用只会导致本来就比较薄弱的初中师资状况雪上加霜。从江苏省最近四批特级教师评定结果看，初中所占比例虽每批均

　　① 马树超：《2000 年中国初中教育普及与质量的宏观研究》，《上海教育研究》1994 年第 2 期。
　　② 马维娜：《从数据统计看江苏初中教育之发展空间》，《教育理论与实践》2011 年第 1 期。

有所上升，但与小学和高中相比，初中特级教师比例还是要小得多。[①] 江苏省教育厅 2012 年 12 月对全省小学、初中、高中学校数的统计显示，小学 4128 所，初中 2066 所，高中 594 所，与上述特级教师在各学段所占比例并不匹配，初中教育发展的艰辛与复杂可以从中窥一见全。

特殊性之四：初中学生成长的丰富性需求与教育评价的封闭单一所带来的复杂性。似乎谁都知道，初中学生处于人生成长的关键期，生理、心理、思维、情感都进入一个涌动、勃发、多变、丰富的阶段，而与这一阶段成长相伴随的初中教育的丰富、多变、跃动就显得特别重要。调研中时时能感受到学校的不少难言之隐。一方面，有学校说，初中阶段是学生成长的关键期，学生在这个阶段有许多青春期的问题，希望通过活动和体验而不仅仅是说教的方式给学生以全面的帮助和引导，使其比较顺利地度过青春期困惑，心理上不断由幼稚走向成熟，精神状态上多一些积极与阳光。但另一方面，有学校又说，初中学生的课程知识过深、难度过大和中考甄别性选拔机制下考题较难的学科知识压力，还是让目前的初中教育绝大部分时间用在了应对考试上面，学生几乎所有时间（包括在家）都用在了应付考试上面。至于除成绩以外的学生其他素质素养，似乎都可以漠视，至少可以说很不重视。所有人包括校长、教师、家长、学生都在这个漩涡里违心地打转，基本的话题就是：把课上好，提高效率。这类问题在江苏省教育厅组织的第四次全省义务教育阶段学生学业质量测试所形成的《2012 年江苏省义务教育阶段学生学业质量监测简要报告》中可以获得验证。其中涉及的"学习压力指数"在全省学生学业质量"综合指标体系"的十项指数中为最低，小学、初中均为 1 级（9 级为最高）。而从三次测试情况看，小学生的学习压力有所下降，但初中生的学习压力却在持续加大。由此，在分析初中教育特殊性并设计初中教育整体发展时，不妨尝试从初中生生理、心理、思维、情感的丰富多变与现有初中教育教学评价的单一性是否匹配、是否适切上进行检视，可能会获取一些新的认知和新的

---

① 第九批特级教师 314 人，其中，小学 86 人，占总数 27.39%；初中 29 人，占总数 9.24%；高中 164 人，占总数 52.23%。第十批特级教师 382 人，其中，小学 113 人，占总数 29.58%；初中 62 人，占总数 16.23%；高中 182 人，占总数 47.64%。第十一批特级教师 312 人，其中，小学 84 人，占总数 26.92%；初中 62 人，占总数 19.87%；高中 147 人，占总数 47.12%。第十二批特级教师 328 人，其中，小学 91 人，占总数 27.74%；初中 70 人，占总数 21.34%；高中 130 人，占总数 39.63%。

思想。

　　如此，对初中教育复杂生存与行走所引发的反思归结为三个层面：一是教育政策与评价层面；二是学校整体设计与发展路径层面；三是学生成长层面，且这三个层面环环相扣、不可分割。

　　政策与评价：效用当前、生态链接抑或其他？在现行教育制度下，任何学校的发展都与相应的教育政策和相关的教育评价密不可分，而政策与评价的价值取向直接关系到学校发展的当下与未来、短期与长期。因此，需要对政策与评价进行效用当前还是强调生态链接或者更深远意义上的思考。不可否认，在教育系统内部，教育行政部门的相关政策、规定的基本初衷，大都是希望通过解决现行问题，给学校、老师、学生的发展带来契机。这一点常常会被更多看重且以为必定会如此，但却有意无意地忽略或默认可能同时隐匿的发展困境。以重点高中指标分配为例。重点高中指标分配的利与弊其实与初中的学校性质、指标下发时间、学校对指标的定位等因素密切相关，重要的是要在具体情境中具体分析。首先是指标分配与初中学校性质的利与弊。在一个区域内将重点高中指标分配给每所初中，客观上对学校尤其是农村薄弱初中是福音，在就读机会上对教学质量相对滞后的农村学生有所弥补，也在理论意义上对初中阶段的择校现象有所遏制。但中考后，若薄弱学校所获得的指标生数达不到所规定的录取分数线下 15 分的，其所下达的指标就有一部分会烂掉。而这部分"烂掉"的指标据说不会调剂给中考成绩好的初中，究竟如何处置，是用来招收计划外学生还是其他不得而知。而本身较为优质的初中事实上达到优质高中要求的学生数远超实际分配的指标，也就是说，所分配的指标是不需要用到的。如此，优质高中分配指标在较为优质与较为薄弱的初中两端造成了实际的浪费。其次是指标分配时间与中考的利与弊。前几年重点高中指标分配时间是在中考前，客观上降低了学校的整体竞争压力，但从 2015 年开始，有的地区将重点高中指标分配时间改为中考成绩出来之后。对此有学校说，高中可能有自己的愿望，成绩出来后分指标，就会看哪个初中成绩普遍高些，也就会调整分配的指标，目的是招到更多好学生。再次是指标分配与学校声誉的利与弊。有学校认为，20% 的指标生对我学校没有太大意义，我要的是 80% 以上的全科合格率，即达到全市的中等水平，即便有 20% 不合格的，经过校内补考，最后也会达到合格。这类学校有可能在本地区属于整体水平中等的学校。而有的学校则认为，哪个学校投放的指标多，这个学校事实上的被择校数也就会相应多些，学校的声誉也会相应更好些。这类学校有可能在本地区属于整体水平上等的学校。反对的声音更多地来自薄弱学校，因为客观上加剧的全校整体竞争压力，对薄弱学校显然不利。更要紧的是，学校所获中考指标的多少，学校能升入重点高中人数的多少，都直接承载着当地被管辖区域的重负，并直接体现在对学校物质的与精神的奖励之中。可见，教育政策与教育评价制定前的可行性论证、执行中适时跟进、反馈后即时修正，绝非一种可有可无的套话，而是一个太过艰辛的历程。但唯有坚持不舍与合理进行，方可形成真正意义上的生态链接。

在这个意义上，侗族乡民对一块田地进行稻、鱼、鸭的生态式复合经营的做法，倒为一项政策如何实行生态性链接提供了富有启迪的范本。具体做法是，每一丘稻田收割完以后，要在稻田的中央有意识地保留三穗稻谷不予收割，让它高高地耸立在田中央，形成一种信息标示，宣告这块稻田鱼和稻谷已经收割完毕。于是，放鸭的人，放牛的人，采集水生野菜和捕捞水生动物的乡民都可以自由进入这丘稻田，从事自己喜欢的生产活动。事实上，这三穗稻谷提供的信息实质上宣告了第一农事活动结束，并是第二和第三农事活动开启的序幕。粗略的统计表明，像这样的时间节律草标有多种，有禁止牲畜通行的，有禁止采集水生动物的，还有禁止穿行稻田的等。正是凭借这样的草标，在外人看来仅是一片普通的稻田，在这儿却可以做到在一个年周期内同时容纳十几种不同的生产项目并存，每一种生产项目都可以获得丰厚的报偿。① 这表明，不论对一块地还是对一项政策而言，通过生态性链接达成生态发展，尽可能让多方收益不是不可能，而是如何精心设计、多方考量、不断修正与完善问题，可惜，我们的现行教育政策缺失了其中的不少环节。

学校设计：主要执行、主动思想抑或其他？教育政策与教育评价的单一与诸多制约，使整个初中教育的自主发展空间显得相对局促，目前，虽然有不少初中学校都在因时因地作出各自的探索，但总体而言，更多的初中学校可能还停留在执行与落实上级教育政策与教育评价的层面，学校的主动思想与主体设计可能还处于缓慢进行之中。这里涉及两方面问题：一

————————

① 罗康隆、彭书佳：《时空规序的节律与资源配置的有效性——来自贵州省黄岗侗族村落的田野调查》，《中南民族大学学报》（人文社会科学版）2012年第1期。

是外部制约与学校发展的问题，也就是说，如何在教育的逼仄中把持一个平衡的度的问题。不少校长都表示，现在初中教育发展中很多都是矛盾的，就是希望在矛盾中求得一个较好的发展。具体来说，就是不能不要成绩和升学，没有这一条，家长和社会不认可，学校没法生存；但也不能不要学校的改革与教师的发展，没有这一条，学校的生存就少了根本与动力，同样无法生存。究其实，现在学校发展的纠结大致就在这里。问题的关键是，平衡的度的把握是一门思想性、技术性很强的艺术，绝不可一蹴而就。二是外部制约下学校如何主动发展的问题，也就是说，学校如何突破传统教学的不足之处，主动思考学校的整体设计和发展路径，在教育的逼仄中闯出一条自己的路来。有研究者描述过一所学校发展的三部曲，说的是中国教育改革给学校带来的重大变化之一，是与改革之前相比，学校在经历了多番风雨和不断锤炼后，有了更多"走出去"的冲动和期待。而对学校来说，最现实的也许不是"想走出去"，而是"能走出去"。学校要让"想走出去"变为"能走出去"，需要诸多内外条件的支撑。首先，要有"能走出去"的契机，也就是具有导致自身发生变化的中轴，这个中轴在当下更多的是成绩和升学率；其次，学校在具备"发声"的基础与空间的同时，还要学会如何发声，这个"如何发声"的机遇就是学校获取主动发展的过程；再次，学校生存路径的整体规划从来就不仅是一所学校的事情，还需要多方力量的集体性谋划。① 创造"能走出去"的契机——把握"如何发声"的机遇——寻求多方力量整体谋划，在现今初中学校发展的种种艰难中，不能不说是一种尝试的路径。

学生位置：主动、被主动抑或其他？调研中一位校长的话很值得深思：老师应当是一本厚厚的书，学生应当是一本越来越厚的书。问题的关键是，这本越来越厚的书究竟怎样累积？这本富有灵性的鲜活的书究竟靠什么去累积与成就？虽然如上所说，不同的初中学校都在进行因校置宜、谋其平衡的改革与探索，但究其实，无论校长理念还是教师行为，其动力来源更多的还是教育竞争的现实、以往的经验判断、家庭社会的压力等，至于各自所设计的改革是否适合初中生的健康成长、是否获得初中生的欢迎与支持，或者说，学校进行的教育改革与探索，如何主动倾听学生的声

---

① 详见马维娜《集体性知识——中国教育改革的社会学解释》，广西师范大学出版社 2011年版。

音，主动转向对不同学生的关注，不能说没有而是说较少。如某中学即便目前还是作为"概念车"的课程设计方案，在被问及是否考虑让学生参与时，回答是暂时还没有这个参与的可能与资源，但会让老师与学生交流，让他们有所知道。这也就是说，一旦课程设计出来后，学生到底是否像预设的那样爱玩、爱学、爱做梦，固然需要时间的检验，但若在整个设计中自始至终贯穿与学生的互动、参与、完善的话，可能所走的弯路要少些。至少在整个过程中贯穿始终要思考的问题是：如何实现从概念的课程到教师的课程再到学生的课程的整体与全方位的设计？这其中不仅是课程的问题，而是一个课程文化的问题；不仅是让一个学生听到自己声音的问题，也不仅是一个学生在教育改革中是否有位的问题，而且直接影响与作用到学生现在以及未来成长的问题。即便是一个看起来很顺乎自然的回答，也能从中窥视出学生在整个学校中的实际位置。又如某学校对阳台种植计划的设想，不知不觉中都是"我们准备怎样"，而不是"我们准备与学生商量后怎样"的介绍。这并非吹毛求疵的话语计较，而是不经意间流露出的潜隐在教育深处的一些东西。就此而言，反思的最终要义还是要落实在如何使即将面临人生第一次重大选择的初中生们健康成长的问题上，这样的反思也才可能会更积极也更有实效些。

二   新世纪问题关注：初中发展要症剖析

如果说义务教育是基础教育的重中之重，初中教育是基础教育承上启下的重要阶段，是中国基础教育与中国义务教育领域一种熟悉的话语表达，那么坊间一直流传的所谓"高中铜头小学铁脚初中豆腐腰"的形象比喻似乎也是一种并不陌生的话语表达，因为在中国基础教育的发展历程中，长期以来似乎有意无意地存在着某种差异性情结关注。这种差异性情结关注表明的是，在整个基础教育体系中，小学、高中学段的生存、发展、变革、走势，相比起初中学段的生存、发展、变革、走势来，更易引发社会各界的热议与关注，而初中这一特殊学段的相对薄弱与相对滞后，尤其是农村初中发展的相对薄弱与相对滞后，则成为一个熟悉而陌生的空白地带。或者更确切地说，笼统地认为初中发展薄弱与滞后未免有失偏颇，因为就全国而言，初中教育发展得有声有色的学校并不在少数；而笼统地认为初中发展并非如所说的那般薄弱与滞后同样也有失偏颇，因为地处全国面广量大的农村初中、边远初中以及"城中村"初中，无论是硬件发展还是软件建设，与义务教育均衡发展的目标，与基础教育培养合格人才的发展目标，都还有相当的距离。因此，进入"深水区"的中国教育领域综合改革，既无法缺场对整个基础教育领域的整体关注，也无法缺场对初中教育独特领域的深层关注，而深层关注的重要环节就是重新审视那些似曾相识却又身处边缘的熟悉的陌生问题，或者说是对初中发展中的一些"要症"进行深度剖析。剖析点主要聚焦于三方面：一是资源配置的显性公平与隐性差异问题，不仅是配置中的弱者关注，更有配置的深层到位与配置的全程关注；二是政策效用的扶持风向标与执行心理场问题，不仅是政策制定者的政策预期效用，更有政策执行者的政策心理效用；三是内涵提升的制度制约与群体合力问题，不仅是作为内涵提升关键内核的教师自身发展，更有教师群体、校长群体、学生群体相互依存的共生发展。这三方面问题之间的关系也不仅是资源是基础、政策是推力、内涵是关键的简单关联，而且有三者之间统筹关注、相互制衡、协同整合的意识贯穿。其焦点是：初中教育如何真正具备综合性、改革性、可持续性发展。

（一）资源配置：显性公平与隐性差异

教育资源配置尤其是优质教育资源配置，似乎成为当今时代谋求教育发展的首要关注点，身处发展边缘的初中教育无疑更为关注。尤其是在这些年国家加大对基础教育、义务教育资源配置力度的情况下，初中教育如何真正具备综合性、改革性、可持续性意义上的发展，与资源配置的力度、偏好、效用关系密切。如果可以把资源按照有形与无形的分类标准简单分成资源的基础性配置与资源的深层性到位两部分，那么，由此引发的问题便可能是：即使看起来处于基础性层面的资源，对不同地域、不同城乡、不同学校而言，是否只是一个数据的普遍关注问题？深层性资源配置如何关注深层累积问题？资源配置是否也有一个起点、过程、结果的全程公平配置与全程监督修正问题？

1. 基础性资源配置的数据普遍关注

根据教育部发展规划司编制的《全国教育事业发展简明统计分析》（以 2006—2012 年的数据资料为主）的分类，大致以"办学条件"来涵括资源的基础性配置，亦可看作主要是硬件类资源的配置，或者说可以在较短时间内借助于各种外力较快解决的短缺性资源配置。主要包括校舍与图书（这部分数据又包括生均校舍建筑面积、寄宿生生均宿舍面积、生均图书册数三个方面）、仪器设备（这部分数据又包括生均仪器设备值、理科实验仪器达标学校比例两个方面）、信息化水平（这部分数据又包括建网学校比例、每百名学生拥有计算机数两个方面）共计三部分七个方面。从 2006 年到 2012 年尤其是从 2009 年到 2012 年的数据统计中可以看出，无论是全国的平均水平还是东、中、西部的分别统计，上述指标均呈现出稳步上升或持续上升的势头，表明国家在初中教育资源的基础性配置中的强力介入。只是这里需要区分两个层面的问题：其一，如果把同时期的同类数据与小学、高中进行横向比较，初中阶段的总体薄弱问题便会即刻彰显，且差异相对较大。其二，如果暂且把初中阶段总体薄弱问题先悬置起来，仅仅审视初中这一学段自身的资源基础性配置问题，似乎也并不能乐观地认为，其资源的基础性配置真的已经基本到位、无可深究。应当说，上述所显示的三部分七个方面的基本数据，充其量只是资源基础性配置的一种数据普遍关注，若由此以为依循这些数据便可大致完成资源的基本配置，那么初中发展问题就会简单得多。事实是，在数据的普遍关注之外还可能有许多隐匿问题的存在，且可能持续隐匿存在，这就是在基础性资源配置中那些老少边远地区初中、那些农村初中的资源配置情形究竟是怎样的？那些虽地处城市却境遇艰辛的"城中村"初中资源配置情形究竟是怎样的？那些农村初中里的一般初中与中心初中相比资源配置情形究竟又是怎样的？这里有一个在初中发展总体薄弱中边远初中、农村初中、城中村初中更加薄弱但却常常隐匿的问题，显现的是初中阶段内部的城乡差异、地域差异和校域差异。若以普遍数据的上升关注掩盖了特殊问题的实际存在，就会导致资源配置中的实质性公平缺失。教育部、国家发展改革委、财政部国家 2013 年专门下发了《关于全面改善贫困地区义务教育薄弱学校基本办学条件的意见》，教育部办公厅、国家发展改革委办公厅、财政部办公厅 2014 年又专门下发了《关于制定全面改善贫困地区义务教育薄弱学校基本办学条件实施方案的通知》，其下发的时间与力度足以证明上述差异的真切存在与实际差距。有学者曾通过中国义务教育效率的省际差异及投入拥挤的研究，实证分析了 2004—2007 年中国 31 个省、自治区、直辖市小学和初中的资源配置效率状况。发现，其一，即便处于全国发达地区的东部不少地区，初中教育的效率水平测度都很低；其二，大多数省份的各项要素投入均呈现显著过剩状态。① 即使在近些年里，资源投入的省际差异同样始终存在着，可见，资源投入的冗余度与资源投入的不足恰恰不是两个问题，而是一个问题中不可分割的两个方面。

2. 深层性资源配置难以一次到位

同样，根据教育部发展规划司编制的《全国教育事业发展简明统计分析》（以 2006—2012 年的数据资料为主）的分类，大致以"师资建设"涵括资源的深层性到位，亦可看作更多指的是以软件为主的资源累积，或者说，这类资源效益需要较长的时间锤炼和更多的内力积蓄才能逐渐见效。主要包括本科及以上学历教师比、一级及以上职称教师比、生师比、超大班额比四个方面。与上述以"办学条件"涵括的相关七大方面数据逐年持续走高的情形相比，这里出现两种情况：一是"师资建设"中"学历"与"职称"两方面数据同样呈逐年走高态势；二是"师资建设"中"生师比"与"超大班额比"两方面数据，却并未同样呈现出逐年发展态势持续降低（"生师比"与"超大班额比"的指标数据是以下降趋势为发展依据的），而是"生师比"看起来在农村下降的同时却在新增加的"县镇"一栏呈上升趋势。与之相对应，"超大班额比"也呈现出在"县镇"上升的类似情形，且这两种情形主要是从 2009 年的数据统计中开始的。这带来的熟悉又陌生的问题是：第一，在资源配置中如何关注资源的深层累积问题？就是说，具有深层特质的资源不是简单地配置就能一步到位、包治百病的（虽然对"配置"本身也可以作一些不同层面的解释），资源的深层累积过程是一个从接受资源、享用资源到活化资源的过程，或者说，是一个将看得见的显性资源转化、内化为隐性资源的过程。譬如，对教师而言，学历、职称相继达标，这是国家教育资源配置的显性结果，但在教育实践中却发现，学历不代表教学水平或学历与教学水平不符，职称不代表教学能力或职称与教学能力不符的情况并不在少数。如此说来，不关注资源的深层性到位或资源的深层性匹配，某种意义上是对教师的不公平，至少是一种隐性不公平。第二，在资源配置中如何关注资源深层性到位中的矛盾与复杂性？就是说，有不少资源配置问题并不是一眼就能看清的，譬如，这些年不少初中尤其是农村初中存在的学校编制满员但实际

---

① 参见白雪洁、房伟《中国义务教育效率的省际差异及投入拥挤的研究》，《当代财经》2010 年第 3 期。

上却存在结构性缺编的复杂问题，虽然可以诉诸多种缘由，但起码与资源配置中的深层性到位密切相关。这种在资源基础性配置中就存在的同样的资源闲置与资源冗余共生现象，恰恰可能隐匿着另一种意义上的不公平，即资源的形式到位而实质不到位，或者说，资源配置中或错位或缺位或多位的情形并未引起资源配置者的格外关注。如此说来，资源配置的深层性到位才是资源配置的实质性公平体现，否则，对发展本来就很艰难的薄弱初中而言，资源配置同样是一种不公平。

　3. 资源配置的起点公平无法替代过程与结果公平

　　如同人们论及教育公平时总不忘论及起点公平、过程公平、结果公平一样，资源配置也同样存在起点公平、过程公平、结果公平的实质意涵，也是资源配置中的公平应有之义。美国著名学者詹姆斯·科尔曼（James S. Coleman）早在 1966 年阐述他主持的大规模调查时，思考的一个重要问题就是，"平等"究竟是指学校之间的平等（即对待的平等），还是学生之间的平等？表明他的思考重心不仅仅停留于起点，而且关注过程与结果。科尔曼强调指出，他调查的内容主要涉及教育的"结果"——不仅对今后学习而且对劳动力市场上的成就都很重要的能力，而这种"结果"是用阅读和算术等某些学科中的学业成绩来表示的。况且学生所注意的，并不是他们的学校在多大程度上"平等地对待所有人"，而是他们离校时是否能够不受其社会出身的影响，根据平等的原则去迎接别人的挑战。学校只有使自己为儿童提供的机会受他们社会出身的直接制约有所减少，才能完成自己的使命。① 如果人们只是不断抱怨资源配置的不足，不断呼吁加大资源投入，或者目光只是紧紧盯在资源配置的起点公平上，甚至以资源配置的起点公平遮蔽资源配置的过程与结果的实质性公平追求，就可能弱化、窄化、异化资源配置的丰富意涵。美国持续 40 年的平权运动可以作为如何保证弱势群体起点公平、过程公平、结果公平的有用借鉴。一是让落后者先起跑。这与资源配置的起点公平相关。美国国会在 1964 年通过了《公民权利法》，并在此基础上制定了一系列被统称为"肯定性行动"的法律，规定少数族裔和弱势群体在招工、入学、企业竞争中受到"优先照顾"。此法案在之后的 30 年里产生了决定性影响。二是把帮助的起点再提前。这与资源配置的

---

　① ［瑞典］托尔斯顿·胡森（Torsten Husen）：《平等——学校和社会政策的目标》，转引自《国外教育社会学基本文选》，华东师范大学出版社 2009 年版，第 161 页。

过程公平相关。虽然弱势群体的学生可以因为"优先照顾"而进入大学，但他们此前获取的教育资源远远少于强势群体。所以，要实现真正的公平，帮助的起点还要提前，于是出现"美国援教"、特许学校体系等一系列公民组织。三是让每一个孩子上大学。这与资源配置的结果公平相关。根据KIPP 2011 年 4 月发布的报告，89% 的 KIPP 学生进入大学。目前，KIPP 在 21 个州和地区开设了 109 所分校，受惠的"穷孩子"超过 32000 个。1990 年，特许学校在公立学校系统改革受阻的背景下兴起至今，已经有 5000 所在全美各地展开过尝试。①

（二）政策效用：扶持风向标与执行心理场

作为初中发展的政策性扶持，虽然与资源配置之间有着不尽相同的特质，但又与资源配置之间有着千丝万缕的联系。如果说，在一定意义上政策是对资源配置的某种修正与调节，那么政策扶持的现实性效用就值得特别关注。因为任何政策给予的不仅是也不止是政策本身，而且还可能是由政策衍生出的许多附加之物，这些衍生出的附加之物恰恰又会对政策执行、政策过程、政策结局发生强有力的影响。在这种情况下，可能不仅要追问谁的政策，还要追问谁在建构政策？或者说，政策扶持中的现实性效用是如何被实现的？一统性的宏观政策关注为何会出现政策扶持缺场的现象？专门性政策扶持有形无形的缺场对执行者的内在心理又会产生怎样的影响？

1. 政策制定者对薄弱学段的一统关注

总体而言，引发政策制定与颁布的很大一部分情形是基于教育实践中所遭遇的现实性问题，所以解决问题、谋求发展便成为政策功能的基本定位，政策中彰显的发展性统一要求似乎也就无可厚非。正因为如此，从新中国成立以来的诸多政策中，我们看到的标有"中学教育""基础教育""义务教育"字样的大一统政策明显居多，而针对某一学段尤其是针对相对薄弱且较为特殊的初中学段的专门政策相对偏少，这在有意无意间造成一种对弱势学段的暂时遗忘。已有研究表明，从 20 世纪 90 年代后期开始，中国的初中发展尤其是农村初中的发展渐渐处于薄弱境地，但从已有政策研究中却似乎较少看到对基础教育重要阶段的初中教育发展的特殊政

---

① 沈茜蓉：《让出身不再决定命运——美国教育平权运动 40 年》，《南方周末》2011 年 8 月 4 日。

策关怀。尤其是 2006 年中国义务教育法修改后，国家颁布的大多数政策更多的是以"义务教育"的名义下发的。这里形成的矛盾现象是：一方面，从普及九年义务教育的角度看，义务教育实行一体化的政策颁布与惠泽，具有省时、统一、系统、有利管理等优势；但另一方面从初中阶段的特殊性来看，初中学段很多地方既有别于小学学段，又相异于高中学段，非常需要专门针对此一特殊学段的专门性政策，非常需要专门针对薄弱初中内涵发展一类的政策文本，而现实中却很少看到。由此可能导致的情形是，本该形成的正向的发展性政策功能设计与政策效用预期，反而变成负向的非发展性的政策现实效用。可见，一统性政策与专门性政策的现实建构，需要对不同学段进行透彻研究与深入剖析，更需要针对性的政策设计，否则，初中教育的个别性、特殊性就可能隐匿在义务教育或基础教育的政策一统性之中。

2. 政策执行者的相对剥夺感衍生

要表达的意思是，就义务教育而言，一统性政策的风向标提示与发展场效应，可能带来政策执行中的折损率与不同执行者的社会心理场变异。因为在一种明晰与模糊、可能与不可能、统一与特殊之间，政策学习与政策解释会显示出较大的差异与更多的复杂性：哪类学段可能获取更多的执行信号，哪类学段又可能获取较少的执行信号？哪些问题属需要统一执行的，哪些问题又属特殊情况暂时无法执行的？哪些是临时性执行的？哪些又是长效性执行的？所有这些都可能会对处于弱势的初中教育带来相当重要的影响。更要紧的是，政策的风向标提示与发展场效应所带来的不同执行者的社会心理场变异，即指涉信号强的教育领域先被或更被重视，指涉信号弱的教育领域后被或不被重视。一旦初中教育领域频频遭遇"先被或更被重视"遮蔽"后被或不被重视"的现象，就可能导致相关政策执行者的政策理解度降低，政策执行力削弱，更不可能引发创造性政策执行行为的发生。丹尼尔·贝尔（Daniel Bell）早就指出："社会资源应该优先用来建立'社会最低限度'，以便每个人都过上自尊的生活，成为群体的一分子。"[①] 如果身处弱势的初中尤其是农村初中、边远初中、"城中村"初中，在政策扶持中缺少特别的关照与关怀，要想让初中教育与其他优势学段一起尊严地、同步地发展，充其量只是一种虚拟。说到底，政

---

① 转引自刘精明等《转型时期的中国社会教育》，辽宁教育出版社 2004 年版，第 4 页。

策执行中的心理场变异过程往往正是某种相对剥夺感的形成过程。马克思曾用形象而深刻的比喻描述相对剥夺感这一极其复杂的社会心理现象。"一座小房子不管怎样小，在周围的房屋都是这样小的时候，它是能满足社会对住房的一切要求的。但是，一旦在这座小房子近旁耸立起一座宫殿，这座小房子就缩成可怜的茅舍模样了。这时，狭小的房子证明它的居住者毫不讲究或者要求很低；并且，不管小房子的规模怎样随着文明的进步而扩大起来，但是，只要近旁的宫殿以同样的或更大的程度扩大起来，那么较小房子的居住者就会在那四壁之内越发觉得不舒适，越发不满意，越发被人轻视。"① 一旦这种相对剥夺感的复杂社会心理衍生为教育教学实践中的诸多教育行为如抵触、退却、淡漠等，对初中教育真正具备综合性、改革性、可持续性意义上的发展将是极为不利的。

（三）内涵提升：教师的制度制约与群体合力

真正实现初中教育综合性、改革性、可持续性意义上的发展，必须走内涵提升之路，而没有作为内涵提升关键性内核的初中教师这一变革力量的参与，一切都会止步于资源配置的前提性要素与政策扶持的行政性推力面前。对初中教育的诸多研究表明，初中教育在义务教育、基础教育中的薄弱之弱，归根结底，是作为初中教育改革与发展实际承担者的教师群体的整体薄弱。不妨以 2014 年基础教育国家级教学成果奖中初中获奖项目为例。全国共评出特等奖 2 项，初中 0 项；一等奖 48 项，初中 3 项，占比仅为 6.25%；二等奖 367 项，初中 22 项，占比仅为 5.99%。② 再看地处中国东部发达地区的江苏省初中特级教师占比情况。在江苏第九批到第十二批特级教师四次的平均占比中，高中累计占比 46.66%，小学累计占比 27.91%，初中累计占比仅 16.67%，虽然这其中初中的占比数逐年有所上升。

1. 制度制约带来初中教师的基本生存焦虑

不可否认，初中教师发展与上述资源配置和政策扶持两个问题紧密相关，因此就有两个问题必须提及：一是不能脱离历史语境中的资源配置问题凭空奢谈初中教师发展。笔者在《中国百余年基础教育初中发展之师资检视》一文中阐释过此一问题，故不再赘述。二是不能脱离作为政策

① 李俊：《相对剥夺理论的价值论视角》，《学海》2005 年第 4 期。

② 秦德林：《"种子工程"：破解农村初中师资建设困境的杠杆》，《中国教师》2015 年第 6 期。

规范形态的制度制约凭空奢谈初中教师发展。譬如与农村初中教师发展密切相关的工资制度。新中国成立后的20多年中，一直使用并延续1956年制定的国家机关和事业单位的工资制度，并未随国民经济的发展和各方面情况的变化进行必要的改革，农村初中教师的工资水平也相应未发生什么改变。改革开放以来，中国农村教师工资制度历经三个阶段。一是从1985—1993年以职务工资为主要内容的结构工资制度；二是从1993—2006年以"教师平均工资水平应当不低于当地公务员的平均工资水平"为参照的工资制度；三是从2006年至今的岗位绩效工资制度。① 而在每一个阶段中，初中教师尤其是农村初中教师都会遭遇诸多基本生存焦虑甚至生存危机，这对初中教师整体发展带来的影响是可想而知的。

2. 教师发展自身的精神跃动与合力共生

承认资源配置的前提性要素与政策扶持的行政性推力对初中教师发展的制约影响甚大，并不表明只要解决了资源配置与政策扶持问题，教师发展问题就可以迎刃而解。此处更想强调的，不是教师发展与资源配置和政策扶持之间的简单关联，而是教师发展对资源配置和政策扶持的内在深化与活化，这种内在深化与活化是通过教师自身的发展、通过教师群体与校长群体的共生发展、通过教师群体与学生群体的共生发展实现的。这一问题似乎再熟悉不过，但细究起来却有几分陌生，也使得对这一问题的讨论更有琢磨的意味。第一，作为内涵提升关键性内核的教师群体发展需要自身成为责任担当者与精神跃动者。表明的是教师源自内心的有意识的发展需求，是教师群体整体发展的原动力所在。这种责任担当与精神跃动的共性特质是：并不排斥自身的利益获得，但其职业责任更为强烈；并不放弃发展机遇的青睐，但其教育担当更会相应增强；虽然在事业上已有所成就，但始终是精神追求的跃跃欲试者与思想躁动的不安分者。如此，无论学校发生什么变化，无论教师发生调离也好、抽离也好、被补缺也好，都无法动摇某种植根心底的职业信念。这里教师自觉的教育反思尤显珍贵。第二，作为内涵提升关键性内核的教师群体发展需要另一个重要群体校长群体的力量凝聚。作为学校领军人物的校长与校长群体就是学校的"魂"之所在，校长的资源能力、组织能力、人脉能力对学校的发展固然重要甚至相当重

---

① 陶圣琴：《我国改革开放以来的农村教师工资制度：回顾与反思》，《现代教育管理》2010年第8期。

要，但校长信念、校长理念、校长魅力对在物质激励机制愈益不显优势的当下，如何集聚教师群体能量，提升教师群体整体素质、向上精神、责任意识，似乎显得更加重要。这一点第二次世界大战时期的丘吉尔堪称楷模。他那种"我们只有一个目标，一个唯一的、不可变更的目标。我们决心要消灭希特勒，肃清纳粹制度的一切痕迹"的信念，那种"什么也不能使我们改变这个决心"的气势，如同诺贝尔文学奖的颁奖词所说："丘吉尔成熟的演说，目的敏捷准确，内容壮观动人，犹如一股铸造历史环节的力。"①若以此类推，校长群体的"力"就是教师群体"力"的铸造之力，二者之间的合力共生才能带来教师群体的深层发展。第三，作为内涵提升关键性内核的教师群体发展还需要另一个重要群体学生群体的成长相伴。学生是所有教育教学行为终极目标的落脚点，不能想象，一个对学生视而不见、漠不关心、缺少解读的教师群体，能够获得综合性、改革性、可持续性意义上的发展。但事实上不少教师甚至特级教师，当问及研究不研究学生时总面有愧色或闪烁其词，这不能不令人感到有些寒心。从相关义务教育阶段学生学业质量监测的数据分析中，值得反思的地方同样很多。如在"八年级学生对教师是否信任"的测试题中，五个问题之一的"我愿意把自己的心里话告诉老师"的选项得分，较之其他四个问题（即"老师很信任我""我愿意在老师面前展示自己的优点""当我遇到学习以外的困难时会想到寻求老师的帮助""老师鼓励我表扬我"）的选项得分，分值是最低的。而得分最低的这一选项，恰恰是五题中最能体现学生是否信任教师的选题。在因材施教的调研中，"老师会给我们布置不同的学习任务"一题，"从不"的分值为最高。与之相对应，教师能给学生布置不同的学习任务、根据教学目标和学生的实际情况自己编写习题中，"有时"的分值同样较高。②从中可以看出，教师群体与学生群体之间的研究、沟通、互信的差距还相当之大。其实，关注学生如何成长，关注学生可能如何成长，关注学生现实如何成长，也就是关注教师自身、教师群体如何成长、可能如何成长、现实如何成长。在这个意义上可以说，教师群体的发展与学生群体的发展息息相关，离开对学生的研究关注，离开与学生群体的相伴相生，教师与教师群体的发展难逃虚发展、伪发展、非发展的窠臼。

---

① 张明扬：《丘吉尔：理想领袖与悲剧英雄》，《读者》2015 年第 7 期。

② 参见《2012 年江苏省义务教育阶段学生学业质量监测简要报告》，未发表。

三　新世纪研究关注：初中发展文献综述

相较于小学教育与高中教育研究，初中教育即便在研究上也同样不占优势。在"中国期刊全文数据库"主题一栏中键入"初中"一词，2000—2014 年可检索到的文献数为 61369，而"小学"为 95358，"高中"为 72488。① 课题组曾对 2001—2008 年初中教育研究进行了分析，基本判断是，"初中教育受关注与重视的程度明显不及小学及高中教育，且差距较大"②。虽然时代的脚步又往前迈进了七年，但其研究差距似乎依然存在。好在对初中教育研究的重视程度正逐步提升，众多学者将目光投向初中教育，一些影响因子较高的学术期刊也开始不断刊出相关研究成果，更有期刊以专题形式发表了系列文章。从以下一组数据中可以看出端倪。

表 2.3　　　　　　　　2000—2014 年初中教育研究文章一览表　　　　（单位：篇）

年份	国内所有期刊上发表的文章数	中文核心及 CSSCI 期刊上发表的文章数
2000	1290	187
2001	1360	173
2002	1560	247
2003	1627	231
2004	1684	305
2005	1849	400
2006	1964	348
2007	3018	439
2008	3590	477
2009	4396	468
2010	5443	530
2011	7282	528
2012	8522	565
2013	9206	562
2014	8578	614
总计	61369	6074

---

① 此类搜索数字仅作参考，不完全精确，要刨去一定的搜索误差。

② 宗锦莲：《关于初中教育研究的文献研究》，《江苏教育研究》2009 年第 10B 期。

　　当然，变化并不仅仅只体现在研究的数量上，就研究质量而言，其全面性与深入性也有一定提升。如果说，2000—2008 年，对初中教育的研究基本上局限于表面的现状分析与对策建议，大多是一种经验层面的判断和"应然"诉求，真正有分量的、能触及初中教育问题的本质，或进行更深层次的探索与实验的研究凤毛麟角①的话，那么之后的几年间，许多深度研究开始出现，对初中教育属性、内涵、本质价值及功能意义的理性思考已达到一定水准，对初中教育的政策制度、课程教学、均衡发展、师资队伍等核心问题的探索亦进入重点关注的视角。此外，与以往初中教育研究大都被混杂在义务教育或基础教育中统而论之不同的是，近些年来，专门指向初中教育的研究也不断增加。这里试图梳理的是新世纪（2000—2014）有关初中教育的研究成果，重点对已有研究的关注面、主要问题的聚焦点进行阐述，旨在呈现出初中教育研究的总体概貌，发现研究中的遗憾与不足，并尝试提出相应的弥补建议。

（一）关注面：由内及外皆有统摄

　　经过十多年的研究，对初中教育的关注呈现出全面而丰富的特点，几乎涵盖了有关初中教育的所有内容，从合逻辑的角度出发，这里试图将已有研究分为以下几类，尽管难以保证各类之间界限分明、毫无交叉，但相对各有侧重、有所区分。

　　1. 本质与内涵研究

　　近几年来，众多学者开始从理论上思考初中教育存在本质等问题，所形成的研究成果对于从本质上探清初中教育问题具有重要意义。初中教育的本质问题不能脱离初中教育的主体来思考。初中教育的特质在于遵循规律，首先是具有衡量遵循规律的"原点性"和"尺度性"的学生成长规律，这一规律决定着目前的初中学制设计是合理且有效的。除此之外，还要遵循教育教学规律以及学校治理规律。初中教育回归本质还要从遵守教育规律走向坚守教育理想。② 同时，初中学生处于人生中的"多事之秋"，初中教师恰好处在教育系统链条中的"咽喉要塞"上，初中校长更是置身于社会批评教育的"风口浪尖"当中，初中教育的本来意义就在于树

---

① 宗锦莲：《关于初中教育研究的文献研究》，《江苏教育研究》2009 年第 10B 期。
② 彭钢：《遵循规律：初中教育特质的有关思考》，《教育发展研究》2013 年第 22 期。

起人生的支点，初中学生的鲜明特点在于强化"人生支点"的自我意识，初中教师的根本职责在于培植"人生支点"的坚实根基，初中校长的特殊使命在于扬起"人生支点"的前进风帆。① 基于属种关系分析的视角，初中教育存有多重属性，既是中等教育，又是义务教育，还是基础教育，各属性之间的内在矛盾是初中教育问题的深层根源。在当下的现实语境下，初中教育属性的矛盾解析应遵循以下原则：淡化选拔性，凸显基础性；淡化统一性，凸显选择性；淡化贯通性，凸显整体性。② 还有学者指出，对初中教育发展的定位判断呈现出动态趋势，初中学校的主要存在方式呈多样生态，初中教育独立价值的本质是个性化，目标是优质化，归宿是人本化。③

教育的目标归根结底指向学生，学生经由教育如何发展、发展到怎样的程度，是衡量教育质量高低、教育成效大小的主要指标。但教育不是空中楼阁，只有基于学生、以学生为出发点的教育才符合教育规律，也才能够真正促进学生的成长，所以研究学生是研究初中教育本质的基本前提。从已有研究看，学者们大多将精力投注到了学困生身上，通过实证研究的方式，针对感知学习风格、学习动机④、学业情绪及生存现状等进行了探索。研究发现，初中学业不良学生对感知学习风格类型的偏好与学业优良学生和普通学生一致，即最为偏好视觉型学习风格。学业不良学生对视觉型和听觉型学习风格的偏好程度比学业优良学生和普通学生要低。初中二年级学业不良学生对听觉型和触觉型学习风格的偏好程度与一年级相比有明显增长。⑤ 初中语文学困生的学业情绪具有情境关联性和任务关联性，消极学业情绪多于积极学业情绪；初中语文学困生与学优生的学业情绪存在显著性差异，学困生在语文学习中体验到的希望学业情绪比学优生少，而厌倦学业情绪比学优生多；不同年级的语文学困生经历了不同的学业情绪体验，初中二年级是语文学困生学业情绪变化的转折点；初中语文学困

---

① 喻立森：《树起人生支点：初中教育的本来意义》，《基础教育》2013 年第 5 期。

② 杨孝如：《初中教育的属性矛盾及其解析——基于属种关系分析的视角》，《教育发展研究》2013 年第 22 期。

③ 许建国：《初中教育发展的定位、路径与问题——京津初中教育发展调研引发的思考》，《教育科学研究》2014 年第 9 期。

④ 芦思佳：《初中英语学困生学习动机探究》，《现代教育科学》2009 年第 2 期。

⑤ 罗薇、王芳、刘艳虹：《初中学业不良学生感知学习风格研究》，《中国特殊教育》2009 年第 1 期。

生的学业情绪具有显著的性别差异，女生在语文学习中体验到的高兴和沮丧学业情绪多于男生；[①] 初中学困生存在诸多问题，如学习效率普遍低下、家庭环境较差、人际关系欠佳、身心状况不良等。针对学困生的生存状况，教育部门及学校要树立人本教育理念，教师要切实关爱学困生，家长要创设良好的家庭环境，学困生自身要注意自我调适。[②]

除此之外，也有对所有学生以及学生其他方面的研究。有学者调查了初中学生数学学习的自我监控能力，探讨其与年级、性别以及学习成绩的关系；[③] 探讨了初中教育中的学生差异与因材施教的问题；[④] 有学者从全球意识、权利意识、合作意识、法律意识及国家意识五个方面分析了初中生公民意识的现状；[⑤] 还有学者从心理学的角度研究了青春期开始时间早晚对初中女生自我概念的影响，[⑥] 青少年依恋对学业自我效能感的影响[⑦]等问题。对初中学生中弱势群体的关注既有对随迁子女初中教育问题的探索，[⑧] 也有对留守儿童安全感、行为问题及其关系的研究，[⑨] 还对农民工子女学习成绩与主观幸福感和孤独感的分析。[⑩]

2. 政策与制度研究

2008 年之前，关于初中教育的政策与制度研究很少。之后，相关研究有所加强，既有对初中教育政策的总体性研究，也有对具体某一项政策的审视。对初中教育政策与制度的充分关注意味着初中教育研究已经开始

---

① 薛辉、程思傲：《初中语文学困生的学业情绪研究》，《教育科学研究》2013 年第 3 期。

② 林珊珊、何齐宗：《初中学习困难学生生存状况的调查与思考》，《教育学术月刊》2010 年第 5 期。

③ 高雁、游波：《初中学生数学学习的自我监控能力调查与分析——以山东泰安市为例》，《当代教育科学》2014 年第 14 期。

④ 扎桑：《初中教育中的学生差异与因材施教》，《西藏科技》2014 年第 11 期。

⑤ 张露露、沈贵鹏：《初中生公民意识调查分析——以江苏省无锡市初中教育为例》，《现代教育科学·普教研究》2014 年第 1 期。

⑥ 张建人、秦启文：《青春期开始时间早晚对初中女生自我概念的影响》，《心理科学》2013 年第 4 期。

⑦ 李放、姚宗彪、郑雪、王一博：《重点初中青少年依恋对学业自我效能感的影响》，《中国学校卫生》2013 年第 2 期。

⑧ 王晓勇：《来厦门务工人员子女初中教育的若干问题》，《基础教育研究》2011 年第 2 期。

⑨ 黄月胜、郑希付、万晓红：《初中留守儿童的安全感、行为问题及其关系的研究》，《中国特殊教育》2010 年第 3 期。

⑩ 范晓玲、李光、张斌：《初中农民工子女学习成绩与主观幸福感和孤独感的关系》，《中国临床心理学杂志》2011 年第 2 期。

从表层逐渐走向深层。

初中教育阶段是一个特殊的时期，有着承上启下的作用，但其发展之路并不平坦。从政策偏好的角度分析初中教育发展过程，发现其显示性政策偏好为国家中心与分权制。这一偏好是理解初中教育发展"积弱"的根源，而偏好的变化是改善初中教育发展的前提和基础。当前政策偏好已悄然发生了变化，实现着路径突围，表现为综合、联动、多样三个特征。[①] 有学者检视了新中国成立以来基础教育政策中与初中发展相关的教育政策后发现：第一，政策统合是国家在义务教育或中学教育中实现国家目标"价值"意志的一种整体行为，本身必然具备合理性与合法性的解释，但在这种政策统合中需要关注两个问题：一是若以政策统合取代基础教育各个不同发展阶段的针对性与独特性，则统合的政策就会以貌似的全局关注掩盖实质的非全局关注；二是统合政策的公平性原则与补偿性原则必须同时具备，否则弱势领域的发展就会在统合中被大一统的所谓公平所取代。第二，政策执行中的空间变异问题在各个不同历史时期对任何阶段的教育而言都存在，但长期形成的在基础教育发展中处于弱势的初中，政策执行中的空间变异对其影响更大。而变异背后的关系有三方面需要把握：一是政策执行变异空间与政策预留空间国家意志的关系；二是政策执行变异空间中不同执行群体与政策空间解读的关系；三是政策执行空间发生变异中各方群体之间相互博弈的利益关系。第三，政策出台过程中若缺失了对以往政策出台论证、形成颁布、实施效果等的记忆与借鉴，就会出现政策的可信任度问题。[②] 该学者还对中国百余年基础教育初中发展的学制进行了研究，并形成相关结论：一是发生在清末民初时期的初中教育，因为学制着眼点在于创建或探索，且初中教育涵括在整个中学教育"三三"分段之中，所以学制对初中教育的影响并不显著，初中发展的薄弱未显端倪；二是发生在新中国成立之初到"文化大革命"结束时期的初中教育，因为学制着眼点在与国家不同历史时段的政治、经济、文化任务相匹配，所以多变、缩短且混乱的学制对初中教育开始产生一些或直接或间接的影响，初中发展的薄弱初显端倪；三是发生在改革开放到现阶段的初中教育，因为学制着眼点一方面探求如何更加符合学生身心发展和教育

①　张熙：《政策偏好与初中教育发展路径突围》，《教育科学研究》2014年第9期。
②　马维娜：《建国以来基础教育初中发展之政策检视》，《中国教育学刊》2014年第10期。

教学规律，另一方面又有意无意地掩盖了学制的其他诸多问题，致使涵括在基础教育之中的初中发展开始呈现出薄弱走势。① 这些研究试图从源头上寻找初中教育薄弱的缘由，对于重新思考与考量初中教育的发展意义重大。

关于初中学校究竟如何设置的问题也有一些研究。有学者指出，随着义务教育的普及和高校扩招，高中阶段教育逐渐成为中国教育结构体系中的"蜂腰"部分。为扩大高中教育规模，分离原有完全中学，扩大其高中部的办学规模，不失为一种低投入高产出的教育管理手段。然而，在初高中分离政策三令五申的背景下，初高中分而后合、明分实合的现象日渐广泛。政策结果之所以会背离政策初衷，是因为利益的诉求，即实现高中学校对自身优秀生的供给与保障。但实际上，初高中分离既能满足规模的扩大，又能保证各阶段的教育质量，不应该只追求一时一校的利益，而应放眼人才的培养，办好每一所初中和高中，铺就以质量促公平、以质量促发展的中等教育改革之路。② 除了初高中分离的问题之外，有学者对小学与初中合并或是分离的问题提出了三大假设：

假设 1：一个国家或地区的学生总量、师资水准的高低，是义务教育学校分段还是合并设置的根本原因，且两个条件必须同时具备。即学生总量足够小、师资水准足够高的地区更倾向于合并设置学校。

假设 2：一个国家或地区的学生总量在很大的情况下，小学和初中独立设置更便于管理，却不一定有利于学生发展；但"便于管理"本身，间接地有利于学生发展。

假设 3：师资水准在相对较低的情况下，小学和初中分段设置既便于管理，也利于学生发展。③

有学者针对四种类型学校中初中教育质量和优势进行了比较分析，这四种类型分别是：独立初中（7—9 年级）、完全中学（7—12 年级，初高中一体）、九年一贯制学校（1—9 年级，小学初中一体）、十二年一贯制学校（1—12 年级，小学、初中、高中一体）。研究发现，九年一贯制学校和十二年一贯制学校初中教育的质量和优势处于明显的强势，并具有趋

---

① 马维娜：《中国百余年基础教育初中发展之学制检视》，《教育科学》2014 年第 4 期。
② 杨海燕：《初高中分离与合并的价值取向与利益诉求》，《教学与管理》2014 年第 13 期。
③ 赵敦敏：《初中校独立设置问题及相关假设》，《教育科学研究》2014 年第 9 期。

势性或规律性。虽然这种强势很可能来源于统计样本基数上的数量差异，但可以肯定的是，一贯制学校，尤其是十二年一贯制学校在调研中呈现出的一致性优势这一调研结果，对整体初中教育的生态系统会起到一定的激荡作用。这个激荡作用的方向可以是发散的，也可以是收敛的，决策可以依据长远目标予以调节。① 从这些研究中可以看出，对于初中学校是合是分的问题，学者们的观点不尽相同，似乎还需要进一步的研究，尤其需要实践的检验。

在初中教育发展过程中，一些具体的政策调整问题也进入学者们的研究视野。例如"初中进城"政策。"初中进城"政策是政府在治理教育方式上的制度变迁，是打破原有乡镇中学的制度安排、重塑利益格局的制度演变过程。在这一过程中，始终贯穿着政府与学校（校长、教师）的博弈、政府与社会（学生、家长）的博弈。化解博弈困境，有效实施"初中进城"政策，政府应整合各方的利益诉求，防止制度滞后所带来的利益冲突；关注进城学生的生存与发展状况，避免出现政策目标的异化；充分考虑地方现实条件，审慎实施"初中进城"政策。② 有学者以 D 市 Y 县初中为对象，运用 Gini 系数、Theil 系数测量工具，采用 DID 方法实证分析了初中进城的政策影响。研究发现，初中进城使 Y 县学生中考总分的均衡程度明显提高，数学成绩均衡程度的提高幅度最大，语文次之，英语最小；男女学生中考总分的均衡程度都有所提高，男生提高幅度较大，女生相对较小，男女学生成绩均衡程度的差异明显缩小。说明初中进城对教育结果的公平产生了积极影响。③

3. 课程与教学研究

课程与教学是教育的核心，对于初中教育而言也不例外，初中教育之弱在很大程度上来自于课程与教学之弱，加强对课程与教学的研究，对进一步提升初中教育质量至关重要。

教材。近些年来，学者们对初中教材的研究热情十分高涨。从新课

① 陈惠英：《四种类型学校中初中教育质量和优势的比较分析》，《教育科学研究》2014 年第 9 期。

② 胡伶、范国睿：《博弈论视角下的"初中进城"政策研究——以中部某省 FY 县"初中进城"政策过程为例》，《教育理论与实践》2013 年第 4 期。

③ 莫明峰、岳昌群：《初中进城工程对教育公平的影响——基于学生中考成绩的 GINI 系数、Theil 系数分析》，《教育学术月刊》2011 年第 3 期。

改的角度看初中教材建设可以发现，要符合新课程改革的理念和特征，初中教材建设还要实现五大转向：从经典式教材转向材料式教材，从教材为教师的"教学之本"转向为学生的"学习之本"，从静态封闭转向动态开放，从注重学科性知识转向学科性与人文性知识并重、理论与实践并重，从传统的纸质教材转向基于现代教育技术的平台化教材。[①] 除了应然思考之外，从学科教科书审视的角度也有一些重要研究，其中既有整体的研究，如一段时期内教科书的演变研究；[②] 也有对教科书中所涉及具体内容的研究，如关于习题变化[③]、物质结构内容演变的研究等；[④] 还有对教科书改版前后的对比研究。[⑤] 这些研究在具体分析的同时，提出了对目前教科书编写的建议，例如，初中几何教科书编写需在实验与论证之间寻找恰当的平衡点、重视化学学科的教育价值等，都具有参考与启发性。

课程。对初中教育课程的研究主要以学科的视角展开，有以下几类。一是关于学科课程标准及纲要的研究，包括关于某一门学科课程的国际比较研究。例如，通过对港澳台初中科学课程标准的归纳与分析，提出课程知识体系应注重课程内容的适应性、整合性、人文性，强调内容的国际化、本土化及个性化结合；[⑥] 爱尔兰初中科学课程的纲要确定课程应以活动为基础、强调实践过程和发展学生科学素养；[⑦] 中国澳门的品德与公民课程标准所涉及的范围和领域较为广阔，在课程深度方面注重实践运用能力的培养；[⑧] 德国初中地理课标对知识运用及学习探究能力的要求比较明

[①] 李惠谊：《从新课改看初中教育的教材建设》，《教育探索》2011 年第 7 期。

[②] 如陈婷《20 世纪上半叶中国初中几何教科书的演变及其启示》，《教育学报》2009 年第 2 期；付云菲、代钦《清末民国时期初中算术教科书研究》，《内蒙古师范大学学报》（教育科学版）2012 年第 6 期。

[③] 张世勇：《改革开放以来我国初中化学教科书习题的演变研究》，《教育理论与实践》2012 年第 8 期。

[④] 张世勇、何燕：《改革开放以来我国初中化学教科书中物质结构内容的演变研究》，《现代中小学教育》2014 年第 1 期。

[⑤] 王伟、郭明慧、王后雄：《人教版初中化学教科书改版前后的比较研究》，《现代中小学教育》2014 年第 1 期。

[⑥] 胡兴昌、王昌荣：《多元文化视角下港澳台沪初中科学课程标准知识结构的评析》，《全球教育展望》2011 年第 12 期。

[⑦] 陈娴、马宏佳：《爱尔兰初中科学课程纲要的主要内容和特点》，《课程·教材·教法》2010 年第 11 期。

[⑧] 杨哲：《澳门初中品德与公民课程标准探析》，《世界教育信息》2014 年第 3 期。

确，且有示例；中国课程强调情感、态度、价值观以及对环境意识等的具体要求；① 日本新订初中理科课程标准强调以全面养成科学素养为目标，以强调理科与生活、社会、环境之间的关系为内容，以多样化的学习活动为学习方式。② 纵观这些研究不难发现，不管哪个学科的课程标准或是纲要，都十分强调学生学科素养的培育，并注重以活动为课程实施的主要方式，这些在国际上获得普遍共识的方向对中国初中教育的发展不无裨益。当然，也有一些针对中国本土的有关初中教育课程标准的研究。例如，通过对中国百年初中语文课程标准变迁的考察，指出课纲的框架结构由粗到细再到整合；课程性质逐渐达成基本共识，目标从单一实用、功利变为全面发展；课程内容呈现出从笼统到强化再到弱化的曲折发展；课程实施由简单粗浅变得具体深入。目前，应该进一步完善对语文课程性质的认识，加强目标之间的有机衔接；实践与知识兼顾，促进课程内容的确定性；课程实施定性与定量互补协调，增进资源的融合贯通。③ 也有对初中生物新旧课程标准的对比研究。④ 虽然这些都指向某一门具体的学科，但对于其他学科而言，同样具有一定的迁移作用。

二是关于课程开发的探索研究。初中教育原本就底子薄，能将学科课程落实到位、保障质量已经比较困难，若要实现高水平的校本课程开发则更非易事。即便如此，许多学校还是展开了探索。以北京市三帆中学为例，该校通过整合国家课程、地方课程和校本课程，从课程功能的角度建立起以基础型课程、丰富型课程、发展型课程以及专长型课程为核心的多元化课程体系。多元化校本课程体系需要在课程的体系、衔接、管理及评价方面进行创新。⑤ 这是学校整体的一种系统构建，值得借鉴。有些学校从"点"突破，就一门急需的校本课程开发入手，例如生命教育课程建

① 蔚东英、王民、李彦乐、高翠微：《中德新版初中地理课程标准比较研究》，《比较教育研究》2014 年第 6 期。

② 刘继和：《解读日本新订初中理科课程标准》，《全球教育展望》2009 年第 3 期。

③ 欧治华：《中国百年初中语文课程标准变迁的考察》，《华南师范大学学报》（社会科学版）2014 年第 3 期。

④ 杨青青：《义务教育阶段初中生物新旧课程标准的对比》，《教学与管理》2014 年第 2 期。

⑤ 李永康：《初中多元化校本课程体系的探索——以北京市三帆中学》，《课程·教材·教法》2014 年第 9 期。

设,[①] 也取得了不小的进展。

三是关于课程资源的开发研究。通过对中美两国初中数学课程资源开发的比较发现,在开发主体、自主性、丰富程度上两国都存在着明显的差异。中国的开发现状呈"工"字形,而美国则呈"金字塔"形。中国应该在国家层面上增强服务职能,在地方层面上增强开发的主动性、提升开发水平,在学校层面上实现课程资源开发的多样化。[②] 当然,中国教师在课程资源开发上也有许多鲜活的探索实践,例如灵活运用教材资源、抓住学生的动态资源、开发利用乡土资源等。[③] 有学者在小范围内对生物学教师课程资源意识进行了调查发现,农村及城市教师、重点中学及非重点中学教师、本科及大专以下学历教师在这一方面存在显著差异,要通过加强培训、丰富教学手段及提高教师自学自研能力等方法来加以改进。[④]

教学。教学是初中教育的生命线,教师教什么、怎么教直接影响到学生学什么、怎么学以及究竟学得怎么样。初中教育若丢失了教学这一主阵地,那么初中教育的颓势将无法逆转。在对上海中小学课堂教学质量的调查中发现:教师实施新课题理念的实效落差较大,教师体现"以生为本"的设计理念尚存不足,不同教师群体教学质量存在差异。[⑤] 这些问题普遍存在于中国初中的课堂教学中,有些地区表现得更为严重。关于初中教学的研究大部分围绕着各个学科展开。例如,语文学科关注学科教学质量的课堂评价[⑥]、汉字教学的缺失与重建[⑦]、鲁迅作品的有效教学等问题;[⑧] 数

---

① 郭迪:《X 初中生命教育课程建设研究》,东北师范大学 2012 届硕士学位论文。

② 夏惠贤、牛德军:《中美两国初中数学课程资源开发的比较研究》,《外国中小学教育》2013 年第 1 期。

③ 方建敏:《新课程下初中思品课程资源的开发和利用》,《现代教育科学·普教研究》2011 年第 3 期。

④ 王满寿:《生物学教师课程资源意识的调查与研究》,山西师大教育硕士论文专刊,2014 年 3 月 1 日。

⑤ 刘兰英:《上海中小学课堂教学质量现状的调查研究》,《上海教育科研》2006 年第 2 期。

⑥ 夏宇:《初中语文学科教学质量的课堂评价——基于对 10 节录像课的分析》,《教育科学研究》2014 年第 4 期。

⑦ 陈寿义:《〈课标〉视野下初中汉字教学的缺失与重建》,《教学与管理》2012 年第 19 期。

⑧ 张哲:《鲁迅作品有效教学策略——以初中教材所选作品为例》,《中国教育学刊》2012 年第 6 期。

学学科关注合作学习①、建模思想的探索②、"以学定教"的促进性③、初小数学衔接④以及多媒体的运用⑤等问题；英语学科关注口语教学⑥、阅读分层教学⑦、作业讲评⑧、英语能力表现评价⑨、教学有效性策略⑩、农村初中现状⑪等问题；思品学科关注有效性⑫、概念教学⑬及发展性教育运用⑭等问题；体育学科关注师生互动言语行为⑮等问题；物理学科关注智能学习系统设计⑯等问题；科学学科关注综合⑰等问题；信息技术课关注有效教学⑱及主题学习网站应用⑲等问题。这些研究的共同特点是：都关注了教学过程中的实际问题，这些问题又充分彰显着学科特质；都以学科的有效教学为

---

① 梁立贵：《初中数学合作学习中存在的问题及对策》，《教学与管理》2011 年第 18 期。

② 刘海燕：《初中数学建模思想初探》，《现代教育科学·普教研究》2011 年第 2 期。

③ 王大前：《论"以学定教"对初中数学教学的促进性》，《现代中小学教育》2014 年第 11 期。

④ 王永春：《小学数学与初中数学衔接问题的思考》，《课程·教材·教法》2009 年第 7 期。

⑤ 沈文汉：《摭谈多媒体在初中数学课堂教学中的角色定位与优势》，《中国电化教育》2011 年第 10 期。

⑥ 叶红萍：《初中英语口语教学探索》，《山西师范大学学报》（社会科学版）2012 年研究生论文专刊。

⑦ 王菲：《初中英语作业讲评内容的改进研究》，《上海教育科研》2012 年第 5 期。

⑧ 王娟：《分层教学在初中英语阅读课中的尝试》，《教学与管理》2011 年第 4 期。

⑨ 陆锡钦：《构建以话题为线索的初中英语能力表现评价标准》，《课程·教材·教法》2012 年第 7 期。

⑩ 易梅娣：《浅谈新课程下提高初中英语课堂教学有效性的策略》，《教育导刊》2010 年第 2 期。

⑪ 刘慧、孙宁：《农村初中英语课堂教学现状调查与思考》，《现代教育科学·普教研究》2010 年第 1 期。

⑫ 赵奇：《初中思想品德课有效性初探》，《教育理论与实践》2012 年第 35 期。

⑬ 赵蒙成、王力炯：《复杂性科学视角下的初中思想品德课的"概念"教学》，《教育理论与实践》2011 年第 2 期。

⑭ 狄海芬：《发展性教育在初中政治学科的应用》，《现代中小学教育》2013 年第 12 期。

⑮ 沈建华、时维金、伊鲁波、万宇：《初中体育课中师生互动言语行为研究——基于弗兰德斯互动分析系统》，《上海体育学院学报》2014 年第 2 期。

⑯ 王春晖、钟永红、张语函：《初中物理智能学习系统的设计研究》，《中国电化教育》2014 年第 10 期。

⑰ 尤炜：《"综合"到底能给孩子什么——来自初中科学课程教学一线的报道》，《人民教育》2013 年第 2 期。

⑱ 刘琼：《初中信息技术课堂有效教学的思考》，《基础教育》2009 年第 2 期。

⑲ 苏博：《主题学习网站应用于初中信息技术课程教学的探索与实践》，《课程·教材·教法》2012 年第 7 期。

价值取向研究对策与路径；都以学科教师本身为研究的主力军。

当然，一批超越具体学科的课堂教学改革研究也开始占据教学研究的半壁江山。杜郎口中学的"自主学习模式"①、泰兴市洋思中学的"先学后教、当堂训练"等都激发了学者们强烈的研究兴趣。名校效应带来的是，初中学校朝着变革课堂教学模式的方向跃跃欲试，"全过程都让学生学"②"自主、合作、反思"③等逐渐成为改善初中课堂教学的关键词，这对初中教育教学发展具有一定的推动作用。值得一提的是，近五年来明显感到，名校效应渐渐退去，关乎它们的研究越来越少，这可能是初中学校理性回归、自信增强的一种信号。

4. 区域初中教育研究

对区域初中教育研究，研究者们倾注了不少努力。概括而言，可以分为两块内容：一是关于区域整体的初中教育现状研究；二是区域初中教育均衡发展研究。

现状。江苏在对初中教育问题的研究上似乎特别情有独钟，在可检索到的关于区域初中教育发展的研究中，不管在数量上还是质量上都处于领先位置，尤其是对省、市、县各级及其对照比较上都有所关注。从省级层面看，既有整体性的现状研究报告，又有对江苏省初中教育发展空间的预测，还有全省教育振兴行动计划的基本构想。研究表明，就全国看江苏，江苏初中教育的总体发展呈渐次上升的趋势。江苏初中的寄宿生生均宿舍面积、理科实验仪器达标学校比例、建网学校比例与全国同类初中相比尤为突出；就江苏看江苏，2006 年与 2007 年的数据显示，江苏的初中教育无论就其自身的纵向比较还是与江苏小学、高中的横向比较，同样呈现出渐次上升的良好态势，且几乎每项指标均有或多或少的提高。但办学条件差距明显、师资力量相对薄弱、办学规模相对过大等问题亟待重视。④仅仅比较数据还不够，还需要清醒地认识到数据本身的集体感染力，在数据中所刻意遮蔽或借口回避的问题，以及有待挖掘的发展空间。例如，在师

---

① 许爱红、刘延梅、刘吉林：《农村中学课堂教学模式的重大变革——解读杜郎口中学"三三六"自主学习模式》，《当代教育科学》2005 年第 6 期。

② 周桂海：《全过程都让学生学——浅析江苏省泰兴市洋思中学"先学后教，当堂训练"的课堂教学结构》，《江苏教育》2008 年第 8 期。

③ 宋宝和：《自主·合作·反思——茌平县杜郎口中学教学改革探析》，《当代教育科学》2006 年第 2 期。

④ 马维娜：《江苏省初中教育现状研究报告》，《江苏教育研究》2009 年第 10B 期。

资建设上，其发展空间既与全社会无法遏制的择校行为之间存在一定的相关度，也与国家教师编制标准之间存在一定的相关度，还与社会对优质教育资源的各种需求之间存在一定的相关度，这些又恰恰需要与数据本身结合起来进行综合剖析。① 江苏初中教育振兴目标的关键词是均衡、优质、特色与个性，需要通过以《义务教育法》为依据，通过公共政策和专业支撑、城乡一体化以及基础教育共同发展来推进和实现。② 这些数据的对比使对江苏初中教育的发展现状有了较为直观的认识，在未来的发展方向上也有了较为准确的判断。从片区及市级层面看，既有整体观照式的研究，又有个别案例式的探索。有研究指出，初中教育生存的复杂源于其整个发展过程的特殊性，其生存的不同类型尚待全面、合理、多元的解读。③ 区域初中教育发展最关键的问题在于教育均衡受制约、规范办学行为不彻底、教师队伍结构不合理④、办学特色不鲜明、城乡不均衡⑤等，提升初中教育质量的有效途径在于坚持教学改革、实施科学管理、建设学校文化、强化人的素质、打造学校品牌以及立足校本建设。⑥ 从县级层面看，对初中教育的研究则更加丰富，既有局外人的调研审视，也有局内人的积极探索。县域初中教育的主要矛盾在师资、经费投入及考试评价等方面。⑦ 许多地方经过不懈的努力累积了相当的经验，值得推广。例如，通过规划调整、文化立校、队伍建设、课程实施、多元互动等积聚成长的力量；⑧ 通过科研助推初中教育发展，用特色成

---

① 马维娜：《从数据统计看江苏省初中教育之发展空间》，《教育理论与实践》2011 年第 1 期。

② "初中教育全面提升的公共政策与专业支撑研究" 课题组：《关于制定〈江苏省初中教育振兴行动计划〉的基本构想、办好每一所初中——江苏全面提升初中教育几个重大问题的思考》，《江苏教育研究》2010 年第 9C 期。

③ 马维娜：《初中教育：怎样的生存、行走与反思——基于江苏省苏南、苏中部分初中校的调研》，《教育科学研究》2014 年第 9 期。

④ 喻小琴：《区域初中教育发展现状研究——基于对江苏省盐城市初中教育发展的调研》，《江苏教育研究》2010 年第 9C 期。

⑤ 糜荣华：《突破发展瓶颈　注入源头活水——江苏省吴江市、无锡市滨湖区初中教育调研报告》，《江苏教育研究》2010 年第 9C 期。

⑥ 陈金干：《盐城市初中教育发展情况透视——基于对 40 余所初中的案例分析》，《江苏教育研究》2010 年第 9C 期。

⑦ 孙向阳：《区域初中教育：经验、问题及建议——江苏省海门市、靖江市初中教育的调研报告》，《江苏教育研究》2010 年第 9C 期。

⑧ 钱江：《积聚成长的力量——无锡市滨湖区初中教育发展综览》，《江苏教育研究》2010 年第 9C 期。

就优质教育;① 通过项目驱动促进初中教育内涵发展;② 通过常规管理、质量监控以及学科研修保证公平而高质的初中教育;③ 以"学区质量"为抓手建设初中教育新内涵。④

　　除了江苏大密度、大强度的研究之外，其他地区的研究也不可谓不多。对北京、吉林、西藏、山西等地的研究表明，城乡教育不均衡、考试评价、师资薄弱⑤、管理体制不畅、投资比例不当⑥等在各地都不同程度地存在着。像西藏等地区，优质师资流失、学科教学薄弱等问题则更为严重。⑦ 所以，未来初中教育的发展关键在于增加投入、科学布局、加强队伍建设、改革评价，促进质量及均衡、⑧ 建立区域教育网、拓展初中优质教育资源、启动"初中强校工程"，建设初中教育高地。⑨

　　均衡发展。如上所述，均衡问题是区域初中教育发展的根本问题，初中教育在不同区域、城乡、校际间的不均衡已是有目共睹。从宏观层面上，有研究对目前中国东部、中部、西部三大区域的普通初中教育进行了深入探索。中国初中教育存在着区域上的明显差异，东部地区的普通初中在校舍建设、物资保障和师资水平三个方面均处于领先地位。下一阶段教育福利政策发展的基本方向之一，应当是进一步加大对中西部地区的支持力度，优化普通初中教育的师资队伍，切实保证普通初中教育在各个区域

---

　　① 吴教科:《科研助推有效　特色成就优教——吴江市初中教育发展综述》,《江苏教育研究》2010 年第 9C 期。

　　② 许新海:《项目驱动，全面提升海门初中教育发展内涵》,《江苏教育研究》2010 年第 9C 期。

　　③ 丁玉祥:《南京白下区初中质量建设的持续发展——区域性初中教育质量建设的基本经验》,《江苏教育研究》2012 年第 7 期。

　　④ 丁玉祥:《义务教育阶段区初中质量建设路径与方法的创新实践》,《教学与管理》2014 年第 5 期。

　　⑤ 陈旭远、贺成立、刘丽书:《吉林省初中教育存在的问题及其改进策略》,《现代中小学教育》2014 年第 11 期。

　　⑥ 山西省初中教育现状分析与发展对策研究总课题组:《山西省初中教育现状分析与发展对策研究》,《教育理论与实践》2006 年第 11 期。

　　⑦ 杨洪峰:《西藏农牧区初中教育教学存在的问题与对策——以日喀则市为例》,《西藏教育》2014 年第 11 期。

　　⑧ 罗洁:《初中建设工程:促进北京市初中教育可持续发展》,《中小学管理》2009 年第 12 期。

　　⑨ 叶鉴铭、施光明:《区域提升初中教育整体水平的策略研究》,《上海教育科研》2005 年第 4 期。

之间的平衡。① 也有学者以教育经费为基本指标，对比辽宁省与全国其他区域的情况，发现辽宁省义务教育初中阶段与其他区域相比存在不均衡的状况，必须增加教育投入，进一步均衡城乡义务教育投入力度，调整教育经费支出结构，形成科学的教育投入分配结构，同时根据城乡义务教育的差异采取不同的措施。② 从中微观的层面上，就资源配置来说，基于对北京市几所初中的调查发现，北京市初中学生家庭背景与其就读学校类别存在显著相关关系，家庭社会经济地位越高，子女越有可能进入优质的重点初中就读。义务教育公平性状况不容乐观。③ 在学业成绩对比中，城乡初中差距明显，城市聚焦优质资源，城乡师资与生源极不均衡。④ 促进城乡教育均衡，政府责任巨大，应在人、财、物、管理、教育教学、科研督导上进行探索实践，应将区域内初中校分层建设，对困难校与示范校要有不一样的建设模式，还要注重区域内初中群体的建设。⑤ 要为初中创设良好的外部条件，保障初中的自主与内涵发展。⑥ 加大对初中的投入力度、改革分配方式、完善招生制度、建立校际良性互动⑦也是必要的手段。还有学者积极探索城乡初中教育一体化指标体系的建立，旨在从空间、物质、文化、社会及发展等维度加以设计，⑧ 这也是促进区域初中教育均衡发展的不错思路。事实上，区域初中教育均衡发展与全面提升区域初中教育水平紧密相连，区域初中教育全面提升是均衡发展的题中应有之义，只有区域内每一所学校都得到充分的发展，初中教育均衡发展才有意义。只有在均衡发展的保障下，初中教育全面提升才能做到有张有弛、从容不迫。二

---

① 万国威：《解构我国普通初中教育的区域差异：教育福利的视角——基于我国 31 省市初中教育状况的定量研究》，《中国青年研究》2011 年第 8 期。

② 杨薇、张蓓蓓：《义务教育初中阶段发展不均衡的横向比较研究——基于辽宁省与全国其他区域教育经费横向比较的视角》，《现代教育管理》2011 年第 6 期。

③ 吴春霞、宋伟琦：《阶层差距与义务教育资源配置失衡问题研究——基于对北京市几所初中的调查》，《教育科学》2009 年第 1 期。

④ 李萍、苏耀忠、孔建兵、范宏刚、张增建：《山西省城乡初中学业成绩抽样对比分析与研究》，《教育理论与实践》2014 年第 2 期。

⑤ 项志康：《为了每一所初级中学的发展——国家级课题"地区初中教育均衡发展的研究与实践"研究成果简介》，《上海教育科研》2008 年第 3 期。

⑥ 胡和秋：《对顺德初中教育均衡发展的思考》，《广东教育》2008 年第 8 期。

⑦ 刘瑞民：《牡丹江市初中教育均衡化发展思路摭谈》，《牡丹江教育学院学报》2009 年第 4 期。

⑧ 何万国、杨正强：《重庆市城乡初中教育一体化指标体系研究》，《现代中小学教育》2014 年第 1 期。

者相辅相成，前者是后者的基础，后者是前者的条件。无论二者如何互动，都不能缺少政府力量的投入与参与。

（二）聚焦点：突出问题持续集中

表 2.4 2000—2014 年"农村初中研究""初中教师研究"文章一览表（单位：篇）

	2000	2001	2002	2003	2004	2005	2006	2007	2008	2009	2010	2011	2012	2013	2014
农村	116	104	124	135	162	208	201	267	356	441	442	578	575	578	555
教师	216	208	279	311	305	345	383	658	891	1173	1521	2429	2887	3380	3195

对已有研究关注面的概述虽然基于具体的研究问题之上，但总体来讲，大多是在大背景与大问题下的有所涉及，这种不能聚焦的普通涉及所带来的问题便是难以深入。由此，需要进入对初中教育某些重要方面与某些焦点问题研究的重点关注。这些问题长期以来一直存在，且由于时势变化与新问题的进一步出现，导致情况变得越来越复杂，与之相关的研究关注也越来越多。仅以"农村初中研究"和"初中教师研究"为例，通过在"中国期刊全文数据库"的简单搜索发现，15 年里研究论文发表数分别为 4841 和 18182 篇，并且逐年递增（见表 2.4），足见对二者的重视程度。其他例如投入、管理等问题，虽然在研究数量上有些逊色，但研究者依然没有将目光从他们身上挪开过，都有近 2000 篇研究成果的发表，同样值得注意。

1. 教师与校长：初中教育薄弱的根本症结

通过研究基本可以做的判断是，初中教育之弱从根本上来说弱在教师。所以长期以来学者们围绕着教师学历层次较低、结构不合理、专业素养不强、专业发展水平不高等症结展开各种各样的研究，并试图经由促进教师的逐渐变强从而支撑起初中教育的腰杆。对初中教师的研究主要涉及两大类：一是对教师现状的研究；二是对教师专业发展、素养提升的研究。前者主要指向对教师知识、情绪及能力的研究。在知识方面，有学者提出从重要性程度来看，教师知识的排列顺序是学科教学知识、学科知识、教育理论知识、课程知识。通过对东北省会城市数学教师的调查发现，教师的知识发展能够适应新课程改革的需要，但是教师在知识结构类型上存有很大差别，需要通过实践来促进教师的知识发展。① 而基于对浙江省某市初中科学教师的课堂观察与访谈发现，教师知识越专业、越丰富，教学越有可能成功；进行有效教学的教师，其各类知识相互联系、不可分割。② 在情绪方面，初中教师的情绪表现存在性别差异，教龄、职称对初中教师的情绪表现影响不大，个人教学效能感对其情绪表现有一定的预测效应，初中教师的情绪表现更倾向于正性情绪表现。③ 影响教师主观幸福感的因素不是教龄，而是"对学校及领导的满意度"与"对收入福利的满意度"④。在对初中班主任积极心理品质进行调查后发现，急需加强的 6 项积极心理品质是热爱学习、智慧（洞察力）、社交智力、领导能力、热情活力、幽默风趣。⑤ 而这应该也不仅针对班主任，所有初中教师都应该在这些方面做出不懈的努力。在能力方面，一项基于重庆市主城区的调查表明，初中教师的课堂沟通能力及其能力的各维度均处于一般水平，随着教龄的增长呈上升趋势，性别、教学科目、区域、班级人数和工作压力对初中教师的课堂沟通能力没有显著影响。⑥ 有学者对两位参与网络研修活动的初中数学教师的教学设计能力发展情况进行了个案研究，结果表明，网络研修活动对发展初中数学教师教学设计能力是有效的，设计理念、知识与技能都得到了较好的发展。⑦ 当然，也有一些区域性的对教师基本情况的整体调研，⑧ 虽然只局限于某一区域内，但仍有参考价值。

初中教师学历层次较低，流动性大一直是困扰初中教育的难点问题，教师专业发展与素养提升等问题若得不到解决，那么初中教育的改革与发展只能是一腔空谈。应对这一问题，许多学者给出了答案：要坚持教师培

---

① 韩继伟、黄毅英、马云鹏、卢乃桂：《初中教师的教师知识研究：基于东北省会城市数学教师的调查》，《教育研究》2011 年第 4 期。

② 蒋永贵：《教师知识对合科课程实施影响及其发展建议——基于浙江省某市初中科学教师的课堂观察与访谈》，《教师教育研究》2012 年第 5 期。

③ 陈秀敏：《关于初中教师情绪表现特点的研究》，《中小学管理》2009 年第 3 期。

④ 郭英、谢鞅：《不同教龄初中教师主观幸福感的比较研究》，《教育学术月刊》2010 年第 8 期。

⑤ 葛明荣、王晓静、梁建芹：《初中班主任积极心理品质调查分析》，《中国教育学刊》2012 年第 8 期。

⑥ 杜萍、余志娟：《初中教师课堂沟通能力的现状调查研究——基于重庆市主城区的调查》，《教育科学研究》2014 年第 12 期。

⑦ 李孝诚、綦春霞、史晓锋：《初中数学教师教学设计能力发展的实证研究——基于网络研修共同体教师专业发展的个案研究》，《中国电化教育》2013 年第 3 期。

⑧ 王洁：《上海初中科学教师基本情况调查与分析》，《上海教育科研》2010 年第 6 期。

养、培训、聘用、管理及专业发展的过程一体化，制度安排的保障一体化，指向儿童连贯发展和教育质量提高。树立整体育人观念、实现初中小学教师本科化培养、提高在职教师专业化水平、改革教师资格证书申领制度、建立九年一贯制学校和教育教学共同体等是做好初中小学教师一体化的关键；[①] 针对教师学历低、编制缺、收入低及班额大等问题，要坚持"全国范围内综合解决为主、小区域因地制宜地解决为辅"的基本指导思想，采取舆论的、行政的、市场的、学术的各种措施，逐一解决。[②] 初中教师队伍薄弱，而在农村的教师队伍则更弱，突出地存在着待遇差异明显、数量不足、质量堪忧、结构不合理、代课教师问题严重、职后培训亟须改善等问题。[③] 应该通过提高教师待遇，加强人事制度改革，加强培训，实行城乡教师交流制度等方法改变这一现状。[④] 对于初中教师队伍的建设来讲，仅仅改造薄弱环节还不够，还应该有更高层次的追求，建立起相应的目标体系。教师角色要向专业者、学习者、研究者、服务者转变。可以通过建立完善教师竞争上岗机制，加强教师在职提高工作的研究，完善教师管理机制这几个途径来实现。[⑤] 上海市教委专门对2010 年校长、教师队伍建设进行了标准研究，主要涉及学历提升、数量增长、素质提高、在职研修、资源配置、教师管理、教师职业吸引力等方面，并匹配了相应的指标体系与要求。其所提出的构建教师教育资源联盟，推进校本研修和教师专业支持以及以建立新制度带动校长与教师人事管理改革的深化，建立教师资格再认证制度等建议，[⑥] 既存有新意，又兼具借鉴价值。

有人说，一个好校长就是一所好学校。虽然这在一定程度上显得有些绝对，但却不能轻视校长对于学校发展、师生成长的正向促进作用。要全

---

① 张松祥：《我国义务教育教师一体化发展探析》，《中国教育学刊》2014 年第 2 期。

② 李继星、徐美贞、李荣芝：《中小学教师队伍状况调查分析报告》，《教育发展研究》2005 年第 8 期。

③ 梁伟：《农村中小学教师队伍现状调查》，《中国教师》2006 年第 8 期。

④ 李长华：《加强农村中小学教师队伍建设 促进农村基础教育发展》，《国家教育行政学报》2007 年第 2 期。

⑤ 蒋亦华：《中小学教师队伍建设的目标体系与主要途径》，《教学与管理》2005 年第 9 期。

⑥ 民盟上海市教育委员会课题组：《2010 年上海基础教育校长、教师队伍建设标准研究》，《教育发展研究》2007 年第 2B 期。

面提高初中教育质量，校长必须要有所作为。既要全面提高自身的教学领导力，又要全面规划学校教学质量的提高，还要建设学习型的初中学校。① 在校长的眼里，学校发展究竟是怎么一回事呢？有学者基于对南京市80名初中校长的调查分析认为，学校自我发展力呈现出动力充足、能力较弱、潜力巨大、活力尚缺的局面。建议从运用整体发展规划盘活学校资源、加强课程领导提升课程品质、以科研和知识管理培育研究型教师、打造学习型团队以及提升校长自身领导力等方面，提升初中学校自我发展力。② 对于学校而言，校长的主要职责在于管理。目前来看，校长在学校管理中还普遍存在着对发展战略认识不深刻、对组织制度建设不完善、对教师引领形式不丰富等问题，③ 需要给予重视。管理需要处理好的一大关系就是校长与教师的关系，校长能在多大程度上激励与促进教师发展，教育质量就会在多大程度上有所提升。有学者对校长的激励行为与教师工作积极性的关系进行研究发现，二者之间呈正相关关系。校长的激励行为主要体现在工作支持、生活困难解决、物质奖励、培训进修等方面，但激励形式仍不够多样化，无法照顾到全部教师。④ 还有研究表明，变革型领导、教师组织承诺和教师工作满意度之间存在着显著相关性，彼此之间有一定的预测力。不同学历教师所知觉的校长愿景激励、不同年龄教师的机会承诺，不同学历教师的感情承诺、规范承诺，不同职称教师的组织承诺，是否兼任班主任教师所知觉的工作强度，不同年龄教师所知觉的工资收入都存在着显著性差异。⑤ 而对服务型校长的研究发现，在"对待教职工方式"上还有所欠缺，部分教职工对服务型领导缺少感知，没有个性化服务等，⑥ 看来校长要想做好管理，还需要在更好地服务教师上多下功

---

① 胡金波：《初中教育优则义务教育、基础教育优——全面提高初中教育质量 校长要有所作为》，《江苏教育研究》2010年第9C期。

② 林静、沈曙虹：《初中学校自我发展力的校长视角——基于对南京市80名初中校长的调查分析》，《江苏教育研究》2013年第6A期。

③ 郭宋：《新课改背景下初中校长管理能力探析》，《吉林省教育学院学报》2014年第10期。

④ 苏清华：《初中校长激励行为与教师工作积极性的关系研究——以延吉市为例》，延吉大学2014届硕士学位论文。

⑤ 李东娇：《农村初中校长变革型领导、教师组织承诺和教师工作满意度的关系研究》，苏州大学2010届硕士论文。

⑥ 冯静静：《初中校长服务型领导现状研究——以北京市S学校为例》，首都师范大学2013届硕士学位论文。

夫。校长虽然是一校之长，不管在地位上还是权力上，都占据着高地，很容易形成固步自封、因循守旧的局面，这对学校与师生的发展都是不利的。所以，加强对校长专业化培训十分必要，虽然有一些相关研究，但还远远不够。还有学者对北京、天津、江苏三地的初中校进行了比较，总结出初中名校变革的三种类型，即突破跨越式、整体提升式、文化浸润式，并指出初中名校变革是一个不断提出、不断实现新的办学使命的过程，这其中校长是变革的最重要主体。[①] 相信这一研究对于校长思考学校发展目标与思路具有一定的启发意义。

2. 农村初中：价值不清、师资不佳、极其薄弱

初中教育的弱势毋庸置疑，而农村初中教育的形势则更为严峻。农村初中教育究竟难在何处？研究发现，至少有三大难题：一是"普九"根基不牢固；二是"普九"的欠债偿还与初中入学高峰的双重压力；三是部分农民教育意识淡薄，造成学生辍学。同时，农村初中教育在校舍及教学设施、教师队伍整体水平、生源文化基础等几大方面上的弱势，[②] 以及生源急剧减少、教学经费紧缺[③]、信息闭塞[④]、学生厌学[⑤]等问题也不容忽视。影响农村初中教育质量的因素主要在于新的读书无用论抬头、普六教育质量影响普九[⑥]、骨干教师流失严重、"城市取向"新课程不适应农村初中。[⑦]

针对这些问题，农村初中教育究竟如何突围？首先要认清初中教育的目的。有学者对农村初中教育普遍存在的"考学—离农"的目的进行了深思，提出农村教育不是农村孩子的进身之阶，[⑧] 而是让农村孩子们在知

---

①　喻小琴：《初中名校变革的三种类型——基于京、津、苏三地初中校案例的分析》，《教育科学研究》2014 年第 9 期。

②　章海萍、张丹君：《浅谈农村初中教育薄弱现象》，《科技信息》（学术研究）2007 年第 1 期。

③　申华、张军侠：《城镇化进程中农村初中教育的困境及发展前景》，《安庆师范学院学报》（社会科学版）2011 年第 5 期。

④　许芳：《浅谈边境农村地区初中教育现状及对策》，《农村市场》2014 年第 7 期。

⑤　黄桂新：《城郊接合部乡镇初中教育的忧思》，《广西民族师范学院学报》2010 年第 1 期。

⑥　李军：《英国教师校本培训概况及动向》，《教育科学研究》2003 年第 7 期。

⑦　余可锋、仇多维：《当前农村初中教育质量现状分析及对策》，《文教资料》2006 年第 11 期。

⑧　党双喜：《略论农村初中教育目的之误区及辨正》，《基础教育研究》2009 年第 16 期。

识、能力、品德、情感等方面打下一些必要的基础。[1] 带着过分功利的眼光去看待农村初中教育，只会扭曲其本身的价值。农村初中教育的价值取向应该落到开发农村人力资源、提升农村文明水平以及关注学生全面发展、培养合格公民上。[2] 其次要强化政府责任。政府应积极作为，承担投资办学责任、政策导向责任、专业引领责任、评价指引责任，推动基础教育的均衡化发展。[3] 要制定倾斜政策、加强基础建设、加强三教统筹。[4] 最后要加强学校内部建设，营造良好的学校外部环境。[5] 加强初中校长"依法治校"和"规范办学"的思想建设，规范学校教育教学和管理行为。[6] 通过"文化立校"的核心作用引导校长与教师的自发性成长，以多种形式、多元思考、多方努力的渐进式改革推动农村初中教育的发展。[7] 要以网络学习为平台，让农村初中成为"文化"中心。[8] 当然，从目前的情况来看，农村初中信息化程度以及教育技术装备配置的水平都不高，还需要通过增加投入、提高农村教师信息技术能力、建立信息化支持服务体系以及强化与学科间的整合等方式来加以改进。[9] 而更为关键的是全力提升农村初中师资水平，改善农村初中教师工作、学习和生活的条件，完善对农村初中教师的科学评价制度，建立农村初中教师培训费用的成本分担机制，以及为教师提供更多接受继续教育的机会，[10] 尤其要提高教师对新

---

① 王明、刘峰焘：《农村初中教育目的的两极分化现象探析》，《教育教学论坛》2014 年第 20 期。

② 王正青：《农村初中教育的价值取向：现状、设想与突破》，《重庆教育学院党报》2005 年第 4 期。

③ 王永强：《政府在薄弱学校改造中的责任担当》，《教学与管理》2014 年第 15 期。

④ 李汉新：《深化农村初中教育改革　全面提高学生综合素质》，《辽宁教育研究》2000 年第 5 期。

⑤ 肖正德：《公平与均衡：农村薄弱初中建设的新思考》，《国家教育行政学院学报》2003 年第 2 期。

⑥ 刘元良：《依法治校，规范办学——农村初中教育发展的思考》，《江苏教育》2004 年第 6 期。

⑦ 陈金干：《农村初中内涵发展的策略选择》，《盐城师范学院学报》（人文社会科学版）2011 年第 2 期。

⑧ 陶国华：《农村初中在城乡教育均衡发展中的问题与对策》，《教学月刊》2006 年第 7 期（下）。

⑨ 王建：《西部农村初中教育信息化现状的调查分析》，《软件导刊·教育技术》2003 年第 11 期。

⑩ 孟引变：《农村初中教师生存状态的调查与思考——以山西省为例》，《中国教育学刊》2009 年第 9 期。

课程的适应性或胜任力。①

3. 经费与投入：总量不足、配置不均、使用不善

投入不足是初中教育面临困境的重要原因之一。为什么这一问题迟迟得不到根本解决，要想根本解决需要通过怎样的途径，这些问题都值得深思。初中教育经费投入大致包括生均经费、硬件设备、场地建设、教师收入、帮困助学以及重点扶持薄弱校等。② 有学者对中国 2011 年 31 个省域初中教育投入与产出水平差异进行量化分析，结果显示，省域之间在绝大部分单项指标上几乎无差异，仅有个别指标差异相对明显。从综合指标差异上看，初中教育省际差异程度由大到小依次表现在产出效率、产出、投入和实力水平上，其中，产出效率的差异最大，实力水平差异很小。由此提出初中教育省际均衡发展的政策建议是：坚持资源配置均衡原则，实施初中教育国家标准化建设制度，建立省际初中教育资源共享机制与平台，力争实现初中教育生均财政投入省际均等，增强初中教育财政转移支付与资助力度。③ 对农村初中和小学财政资金支出结构分析认为，现阶段农村初中与小学国家财政性教育投资总量低，名义环比增长速度不及财政支出、义务教育经费及义务教育财政性经费的增速；农村小学、初中各教育财政资金支出构成比例变化趋势趋于相似；农村义务教育财政资金支出构成存在差异：组内差异最大的，农村初中和农村小学均为个人部分经费占教育经费的比例；组间数据差异最大的，农村初中和农村小学均为基建支出占教育经费的比例。④ 对江西初中教育经费投入的研究发现，教育经费总量投入不足、初中教育经费负担结构不合理，导致江西省初中教育，尤其是农村初中教育生均教育事业费和生均公用教育经费严重偏低，直接制约了江西省初中教育的良性发展。⑤ 山西的情况也不容乐观，其中包括初

---

① 刘要悟、王立忠：《农村初中英语教师适应新课程中存在的问题、原因分析及改进建议》，《课程·教材·教法》2009 年第 2 期。

② 戴建春、熊克佩：《以加大投入力度促进地区初中教育均衡发展的实践研究》，《上海教育科研》2008 年第 3 期。

③ 崔玉平、武晓晗：《我国初中教育投入与产出省际差异的量化分析》，《教育与经济》2013 年第 1 期。

④ 曾以禹：《农村初中与农村小学教育财政投资资金支出结构分析》，《经济研究导刊》2010 年第 11 期。

⑤ 游涛、徐灵芝：《江西初中教育经费投入分析》，《江西师范大学学报》（哲学社会科学版）2006 年第 6 期。

中教育投资比重下滑，不均衡严重，投入质量不高，贫困县教师新旧更替步履艰难，农村教育转移支付资金下拨渠道不规范，投资体制不完善，有些公共初中教育资源出现了浪费与闲置，人口减少、入学方式变化以及高、初中分离导致了有形和无形的教育资源闲置。[①] 这些问题均值得我们加以重视。

初中教育经费投入重点究竟应该在哪里？加强初中学校建设，改善初中办学条件等都需要经费的支持，但从目前情况看，还有很大一部分处于合格线以下的农村初中、薄弱初中校亟待改造。这从一定程度上表明，薄弱初中学校建设迫在眉睫。1995 年，上海正式启动"薄弱学校更新工程"，其中拓宽经费筹集渠道成为重点之一。该市预计三年进行薄弱学校建设，投入资金总数为 6 亿人民币。加强农村初中建设和改造薄弱初中，首先就要按标准办好每一所学校，然后采取以强并弱的办法，对少数改造难度大的学校，实行"兼并管理"，从根本上解决薄弱初中在师资、经费、生源等方面的困难。[②] 改造薄弱学校是一项长期的任务，需要政府、教育行政部门、学校，以及教师、学生与家长的共同努力，只有让初中校的条件好起来，让学校的能动性发挥出来，初中教育的整体水平才能最终得到提高。[③]

经费是一种资源，但初中教育发展所需的资源远不仅仅是经费，只有从更深层次上思考拥有怎样的资源意识与资源享用，才能从根本上提高教育质量。有学者就针对这一问题展开了研究，指出教育资源拨配与享用中的诟病，似乎大都集中在政府资源配置不足与高涨的资源享用需求之间不相匹配的矛盾上，且这类矛盾始终处于满足与不满足的动态循环中，也成为教育发展缓慢、教育质量难以全面提升的借口。事实上，政府和教育行政部门、学校、学生家长作为教育资源拨配与享用的三类不同群体，其在教育资源的拨配与享用中，各自内部也存在诸多的矛盾，只是常常隐匿在笼统的资源配置不足与高涨的资源需求不相匹配的矛盾背后。发现三类

---

① 肖军虎、闫建璋：《山西省初中教育经费运行状况的调查与思考》，《教育理论与实践》2006 年第 6 期。

② 阎立钦、曾天山：《推进我国义务教育可持续发展的若干思考》，《教育研究》2001 年第 4 期。

③ 郑德新：《努力实现初中教育的规范化、高质量》，《安徽教育学院学报》2005 年第 5 期。

不同群体资源拨配与享用中的矛盾与断裂，是重新解读资源特质的必要前提，而资源拨配与享用中的时间节律与动力空间、责任担当与秩序维护以及资源链形态的相关设想，成为架构教育资源生态系统总体框架的基本要素。① 这一研究为我们开辟了全新的视角，所形成的研究结论也引人深思。

4. 考试与招生：评价单一、渠道不畅、观念片面

初中教育之所以会负重前行，大部分是因为中考的压力。在中考制度下，片面追求优生率容易导致许多学生过早分流，使大部分学生难以得到更好的发展。考试的弊端显而易见，但考试这一评价方式在短期内还不会被替代，若要推进中考制度的改革，首先需要从研究考试本身入手。有学者将国内初中学业考试命题与 PISA 测试命题进行了对比，通过在命题过程管理及技术要求（包括难度控制、题型使用、情境使用及评分标准制定等）层面的分析指出，初中学业考试命题在测试系统的确立、命题技术合理运用及命题空间的拓宽上还有待提高。② 不分文理科的考试科目设计，有利于引导学生全面发展；多次考试的制度设计，有利于引导学生自主发展；多元录取，有利于实现学生的个性发展；综合评价，有利于推动学生的综合发展。③ 另外，科学设置考试科目及考试内容、利用现代技术提高教学、监考、评卷质量和效率、均衡分配招生指标与择优录取相结合，④ 以及构建初中毕业考试和中考"两考合一"的模式⑤、建立初中毕业学业考试制度⑥、对初中教育进行适时分流⑦等举措也值得尝试。有学者从高考、中考成绩相关性的角度阐述了对于中学教学改革的观点，提出应该加强数学和物理教学中思维能力和应用能力的培养，加强语文、英语

---

① 马维娜：《教育质量提升需要怎样的资源意识与资源享用——以初中教育发展为例》，《教育发展研究》2013 年第 22 期。

② 王鼎、章卫华：《PISA 测试命题与国内初中学业考试命题的比较分析》，《全球教育展望》2013 年第 9 期。

③ 赵桂霞：《解决初中"夹心层之痛"的契机》，《人民教育》2014 年第 22 期。

④ 伍悦生、秦磊毅：《普通高中均衡招生对中小学择校现象影响分析——兼论义务教育均衡发展的策略》，《教育学术月刊》2012 年第 9 期。

⑤ 沈玉顺：《中招考试制度改革若干政策问题分析》，《华东师范大学学报》（教育科学版）2014 年第 3 期。

⑥ 平克虹：《初中毕业、高中招生制度改革要加强对学业考试的基础研究》，《教育理论与实践》2008 年第 9 期。

⑦ 陈金泉：《关于初中教育分流的思考》，《学校管理》2007 年第 4 期。

基本词语的积累与表达能力的训练，加强男生言语表达能力及记忆能力的培养，加强教学手段的多样性，全面提高教学效率；加强教师综合素质的提高，开展针对性的继续教育。①

经过三年的初中学习，毕业生究竟走向了哪里？在一项升学与就业愿望的调查中发现，初中毕业生主要选择继续升学，表示直接就业的学生仅占 7.8%。其中，选择职业学校的学生占 20.6%，一半以上学生选择普通高中。研究发现，影响初中毕业生分流选择的主要因素不是家庭经济状况，而是学习成绩，成绩越好的学生选择普高的越多。② 有学者利用 2003—2009 年省级层面的数据，分析了初中升学率的基本特征和变化趋势，并根据宏观教育生产函数模型，考察了教育资源投入和经济因素对初中升学率的影响。研究发现，中国总体的初中升学率呈现逐年提高的趋势，初中升中职学校的比例相对于升普通高中的比例还较低，在一些方面，女生的升学率开始高于男生。初中教育资源投入水平而非经济发展水平对于初中升普通高中的比例有着显著的影响，而在升中职学校方面，经济因素起着主要作用；各种因素对升学率的影响也表现出性别差异。③ 因此，有学者认为，在初中就对学生进行职业生涯教育十分必要，并通过介绍美国初中职业生涯教育的理念和目标、课程规划以及初中个案的实例分析等最新发展，提出对中国初中教育的启示。④

5. 管理与科研：体制不顺、监控不力、经验主义

管理是初中教育发展的软件，也是核心力的体现，教育质量的高低与管理水平的高低直接相关。初中教育管理首先要有目标导向，树立全面、协调、可持续的发展观；⑤ 其次要有抓手，即加强区教育行政部门的课程领导力，提升初中学校的教师素养和专业水平，加强初中学校的教学督导

---

① 邹丽华、刘颖：《高考、中考成绩相关性与中学教学的改革》，《教育科学》2014 年第 2 期。

② 何文明：《读普高还是读职高——来自初中毕业生升学与就业愿望的调查》，《职业技术教育》2013 年第 31 期。

③ 孙志军：《我国初中升学率的基本状况及影响因素研究》，《教育与经济》2012 年第 3 期。

④ 项亚光：《当前美国初中职业生涯教育及其启示》，《外国中小学教育》2011 年第 10 期。

⑤ 雷晓虹：《加强初中教育建设与管理的决策性思考》，《中共乐山市委党校党报》2004 年第 3 期。

和评估，重视校长的作用。① 尤其在初中教学质量的监控上要有所作为，将教师的教和学生的学、领导的重视和教师的理解与配合结合起来，并重视教学规范、过程监控、质量评价与诊断、质量信息收集与反馈等体系的构建，② 同时要建立完善的质量管理机构、完善各项质量管理制度、制定科学的工作质量标准③等。一些名校的崛起与各种管理理念、管理模式的探索不无关系。例如，溧阳市后六中学一直都以精细化的管理模式受到业界的认同与赞许，他们在"把常规做好，把细节抓严，把过程抓实"理念的指导下，使一所濒临拆并的农村学校绝处逢生；④ 无锡蠡园中学是一所新兴的初中名校，他们始终坚持管理改革创新，其校园信息化管理很有特色，成为构建高效能学校的范例。⑤

　　初中教育管理格局的改革也受到诸多关注。自 1985 年开始，中国公办初中的管理经历了"以乡为主"和"以县为主"两大发展阶段，受行政管理模式的影响，科层制特征明显。随着社会的发展，校本管理作为一种新的学校管理理念与学校改进模式应运而生。现行的校长负责制存在种种不足。随着办学规模的集约化发展，重心下移、扁平化的"二级管理模式"更能满足教育与学校变革的需求。⑥ 在校本管理的框架下，还应特别重视学生主体的参与，强化学生的自主管理，理解和接纳学生文化，把自主管理权还给学生。⑦

　　21 世纪之初，几乎很难看到对初中教育科研工作的研究，这从某种程度上可以猜测，教育科研在初中教育中的边缘与弱势地位。令人欣慰的是，近几年来，随着初中教育的不断发展，教育科研的力量被逐渐认识，围绕着教育科研的研究开始涌现。有学者基于江苏省教育科学"十二五"规划 2013 年度"初中专项"课题的分析，指出目前初中教育科研发展的

① 王立强：《四大抓手推进初中教育质量提升》，《上海教育》2007 年第 11 期。
② 吴华忠：《试论中小学校教学质量监控体系的构建》，《当代教育论坛》2007 年第 8 期。
③ 江新华、郭浩、李炎清：《论中小学教学质量保障体系》，《辽宁教育研究》2002 年第 4 期。
④ 成尚荣：《在常规、过程、细节的背后——关于后六中学成功元素的探寻》，《江苏教育》2008 年第 7 期。
⑤ 陈明选：《坚持管理改革创新、构建高效能学校的范例——我眼中的"蠡中教育"》，《江苏教育》2009 年第 6 期。
⑥ 左慧：《现行制度下的初中学校管理模式改进》，《教育科学研究》2014 年第 9 期。
⑦ 白芸：《透视学生自主管理——上海市一所初中的个案研究》，《思想·理论·教育》2004 年第 9 期。

主要问题在于以生为本的素质教育及均衡发展理念没有得到充分体现，过度实践导向缺乏理论支撑，需要不断提升初中教师的理论素养，发挥行政部门的作用、形成转向校外的研究视域等对策建议。① 同时，打造初中教育教学改革研究的高端平台②，建设初中教育研究共同体，也是可以探寻的突破口。③

6. 文化建设：长期被忽视的软实力

从全面提升初中教育质量、实现初中内涵发展的角度来说，初中学校文化建设至关重要。初中教育领域中的几所名校之名都在于它们有着自己所独有的、他人无法复制的文化面貌。例如，杜郎口中学让学生自主、自信、自由的课堂文化④、洋思中学所标榜的"没有教不好的学生"的鲜明文化理念，⑤ 都证明着文化的价值与意义。初中学校应该扎根学校的实际去构建适合自己学校的教育文化，以促进初中教育多样化的繁荣。有学者对农村初中文化建设进行了研究，发现农村初中缺乏科学的学校文化建设规划和设计，没有开展专门的校本教研，也没有关于文化建设的评价体系。要改善这一现状，需要从充分认识学校文化建设在学校内涵发展中的地位，思考和确立学校文化建设发展规划，正确处理好学校文化建设与其他工作的关系，研究和探索学校文化建设的渠道和策略，建立健全农村学校文化建设的评价体系等方面着手推进。⑥ 虽然这一研究是针对农村初中的，但所提及的许多问题在城市初中同样一定程度地存在着，所探索的对策建议理应得到所有初中学校的关注。

（三）突破处：缺憾空间亟待填补

在初中教育的已有研究中，有整体观照，也有局部探微；有现状分析，也有对策研究；有经验分享，也有愿景建构，其中尤以现状分析与对

---

① 周英俊：《初中教育科研发展的现状研究——基于江苏省教育科学"十二五"规划 2013 年度"初中专项"课题的分析》，《江苏教育研究》2014 年第 1A 期。

② 何绍勇：《打造初中教育教学改革研究的高端平台》，《教育科学论坛》2012 年第 6 期。

③ 朱伟：《科研联盟巧搭台 初中名校共发展——关于初中教育科研协作联盟与初中校整体发展的调查报告》，《江苏教育研究》2014 年第 10B 期。

④ 陈黎明：《独特而精彩的杜郎口课堂文化》，《语文建设》2008 年第 7 期。

⑤ 秦培元：《洋思中学，在学校文化的滋润中成长》，《湖北教育》2008 年第 6 期。

⑥ 丁步洲：《加强文化建设，促进农村初中学校的内涵发展》，《盐城师范学院学报》（人文社会科学版）2010 年第 1 期。

策研究居多。在整体观照上，研究者们试图统摄初中教育的全局，从宏观层面上探讨初中教育问题，如初中教育本质与内涵、政策与制度等；在局部探微上，研究者们从不同的角度聚焦初中教育中的突出问题，如经费投入、农村初中、考试招生、管理与科研等；在经验分享上，以省、市、县（区）多层面展开的初中教育区域整体研究成果值得借鉴与参考；在愿景构想上，研究者们更是不遗余力地为初中教育的明天描绘美好的蓝图。可以说，研究的范围已较广泛，研究的内容已趋丰富，尽管如此，仍然存在不少尚未论及或论及尚浅的研究遗憾，尤其对关乎初中教育发展的关键性问题，这些研究遗憾恰好构成未来初中教育研究的可能空间。

1. 核心难题：如何更深层次剖析与解读

初中学生的学习与成长问题。在已有研究中，关于初中学生的研究较多聚集在学困生及弱势生身上，对于初中学生整体的生理、心理特征，学习状态与学习方式等的研究相对较少。初中学生研究是初中教育研究的起点，读懂学生、理解学生、成长学生、合格学生更是整个教育的重要旨归。由此，更需要与更需着力的学生研究问题可能包括：初中学生的心理倾向、情感需求与人格特质等与小学生和高中生相比，究竟具有怎样的特殊性？三类学生之间的共性与差异在学校、学习生活中又是如何体现的？初中学生的学习动机、学习表现、认知程度、自我教育、自主成长的发生轨迹究竟是怎样的？与其他学段相比共性与特殊性何在？怎样定位初中教育目标、内容、形态以及怎样培养合格基础人才？等等。

初中教师的专业发展与整体素质提升问题。几乎所有的研究都表明，初中教育薄弱的关键在于教师的薄弱，但更深层次地剖析初中教师与教师群体薄弱的历史、制度、现实的缘由等，研究力度显然不够，而从公共政策及专业支撑的角度切入的对教师培养与培训的研究，又普遍存在操作性与实效性不强等问题。教师的发展需要政策、制度、专业平台等作保障，尤其对农村初中和薄弱初中的教师，更需要设计合理的关怀制度、倾斜政策与专设平台。由此，更需要与更需着力的初中教师研究可能包括：初中教师的专业发展与整体素质的现状究竟怎样？不同地区的初中教师专业发展与整体素质之间究竟有着怎样的差异？差异的形成过程又是怎样的？教育改革、政策制度、考试评价等究竟可能对教师与教师群体带来怎样的影响？这些影响在教师的教育日常生活中又是如何发生的？初中校长在教育教学改革与学校发展过程中究竟可能有怎样的作为？这些作为又如何发生？校长群体、教师群体、学生群体三者之间究竟怎样形成共生发展的群体合力？等等。

初中课程的实施、管理与教学方式转变问题。这一问题是一个常说但并不常新的问题，初中课程的开足、上齐、教好的要求若干年前就被强调，而事实上真正做到或做好的学校并不是很多。从已有研究看，在课程与教学研究中以学科为核心的观念较被注重，而从课程角度去思考问题的意识则较为淡薄，对于新课改所倡导的课程规划、课程实施、课程管理、课程资源开发等问题的研究，与小学、高中相比显得更为薄弱。由此，更需要与更需着力的课程研究可能包括：课程实施、课程管理、课程优化的真正内涵到底是什么？具体执行过程中是否发生了窄化、弱化与异化的现象？这些现象的发生究竟是怎样实现的？初中课程样本化实施中究竟如何发挥学校、教师、学生的积极性、主动性与创造性？课堂学习与教学方式的转变究竟指什么？又怎样实现转变？等等。

初中学校的文化建设与特色彰显问题。从初中名校的发展轨迹看，文化立校是他们共同的价值追求。遗憾的是，除了对名校的研究以及在对策建议中频频出现的文化建设字眼外，专门针对初中教育学校文化建设与特色彰显的研究则凤毛麟角，至于文化如何建设、需要怎样的理念体系与组织变革、学校环境如何打造、教学特色如何形成诸多问题皆未被充分关注。这可能与初中教育本身的薄弱有关，因为尚处于抓常规冲中考阶段的初中教育似乎还很难顾及文化传承与特色形成之事。由此，更需要与更需着力的学校研究可能包括：初中学校发展的内在品质与综合实力到底由哪些要素构成？这些要素在学校文化建设与特色形成中究竟扮演怎样的角色？不同地区、不同历史的初中学校究竟怎样立足与挖掘已有资源，形成独特的学校自身特色？学校文化建设究竟如何与教师发展、学生发展、学校管理等融为一体，并从小事、细节做起？等等。

2. 研究方法：如何更趋多样与自觉

有学者曾经把教育研究方法分为五种类型，即历史研究、描述研究、相关与比较研究、实验研究、理论研究。[①] 若此类分法值得借鉴的话，那么已有初中研究的方法基本上是一种描述研究，即通过问卷、调查、访谈以及测验等手段搜集资料以验证假设或回答有关现实问题。近几年来量化

---

① 裴娣娜：《教育研究方法导论》，安徽教育出版社1995年版，第11—12页。

研究方式大量使用，主要集中在对初中教育经费投入、学生学业成绩、区域均衡等方面，通过大量的数据呈现与比较所形成的研究成果颇具说服力，也受到相当程度的重视。除此之外，还有一些实验研究，如一些地区初中教育改革行动与经验分享，虽然它们并不是严格意义上的教育实验，而是在改善初中教育的实践中推进一些理念与举措，但也具有一定的实验性质，不妨将其归入实验研究之范畴。相比之下，历史研究、相关与比较研究、理论研究这些方法在已有研究中却少有应用或少有深度应用。

首先是历史研究。目前的研究从历史角度审视的主要是政策、学制、师资以及教科书等，学者们尤其热衷于教科书的阶段性变化研究，对初中教育发展整体性演变的研究相对较少。若能纵向地审视初中教育在很长一段历史时期内发生、发展和演变的过程，了解其或繁荣，或停滞，或转型，或滑坡的历史事实，结合当时的时代特征与政策环境，分析其背后的原因，把握其原始动力与现实障碍，并揭示一定的发展规律，这对认清与分析当下初中发展中棘手问题的历史相似性，避免走弯路，作出相对正确的判断与制定合理的解决策略，都是极富意义的，因为历史研究的重要价值，便在于通过认识与分析过去来研究现在甚至预测未来。其次是相关与比较研究。在现有研究中，虽然已有将初中教育与小学教育、高中教育进行比较来探寻初中教育特殊性的研究，但其广度与深度都不够；也有较多对初中教育教材的对比与分析，但较少有关涉政策制度、教师发展、学生学习、教学方式以及文化建设等方面的比较研究；至于初中教育与其他相关系统之间关系的研究，初中教育的国际比较研究，国外先进的初中教育教学模式、学生发展模式等经验的引进与介绍，则寥寥无几，更为缺乏。初中教育目前存在的许多问题都需要我们打开视野、开放胸怀，去了解和借鉴其他国家、地区、学校的改革与经验，以寻求结合本土实际的发展生机。最后是理论研究。与初中教育发展相关的"是什么""为什么""怎么样""去哪里"等一系列基本问题，需要通过理论的深度探究才能明晰与清醒。虽然对于初中教育这样一个实践命题进行理论研究的难度相对较大，但理性的分析与综合、抽象与概括、批判与质疑、回溯与预测，无疑与揭示初中教育的本质属性、内在气质、行动逻辑与发展方向，与有效指导实践探索与实现现实改良，具有内在关联性与目标一致性。

3. 理论与实践：如何进一步相互融通与良性介入

理论与实践之间如何消除脱节与沟壑，实现跨越各自边界的相互融通问题，似乎是多个领域中的研究瓶颈，初中教育研究当然也不能例外。可以说，2008 年以前，研究初中教育问题的主要是教育实践工作者，以教育行政管理人员与教师为主。由一线实践者亲自"操刀"的研究，不仅具有强烈的问题意识，而且提出的问题往往是最棘手与最急迫的，这在客观、真切地审视初中教育问题之所在、有效改善教育实践中发挥了积极作用。但与此同时不能忽略的是，若某种研究过分沉浸在教育实践之中，不能与实践拉开一定距离，往往容易陷入困境的内部循环，既难有跳出教育看教育的视野，又会受困于琐碎的细枝末节之中，无法形成关乎整体的、更深层次的思考。近几年来，随着对初中教育的重视程度越来越高，尤其是一些围绕初中教育研究的课题组的建立，使得关乎初中教育本身的学理性探讨不断涌现。这些研究聚焦初中教育的内涵与本质、功能与定位、种属与价值等，既较为准确地把握住了初中教育本身的诸多问题，又颇具开创性、思辨性、质疑性与批判性；既有意识地把初中教育纳入教育大系统以及与他系统的互动关系中加以思考，又对初中教育的独特性质作出针对性思考，这些研究与探索，一方面把初中教育研究往前推进了一大步，另一方面在某种程度上也对初中教育实践起到了一定的指导与引领作用。遗憾的是，在理论与实践研究的交接与融通上，鸿沟仍然存在。理论研究的成果并未得到实践的适时积极呼应，实践研究还在既定的常规与框架下展开，新意与深度均显不足，实践界的做法与经验在一定程度上也没有能够得到理论界的足够重视。也就是说，关于初中教育理论与实践研究的沟通性研究尚显不足，研究的目的最终要指向初中教育实践的变革与改造，仅仅是学理的探讨与借鉴式的呼吁并不能满足促进初中教育发展的要求，而仅仅是对实践中问题的抱怨与指责，同样对初中发展没有益处。这也是多个领域研究中的共性问题，只是对相对薄弱的初中教育而言，显得更为突出与更为紧迫而已。

四　新世纪文本关注：初中发展政策解读

这里基于相关政策文本的初中发展解读，主要以初中教育发展政策为研究对象，以江苏教育网（http：//www. ec. js. edu. cn/）为重要资料来源，以"初中教育""基础教育"和"义务教育"等为关键词，试图对2004—2014 年十余年间，政府信息公开栏目中的政策法规、行政公文、发展规划、计划总结、教育统计、重大项目、重点工作、专题聚焦八类政策文本进行系统收集与整理分析。共收集相关政策文本 1566 份，其中主体文件 614 份，附件 952 份。在主体文件中，政策法规类 40 份，包括教育地方性法规、教育法律、教育行政法规、教育行政规章、热点解读等，占主体文件的 6.51%；行政公文类 523 份，占主体文件的 85.2%，而以通知（含预备通知、预警通知、紧急通知及函等）形式呈现的公文 461 份，占主体文件的 75.1% 与行政公文总数的 88.15%；发展规划类 7 份，占主体文件的 1.14%；计划总结类 18 份，占主体文件的 2.93%；教育统计类 9 份，占主体文件的 1.40%；重大项目类 7 份，占主体文件的 1.14%；重点工作类 2 份，占主体文件的 0.33%；专题聚焦类 8 份，占主体文件的 1.3%。附件作为主体文件的补充，更多涉及具体的相关表格（统计表、调查表、汇总表、鉴定表、申请表等）、评价标准、名额分配、试行办法、活动方案、评选表彰方法、检查（调研）提纲、督导评估标准（方案）、指导纲要、实施细则、指标说明、情况通报等 70 多类。上述政策文本的发文主体主要有教育部办公厅（财政司等职能部门）、江苏省委省政府办公厅、江苏省人民政府教育督导团、江苏省教育厅（办公室、各处室等）、江苏省教育厅联合省财政厅（卫生厅、体育局、统计局、物价局、监察厅）等部门。需要说明的是，第一，在 614 份主体文件中，针对初中出台的专项文件有 12 份，占总体文件的 2%，且所有文件都是以通知形式发布的行政公文，主要包括学生辍学、农村合格学校建设、教师培训、新课程"送培"到苏北苏中、薄弱初中课程建设等内容。2008 年之前的政策文本较为关注学生辍学和合格学校建设；2008—2012 年的政策文本开始零星关注初中学科课程教学，并注重通过培训提升教师素养；2012 年以后，政策文本开始由关注新课程"送培"转向促进薄弱初中课程教学改革。第二，以下分析主要以对主体文件的解读为基本依据。

（一）整体概况中的政策共性

基于政策文本的分析，江苏初中教育在十余年的发展过程中呈现出以均衡发展为主线、以农村教育为重点、以弱势群体帮扶为公平关照、以教育信息化为创新载体的共性政策趋向。

以实现均衡为初中教育发展主线，形成"示范引领""薄弱帮扶"的实践思路。城乡、校际、区域间（内）教育不均衡是 20 世纪以来初中教育发展的最大问题之一，《义务教育法》和《国家中长期教育改革和发展规划纲要（2010—2020 年)》都对实现均衡发展提出了明确要求，推动均衡发展由此成为江苏乃至全国初中教育发展的战略任务。基于此，江苏不仅三次以专题聚焦形式出台系列相关政策文件，而且形成系列独特做法。如为鼓励部分县（市、区）优先实现教育均衡发展，在出台《江苏省义务教育均衡发展先进县（市、区）评选办法》（2006 年）、《江苏省义务教育优质均衡改革发展示范区建设工程》（2010 年）等文件的同时，还建立了义务教育均衡发展监测制度，通过相关标准系统对全省县（市、区）义务教育均衡发展进行督导评估。先进县（市、区）评选、改革发展示范区建设和优质均衡发展督导评估相结合，为全省初中教育均衡发展树立了县（市、区）典范，也为学校发展达到底线标准提供了参考。与此同时，江苏初中教育均衡发展中的一项主要内容，就是对农村初中的政策倾斜和实践帮扶。如针对农村初中、薄弱初中发展相对滞后的现状，江苏提出要把每一所农村初中办成合格学校，并于 2012 年开始实施薄弱初中教育质量提升工程。

聚焦农村教育，注重以系列"达标工程"实现农村学校办学条件改善。办好义务教育中的农村初中是政府的重要责任与义务。这在省教育行政部门的重点工作和重大项目中得到体现，如农村教育成为两项重点工作的全部内容，而在 7 项重大项目中，有 6 项就是关于学校办学条件特别是农村学校和薄弱学校条件改善的。十余年来，在省委、省政府的支持下，江苏在农村初中先后实施了中小学危房改造、布局调整、"三新一亮""六有工程""校校通""四项配套""特殊教育合格学校建设"和"送优质教学资源下乡""千校万师支援农村教育工程"、选派大量优秀大学毕业生到农村学校任教等合格学校建设系列工程。除国家财政下达的"改薄"经费外，省财政共下达经费 10.6 亿元，用于困难地区农村义务教育学校标准化建设、校安工程、运动场改造等办学条件的改善。改善农村初中办学条件，提升农村初中教育水平，立足农村学校，进行合格学校建设的系列"达标工程"，成为江苏省十余年来持续时间较长、投入经费较多、资源调动较广、社会影响较大的重要政策行为。

遵循教育公平理念，努力为弱势群体学生提供均等教育机会。卢梭认为，教育是实现社会公平的工具，只有实现了教育公平，社会公平才有可能真正实现。在"教育公平不只是让每一个体都享受均等的教育机会，更是指对弱势群体的应有关照"理念下，江苏省一是确保流动就业人口随迁子女由公办学校充分吸纳，平等接受义务教育；二是2013年组织实施特殊教育发展工程，到2015年基本上普及残疾儿童少年15年免费教育，确保残疾儿童少年义务教育入学率在98%以上；三是以"让穷人家的孩子上得起学，不让一个孩子因家庭经济困难失学"为教育训诫，于2009年实施《农村留守少年儿童食宿条件改善工程》，确保每个学生不因贫失学、辍学。仅此一项，2009与2010年，省财政就投入6.2亿元专项资金，支持799所农村初中实施留守少年儿童食宿条件改善工程，解决了20万名农村留守少年儿童的住校问题。为每一位流动就业人口随迁子女、残疾儿童和家庭经济困难孩子提供均等教育机会是教育公平理念在教育实践中的行为彰显，也是江苏教育政策关注初中学生的重要内容之一。

以信息化为创新载体，以公共服务体系为平台，初步建成全省（初中）教育资源共享网络社区。信息化是继工业化之后的又一次历史性变革，带来的是更深刻的教育变革。面对信息化所带来的教育创新挑战，江苏初步建立起教育信息化公共服务体系，13个省辖市全部建成教育城域网，并开通江苏省教育信息化公共服务平台市级分中心，实现了省教育信息化公共服务平台与市、县教育城域网和校园网的互联。2015年出台的《江苏省"十三五"教育信息化发展专项规划（征求意见稿）》，对江苏教育信息化建设的主要目标、发展任务和重点工程等进行了整体规划，到2020年将建成门类齐全、内容丰富的学科课程资源和学习资源库，实现学校、学科、内容全覆盖，国家教育信息化标准达标率达到90%以上。教育公共服务体系的建立与信息化发展专项规划的制定，为江苏实现优质教育资源共享搭建了平台；网络社区的建立体现了"超学校""超地域"的教育观，使初中发展不再局限于一所学校或某一地区，促进全省初中发展成为一个开放的共享与动态生成的过程。

（二）关键词中的政策导向

在江苏多种呈现形式的众多政策文本中，虽然对教育问题的关注可谓

"全覆盖"，但就初中教育而言，"均衡发展""学校办学""师资建设""弱势关照""监管问责"等关键词①还是或显或隐地从相关政策文本中凸显出来。

1. 均衡发展

在614份主体政策文本中，尽管关于均衡发展的文件只有12份，但2010年和2012年两次聚焦均衡发展，并形成系列专题聚焦文件，占专题聚焦总文件八个系列的25%，其聚焦专题分别是推动义务教育均衡发展（2010年）和申报全国义务教育发展基本均衡县"市、区"督导评估工作（2012年）。基于相关文本分析可以看出，为缩小全省初中教育的差异，十余年来，江苏主要做了两件大事：一是建立教育均衡发展示范区，为全省初中教育均衡发展提供典范引领；二是以健全城乡一体化为教育发展机制，在财政投入、教师配置、学校建设等方面对农村学校和薄弱学校提供多方位支持。示范区建设与城乡一体化建设，有效地促进了江苏初中教育均衡发展，特别是区域内和城乡间的均衡发展。

2. 学校办学

在主体政策文本中，共有学校办学专项文件57份，占主体文件的9.3%。其中行政公文41份、教育法规6份、重大项目6份、专题聚焦和发展规划各2份。在江苏省实施的7项重大项目中，关于学校办学的项目有6项，占所有重大项目的86%。这些文件主要以"三新一亮""校校通""六有工程""农村合格学校建设""四项配套""规范办学"等为政策内容。一方面，通过《关于进一步改善农村中小学办学条件的意见》（2006年）、《江苏省初中基本办学条件标准》（2010年）等文件以及系列"达标工程"，下大力气改善学校办学特别是农村学校、薄弱初中的办学条件；另一方面，通过下发《关于进一步规范中小学办学行为深入实施素质教育的意见》（以下简称《意见》），严格规范学校办学行为，其核心内容是"五严规定"，即严格禁止下达高（中）考升学指标、严格控制学生在校集中教学活动时间、严格执行国家课程计划、严格规范考试和招生管理、严格禁止义务教育办学中的违法行为。改善办学条件、规范办学行

---

① 涉及均衡发展、学校办学、师资建设、弱势关照和监管问责等关键词的文件都是指专项政策文件，计划总结、教育统计和整体规划等综合性政策文本涉及的相关内容此处没有作为文本对象进行统计。

为，在一定程度上解决了初中发展中的部分现实问题。

3. 师资建设

在主体政策中，有师资建设的文件181份，占比高达30%，其中关于教师培训的文件有67份，分别占总体文件和师资建设文件的11%和37%。针对农村学校、薄弱学校教师素养不高，音、体、美等学科教师短缺现象，江苏采取的主要应对措施是建立制度保障、加强教师培训等。如建立城镇教师到农村、示范学校教师到薄弱学校任教，苏南教师支援苏北、城市教师支援农村等制度；而在江苏省教育厅办公室关于组织开展农村初中"四项配套"工程教师培训工作的通知中，就有这样的信息显示：2007年，全省培训农村初中音乐教师1240人、体育教师1240人、美术教师1240人、理化生实验室管理人员1735人、图书馆管理人员1735人，占当年培训总数10910人的66%。对口支援与外力培训对提高教师素养尤其是农村初中教师素养，对促进教师发展尤其是农村初中教师发展，具有非常重要的阶段性意义。

4. 弱势关照

主体政策文本中，共有弱势关照专项文件19份，包括《流动儿童少年就学暂行办法》1份和行政公文18份。其中，主要通过系列政策、相关工程和经费投入等方式，对流动儿童少年就学、家庭经济困难学生入学和留守儿童少年教育等相关问题给予了重点关注，如要求各地政府接受流动人口子女入当地公办学校，并提供与当地学生平等的教育条件；承诺"确保每个贫困家庭学生都有学上"，对家庭经济困难的儿童、少年免费实行"两免一补"，提供教科书并补助寄宿生生活费；解决农村留守少年儿童住校问题，等等。同时，还为98%的残疾儿童提供免费接受初中教育的机会，并要求所有学校把每一位学生的发展放在同等重要的位置，严禁考试择优招生或以各种名义分快慢班、实验班、强化班等。相关政策出台和系列实践行动，为处于弱势境地的学生提供了最基本的制度保障和政策支持。

5. 监管问责

监管问责类文件主要以督导考核、监测评估（评选）、检查（抽查）验收、通知通报等形式呈现。梳理发现，仅以通知形式告知的文件有461份，占文件总数的75.1%，以督导考核、监测评估（评选）等其他关键词出现的文件63份。基于政策文本分析可以看出，江苏基本上形成了一种以监督管理、执行问责为主的教育管理方式，并以通知告知、遵照执行、检查验收、执行问责等形式贯穿过程之中。其中，监管问责在"规范中小学办学行为"的政策出台、实施中体现得较为明显。围绕中小学规范办学，江苏共出台政策文件9份，其中有3份实施意见、5份通知、1份专项督导。为监管规范办学行为政策的落实，不仅建立了省、市、县督查网络，开展全方位的督查行动，如从2009年6月启动到2010年初，江苏开展省级随机督查80多次，涉及学校达300所之多，而且对违规学校和相关主要负责人进行了相应问责。

（三）政策过程中的关系权衡

1. 弥补性政策与战略性政策的关系

如上所言，在614份主体文件中，针对初中出台的专项文件有12项，这些政策文件几乎都是从当时问题出发、立足于阶段性问题的解决，主要涉及农村合格学校建设、办学条件改善等，如当农村初中、薄弱学校成为教育均衡发展的影响因素时，改善农村初中和薄弱学校办学条件、提高办学水平的政策文件就会成为那一阶段的重要内容；当弱势群体受教育机会不公时，特殊教育发展工程、弱势群体受教育保障机制和相关资助计划的政策文件便会持续发布。不可否认农村初中重点帮扶与弱势群体公平关照在教育均衡发展中的重要性，但仅仅从当时问题出发、立足于阶段性问题的政策发布，充其量属于应激性、弥补式政策发布的问题解决方式，若从关注当前问题解决与促进教育长远发展的整体角度看，还需要弥补性政策与战略性政策的有机结合。也就是说，相关教育政策关注的不仅是教育实践中重、难点问题的解决，而且是从战略高度对全省基础教育、义务教育包括初中教育的系统规划；不仅是针对基础教育、义务教育中相对薄弱的初中教育发展的弥补性政策，而且是凸显方向引领、全面关照与未来把握的战略性政策，尤其需要针对初中教育这一特殊学段整体发展的战略性政策。因为长期被统合在基础教育、中学教育、义务教育中的初中教育，在教育政策上这种笼统性常常表现为"弥补式"的问题解决。

2. 局部性政策与全局性政策的关系

上述分析表明，十余年来，江苏主要通过示范引领、薄弱帮扶和评选督导等重要举措和实践行为，不仅期待提升示范区、先进县的初中均衡发展水平，为全省实现初中教育优质均衡发展奠定基础，也期待通过重点帮扶等方式，较快缩小城乡之间特别是区域内城乡之间初中发展的差距，推动全省初中教育均衡发展。但这里需要关注两个问题：一是同一区域内名初中与普通初中、薄弱初中之间的差距相对较大，即便都被确立为江苏义务教育均衡发展先进县（市、区），但在苏南、苏中、苏北不同地域内的均衡水平差距还是较大的，对农村薄弱学校的帮扶似乎并不能从根本上解决区域内的城乡差距问题；二是示范区（县）与非示范区（县）之间，苏南、苏中、苏北不同区域的名校与名校之间，名校与非名校之间还存在较大差距。在某种程度上，示范区、先进县的初中教育越办越好，而非示范区（县）则未发生太大变化，有的甚至拉大了区域之间的不均衡程度，造成初中教育发展新的非均衡状态。若从缩小区域内城乡均衡与推进全省初中均衡发展的整体角度看，还需要局部性政策与全局性政策的有机结合。也就是说，推进全省初中教育均衡发展，需要借助于局部性政策的支撑与支持，实现示范区、先进县内的城乡一体化，更需要局部性政策与全局性政策的统筹与协调，既均衡配置各种硬件资源，缩小校际之间、城乡之间和区域之间的外显差距，更注重提升各种软件资源品质，缩小校际之间、城乡之间和区域之间的内隐差距。

3. 底线式政策与提优性政策的关系

办好每一所初中是实现全省初中教育发展的重要任务，十余年来，江苏努力做好"合格学校建设"工作，特别是在农村初中和薄弱学校条件改善、师资队伍建设等方面，投入大量人力、财力、物力，使其办学条件和办学水平得到一定程度的提高。同时，"五严规定"的出台也对规范学校办学行为起到了很好的监管作用。但是应该说，条件改善和底线规范只是推动全省初中学校发展的最基础内容，办好每一所学校远非办学条件改善与办学行为规范就能达成的，从全省初中教育整体发展、未来发展和可持续发展出发，还需要把政策引领的着力点放在每一所学校的内涵发展、课程教学改革、文化建设和质量提高上，特别是让学校形成发展的内在动力，而不只是通过外在帮扶和行为监督来达成。若从聚焦少数薄弱帮扶与实现全面整体提高的整体角度看，还需要底线式政策与提优性政策的有机结合。不管是农村初中、薄弱学校办学条件改善，还是公共教育资源向弱势群体倾斜，都是对教育公平理念的遵循和履行，这是教育的应有之义，也是政府教育责任之所在。但作为省级教育行政部门，在对少数人群和部分学校进行薄弱帮扶的同时，更应担当起促进每一位学生健康发展和实现每一所学校整体办学水平提高的重任。就学校办学来说，不仅要有农村初中、薄弱学校条件改善的底线式政策扶持，还要有使全省所有初中教育质量得到提高、办学水平得到提升、办学特色得以形成的提优性政策引领。

4. 发布式政策与跟踪性政策的关系

这主要是从政策的瞬时发布与持续跟踪来说的。可以说，所有的政策都是发布式政策，但所有的发布式政策并不都是跟踪性政策。十余年来，江苏一方面通过发布资助性和扶持性政策，较为妥善地解决特殊儿童少年、流动人口子女、家庭经济困难儿童少年受教育中的实际困难，使弱势群体学生受教育条件得到相对改善，教育机会得到一定程度的保障；另一方面也通过发布规范性、监督性政策，适度减轻学生的课业负担，促进学生身心的健康发展，如《关于切实减轻中小学生过重课业负担的十项规定》《江苏省学生体质健康促进条例》（2009 年）等。但是，若从既发挥政策短时效用又保证政策长期作用的整体角度看，还需要发布式政策与跟踪性政策的有机结合。因为事实上相应的跟踪性政策显得相对较少，如弱势群体学生的困难与问题是否真正得到减轻，学生课业负担是否真正得到减轻，针对发布性政策的执行情况是否真正彻底，等等，似乎并没有与之相匹配的政策群的过程监督与结果反馈，这就很容易使发布性政策陷入或止于发布，或发布时效无法持续，或发布与执行之间发生断裂的尴尬之中。

5. 单一式政策主体与复合式主体参与的关系

从相关政策文本看，在初中教育管理过程中，省级教育行政部门与地方各级教育部门以及各学校之间依然是下达任务、执行任务的等级式、单一式关系，省级教育行政部门更多充当的是政策发布者角色，而政策引导、统筹规划、监督管理和提供公共教育服务等服务职能尚未得到充分彰显，包括地方教育部门、学校在内的其他教育相关者则更多充当的是政策执行者角色，只需按政策要求执行，其应有的管理积极性和参与式管理行为似乎未能得到充分激发。若从依托单一政策主体与激发所有相关者共同参与的整体角度看，还需要单一式政策主体与复合式主体参与的有机结合。初中教育发展需要省级政府部门建立起完善的教育公共治理体系，使各级政府、社会组织、市场和家长等相关者都参与到教育公共事务管理过程中来，承担起相应的责任，而不仅仅是政府主体发布行政指令、相关执行者执行行政指令的单一过程。可以说，复合式主体的共同参与不仅可以降低政府的治理成本，减轻核心治理结构的治理负荷，还可以培养相关参与者的治理能力，增强教育治理的理性与绩效。

第三章　初中教育的本源性问题重提

所谓"重提"，就意味着这一问题不是新问题；之所以"重提"，也就意味着这一非新问题的问题始终在那儿并未得到重视与解决或并未得到真正的重视与解决，"常说不新""常说常新"充其量只是对问题存在的一种无奈描述，真正需要的是在对关涉初中教育的一些本源性问题进行再思考、再解读、再阐释的过程中，重新认识初中教育与初中教育特质，并为初中教育教学行为的改善提供真正有所裨益的价值。因为一些基本的、本源的问题不加以进一步厘清，所谓尊重学生、发展学生、制定政策、完善评价等都会陷入头痛医头、脚痛医脚的治标窠臼。就此而言，本章也是回答初中教育"因何薄弱"的逻辑起点。

一　初中教育特质"特"在哪里

这是我们研究群体中一位研究者的日常田野笔记，或许，相比起对初中教育特质过于抽象、理性的概括来，这样的日常田野笔记更能"看清"与"说清"初中教育的特质究竟"特"在哪里？

（一）能玩到一起去吗

观察报告：2011年10月某日下午4点，某九年一贯制学校课外体育活动时间，小学部的孩子们欢快地在足球场上运动和游戏。忽然，13名初中男生（最高的超过1.80米）将足球放至球场中线直接开球，并开始全场大范围的奔跑、呼喊和冲撞，小学部的孩子们全部知趣地逃出场外：大部分离开，部分在场边玩，个别的在场边观看。十多分钟后，足球偶然滚到场边我的脚下，我踩住足球，浑身汗水的初中男孩们把我团团围住，索要足球。以下是我们的对话：

我：你们吓跑别人了！

生：有什么，他们每天都玩，想怎么玩都行。我们每周只有一次、一次只有一小时。

我：可以带他们玩吗？（我指着抱着足球、在场边观看，不愿离去的小学男生）

生：哼，他们水平这么臭、人这么矮，会被我们撞翻的！

我把足球踢还给他们走离操场。13个初中男生围住我的场景久久不散，当时我（身高1.73米）感到自己很矮，很弱，很虚。他们一点也不像孩子，而是充满了男性荷尔蒙的气息，他们骨骼宽大，手大脚大，一脸疙瘩，浑身力量，为了踢球而玩命的样子，与场边小学男生的圆头圆脑的稚气和"傻气"形成了强烈反差。

他们的回答完全出乎我的预料。他们是最需要运动和健康的年龄，但按老师的规定，每周只有一次、每次只有一小时的踢球机会，他们更多的时间得用于学习知识，用于考入重点高中。所以当他们影响了小学生的运动时，完全没有羞耻之心，而是表现得理直气壮，甚至十分委曲。作为研究者，我曾经非常理想化地相信有些九年一贯制座谈会上的观点：所谓"大学生"带"小学生"的"共同发展"，而足球场上的现实告诉我们：这是两个完全不同的年龄阶段和发展阶段的孩子，当看到初中生踢球的勇猛"状态"时，我相信大男孩不愿"带"小男孩是实话，同时我真的不知道在场边观看的小男生们是否有胆量、有能力被他们"带"。

现象学要求我们搁置"宏大理念"，回到真实的场景，以事实发现和判别真伪。回到学生成长的实际，以学生成长为重要衡量尺度，会发现我们很多观念的"伪"真理性，甚至是"荒唐性"。足球场上赤裸裸的"真相"告诉我们，回到规律、遵循规律、坚守规律，就要回到"学生成长规律"的普遍有效性上，把学生成长规律作为必须遵循的首要规律。

（二）"成人"仪式的隐喻

读书摘录：在一些社会中，从孩童期到成人期的转变要经历庄重的典礼和仪式，这些典礼和仪式统称为"过渡仪式"（rites passage），或青春期仪式。这些仪式惊人地普遍，尤其在前工业化的社会更是如此，世界上超过一半的前工业化社会存在着这种仪式。

维斯菲尔德（Weisfeld，1999）解释道，青春期仪式是成人期的一个

"冲撞过程"，也就是说，它们的主要功能之一，就是为青少年承担起一个完全成人的角色做准备，同时也为他们放弃游戏和孩童期的不负责任做准备。

典型的过渡仪式上，最常见的步骤有四个：第一阶段"隔离"，一个常见的禁忌就是兄弟—姐妹或母亲—儿子之间的接触；第二阶段是"训练"，对所期望的成人行为和应放弃的孩子气的行为进行教导和训练（反复进行强化）；第三个步骤"仪式的开始"，仪式以痛苦和忍受为标志进入欢庆，如通过禁食或割身完成"欢庆"仪式；第四个步骤是"入伍"，被吸收进入部落，具有充分的成人资格。①

当孩子进入12—13岁，通过一种典礼和仪式的方式，使孩子从"儿童"直接转变为"成人"，只具有象征意义，无法为现代人所接受。但仍然给我们以重要的启发，告诉我们：一是孩子进入"青春期"是一个显著的标志，即他得从儿童中期进入儿童后期，而这一时期是从儿童转变为成人的重要进程：一是得放弃儿童的无忧无虑的生活方式，开始进入"成人"的负责任的生活方式；二是将要学会独立地步入和融入社会，而不是继续迷恋和享受"家庭"的过度保护，仪式中的"禁忌"要求与兄弟姐妹和母亲隔开，就是通过"隔开"家庭而迫使他进入成人社会；三是这一过程必然具有"痛苦"和"忍受"的性质，要在痛苦和忍受中学会"成人"，而成为真正意义上的人是值得欢庆的。当然，今天虽然不大可能在身体上让孩子痛苦和忍受，但放弃儿童的随心所欲、享受快乐，具有心理意义上的"痛苦"和"忍受"的深刻意义。

显然，从"儿童"走向"成人"的"过渡"和"准备"阶段，是依据学生生理心理发展的实际，对初中阶段所做出的明确的教育定位，体现了初中教育不同于小学教育和高中教育的特质。

（三）是成人还是儿童

调查数据：一项包含了5900多个样本的大规模国际调查，显示了3—5年级和6—8年级的相关数据：小学生和初中生的"自尊领域"的次序排名完全一致：排在第一位的是身体和外貌，排在第二位的是社会接受

---

① 摘自［加］居伊·勒弗朗索瓦《孩子们：儿童心理发展》，北京大学出版社2004年版，第514—515页。

性，排在第三位的是学习能力，排在第四位的是运动能力，排在第五位的是行为表现。二者之间的差异仅在于：6—8 年级的学生对身体和外貌的看重明显低于 3—5 年级，而 6—8 年级对社会性接受的比例则明显高于3—5 年级。[①]

上述数据表明：从整体上看，初中学生与小学生在发展需求上具有高度的一致性。二者虽然所处的年龄阶段不同，初中学生身体发育和生长形态完全不同于小学生，但在心理发展的层面，尤其是在自尊领域所体现的发展需求上，他们仍然处于儿童发展的中、后期。初中生具有"成人的外貌，儿童的心理"，是十分准确而形象的。

这就提出了一个问题：对于这些貌似成人的儿童，能够把他们当成成人吗？对处于"从儿童走向成人"阶段的初中学生，能够直接把他们当作成人进行教育和训练吗？要不要根据学生的发展需求来促进学生的发展？尊重学生是口号还是实践？这不仅是纯粹的理论问题，而且是严酷的现实问题，但首先需要从理论上加以阐释与厘清。

二 遵循规律：初中教育特质再思考

促进教育内涵发展，全面提高教育质量，需要回到规律、遵循规律，这几乎已成共识。然而回到什么规律，遵循什么规律，如何遵循规律，却不是不言自明或不证自明的。现实中经常会发生持对立观点的双方都认为自己在遵循规律，都在指责对方偏离规律。为什么？原因其实很简单，因为他们各自遵循着他们自认为的规律，他们各自在遵循自设的"遵循"的逻辑和原则，这也是在研究初中教育的发展和改革时常常遇到的矛盾和尴尬。

（一）"学生成长规律"的普遍有效性

什么是教育规律？传统而简明地说，就是导致某种教育现象经常出现、反复出现、普遍出现的原因和依据，是经过人们概括和提炼后所形成的支撑教育实践建构的原理性的观念和认识。教育规律，在没有被证伪之前，具有一定范围内普遍认可、普遍运作、普遍有效的特点，与本质具有高度的"同一性"，即在教育规律的运行过程中，教育的本质或本义就会

① 参见［加］居伊·勒弗朗索瓦《孩子们：儿童心理发展》，第 564 页。

彰显出来。

规律常常隐藏在众多个性所表现出来的共性之中，如学制的设计。世界各国基础教育的学制设计普遍采用两种模式："六三三"或"五四三"模式。无论采用何种义务教育年限，也无论这两种模式具有什么样的细微差异，小学、初中、高中作为独立的三个阶段并且具有连续的递进关系，已十分清晰地在学制设计中得到表达。从初中教育的特质问题出发，可以说，上述学制设计回答的是这样一个问题：初中教育既不同于小学也不同于高中，而是连接小学和高中的一个特殊学段。学制设计的"普遍性"意味着什么？意味着初中教育在现代学校制度建立以来，已经被确认为是有必要独立存在的一个学段。这是一种通过学制所反映出来的基本规律，是一种在全世界学校教育中普遍认可、普遍运用、普遍有效的规律。需要追问的是，这一学制设计的依据与原理何在？显然，这与国家所处的地理位置无关，与民族种族无关，与意识形态、宗教信仰、文化传统等无关。回到原点，其直接依据就是学生的成长规律。这里使用"成长"一词而避免使用"发展"一词，是强调成长过程的自然性、固有性和客观性，并不否认外在的影响和塑形。可以说，人的成长的一般规律，直接决定了世界各国普遍采用这样的学制和模式，并将初中教育置于一个具有独立水平和不同阶段的位置上。说得更简单与更彻底一些就是，因为达到初中年龄段的学生具有与小学生和高中生的不同特点，因此必须设置初中阶段的教育。

初中年龄段的学生（把年龄放宽到12—16周岁这个年龄段）具有什么样的共性成长特点？综合生理学、心理学、教育学、社会学、文化学的各类研究，大致确认的基本观点可概述为：

一是生理发育加速，出现人生的又一个高值点。数据表明，美国儿童在小学阶段出现第一波生长高值，平均身高从6—12岁的110厘米左右上升为150厘米左右，平均体重从15公斤左右上升至35公斤左右。而在初中阶段的12—16岁，平均身高从150厘米上升为170厘米以上，平均体重从35公斤左右上升为65公斤以上。进入高中阶段，身高和体重的平均增值明显地放缓，甚至有人称之为"零增长"。明显与小学不同的是，男孩与女孩的体征更为明显：男孩因为脱脂肪体的增长速度超过脂肪体，脂肪体在体内的比重明显低于女孩，男女之间的性别差异明显加大。同时，性快速成熟，北美有生育能力的女孩平均为12.8岁，男孩平均为14岁。发达国家与发展中国家的青少年有一定的差异，性别有一定的差异，但平均成熟年龄为 12—14 岁。综上所述，这一时期由于身高和体重的突然增加，初中生从生理上非常接近成人，而在心理上却仍然处于儿童中期阶段，生理、心理出现了比较普遍而明显的不协调期，相当一部分男孩子会显得动作十分笨拙，相当一部分女孩子会显得十分"成熟"。

二是思维进入形式运算阶段，信息加工能力明显增强。按照皮亚杰的理论，从十一二岁开始，到十四五岁左右，儿童的思维水平进入形式运算阶段。初中生的思维特点与小学生完全不同，主要变化表现为：小学生以处理真实性问题为主，初中生已能够处理可能性问题；小学生更多面对的是具体问题，初中生已能够思考抽象问题；小学生的思维更单一，初中生思维更多维；小学生的思维更绝对，初中生的思维更相对。同时，初中生的信息加工能力明显增强，知识库的内容明显扩大、丰富程度明显提高，知识间的联结更为紧密，注意的广度和记忆的宽度明显增强。初中学生有更强的元认知技能，形成了对自身认知过程的明确意识，能够计划、调整、协调多方面的活动，学习策略更多样也更个体化。初中学生思维进入了新的"自我中心"阶段，专家称之为"想象观众"与"个人神话"阶段。由于处于"想象观众"阶段，因而过分看重自身的外表和形象；由于处于"个人神话"阶段，因而鲁莽和冒险行为明显增加。

三是具有更为明确的自我意识，社会性情感有了更好的发展。研究表明，12—16 岁的青少年具有比儿童中期更为明确的自我意识，自我概念更少具体性而更为抽象。如 9 岁的男孩描绘自我时会说"我有棕色的眼睛"，11 岁的女孩会说"我是一个非常好的钢琴家"，17 岁的女孩则说"我是一个生命的个体"。[①] 哈特的研究表明，3—5 年级的儿童与 6—8 年级的儿童的自尊领域发生了明显变化，6—8 年级学生对身体和外貌的看重明显低于 3—5 年级，而 6—8 年级在社会性接受的比例方面则明显高于 3—5 年级。青少年时期也是人生生命孤独时期的开始阶段，因而青少年比处于中期的儿童具有更为强烈的建立社会联系、寻求同伴的冲动，同时从更多地依赖父母的赞赏转向更多地依赖同伴的认可和赞赏。对友谊的理解也发生了很大的变化，在儿童早期"朋友就意味在一起玩"，在儿童中期"朋友就是一种相互信任和亲密关系"，到了 12 岁以上不仅可以主动地选择自己的朋友，而且可以与朋友表达更为抽象的意义，不仅依赖朋友而且与朋友交往有更

① 参见［加］居伊·勒弗朗索瓦《孩子们：儿童心理发展》，第 563 页。

多的自主和互动。曾有研究表明，这个年龄段的孩子处于"疾风怒涛"和"压力重重"的时期，许多研究证实，大部分青少年通常是自信、乐观、向上的，但必须指出的是，这一时期，由于青少年尚未能够发展出成熟的个性，常常表现为高度焦虑、烦躁不安、不负责任等，是所谓的"同一性涣散"的较为普遍的阶段。

我们通常把 13—19 岁的年龄段称之为"过渡期"或"青春期"，即介于"儿童"与"成人"之间的一个特定时期，也称之"为完全承担成人角色"进行准备的时期。在这一时期世界上超过一半的传统社会要为孩子长大成人举行庄重的"成人仪式"，以让孩子放弃游戏和不负责任，开始进入成人社会。12—16 岁的初中阶段则隶属于这个成人"过渡期"的第一阶段，16—19 岁的高中阶段是"过渡期"的第二阶段。无论从生理和心理上，初中学生都更接近于高中学生，而不是更接近于小学生。因此，儿童发展心理学一般把 13—19 岁的儿童（初中学生和高中学生）当作同一年段处理，统称为"儿童后期"或"青春期"。

回到现行学校教育制度的学制设计进行考察，我们需要追问：有充分的研究依据证实这是普遍存在的成长规律吗？在上述描述的 1988 年的这项大型研究中，将经过修订的"奥弗自我形象问卷"应用到澳大利亚、孟加拉国、匈牙利、以色列、意大利、土耳其、中国台湾、联邦德国与美国共 9 个不同国家和地区的 5938 名学生身上，测试的青少年被分为两个年龄组：13—15 岁和 16—19 岁，就"心理自我""社会自我""性的自我""家庭自我""外界自我"五个方面进行测试。结果表明，当今世界有关青春期具有共性认识和一般规律，即"一般的青少年"或"普遍的青少年"确实存在。① 由此我们可以确认，在世界范围普遍采用并一直较为稳定的学制设计，是基于青春期"一般青少年"普遍发生、经常发生、反复作用的一般成长规律。

综上所述，小学阶段的儿童成长为初中阶段的儿童，无论是从身体、智力还是从社会性与情感发展诸方面，本质上已完全不属于同一个发展阶段，12 岁左右是两个不同发展阶段的标志性年龄。学生成长的这一普遍规律成为初中年段设计的基本依据，也是认识和理解初中教育特质的基本依据。推而广之，"学生成长规律"是一切教育规律得以支撑、得以成

---

① 参见［加］居伊·勒弗朗索瓦《孩子们：儿童心理发展》，第 564 页。

立、得以表述的"原点"。

（二）遵循规律的"原点""近点""远点"

教育学已经阐述了教育规律的多视角性，区分出教育的基本规律与派生规律、教育的内在规律与外在规律、教育的微观规律与宏观规律等，并描述出不同规律的相互作用、相互影响的重要机理。然而，这并不表明就已经回答了在教育实践情境中，究竟应该遵循什么规律以及如何遵循规律的问题。因此，必须回到教育规律的原点，在揭示教育规律层次性即学生成长规律、教育教学规律、学校治理规律的基础上，找到"遵循规律"的路标与途径。

一是以学生成长规律作为遵循规律的"原点"。从教育是培养人、发展人、促进人的终极目的出发，意味着"学生成长规律"是教育实践的第一法则，也是教育学理论建构的第一法则。凡违反"第一法则"的教育学规律和原理，可以说是一种伪造的、虚假的、空洞的规律与原理，是需要放弃和悬置的所谓"真理"和"理论"。当人们说"基于课程标准的教学"时，通常认定"课程标准"是基于学生成长规律的衡量尺度，总体上符合学生成长的一般规律和原理。倘若在教育现实中发现课程标准并不符合学生成长的规律，则根据"第一法则"的原理，完全可以拒绝和放弃课程标准的规定性预设，这也是课程标准需要不断修改、不断完善的重要原因所在。

从初中教育的实践来看，违反"第一法则"的现象比比皆是，有些恰恰是打着遵循教育规律、全面提高质量的旗号和幌子。据某省学业水平2012 年的监测结果，八年级学生每天睡眠时间达到 9 小时的比例仅为9%，不足 7 小时的比例为 27%，有 3% 的学生每天睡眠时间不足 6 小时，初中有超过 60% 的学生睡眠不足 8 小时。以全国总体数据为基准，该省学业成绩达成指数为 8，无疑教学质量很高，而睡眠指数仅为 3，学习压力指数仅为 1，显然，学习压力指数与睡眠指数紧密相关，高压力导致低睡眠。估计这种监测的结果不仅初中如此，也不仅个别地方如此，在全国基础教育方面可能都具有广泛的代表性。已有研究表明，睡眠与认知、行为和基因关系紧密，德国图宾根大学的科学家对 8—11 岁的儿童及年轻人的研究显示，睡眠好的人记忆能力显然优于睡眠差的人；日本早稻田大学对成人的研究表明，睡眠好明显能够提高技能的训练效果；英国萨里大学睡眠研究中心对成人志愿者的研究发现，连续一周缺觉可以影响人的700多个基因，从而影响人的生物钟、新陈代谢、免疫反应、抗压能力等，从而直接影响健康。[①] 成人尚且如此，何况正在快速长身体的初中学生?! 如果直接违反初中学生的成长规律，直接影响学生的健康发展，这样的教学和质量没有意义和价值，不要也罢。

二是以教育教学规律作为遵循规律的"近点"。教育教学规律是教育的本体规律，是由教育学理论所表述出来的原理性地支撑教育实践建构的基础。人们通常所说的遵循规律更多指的就是遵循教育教学规律。但需要强调的是，教育教学规律是基于学生成长规律基础上的教育学知识和认识的概括和总结，与遵循规律的"原点"学生成长规律相比，无疑是第二层次的规律。

这里的"基于"意味着什么？首先，作为培养人、发展人、促进人的教育教学，其规律的概括和表述必须基于人的成长规律，必须与人的成长规律相符合、相一致、相顺应。即凡是与人的成长规律这一"自然之道"不符合、不一致、不顺应的，都是不成立的。教育教学规律无法脱离人的成长这一"第一层次"的规律单独成立，其成立的前提是依据、遵循、符合、适应等严格的界定和规范，而不是随心所欲地自由创造或想当然地概括和表达。其次，这里的"基于"同时意味着"超出"，即在与成长规律相符合、相一致、相顺应的基础上进行教育学的新发现和新概括，而这种新发现、新概括必然是超出成长规律所揭示和表达的认识范围和水平的。中国大教育家孔子所揭示的教育基本规律，如"因材施教""循序渐进""不悱不发""教学相长"等，就是"基于"并"超出"的典范。"因材"是"基于"，"施教"是基于的"超出"；"循序"是"循"成长自然规律的"序"，"渐进"揭示的是依序的学习和教育，是人为的、自觉的、有控制的、有序列的发展。最后，具有"超出"属性的教育教学规律必须返回到"基于"来"调校"，以保证规律的普遍有效性。如维果茨基明确提出"教学要走在发展的前面"，揭示的不仅是教学规律，更是教育的普遍规律，要求教育不仅要基于发展（成长）的现实，还要具有超前性和超越性，要"走"在发展的"前面"，而决不能"落"在发展的后面。然而，"前"到什么地方？需要以学生的"最近发展区"进行调校，而不是想"走"多

---

①　李月：《睡眠新知》，《文汇报》2013年7月15日。

"前"就走多"前"，想到哪里就"走"到哪里。

如果说遵循学生成长规律是遵循规律的"原点"的话，那么遵循教育教学规律则是遵循规律的"近点"，即最"切近"教育教学实践活动、离教育实践工作者最"就手"的规律显示和运用的范围和领域。当然，"近点"需要不断用"原点"进行调校，以保障规律运用的真实性、准确性、可靠性。目前广为流行并为人津津乐道的教育学观念——"学生具有发展的无限可能性"，其中包含着何种教育真理性和教育伦理性的成分。小学生、初中生、高中生、大学生具有相同的"无限可能性"吗？一般来说，年龄越大、年级越高、学段越高，"可能性"的范围就会明显降低和缩小，发展的"现实性"和"有限性"就会明显增强。从性别角度看，如果说小学年段的教育可以不分男女一视同仁的话，那么初中教育由于学生性别差异明显形成，学生性别角色的定位越来越清晰，"无视男女"则可能缺少教育教学的针对性和有效性（但过分强调性别差异又会导致发展的更多问题）。初中学生开始越来越"像"成人，无论是身高体重，还是思维和情感，但他（她）们毕竟只是"像"成人，并不就是成人，岂能用成人的标准去要求他们承担更多、更重、更长时间的智力和体力负荷？毕飞宇的小说《大雨如注》，塑造了一个具有"无限可能性"的初中二年级优秀女生姚子菡，而这种"无限可能性"导致了最终的崩溃。"无限可能性"在初中阶段的实践中究竟意味着什么？需要我们回到初中生成长规律的原点进行有效调校，教育教学规律才能更有针对性地发挥作用。

在教育实践情境中遵循规律，需要我们不断反思"基于"和"超越"二者之间的关系和界限，即在自然本性与社会需求之间找到"合适"或者"适合"的发展和教育路径。需要明确的是，自然本性在短时间内是无法撼动和变异的，只能符合与顺应；而"社会需要"和"文化选择"则是不断进步和发展的，是教育施加于自然本性中的可塑的、有弹性的、可选择的部分。这就要求我们不断回到"因材施教"这一教育的最基本的规律上去，思考教育教学的作用与效用的范围和界限，以遵循规律的态度去理解教育促进发展的可能性、有限性及其相互关系。

以学校治理规律作为遵循规律的"远点"。从教育规律分层的角度看，学校治理规律显然是第三层次的规律，是基于教育教学规律的"第三作用"的规律。如果把教育教学规律牢固地奠基于学生成长规律的话，学校治理规律基于教育教学规律，就是"间接地"遵循学生成长规律。

学校治理规律能否"直接"基于学生成长规律？显然不能。因为学校治理必须通过而不能绕过教育教学规律去影响学生的成长，更不能替代和取消教育教学规律作用的范围和领域。

这里的"基于"又意味着什么？首先，"基于"要求学校治理规律符合教育教学规律，与教育教学规律保持一致性，充分保障教育教学规律在学校充分发挥作用。因此，与其沿用过去常用的"学校管理规律"的表述，不如改用"学校治理规律"的表述，后者更鲜明地体现出"自下而上"而非"自上而下"的作用方向。坚持"自下而上"的学校治理规律，就能在相当程度上保障学校对教育教学规律的有效运用。一旦主观化、经验化、行政化地想怎么管理就怎么管理，想怎么办学就怎么办学，遵循教育教学规律就成为一句空话。其次，学校治理规律有"超出"教育教学规律的认识和表述，有"超出"教育教学规律的作用范围和运用领域，可以有效适用于学校内部管理、学校外部活动、学校层面的社会实践，其作用和表述更倾向于宏观而非微观、外部而非内部、整体而非局部。当我们说"义务教育是一种公共产品"时，表述的是义务教育的"普惠"特质，揭示的是义务教育学校的外部规律，即义务教育学校的管理、运行及与外部发生的关系，与政府、社会、家庭的关系规定和界定，而非呈现的是促进人成长和发展的教育教学内部规律。最后，具有"超出"属性的学校治理规律需要回到教育教学规律的基点进行"调校"，以保障对学校的治理严格控制在符合教育教学规律的范围内，具有教育学的普遍有效性。如"学校规模和班额适度"是学校治理的重要规律之一，只有"适度"的学校规模与班额，才能既基于教育教学规律运作的有效性，有利于师生之间的充分交流与教育质量的提升，又能体现现代学校管理的特质，有利于学校扁平化、精细化、人文化的管理。

如果说遵循教育教学规律是遵循规律的"近点"的话，那么遵循学校治理规律则是遵循规律的"远点"。借鉴海德格尔现象学概念"去远"一词，可以生动地表述遵循规律的"近点"和"远点"的关系：当把"去"理解为"去掉"和"消除"时，表明学校治理规律需要经常回到"近点"，不要仅仅为了管理的需要而走得太远，以致忘却教育教学的根本规律和价值取向；当把"去"理解为"出发"和"走向"时，表明良好的学校治理规律能够帮助学校走向远方，从而更好地实现教育的理想和价值。由此出发，可以反观、反思、反省现实的制度设计和学校治理。目前中国的初中存在着三种体制：一是完全中学的体制，初中与高中为一校；二是九年一贯的体制，初中与小学在一校；三是独立初中的体制。从学校治理的角度看，小学与初中同属义务教育，放在一起十分合理。但从教育教学角度看，小学与初中学生在发展阶段上具有完全不同的特质，处于完全不同的发展阶段，因而教育教学规律作用的方式也完全不同。如初中必须分科教学，课程设置中增加了物理、化学、地理和历史等，知识的复杂和多样程度也明显加大，为的是适应学生思维发展具有抽象性、概括性、多维性的特质。小学的教育教学则完全不同，尤其是低中年级的教学更多地强调情境性、具体性、单一性等特质，而现行体制是小学一节课40分钟，初中一节课45分钟，上课铃甚至都敲不在一个点上。试想，当学校治理规律与教育教学规律发生矛盾和冲突时，我们还能强调并坚持基于教育教学规律的学校治理吗？我们还能够从学校治理是为了保障教育教学规律实现、教育教学价值实现这一根本目的吗？

综上所述，教育规律包含三个层次的规律：学生成长规律为第一层次的规律，是遵循规律的原点；教育教学规律是第二层次的规律，是遵循规律的"近点"；学校治理规律是第三层次的规律，是遵循规律的"远点"。对于遵循教育教学规律而言，首先而且通常的准则是以学生成长规律为标尺；对于遵循学校治理规律而言，首先而且通常的准则是符合教育教学规律。三个层次的规律不能颠倒，颠倒的结果就是"违反规律"。

（三）从遵循教育规律走向坚守教育理想

初中教育的特质在哪里？是什么？人们似乎总希望抽象与概括出几个字或几句话。如果一定要说，可能最好的概括就是："初中教育的特质就在教育规律显现中"。用现象学的表达就是，在遵循教育规律的过程中，初中教育的特质就"显现""闪耀"和"绽放"出来。正是在这个意义上，遵循教育规律和回归教育本质是高度同一的。遵循规律是从时间的维度表述，是过去时、现在时和将来时的统一，因而初中教育回归本质的路径可概括为：遵循教育规律，把握时代特征，坚守教育理想，这是认识过去、批判现实、走向未来的重要通道。

遵循教育规律是回归教育本质的"原始规定"。遵循教育规律是办教育、办学校的基本要求和"原始规定"，也是学校教育区别于各行各业的行业特征和专业规范所在，更是保证学校教育水平和质量的内在的、本体的力量。遵循教育规律，要求以"学生成长规律"为"原点"，以"教育教学规律"为"近点"，以"学校治理规律"为"远点"，不断回到学生成长规律的原点去"调校"教育教学规律的运行和显现，不断回到教育教学规律的"近点"去调校学校治理规律的运行和显现。可以这么说，初中教育的最大问题，不是没有跟上流行时尚，不是没有跟上改革节奏和步伐，不是缺少理念和口号，而是缺少遵循教育规律的自觉意识和自觉行为。回归初中教育的本质，就要求初中教育回到教育本身的规定性上，倾听教育规律的内在声音，而不是被纷繁、喧嚣、华丽、流行的声音和口号所干扰，最终忘却了教育自身的意义和价值。

把握时代特征是回归教育本质的"当下体现"。以遵循教育规律为基本要求，就必须把握教育的时代特征，这种时代特征就是普遍的教育规律在"当下"的体现。因此，遵循教育规律不是简单地回到原点、回到过去、回到历史，而是在"当下"的现实中研究包含着原点的轨迹，包含着过去的现在，包含着历史的现实。从学生成长规律的角度看，有关研究已经证实12—16岁是学生性成熟的关键年龄，但在后工业化社会学生性成熟的年龄在不断下降；已经证实12—16岁是"同一性涣散"的时期，但"同一性涣散"的表现却因技术和网络的出现而完全不同于过去。从教育教学规律的理解和把握看，今天的时代特征更重视对学生的研究、对学生学习的研究、对学生学习方式的研究，因此"以学定教"成为"因材施教"这一基本规律的重要扩展和深化。从学校治理的角度看，公平和均衡是时代的呼声，因此教育质量的概念必然是一种公平的质量，而非少数人的质量。对初中教育而言，遵循教育规律内在地要求把握教育的时代特点，非此不能够真正回归教育的本质。

坚守教育理想是回归教育本质的"未来选择"。遵循教育规律不仅表现了"实事"，而且表明了"实情"，不仅要求遵循教育规律的"现实性"，而且要求寻找现实中的积极"可能性"。教育规律的真理性和客观性本身，内在地包含了教育理想的伦理性和价值性，体现的是坚守理想、追求理想、表现理想的教育本体性。在这个意义上，遵循规律与坚守理想是紧密相连、不可分离的同一性的两面。在遵循教育规律的过程中，在坚守教育的理想和价值中，当下和现实的教育才能真正向未来开启，才能真正走向未来。由此，需要追问的是：初中教育敢于追求素质教育的理想，把教育教学准确定位于培养健全人格和合格公民吗？敢于坚守学生身心健康应是第一位的教育和发展需求吗？能够持之以恒地从兴趣、习惯、态度的培养中建构学生未来发展的基本素养吗？初中教育的问题，不是太理想了，而是太现实、太功利、太眼前化了。初中教育不是没有理想，而是在功利化的社会背景下需要有人坚守和追求理想；初中教育不是没有未来，而是是否愿意在坚守和追求理想的过程中开启新的未来。说到底，初中教育回归本质需要从"原点"出发，经过"近点"走向"远点"。

三　关系解析：初中教育属性矛盾再解读

在对初中教育特质进行再思考的基础上，同样有必要对初中教育的属性矛盾进行再解读，因为初中教育的多重属性使初中教育置身于或纠结于相应的多重关系之中，而多元属性之间存在的一些内在矛盾，又往往成为初中教育现实问题的深层根源，在一定程度上制约着初中教育的发展。分析初中教育的属性矛盾，是实现初中教育属性融合，促进初中教育健康发展的前提。

（一）初中教育：属种关系及其属性

作为一个种概念，从不同的角度看，初中教育分属中等教育、义务教育、基础教育等不同的属概念（见图 3.1）。依据逻辑学的属种关系理论，这些属概念所具有的属性，初中教育这个种概念也都具有。

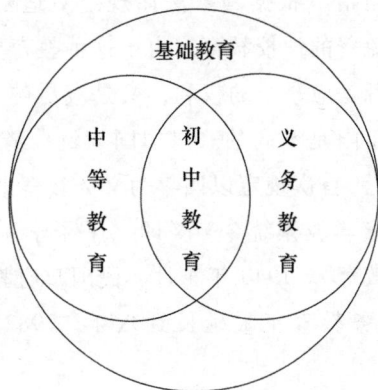

图 3.1　初中教育的属种关系

1. 作为中等教育的初中教育

所谓中等教育，是"教育系统中介于初等教育与高等教育之间的组成部分"①。根据 1951 年规定的学制，中国的中等教育分为中学、工农速成中学、业余中学、中等专业学校。其中，"中学的修业年限为六年，分初、高两级"，初中即中等教育的初级阶段。联合国教科文组织制定的《国际教育标准分类》（ISCED）是"经过国际社会广泛协商，并经联合国教科文组织大会正式批准，按照教育等级和学科来组织管理教育课程和相关资格证书的参照分类"②，是整合世界各国各种学制的产物，具有较强的权威性和普适性。2011 年修订通过的《国际教育标准分类》，根据教育课程内容复杂程度和专门化程度将教育体系从低到高分为九个等级序列，其中第二级为初级中等教育（lower secondary education），它和第三级高级中等教育（upper secondary education）共同组成了中等教育。

中等教育具有整体性、选择性、选拔性等属性。整体性指的是初中教育与高中教育在功能目标、课程设置、教学模式、评价方式等方面具有较强的一致性和关联性，二者构成了完整的中等教育。选择性指的是在中学阶段，学生既可以选择接受普通教育，也可以选择接受职业教育，中等教育的终端出口既指向升学，又指向就业。选拔性则与选择性密切相关。选择是双向的，一方面意味着学生选择教育，另一方面也意味着教育选择学生，而选拔是选择学生的基本方式之一。

2. 作为义务教育的初中教育

所谓义务教育，是指"根据国家法律规定对适龄儿童实施一定年限的普及的、强迫的、免费的学校教育。由于这种教育要求社会、学校和家庭予以保证，对儿童既是应享受的权利，又是应尽的义务"③。不同国家、不同时代的义务教育年限是不同的。以中国为例，清政府 1911 年颁布的《试办义务教育章程案》首次规定以四年为义务教育期。1912 年，民国临时政府教育部颁布了《学校系统令》（即《壬子学制》），也规定了"初等小学四年，为义务教育"。1940 年 4 月，民国政府教育部制定的《国民教育实施纲领》把义务教育年限延长到六年。1982 年，中国新修订的

---

① 顾明远：《教育大辞典》，上海教育出版社 1998 年版，第 2050 页。
② 李建忠：《国际教育标准分类折射教育新趋势》，《中国教育报》2013 年 1 月 3 日。
③ 顾明远：《教育大辞典》，上海教育出版社 1998 年版，第 1896 页。

《宪法》规定，"国家举办各种学校，普及初等义务教育，发展中等教育、职业教育和高等教育，并且发展学前教育"，初等义务教育的年限一般为六年。直到 1986 年，《中华人民共和国义务教育法》的颁布，才正式以法律的形式明确规定"国家实行九年义务教育制度"，初中教育由此被纳入义务教育的范畴之内。

义务教育具有公益性、统一性、强制性、贯通性等属性。公益性指的是义务教育是免费的教育，国家建立义务教育经费保障机制，保证义务教育制度的实施。统一性指的是义务教育的经费、条件、标准等要保持相对统一，以确保适龄儿童接受平等的义务教育。强制性又叫义务性，《义务教育法》规定："凡具有中华人民共和国国籍的适龄儿童、少年，不分性别、民族、种族、家庭财产状况、宗教信仰等，依法享有平等接受义务教育的权利，并履行接受义务教育的义务。"可见，义务教育是国家强制实行的教育，既是公民的法定权利，任何人不得剥夺，也是公民的法定义务，任何人不得逃避。贯通性指的是在中国的义务教育制度设计中，九年义务教育在学制上是一体的，无论是培养目标还是课程设置，义务教育的一到九年级都是一个有机的整体。

3. 作为基础教育的初中教育

基础教育也叫"国民基础教育"，是"对国民实施基本的普通文化知识的教育，是培养公民基本素质的教育，也是为继续升学或就业培训打好基础的教育"[1]。国际上，基础教育一般和义务教育重合，是国家保证实施的最低限度的教育。在中国，关于"基础教育"并无严格的、统一的界定，但在通常情况下，基础教育被认为是"横跨义务教育（小学教育和初中教育）与非义务教育（幼儿教育、普通高中教育）两种类型，纵跨《教育法》规定的学制系统中的学前教育、初等教育和中等教育三个层次"[2] 的教育。

基础教育具有基础性、发展性、普惠性等属性。基础性指的是基础教育要满足儿童的基本学习需要，"包括人们为生存下去、为充分发展自己的才能，为有尊严地生活和工作，为充分参与发展，为改善自己的生活质量，为作为有见识的决策，为继续学习所需的基本学习手段（如识字、

① 顾明远：《教育大辞典》，上海教育出版社 1998 年版，第 627 页。
② 阮成武：《我国"泛基础教育"制度剖析》，《教育发展研究》2009 年第 8 期。

口头表达、演算和解题）和基本学习内容（如知识、技能、价值观念和态度）"①。当然，基础教育并非只着眼儿童最基本的学习需要，它还指向儿童的未来发展，"既能使人们为今后的学习打下坚实的基础，也能使人们获得积极参加社会生活的基本能力"②。在这个意义上，基础教育的基础性和发展性是"一而二，二而一"的。基础教育的普惠性指的是"每一个人（无论他是儿童、青年还是成人）都应当获益于旨在满足基本学习需要的受教育机会"③，这种受教育机会是超越种族、地域、性别、社会背景、家庭出身等界限的。

（二）初中教育属性矛盾：多维属种关系

中等教育、义务教育和基础教育这三个概念是从不同角度提出来的，三者虽然在外延上有很大的重合区域，但在内涵、属性上并不完全同一，且存在一些矛盾。而初中教育处于三者的交集区域，兼具三者的多重属性，由此成为三者属性矛盾的集中地带。

1. 中等教育选拔性与基础教育基础性的矛盾

在中国，初等教育的终端并不设置统一的考试，对小学生的评价以定性的发展性评价为主，小学升初中实行免试入学方式。而初中教育则不同，其终端设置有中考。"中考"的全称为"初中学业考试和高中阶段学校招生考试"，从全称中可以看出，它既是学业水平测试，同时也是选拔性考试，中考成绩是当下高级中学选拔学生的最重要依据。教育评价与教育内容、教育方式具有内在的一致性，终端的选拔性评价让初中教育不可避免地带有选拔性、甄别性的特征。

作为基础教育的初中教育，基础性是其基本属性。在关于基础教育的基础性如何体现，基础教育要为学生奠什么样的基的问题上，不同学者各有不同观点。有人认为，基础教育"奠基"之"基"，集中体现为兴趣、能力、习惯和品格。④ 有人认为，基础教育的"基础性"体现在学生发展

---

① 国际 21 世纪教育委员会：《教育——财富蕴藏其中》，教育科学出版社 1996 年版，第 109—110 页。

② 同上书，第 110 页。

③ 同上书，第 109 页。

④ 杨小微：《从"终身"看"基础"——对基础教育之"基础性"价值的再认识》，《人民教育》2009 年第 9 期。

方面，既包括了"基础知识"的掌握，也包括了"基本方法"的训练，还包括了"基本态度与价值观"的养成，三者缺一不可。① 有人认为，基础教育就是要"奠定好健康身体的基础""奠定好公民品德素养的基础""奠定好专门建设人才的基础""奠定好未来从事劳动的基础"，同时"文化科学知识是基础教育的基础和轴心"。② 总之，对于儿童而言，基础教育的基础性一方面体现为全面发展，即儿童在品德、知识、技能、情感、体格等方面都要得到发展，以适应社会生活的需求；另一方面体现为基本发展，即基础教育要保证儿童的素质得到必要的、最低限度的发展。可见，作为基础教育的初中教育，是一种基于底线的教育，着眼的是学生素质全面的、基本的发展。

初中教育的选拔性与基础性之间存在着一定的矛盾：在教育目标上，选拔性着眼卓越的、特长的发展，而基础性则着眼全面的、基本的发展；在教育方式上，选拔性强调效率优先，而基础性则强调公平优先；在教育评价上，选拔性注重区分功能，而基础性则注重测评功能。由于当下的初中教育往往偏向于选拔性，许多论者都呼吁初中教育应更注重基础性，为学生的终身发展奠基。但客观来看，选拔性和基础性是处于初中教育刻度的两端，人们只能在其间寻求适度的平衡，而无法消除二者之间的张力。

2. 中等教育选择性与义务教育统一性的矛盾

中等教育"在初等教育的基础上实施普通中等教育和中等职业技术教育的双重任务。一方面负有为高等教育输送合格新生，为社会国家培养造就具有较高文化素质人才的任务；另一方面又有为国民经济各部门培养中等技术人才和劳动后备力量的任务"③。《国际教育标准分类》把第二级（对应中国的初中教育）、第三级（对应中国的高中教育）分别分为 A（普通教育）、B（前职业/技术教育）、C（职业/技术教育）三类，"该级教育的显著特点是实行职业/普通教育分流"④。可见，作为中等教育的初中教育是具有选择性的教育，学生既可以选择接受升学取向的普通教育（2A），也可以接受就业取向的前职业/技术教育（2B）或职业/技术教育

① 石中英：《如何理解基础教育的"基础性"》，《人民教育》2009 年第 9 期。
② 孙喜亭：《基础教育的基础何在？》（上、下），《教育理论与实践》2001 年第 4、5 期。
③ 顾明远：《教育大辞典》，上海教育出版社 1998 年版，第 2250 页。
④ 李仁和：《教育级别、类型和学科的分类——〈教育体系与教育分类〉之四》，《西安欧亚职业学院学报》2004 年第 4 期。

（2C）；在毕业之后，既可以选择进入劳动力市场，可以选择继续接受普通教育（3A），也可以选择接受前职业/技术教育（3B）或职业/技术教育（3C）。

如前所述，义务教育具有统一性的属性。2006年新修订的《义务教育法》颁布之后，时任教育部政策研究与法制建设司司长的孙霄兵在接受采访时指出，在新《义务教育法》中，"从始至终强调在全国范围内实行统一的义务教育，这个统一包括要制定统一的义务教育阶段教科书设置标准、教学标准、经费标准、建设标准、学生公用经费的标准等等""要用教育的内容和形式去体现这种统一的保障"。[①] 义务教育的统一性以国家强制力为保障，以统一义务教育内容和形式的标准，实现义务教育的均衡发展，保证适龄儿童接受的义务教育是公平的、均等的、一致的。作为义务教育，初中教育的统一性属性也日渐凸显。譬如，初中学校不分重点校和非重点校，校内不分重点班和非重点班已逐步成为共识，且在很多地区上升为政策法规；不少地方都在通过教师流动、统一生均公用经费等方式，努力促进初中教育均衡发展；实行绩效工资制度，保证区域内初中教师享受同等的待遇，等等。

统一性倾向于趋同，意在使学校在办学体制、经费保障、硬件建设、软件配套等方面都保持相对一致、均衡的标准，以保证每一个学生都能接受公平的教育；而选择性则要求多样，学校的办学体制、办学模式、办学特色越多样，学生选择的空间就越大，选择的机会就越多，教育的选择性属性就越能得到彰显。由此，初中教育的统一性与选择性之间形成一对矛盾关系。

3. 中等教育整体性与义务教育贯通性的矛盾

无论是联合国教科文组织的《国际教育标准分类》，还是中国传统的学制安排，都将中等教育作为一个与初等教育、高等教育相对应的整体性概念来看待。虽然在中国主流学制"六三三"学制中，将中等教育划分为初中教育和高中教育，但这关涉的只是中等教育的内部结构，习惯上我们仍将初中、高中视作一个整体，合称为中学。

中国实行的是九年制义务教育，从义务教育的视角审视，初中教育与小学教育是贯通一体的。随着义务教育的普及，无论在学制安排还是在课

---

① 原春琳、刘万永：《新义务教育法有七大亮点》，《中国青年报》2006年6月30日。

程设置上，一到九年级的整体性观念逐渐被强化，而小学、初中的界限则被淡化。在政策设计上，九年一贯制也逐渐取代原有的小学、初中分设学制，成为主流学制。与此同时，由于初中教育属于义务教育，而高中教育属于非义务教育，二者在经费保障、管理体制等方面都存在着比较明显的差异，为便于管理，完全中学的初中、高中分拆成为一种趋势。2012 年颁发的《国务院关于深入推进义务教育均衡发展的意见》提出："支持初中与高中分设办学，推进九年一贯制学校建设。"这一规定在政策层面明确了初中教育的未来发展趋势：与高中教育脱钩，与小学教育贯通。这一发展趋势也得到教育部网站统计数据的支持：2001 年，中国有完全中学9724 所、九年一贯制学校 6863 所，[①] 到 2011 年，完全中学和九年一贯制学校数分别为 6357 所、13304 所。[②] 十年间，完全中学数减少了 34.6%，而九年一贯制学校则增加了 93.9%，几近翻番。完全中学与九年一贯制学校的此消彼长，在一定程度上折射了中等教育整体性与义务教育贯通性之间的矛盾，作为中等教育与义务教育的交集区域，初中教育的定位十分尴尬。

（三）初中教育属性矛盾解析：语境与原则

需要说明的是，上述初中教育的属性矛盾并不是逻辑学意义上真与假、对与错的关系，而是辩证法意义上的对立统一关系。因此，只要初中教育的属种关系、内在属性没有发生改变，这种矛盾就将永远存在，无需也无法彻底消解。当然，初中教育属性的矛盾不是超现实的，而可能带有一定的情境性，由此，初中教育属性的矛盾解析也应有不同思路与基本原则。

1. 淡化选拔性，凸显基础性

顾明远先生通过分析中学的发展历史发现："当高中阶段的教育还没有普及以前，初中的任务是准备就业大于升学；当高中阶段的教育得到普及后，初中的任务就变为单一地为升高中作准备，高中的任务就变为准备

---

① 《2001 年普通中学校数、班数》，http：//www.moe.gov.cn/publicfiles/business/htmlfiles/moe/moe_ 587/200506/8147.html。

② 《各级各类学校校数、教职工、专任教师情况》，http：//www.moe.gov.cn/publicfiles/business/htmlfiles/moe/s7255/201303/149844.html。

就业大于升学了。"① 在高中教育没有普及之前，由于有就业作为分流渠道，一部分学生把初中教育视为学历教育而非升学教育，选择退出升学选拔而进入劳动力市场。而在高中教育日益普及的当下，由于升学成为绝大多数初中学生的选择，加之来自社会及家庭的强大压力，初中教育竞争越来越激烈，选拔性特征越来越明显，"应试教育"愈演愈烈。不仅如此，"基础教育从小学、初中到高中，都充满着选拔性"，"在相当程度上，基础教育成为一种旨在以升学为核心的'人才教育'，难以体现'国民基础教育'的精神"。② 在这一背景下，强调初中教育作为基础教育的基础性非常必要。

升学考试是当下选拔性教育的主要手段，淡化选拔性，凸显基础性，就必须对升学考试进行深入改革。近年来，结合推进基础教育课程改革和义务教育均衡发展，国家就基础教育升学考试改革进行了一系列的制度安排。肇始于新世纪初的基础教育课程改革，其基本目标之一就是要"改变课程评价过分强调甄别与选拔的功能，发挥评价促进学生发展、教师提高和改进教学实践的功能"，提出要"完善初中升高中的考试管理制度，考试内容应加强与社会实际和学生生活经验的联系，重视考查学生分析问题、解决问题的能力，部分学科可实行开卷考试"。《国务院关于深入推进义务教育均衡发展的意见》明确要求："提高优质高中招生名额分配到区域内各初中的比例。把区域内学生就近入学比率和招收择校生的比率纳入考核教育部门和学校的指标体系，切实缓解'择校热'。"这些举措对于缓解初中升学压力，淡化初中教育选拔性，可能会起到积极的作用。

2. 淡化统一性，凸显选择性

"现在世界上许多国家已逐渐取消义务教育阶段学校多种形式的差别、等级和限制"，"义务教育阶段要逐渐取消多种学校体制，推行教育机会均等"。③ 在教育公平理念的观照下，义务教育的统一性属性日益凸显。当下中央和地方政府的许多举措，如将义务教育阶段民办学校收归国有，义务教育阶段学校实行绩效工资，推进义务教育阶段学校的资源均衡配置，严禁在义务教育阶段设立重点校和重点班等，都强化了包括初中教

---

① 顾明远：《论中等教育的任务和结构》，《北京师范大学学报》1982 年第 2 期。
② 阮成武：《我国"泛基础教育"制度剖析》，《教育发展研究》2009 年第 8 期。
③ 阎立钦：《从义务教育性质出发思考问题》，《教育研究》1996 年第 10 期。

育在内的义务教育的统一性。同时，20 世纪 90 年代末期开始的高校扩招引发了连锁效应：高中教育迅猛发展，办学规模快速扩大，并进而带动初中教育的重心向升学教育大幅偏移，初中教育越来越趋向同质化。

初中教育保持统一性是必要的，它可以促进教育公平，维护教育正义，让每位初中学生都能享受质量均衡的国民教育。但是，片面、过度强调统一性，也容易造成初中教育"千校一面，千人一面"的僵化格局，从而压缩初中教育的多维空间，弱化初中教育的选择性。仅以职业初中为例，据教育部网站提供的统计数据，2001 年，中国职业初中数量为 1065 所（不含初、高中合设学校），[①] 在校生为 833268 人；[②] 而到了 2011 年，职业初中仅剩 54 所，[③] 在校生只有 25966 人。[④] 十年间，职业初中学校数、在校生数分别锐减了 94.9% 和 96.9%，极大地削弱了初中教育的多样性和选择性。与中国初中教育强调统一性不同，"德国把初中的头两年称为促进阶段或定向阶段。法国的初中四年则分为两段，前两年是'观察期'，后两年为'方向指导期'，以引导学生进入不同类型的高中。有的国家虽不设定向教育阶段，但主张加强对学生的指导，通过各种不同的课程，使学生为以后的教育和职业选择做好准备"[⑤]。中国的初中教育不妨借鉴这一经验，为学生提供多样的教育类型和丰富的课程资源，开展具有针对性的职业生涯规划指导，帮助学生根据自己的实际情况选择毕业后的去向：或接受普通教育，或接受职业/技术教育，或进入社会就业。

3. 淡化贯通性，凸显整体性

80 年代以来，随着《义务教育法》的颁行，义务教育九年一贯制学校开始进入人们的视野，并逐渐发展起来。九年一贯制学校设置的主要依据是中国实行的九年义务教育学制，这一依据使九年一贯制学校存在着先天的不足。这里主要从学制的制约因素角度进行剖析。

---

① 《2001 年职业中学校数、班数、毕业生数和招生数》，http：//www. moe. gov. cn/public-files/business/htmlfiles/moe/moe_ 586/200506/8051. html。

② 《2001 年职业中学在校学生数和毕业班学生数》，http：//www. moe. gov. cn/publicfiles/business/htmlfiles/moe/moe_ 586/200506/8050. html。

③ 《各级各类学校校数、教职工、专任教师情况》，http：//www. moe. gov. cn/publicfiles/business/htmlfiles/moe/s7255/201303/149844. html。

④ 《全国各级各类学历教育学生情况》，http：//www. moe. gov. cn/publicfiles/business/html-files/moe/s7255/201303/149845. html。

⑤ 王承绪、顾明远：《比较教育》，人民教育出版社 1999 年版，第 164 页。

学制的制约因素很多，大致上可以分为教育外部因素和教育内部因素。外部因素如经济发展水平、社会文明程度、政治制度选择、历史文化传统等，内部因素如教育目标设计、教育理论发展、儿童发展规律等。义务教育制度安排有教育内部因素的影响，如"适龄儿童"这一概念中必然包含了对儿童身心发展规律的理解，但同时也要看到，义务教育制度更多地受到经济发展水平、社会文明程度等教育外部因素的制约。一般来说，随着经济发展水平和社会文明程度的提高，义务教育年限会得到延长，覆盖面会得到拓展，均衡水平会得到提高。近代以来，中国义务教育学制经历了 4 年、6 年、9 年等阶段，就从一个侧面证明了这一点。以主要受教育外部因素制约的义务教育学制为依据设置九年一贯制学校，其理据不够充分、基础不够坚实。近年来，九年一贯制学校暴露出了一些普遍性问题，较为突出的是管理上的困难与不便：小学、初中在授课时间、教学研究、教师培训等方面都存在较大差异，无法实行统一管理，更无法突显各自特点。不少校长认为："单纯的小学或初中更有利学校的管理和发展。"① 为了缓解这一难题，很多学校索性小学、初中分开管理，实行"一校两制"。这种管理模式实际上违背了九年一贯制学校设置的初衷。

与九年一贯制学校的贯通性主要受教育外部因素决定不同，中等教育的整体性是有着充分的教育内部因素作为支撑的。一般来说，根据儿童的身心发展规律，医学上把儿童的成长分为胎儿期（从受精卵发育至胎儿娩出）、新生儿期（从胎儿娩出至生后足 28 天）、婴儿期（从出生至 1 周岁）、幼儿期（1 至 3 周岁）、学龄前期（3 周岁至 6、7 周岁）、学龄期（6、7 周岁至 11、12 周岁）、青春发育期（女童一般为 11—12 周岁至 17—18 周岁，男童一般为 13—14 周岁至 18—20 周岁）。就大多数国家的学制而言，一般都把接受中等教育的年龄限定为 12 周岁左右至 18 周岁左右，这并非一种巧合，而是对儿童身心发展规律的一致认同与遵循。初、高中合一的完全中学在历史上普遍存在，也从一个侧面反映了人们对中等教育整体性的认同。将中等教育作为一个完整的教育阶段，是以人的身心发展规律、教育的文化和传统等作为内在依据的，其合理性也是得到长期的教育发展历史验证的。基于此，有必要反思扬九年一贯制学校而抑完全中学的现行政策，有必要分析两种学制的内在依据与现实状态，有必要比

---

① 梁建伟：《九年一贯制的明天》，《钱江晚报》2012 年 7 月 27 日第 3 版。

较两种学制的短长优劣，以为进行理性、冷静的判断与取舍提供理论与实践依据。

四　理念辩证：初中教育专业性再阐释

如果说有关初中教育特质与初中教育属性矛盾先前还可以看到一些研究外，那么初中教育专业性的研究则相对很少。这里对初中教育专业性的理念辩证包括三个层面：一是学校教育专业性问题，主要强调的是其规范性、自主性与公共性；二是学校教育专业性表现，主要强调的是以促进学生发展为宗旨的学生认识、具有本校特质的课程教学建构以及具有共同愿景的学校文化；三是初中教育专业性的全面提升，主要强调的是以初中学生成长规律作为初中教育专业性的内在依据，以课程标准作为提升初中教学专业性的基本要求，以学校课程建设作为提升初中专业性的重要路径，以教师队伍建设为重点提升初中教育主体的专业性素养。

（一）如何理解学校教育的专业性

学校教育是一种特定的职业或行业，已为国际所公认。然而，学校教育这样一种职业或行业，是否具有与其他职业或行业"相同"或"相似"的专业性，其专业性能否有效地支撑职业或行业的独特地位和本质属性，并有效体现在职业或行业的关键领域和主要方面，并没有完全形成共识。为此，有必要回到专业内涵的本质属性，研究学校教育的专业性及其相应的表现领域。

一是规范性。以显性的专业知识和专业技能建立职业或行业内部的最低标准，以保证生产"过程"和"产品"的质量，这一标准是职业或行业内权威的、公认的，是能够普遍化地实施和操作的，是可以衡量和确认"生产过程"和"产品质量"的强制性、统一性、最低限度的标准，因而具有"规范"本职业或行业的行为和结果的效能。以显性"知识"和"技能"为支撑的统一性、普遍性的规范要求，是各职业、各行业"专业性"的基本的属性，也是"生产过程"和"产品质量"专业内涵和专业品质的根本保障。

从规范性的角度考察，学校教育具有统一的培养目标、课程标准、教学质量标准、教师职业资格标准等，强制性、统一性、普遍性地作用于学校教育，发挥极为重要的"规范"功能，具有其他职业和行业公认的"专业性"的基本特征。但由于学校教育是"人—人"系统，而非"人—物"系统，其"生产过程"和"产品"具有特殊性，因而学校教育的标准和规范具有鲜明的"人的特性"而非"物的特性"。在这一点上不仅与经济和生产部门相区别，也与专门与人打交道的医学专业相区别。

二是自主性。专业性与自主性高度相关。"专业"与"非专业"的显著区别，是能否以本专业的知识和技能作为解决问题的主要手段和方式为标志，因而必须自主而不受外部强制和干涉，否则就取消了专业，就无所谓专业。专业知识和专业技能是静态的、体系化和结构化的，以"物化"（客观化）的方式呈现，无法直接面对和解决实际工作中的专业问题，而必须通过主体性的人来有效选择、组织和运用知识和技能解决现实问题。于是专业知识和专业技能需要内化为个体素质，外显为个体在解决问题上的专业行为，从而与解决问题的主体人的专业素养和专业能力高度相关。在相当程度上，主体如何解决问题、以何种方式解决问题，体现的不仅是专业化的程度，更是自主性的水平。解决方式的专业化水平越低，自主性水平也越低。越是专业难度高、复杂程度高的问题，越是能够体现过程与方式的专业性，也越是需要运用知识和技能的主体具有较高程度的自主性。因而合成词"专业自主"，是一个充分体现专业特质的标识性的用语，因为专业必须自主，自主才能有专业发挥作用和功能的空间。

从自主性的角度考察，学校教育具有明确的专业化内涵和较高的自主性程度，并鲜明地体现在教师专业素养和自主能力上。教师作为专业主体的自主性水平，与专业能力的高低直接相关。国内外教师专业成长的理论和实践一再表明：新手型教师、熟练型教师、专家型教师的区别，不仅是知识与技能素养的程度差异，也是综合运用知识与技能的"自主性"程度和水平的差异。直接决定教育教学过程有效性的主体，取决于教师个体在教学过程中能否自主地选择和运用教育专业的知识和技能，取决于教师个体处理教育教学问题的专业判断、专业理解和专业技能。尽管教师集体或群体可以作为背景、环境、组织、文化给予教师个体有效的专业支持，但在教育教学过程中仍然取决于个体的专业能力和自主能力。面对课堂教学中的复杂问题，除了教师自身以外，无人能够提供现场性、即时性、有效性的援助，一切取决于教师自身的专业实践智慧和能力。从专家型教师的视角看，由于高难度实践问题的解决主要取决于默会知识和经验，因而通过专业学习和实践磨合，使"显性"知识与"隐性"知识充分融合的本领，则更需要自主性的实践积累和磨合。

三是公共性。专业性一定表现为"公共性"，严格意义上说，是一种知识形成、知识建构、知识传播的"学术公共性"。公共性要求具有职业或行业或专业内共同承认的基本标准（规范性）、共同的话语体系、共同的表述方式，并能够以"共同约定"的方式进行对话、讨论和交流。高层次或复杂的专业性问题，即一定程度上的学术性问题，只能依靠对话、研讨、交流的方式表达思想和观点，是以"对话"和"交流"作为解决问题的特定方式，而不依靠强制性、行政性的解决问题方式。公共性体现了"专业"的平等性、民主性和社会性，保障了专业的参与性和自主性，只有在参与性中才能建构和形成真正意义上的专业自主性。"公共性"逻辑地推衍出"学习共同体"和"专业共同体"的概念：在对话、研讨、交流中形成"学习共同体"，也在对话、研讨和交流中形成特定的"专业共同体"。

从公共性的角度看，学校教育是一种复杂的实践，是一种培养人、发展人、成就人的社会实践，既包含着确定性的因素，更包含着大量非确定性的因素，有些需要以行政的、执行的方式进行，但更多地需要通过对话、研讨、交流的学术方式解决，后者常常比前者更为费时，但却更为有效。正因为如此，学校教育中的很多专业问题都是学术问题，都可以进入公共领域，都可以以民主的方式，在对话、研讨、交流的过程中形成共识，形成观点，形成解决问题的思路和方法。如果说自主性界定了专业性的个体实践行为，公共性则通过个体之间的对话、研讨和交流界定了专业的群体实践行为，在对话、研讨、交流中形成的共同认识和理解，有可能直接影响每一个个体的教育实践，从而形成群体性的教育实践。

以规范性、自主性、公共性解释专业性，划分出专业性的特定空间和应有内涵：规范性是专业性的基本"准则"，低于这一标准就无所谓专业，就成为"非专业"，就取消了特定职业和行业的特殊性，就学校教育而言，就会混同于非学校教育；自主性是"专业性行为"的内在特征，是专业主体以基本准则为依据的专业实践，是高于准则无限趋近于专业理想目标的实践，是纵向上使实践过程充满专业性的实践行为；公共性划分了专业实践的空间，使个体的专业实践、专业发展和专业成长融入群体、融入共同体、融入具有时代特征的共同社会实践。

（二）如何看待学校教育的专业性表现

学校教育作为一种专业性机构，无论是硬件设施还是软件配置，无论是学校行为还是部门行为，无论是教师群体还是教师个体，无论是环境建设还是文化建设，均应有体现教育专业性的总体要求和明确规范。从区别其他职业或行业的显著特征来看，学校教育专业性主要表现在学生认识、课程教学、学校文化三个方面。

一是以促进学生发展为宗旨的学生认识。学校教育的根本目的是促进学生发展，因此从促进学生发展的视角认识学生、理解学生、走近学生，是学校教育的首要专业，是学校开展一切教育教学活动的前提，也是使各种教育影响充分发挥功能和作用的基本条件。与其他行业相区别，学校教育不是以物为认识的对象，而是以人为认识的对象；与其他与人打交道的行业相区别，学校教育不是以成人为认识的对象，而是以未成年人为认识的对象；与医院、监狱等相区别，学校教育不是以人的生理性、社会性"疾病"为认识对象，以"治愈"为结果，而是以发现人的发展潜能、发展优势，最终促进人更好地发展为其目的与结果的。学校教育各方面的配置都包含着特定的专业标准，但最为根本的衡量尺度是能否促进学生发展的教育专业标准。如学校建筑不仅要符合建筑学的专业标准，同时也要符合促进学生健康发展的学校教育标准。一幢特别具有建筑学专业标准的建筑物，放在城市的中心广场是合适的，但由于不符合学校专业标准，放在学校就是不合适的。学校的体育设施，不仅要符合体育的专业标准，更要符合学生的年龄特征，不能简单地搬用竞技体育的设施，否则会给学生带来极大的伤害。

认识学生作为专业标准，是对校长和教师的基本专业要求，也是贯穿校长和教师专业生活和职业生涯始终的专业追求。从这个意义上看，校长和教师的专业实践就应体现在以促进学生发展的学生研究上，从对学生的研究中不断提升对学生的认识。主要包括三个方面：一是了解和把握本学段（幼儿园、小学、初中、高中、大学）学生的一般成长规律，以有序组织学校的教育教学活动，这是起码的专业要求。二是全面、准确、深入了解本校、本班、所教学科的学生特点和特质，以针对性更强、更有效地组织学校的教育活动和课堂教学活动。这是任何学者和专家都无法替代的工作，也是任何书本和理论无法提供现成答案的专业性工作。三是成为善于与学生打交道、善于走近学生心灵和精神世界、能够鼓励和激励学生发展的首席专家，这不仅需要爱，更需要建立在专业眼光和专业技能基础上的爱，否则会爱而无度，爱而无效，爱而有害。

对于校长和教师的专业实践而言，学生认识的聚焦点不是抽象的学生而是具体的学生，不是"想象"的学生而是真实的学生，不是"标准"的学生，而是每一个有生命、有个性、有特点的学生。尤其是如何研究和认识天才学生和困难学生的特殊性，并采取有针对性的个别化教育方式，体现的是高水平的专业性。对于校长和教师的终身发展而言，成为儿童研究的大家，成为与学生对话和交往的"艺术家"，成为促进学生更好发展的"导演"和"指挥家"，是专业追求的更高境界。苏霍姆林斯基是如此，阿莫纳什维利是如此，所有名师、名校长都具有研究学生、认识学生、亲近学生、引导学生这样的专业特质。

二是建构具有本校特质的课程与教学。从广义上看，可以把引导和促进学生发展的所有学校影响和因素都归结为课程与教学；从狭义上看，制度化的课程与教学是影响学生发展的最为重要的载体和途径之一。一方面，课程与教学必须符合学生的成长规律并促进和引导学生发展，全面提高教育教学质量；另一方面，课程与教学又是学校管理和运作的直接依据，学校管理和运作要充分保障课程与教学的开展，充分保障教育质量的提高。由此，课程与教学将学生的发展与学校的发展联结成为一个整体，成为学校教育的核心要素。抓住了课程与教学，就是在两个层面上抓住了学校的"专业特性"：其一是学生层面的发展，其二是学校层面的发展。因此，学校教育的"专业性"本质上就是课程与教学的专业性，学校教育就是通过对课程与教学的有效运作，保证一种安全、有效的学习环境，以促使所有学生学习成功的专业性。课程与教学的专业性是学校教育区别于非学校教育的核心标志。学校教育的课程与教学具有明确而统一的目的性和计划性，以区别于任何形式的家庭教育、私人教育、个别化教育；课程与教学的内容和方式具有较强的连续性和稳定性，以区别于任何形式的职工教育、单位的短期培训、社会上的文化教育等；课程与教学具有极强的选择性，以适应学生不同年龄特征，摒除消极影响和不良影响，明显区别于"自然状态"下的良莠不分、强调环境潜在影响的社会教育。

课程与教学的专业性鲜明地体现在三个方面：第一，从规范性的角度考察，基础教育的课程与教学必须根据不同学段的培养目标，严格遵守国家的课程标准和课程方案，"开齐、上足、教好"，促进学生的全面发展，促进每一个学生的个性发展，促进每一个学生的可持续发展。第二，从自主性的角度考察，要根据本校、本年级、本学科学生的特点，有效设计、组织、实施课程与教学，根据学生发展的特定需求和学校教育资源的可能性，开发和建构具有学校特质的课程与教学，当然还包括根据教师特点和特长，设计和开发丰富多彩的教师课程和学生课程。第三，从公共性的角度考察，不仅要形成课程与教学开发的教师专业共同体，而且要在课程与教学的领导、管理、审议等方面形成学生、教师、家长、专家共同参与的学校专业共同体。课程与教学的领导作为专业领导，不是由校长一个人说了算，而是由专业共同体共同进行专业化的决策、专业化的沟通和专业化的建构。

三是形成具有共同愿景的学校文化。所谓学校发展共同愿景，是一种能使学校各方面工作统一起来，使学校教职员工凝聚起来的共同办学理念和教育理想；所谓学校文化，是以学校发展愿景为核心的，充分体现在学校工作的各个方面，成为教职员工精神、思维和行为的稳定体系。从学理上看，学校文化既包含了学校的精神、物质、制度文化层面的东西，也包含了学校的教师文化与学生文化、正式团队与非正式团队的文化，还包含了学校的组织文化、行为文化和技术文化，显然可以把学校特色和品牌建设包含在内。"学校文化"是与"学校发展"同一层面的概念，具有很强的整合性与包容性。

学校文化建设既具有文化建设的普遍性，也具有学校教育的特殊性。从教育专业的规范性要求考察，学校是培养人的地方，要立德树人。因此，无论是何种学校，其文化建设要具有"育人性"，营造育人文化是学校文化建设"专业性"的本义，学校文化建设必须符合党的教育方针，必须体现国家意志，必须符合学生成长规律和教育教学规律。建设一种育人文化是学校文化的共性，从而与非学校的单位和部门的文化建设相区分，如企业文化是以"工作文化"为主旨的文化建设。从教育专业的自主性要求考察，学校是学习的地方，不仅学生是自主学习者，教师也是自主学习者，师生围绕共同的学习目标共同合作、共同进步。因此，学校文化必然是一种学习文化，是围绕着学校培养目标、以课程教学为中心的学习文化，是以课堂教学为重点的鼓励自主、合作、探究的学习文化，是在学校教育的特定时空中体现学习的多样性和创造性的学习文化。学校文化建设要突出学习，要把学习型组织、支持性学习行为和共享性的学习环境，作为学习文化建设的重要内容。学校文化的专业性鲜明地体现在"学习文化"建设中，从而与非学校的单位与部门的文化建设相区别。学习型的企业、学习型的商场、学习型的单位等创造的"学习文化"和"学习型组织"，是一种成人的学习文化，是与特定工作相联系的学习文化，与学校的学习文化不是同一个概念。

从教育专业的公共性要求考察，学校文化是鲜明体现学校特色的一种共同实践和共同表达。共同实践，是指学校多年积累起来的精神文化、物质文化和制度文化，体现为学校教育尤其是课程与教学文化的独特性，表现为师生的共同思维方式和行为方式。共同表达，是指有明确的共同愿景，形成了师生共同认可的办学理念和教育追求，并概括性地表述为校训、学风、教风等。学校文化的共同实践和共同表达，是可以得到教育专业共同体交流、表达并认可的，也是能够为社会、社区、家长所感受并承认的。根据佐藤学的理论，学校教育的专业性维度有两个：一是行政与学术的维度；二是个体与公共的维度，位于两个维度相交叉的部分，是专业性最强的部分。显然，学生认识、课程与教学、学校文化均不是行政问题，而是具有一定学术性的专业问题；也不是个体问题，而是可以进行对话、研讨、交流、表达的公共话语。

（三）如何全面提升初中教育的专业性

初中教育所存在的诸多问题，从根本上看是初中教育实践缺失专业性的表现，即无法准确依据初中学生的特点，进行符合初中学生成长规律的教育教学。历史地看，初中教育的独特地位始终受到怀疑：按照官方当前的意见，可以与小学合并，设立九年义务教育；而按照传统和惯例，初中则与高中合并成为中学教育，目前这种思路正在回潮，很多地区和学校正在试图回归到初、高中一体的学制。这充分表明，在人们的认识中，初中教育是一个"可前可后""可下可上"的无所谓的学段，是一个随意性很强的学段，是一个没有专业性和独特地位的学段。当然，初中教育的"合"与"分"并不是实质性问题，实质性问题是初中教育必须体现其区别于小学和高中的特有的专业性，就此而言，可以把在教学、课程、管理、文化、师资队伍建设等内涵与质量方面鲜明体现出的初中教育特性，简称为初中教育的专业性。无论是何种学制，独立初中、九年一贯制初中、初高中一体的初中学校，全面提升初中教育的内涵与质量，必须从提升初中教育的专业性入手。

1. 以初中学生成长规律作为初中教育专业性的内在依据

初中学生处于不同于小学生和高中生的特定发展阶段，这是初中教育专业性基本定位的内在依据。有关初中年龄段的学生（指12—16周岁这个年龄段）明显不同于小学生，有关初中学生也不能简单地与高中学生对等的问题，在前述"'学生成长规律'的普遍有效性"部分已有专门论述，此处不再赘言。值得强调的仍然是，从"儿童"走向"成人"的"过渡"和"准备"阶段，是依据学生生理心理发展的实际，对初中阶段所做出的明确的教育定位，体现的是初中教育不同于小学教育和高中教育的专业特质。也就是说，回归初中教育作为基础教育的性质和特点，要求我们既把初中教育阶段定位于"从儿童走向成人"的过渡期，更要求我们确立"尊重儿童、保护儿童、发展儿童"的价值选择和教育理想。明确一个观点，即要让学生更顺利地走向成人，就要把初中学生当作儿童而不是当作成人对待，否则他们会对成人世界充满畏惧和恐慌，从而拒绝长大"成人"。更重要的是，在教育教学中要站在儿童的立场上，实现"三大保护"：一是真切地保护他们的身心健康，把"身心健康发展"作为初中教育的第一要义，作为从儿童走向成人的坚实"基石"，作为学生终身发展的永久财富。二是保护他们成长的"安全环境"，尤其要为学生发展创设丰富、多样、自由发展的"心境"，而不是整天想尽办法要从外部"开发"他们的潜能、智力，其实质却是想尽办法提升每门学科的"分数"。在一个安全而自由的教育环境下，他们的天性和才华会自然地充分地显现和涌出。三是保护他们的"童真""童趣""童乐"，而不是以"成人"的名义摧毁他们"心中"的"童年"，使他们既能够拥有足够的自尊感，又不丧失真正的人所应有的"赤子之心"。坚守儿童立场，引领学生成长为健全的人，成为真正的人，应是初中教育回归规律、回归基础、回归理想的明确定位和基本特质。

2. 以课程标准作为提升初中教学专业性的基本要求

初中教育"专业性"的基本规范或基本要求是，根据国家规定的义务教育性质，以初中教育培养目标为基准，以初中课程标准为教学质量和教学水平的基本衡量尺度。这一基本要求是体现国家意志且需要通过初中教育全程所达到的目标和标准，是培养合格公民必备的基本素质和能力。

作为基本规范或基本要求，课程标准具有以下特征：一是统一性，即同时面向全国各地的每一个初中学生，达到课程标准的规定要求才是合格的初中学生，无一例外；二是标准性，即每一所学校的学科教学都必须按照这一基本标准进行，使学生在知识与能力、过程与方法、情感、态度、价值观方面达到相应标准；三是底线性，即由课程标准规定的要求，是初中学生需要达到且必须达到的学科最低要求，只能高于这一标准，而不能低于这一标准。与此同时，课程标准包含了三个层次的专业要求和规定：一是在宏观上明确义务教育学校的基本性质和定位，理解和把握初中教育的培养目标；二是在中观上理解和把握初中三年课程与教学设置的总体方案，初一、初二、初三分别应实现的课程与教学要求；三是在微观上理解和把握特定学科的课程标准，全面、准确、深入理解所教学科的性质和特点，熟练使用所教学科的教科书及其他课程资源，灵活运用各种教学模式和方法，实现规定的知识与技能、过程与方法、情感态度价值观三方面的教学目标。

作为基本规范或基本要求，教学的专业化追求与教学改革的专业化趋势完全一致，同样体现在三个方面：一是"基于标准的教学"。这里的标准，就是国家统一制定的初中课程标准。显然，没有标准就没有出发点也没有归属点，就失去了衡量的客观尺度，因而"基于标准的教学"就是有客观依据的教学，就是有统一规范和要求的教学，就是可以确认效果的教学。二是"基于观察（证据）的教学"。以华东师范大学崔允漷教授为代表的课堂观察的研究，形成一种以观察为主、以证据为主、以集体研修为主的研究课堂、改变课堂、提升课堂的重要方式，受到普遍欢迎与广泛运用，成为明显提升初中教学专业性和技术性的重要举措。三是"以学定教"的改革。"以学定教"是从多种教学模式和经验中提炼出来的普适性的教学理念和教学思想，发展了"因材施教"的理论，要求通过分析和研究学生的学情以提供适合不同学生的教学方法，从而将教学的基点确定为学生的学习，将教学研究扩展为学习研究，使教学研究与学习研究整合起来，有效提升了教学实践和研究的专业化水平。

3. 以学校课程建设作为提升初中专业性的重要路径

如果说课程标准体现的是初中教育专业性的规范性特征的话，那么学校课程建设则体现的是初中教育专业的自主性与公共性特征。学校课程建设涉及课程决策、课程开发、课程实施、课程管理、课程评价等多个方面，具有非常明确的专业内涵与专业品质：不仅要有管理学与教育学的知识和理论，还要有课程与教学相关的知识和理论；不仅要有课程与教学的相关知识和理论，还要有基于学校范围内的课程与教学实践的丰富经验和深刻理解，要能够把书本上的课程、教学的知识和理论转化为有效的学校课程实践；不仅要有学校课程与教学实践的丰富经验，而且需要把课程放在学校改革与发展的整体框架中进行思考和把握，通过课程与教学变革推动学校各项工作的展开，实现学校整体变革与发展的目标。

重要的是，课程与教学的问题从来就无法通过单一的行政方式，以简单的"执行"和"实施"就能获得预期的、明显的效果。一方面，尽管已经有了统一的课程标准和教科书，但不同学校、不同教师、不同学生之间，课程与教学方式总是存在较大差异，所达成的教育结果也必然存在较大差别；另一方面，学校的课程与教学具有很强的教师个体性、自主性和创造性，行政命令只能解决简单问题，无法解决深层次问题。因此，更有效的解决方式，是在课程与教学特定情境中的交流、对话与研讨，并在此过程中提升对课程与教学的理解，建立课程与教学的共同愿景，进而逐步完善课程与教学行为。这是一种课程与教学的研究能力和学术能力，需要从这些方面着力：一是建立课程与教学研究和管理机构。就正式的学术领导机构而言，部分初中区别于传统的"教务处""教研处"，成立了专门的"课程与教学处""课程与教学研发中心"等，试图超越学科、超越具体的教学日常工作，着眼于学校课程的整体架构和整体开发。就非正式的学术团队而言，相当一部分初中建立了"教学研究沙龙""读书研讨沙龙""教师专业研修班"等。学校领导要真正赋予课程学术领导机构和课程学术团队在学校课程研究、开发、咨询、审议等方面的权力，建立学校层面的教师参与课程民主决策的机制和程序，真正发挥教师课程建设的专业能力。二是形成开放性的课程研究环境。课程与教学研究最需要的是开放性的工作环境，是一种自由宽松的氛围，唯此，教师才能自主地工作并有效地解决工作中的问题，也才能充分彰显教师的主动性与创造性。对于学校领导而言，强势的校长不一定是好校长，好校长的重要责任之一，是主动营造并积极保护学校课程与教学开放的工作环境。三是建构共同的课程愿景。课程建设在相当程度上就是在学校共同体中，形成和建构全体成员共同认可的课程与教学发展共同愿景。这种共同愿景具有明确的价值追求和教育理想，体现了学校教育哲学与学校文化。课程愿景的建构过程，就是对话、研讨、反思的过程，也是专业能力形成的过程。四是培育教师课程领导力。对一所学校的课程领导而言，非常重要的是形成教师的课程领导力。领导力既是一种权威，更是一种素质，是每一个教师都可能具备、提供舞台就可能表现出来的素质。学校课程领导需要通过教师课程领导来实现，培育教师课程领导力应是提升学校课程专业化水平的重要任务。

4. 以教师队伍建设为重点提升初中教育主体的专业性素养

初中教育的专业性，由从事初中教育的主体教师的专业素养和能力所决定。教师专业素养高，初中教育的专业性就高；教师专业素养低，初中教育的专业性就低，二者呈显著正相关。2012年2月，教育部下发幼儿园教师、小学教师和中学教师专业标准，明确颁布了教师统一的专业化标准。在这一专业化标准中，强调中小幼教师是履行教育工作职责的专业人员，需要经过严格的培养与培训，具有良好的职业道德，掌握系统的专业知识和专业技能；强调专业标准是国家对合格教师的基本专业要求，是教师开展教育教学活动的基本规范，是引领教师专业发展的基本准则，是教师培养、准入、培训、考核等工作的重要依据；强调教师的专业标准，并分别从专业认识（理念）、专业知识、专业能力、专业学习，包括对教学设计和教学实施、班级管理和教育活动、学生沟通和交流等方面，都提出具体明确的规范和要求。至此，中小学教育教学的专业性、教师劳动的专业性、教师作为专业性人才的特质得到明确认可。专业性即是唯一性和不可替代性，承认教师的专业性，就是承认教学的专业性，就是承认教师专业性水平与教学专业性水平之间的相关性。教师专业化标准，对于提升教师的专业发展，进而提升教学的专业发展，具有根基性的意义和价值。

教师专业素养与能力的形成固然需要规定和标准，但这与课程标准一样只是底线要求，更重要的是作为实践主体的教师，其专业才能需要在专业实践活动的打磨中形成，在课堂教学的长期实践中形成，在与学生交往和互动的过程中形成。只有在专业实践活动中，教师的显性知识和隐性知识才能融会贯通，教师面对现实问题的"活化"能力才能逐步形成，有效处理复杂情境的多样实践范式和具体操作能力才能形成，专业素养也才能由知识和技能转变为专业智慧。

反观初中教师的专业素养与能力，可以说，学历达标方面并不存在太大问题，但上述提及的教育实践中的显隐知识融会贯通的能力、活化现实问题的能力、有效处理复杂情境的能力以及由知识技能型专业素养转变为智慧型专业素养的能力，距离真正的专业工作者还相去甚远。由此，基于中学教师专业标准，建立明确而自觉的专业意识与专业行为，是初中教师专业素养提升的重要环节。一是专业自信。即相信专业行为比非专业行为更切近和符合规律，更能够有效解决教育实践活动中的问题和矛盾，更能够引导和指导教育实践活动达到更好的效果和水平，这是一种倾向于、习惯于、热衷于通过专业知识和专业技能去解决教育实践问题的信念、态度和情感。二是专业坚守。这是专业自信的延伸，即相信专业知识和专业技能不仅今天管用，而且明天管用，后天也管用；不仅本校、本地管用，而且异校、异地也管用。不受世俗与功利的诱惑，不管面临如何错综复杂的情势，都不屈从于任何外在因素和外在压力，不退让、不放弃教育的专业性要求，从而形成坚持和坚守教育专业性的执着信念。三是专业追求。指教育教学活动始终具有一种不断增强专业含量和专业品质的明确意向，倾向于以一种更符合和切近学生成长规律和教育教学规律的方式设计和开展教育教学活动。这种追求更表现在教师通过专业学习、实践探索和理论研究，努力提升自身专业素养和全面素养的过程之中。专业追求是专业自觉的最高表现形态，也是教师专业生活的日常主题和永恒过程。专业追求可以体现、统合并超越专业自信和专业坚守，并不断更新为稳固、坚定、执着的专业自信和专业坚守，成为一种教师的人格、理想和价值。

第四章　初中教育整体发展的思路架构

本章是对初中发展研究的一个整体把捉，也是对初中发展具体问题进行研究的一个整体统领与整体架构。也就是说，要对作为初中教育内涵发展与全面提升的相关具体问题，即作为关键内核的校长与教师问题、作为变革之本的课程与课堂问题、作为深度追求的学校文化与特色问题以及如何实现多元实践的整体推进问题进行专门关注与重点研究，没有宏观的关于初中发展的整体判断与思路架构，充其量研究与解决的只是某一方面的问题，或者只是某种局部的关注。唯其在前述百年梳理、现实考察、研究综述、本源探究的基础上，宏观地对初中教育整体发展进行思路的系统架构，方能为以下各章对初中发展重点问题的阐释提供有理可据且科学合理的研究参考。

一　基本判断：初中发展弱在哪里

初中教育整体发展的思路架构起点，是对初中发展弱在何处的基本判断，知道弱才知道如何改弱，知道如何改弱才可能走向整体的、全面的、综合的实质性发展。基于前文诸多历史回顾与现实调研，此处可以对基础教育中的初中发展之"弱"作一基本判断。

（一）初中发展"弱"在整体

首先，初中发展"弱"在整体表明的不是少数学校薄弱，而是一批学校薄弱。与普通高中相比，初中教育的"深度"不够；与小学教育相比，初中教育的"温度"不够；而在整个基础教育中，初中教育的"活力"不够。初中教育在先进的教育理念、高水平的师资队伍、主动的课程教学探索以及科学的管理水平等方面的整体水平与小学、高中相比，仍然显得相对薄弱。尽管每所初中基本上都是合格学校，但在课程实施、教学改革、学校文化建设、办学特色等方面仍然很不均衡，提升的空间还很大。从各项调研中发现，即使是成为初中典型的学校，其典型特征也十分耐人寻味。第一是"穷"：这些初中校基本上是在"条件差、生源差、队伍差"的不利环境下形成的典型，可以称之为"穷则思变式典型"；第二是"乡"：这些初中校基本上地处或农村，或郊县，或城乡接合部，依靠较为纯朴的辛勤劳作形成典型，可以称之为"劳作式典型"；第三是"技"：这些初中校主要是以教学法的变革为主，辅之以严格甚至严厉的管理，进而以较好的中考成绩形成典型，可以称之为"技—分式典型"。上述三种典型特征进一步引发出初中典型校的第四个特征，即"同"。也就是说，初中学校的典型性较为相似甚至雷同，缺少鲜明的特点与特色，致使出现"学校典型不典型"的现状。正是初中学校"穷""乡""技""同"的四大特点，再加之"名校办民校"政策、适龄人口明显减少、家长疯狂择校、学校利益至上等多种因素的综合作用，致使中国多地公办初中整体上呈现出较为萎缩或隐性萎缩状态。譬如，在江苏省就曾出现三种并不正常的状态：一是相当一部分公办初中生源极少，难以为继，而假民办学校则生源高度集中，学校规模和班额超大；二是政府为公办初中办学条件改善付出巨大努力，但老百姓对免费义务教育并不领情，初中择校从城市蔓延至县城和集镇；三是由假民办导演的公然违规招生现象屡禁不止，使招生秩序不断遭遇破坏，甚至相当一部分学校陷入招生的恶性竞争之中。

其次，初中发展"弱"在整体，而不是一所农村初中更薄弱，而是一批农村初中更薄弱。虽然2009—2012年的数据统计表明，无论是全国的平均水平还是东、中、西部的分别统计，无论是"办学条件"硬件配置还是"师资建设"软件配置，小学、初中、高中的相关指标均呈现稳步上升势头，起码在书面数据统计中初中学段并未彰显出明显的差异。但是，在数据统计的普遍关注之外还可能有许多隐匿的问题存在，这就是在初中发展的相对薄弱中，那些边远初中、农村初中、"城中村"初中更加薄弱。很多原先的老初中被有意无意地忽略，甚至一段时期很多老初中没人愿意上，以致出现班级不齐、年级不整、教育质量严重滑坡的局面。尤其是在新型城镇化建设进程中，面广量大的农村初中、边远初中以及"城中村"初中，更遭遇了乡镇"超小规模学校"与城镇"超大规模学校"的"两极"复杂现象，警醒的是初中阶段内部的城乡差异、地域差异和校域差异。

最后，初中发展"弱"在整体，不是个别区域城乡初中差异显著，而是多个区域城乡初中差异显著。由于受城乡二元结构的影响，长期以来中国城乡义务教育发展严重失衡，与之相匹配，城乡初中在办学条件、经费投入、师资水平和教学质量等方面均存在显著差距，其后果是农村初中学生无法享受与城市学生同样的教育服务，教育不公平现象严重。就全国范围而言，1998 年，城市初中学生的人均财政预算内教育经费为 374.73元，而农村为 269.55 元，城市与农村的差距为 105.18 元。到了 2005 年，两者的差距扩大到 215.91 元。如果将比较的单元放到省级行政区，那么城乡之间的极差更加令人惊异。2004 年，财政预算内上海市初中学生的人均经费高达 2668.22 元，而安徽省农村初中学生的人均经费只有346.11 元，相差 7 倍左右。关于中学生的人均经费情况，最高的北京市为 2629.23 元，四川省农村为 369.36 元，也相差 7 倍左右，城乡教育公共投资差距的绝对值逐步扩大。[①] 正是由于多个区域城乡初中差异显著，严重干扰了初中教育的正常秩序，一方面农村学校、薄弱学校生源不足，教师队伍不稳定，面临着较为严重的生存危机；另一方面城市初中、示范初中人满为患，班容量过大，超负荷运转，导致初中教育整体质量的实质性下降，影响了初中教育的整体健康发展。

（二）初中发展"弱"在内涵

就学校而言，初中发展"弱"在内涵，集中表现为学校对资源不足与资源再生问题上的断裂。就是说，不少初中学校一方面抱怨国家对初中学校投入的总体匮乏尤其是物质性资源的总体匮乏，另一方面初中学校也少有就如何最大化资源效用和再生性资源扩大问题进行自觉思考。作为学校群体，虽然具备教育资源接受者和生产者的双重角色身份，但除了极少数教育资源与优质教育资源获取很多的学校，在提及资源配置时会带有满足感地承认"我们的投入的确不少"外，绝大多数学校仍然总是处于对资源投入不足与不公的或抱怨，或无奈，或顺其自然中。在考察与调研中

---

① 张锦华：《教育的梯度二元结构及其制度性根源——中国农村教育不平等背后的资源配置分析》，《内蒙古社会科学》2008 年第 5 期。

发现，不同的学校即便是同样的教育资源尤其是优质教育资源的不足与不公，也呈现出多种复杂情形。可以列举的三种情形是：第一种情形，不少学校长期以来就没有得到过重视，更没得到过教育资源的特别青睐，所以特别呼吁教育资源尤其是物质或硬件方面教育资源的大量投入。在这种情形下，学校在资源接受与享有中似乎只有不足而没有再生。第二种情形，不少学校把做大学校规模或面子作为首要之需，所以特别看重教育资源中的物质性资源。在这种情形下，学校在资源接受与享有中似乎更强调不足而忽视再生。第三种情形，不少学校认为，只要有钱，别人能做的事我也能做。在这种情形下，学校在资源接受与享有中有意无意地混淆了不足与再生。

就学校中的教师群体而言，初中发展"弱"在内涵，尤其指作为关键内涵的教师群体的整体薄弱，因为说到底，初中薄弱的根本是人的问题。首先，新老师资问题交织一体。已有的老问题如教师的结构性缺编等继续存在，而伴随着新型城镇化生发的农村初中教师"库存"与隐性流失并存等新问题又相继出现。一方面，农村初中学校学生数量减少，导致农村初中语文、数学等学科出现暂时富余或"库存"教师，而这些"库存"教师因为人事编制刻板、部门协调不畅等因素，其流动比较困难。另一方面，一部分青年骨干教师因为农村初中生活环境、工作条件、教学特色、专业平台等与城市初中的实际差异，仍然将心思放在如何进城教书上；而另一部分教书水平一般的教师则又因为工资待遇不比城里教师少，生源减少反能落个清闲，成为"等星期、等放假、等工资"的"三等"教师，导致农村师资质量的隐性降低。其次，初中教师群体中"核心人物"与"种子选手"较为缺失。这从一系列数据中可以获得佐证。一是 2014 年国家级教学成果奖获奖项目初中占比情况。全国共评出特等奖两项，初中 0 项；一等奖 48 项，初中 3 项，占比 6.25%；二等奖 367 项，初中 22 项，占比 5.99%。二是 2013 年江苏省教学成果奖获奖项目初中占比情况。全省共评出特等奖 40 项，初中 3 项，占比 7.5%；一等奖 119 项，初中两项，占比 1.68%；二等奖 228 项，初中 18 项，占比 7.89%。三是江苏省初中特级教师占比情况。在江苏第九批到第十二批特级教师四次的平均占比中，高中累计占比 46.66%，小学累计占比 27.91%，初中累计占比仅 16.67%，虽然初中的占比数逐年有所上升。四是江苏省第一、二、三批人民教育家培养对象在中小学的分布情况。第一批 50 人，其中，高中 30 人，占比 60%；

初中 3 人，占比 6%；小学（幼儿园）17 人，占比 34%；第二批 50 人，其中，高中（中专）28 人，占比 56%；初中 5 人，占比 10%；小学（幼儿园）17 人，占比 34%；第三批 50 人，其中，高中（中专）24 人，占比 48%；初中 7 人，占比 14%；小学（幼儿园）19 人，占比 38%。

（三）初中发展"弱"在支撑

初中发展"弱"在支撑，主要指的是有关初中教育发展的政策重点扶持与专业支撑平台的相对薄弱。就政策重点扶持而言，政策偏好是影响初中发展的重要因素。如前所述，一是初中发展信号微弱。初中发展的教育政策常常淹没在基础教育政策文本与政策实施的大一统之中，即我们能够阅读的专门针对初中教育的政策文本并不多见，而更多的是在国家关于中学教育、义务教育或基础教育的总体阐释与规定中。二是初中发展空间变异。无论是新中国成立前、新中国成立后还是 2006 年新《义务教育法》颁布后，初中教育要么作为中学教育或中小学教育的一部分，要么在九年义务教育的框架里进行阐释，很少在独立的语境中阐释，初中发展的两种空间一种是在九年一贯的学校结构制中，一种是在独立设置的初中学校结构中。实践证明，处在基础教育发展过程中位于弱势的初中，政策执行中的空间变异对其影响更大。三是初中发展问题重现。政策的弱历史性如果使初中教育在发展中本可避免的老问题反复出现，本可少走弯路的新问题得不到及时关注，必然会延缓初中教育的发展，甚至在一些表面繁荣的现象背后可能遮蔽着日后继续发展的隐患。就专业支撑平台而言，专业支撑的几种现状：一是没有平台；二是平台虚拟；三是平台与实践脱节，如培训问题。可以说，在以前较长一段时间内，江苏在基础教育的发展上尚缺少系统且专门针对初中发展的各类专业支撑平台，如近些年才发展起来的以改造初中薄弱学校为宗旨的课程基地，以重点扶持初中教师教育科研为宗旨的初中课题专项，以携手共进整体提升为宗旨的初中科研协作联盟等。

二　整体设计：初中发展的系统方略

初中教育内涵发展与全面提升是一项战略性的工程，头痛医头、脚痛医脚的治标不治本式提升，只能导致初中教育发展的问题反复与畸形循环。这里整体设计的系统方略是：以初中发展之"弱"作为整体设计的起点，以转型初中发展方式作为整体设计的定位，以寻求初中发展合力作为整体设计的主旨，以动态分步项目选择作为整体设计的路径。

（一）设计起点：直面初中发展之弱

依据上述对初中发展之"弱"，弱在整体、弱在内涵、弱在支撑的基本判断，以及前述"新世纪问题关注"中，对初中发展中存在的重要症结，即资源配置中的显性公平与隐性差异问题，政策效用中的扶持风向标与执行心理场问题、内涵提升中教师的制度制约与群体合力问题所作的重点剖析，这里作为初中发展整体设计起点的"直面初中发展之弱"的主要意涵，就不是再去进行类似问题的重复阐释，而是试图在前述问题阐释的基础上，进一步突显这些问题在初中发展过程中所形成的或行政或学校的惯常性心理与行为，以此引发对初中发展整体设计中习以为常与司空见惯问题的真正警觉与实质改善。

1. 资源配置上的"马太效应"

"马太效应"所表达的主要意涵是，少的，连其所有的也可能被剥夺；多的，则可能获取多多益善的更多。与发达国家普及教育由低到高、循序渐进的路径不同，中国基础教育发展实行的是政府主导型的赶超战略，虽说把普及基础教育与发展高等教育同步进行，但实际格局却是教育价值与发展重心上的重高等教育、轻基础教育。即使在基础教育框架内，从硬件投入看，几亿元建一所高中，一两亿元建一所小学，上亿元建一所幼儿园的消息时有耳闻。① 相比之下，初中教育的投入力度以及与之相应的被关注度则要逊色得多。与此同时，中国东部、中部和西部地区之间的经费投入差距其实也在不断扩大，尤其是东部地区，生均预算内教育经费明显高于中部和西部地区，而且每年的差距还在不断扩大。如以 2008 年和 2009 年两年为例。2008 年，东部地区初中生均预算内教育经费为 6487.28 元，中部地区初中生均预算内教育经费仅为 3321.56 元，西部地区初中生均预算内教育经费仅为 3834.17 元，东部地区几乎是中部地区的 2 倍，是西部地区的 1.69 倍。2009 年，东部地区生均预算内教育经费为 8016.48 元，中部地区为 4136.62 元，西部地区为 5079.70 元，中部、西

---

① 姜泓冰：《从"豪华小学"中"读"到什么》，《人民日报》2010 年 9 月 8 日。

部与东部相比，依然是近乎相同的差距，中部地区不仅远远落后于东部地区，同时还低于全国的平均水平 4538.39 元。① 近些年来，随着国家对薄弱学段、学校投入的强力介入，这一问题或许有所改善，但前文所阐释的资源配置中的显性公平与隐性差异问题并非短时间内可以完全消除，这带来的是资源配置中深层的"马太效应"问题，即从软件建设看，在历史与现实发展历程中形成的小学师资、高中师资整体上强于、优于初中师资的问题，不仅在其年龄结构、学科结构、骨干教师结构等方面矛盾突出，而且在先进的教育理念、深入了解学生、真实的课堂教学水平等方面，其差距也越来越突显。

　　这种教育资源深层配置中的"马太效应"，又常常以两种现象呈现出来。第一种现象是，作为教育资源拨配者的国家与地方行政，作为那些获得国家资源重点资助、重点扶持脱颖而出，且这种发展优势一直持续的重点中小学，似乎很少有这样的反思：在教育资源尤其是优质教育资源的重点投入或配置中，是否存在资源获取的理所当然、资源获取的异化以及优质资源强势竞争的不以为然等问题？诚然，在特定时期、特定发展阶段形成的重点资助、重点扶持都没有错，无须横加指责，只是在这个过程中若有一些学校在理所当然地接受资源、扩大资源、再生产资源的同时，也把另一些没有获得资源、发展缓慢的学校理所当然地变成自身的反面参照系，不是帮助其发展，而是让其衬托自己；不是希望缩小差距，而是有意无意地拉大差距，由此出现强者更强，弱者更弱的非正常现象，就需要引起足够的重视了。现在基础教育的情形是，集中所有优质资源办一所竞争力强的学校尤其是高中，已经成为中国多个地方的选择。个别"超级中学"每年获得的教育经费，往往超过当地普通中学所得经费的 10 倍，在招生政策、遴选优秀生源上，也多以"实验"之名获得倾斜。这是中国中学教育的马太效应，那些最富竞争力的重点高中实力越来越强，迅速升级为"超级中学"，绝大多数的普通高中与县城高中，被远远甩在了后面。② 这一问题即使在总体相对薄弱的初中学段也同样存在。第二种现象是，中国式中学教育的马太效应，在当下的教育集团办学现象中具有再生

---

　　① 冯学军：《中国义务教育财政投入不均衡问题研究》，辽宁大学 2013 届博士学位论文。

　　② 赵一海：《造"神"超级中学的源起与隐忧》，《南方周末》2012 年 11 月 15 日。

产的同样可能。当下似乎很时新的集团办学，本意是通过优质资源共享以强带弱。这在无论是同类学校组成的横向式教育集团，还是六年、九年、十二年乃至十五年组成的纵向式教育集团中，均看到了此番效应。但是应当看到事实上也会感受到，类似于以往一些重点学校将其他非重点学校边缘化的"县中沦陷"现象，在扩大优质教育资源实行集团办学中，似乎已经出现一种"区域性沦陷"的现象。因为极力做大做强的各大教育集团开始具备从幼儿园到高中全过程的资源支配权，进而获取优质教育资源垄断权，除非一个地区的教育集团是该地区所有学校的集合，否则该教育集团之外的学校可能比先前的边缘身份更为边缘。资源投入者的资源责任不仅仅是投入，还是资源投入与资源责任的共享，是重点发展与教育秩序的共担。也就是说，在获得重点投入的同时应当是对资源责任的担当与教育秩序的维护，否则，即便有秩序也是一种人为的秩序，对基层的优秀教师、高分学生层层掐尖、层层抽血，区域教育"水土流失"、根基动摇的隐忧就会始终存在。

2. 谋求发展的制度性障碍

当前初中教育发展，除了资源投入、师资队伍、社会舆论、家长取向的诸多影响因素外，制度性障碍的存在也成为不争的事实。常见的情形是，教育内部在特级教师评审、各类先进评比等方面，一般都按照中小学来划分，初中教师与高中教师相比，在学历、论文、业绩等方面都相对薄弱，评选中往往处于劣势地位并因此得不到公正评价，自然不言而喻。若再以与教师发展尤其是农村初中教师发展密切相关的工资制度为例，就更难窥一斑而见全豹。虽然工资制度是直接关系教师能否维持基本生存的前提问题，但此问题在百余年的基础教育发展历程中始终难以得到较好的解决，农村教师的工资保障更被置于一种弱势境地。清末以来，全国中学教师待遇"向无通例之规定，即使同一省市亦因公因私而有差别"。民国时期，中学大致分为省立中学、县立中学、私立中学三种。省立中学经费来源于省财政，且学校设在都市，待遇最为优厚；县立中学在县城，生活水平次之，经费较少，待遇也不及省立；私立学校视本校具体经济情况而定。以江苏为例，在实行时薪制时期，省立初中为每小时1.25元，高中为1.75元，而县立中学为每小时5角到1元不等。30年代，江苏省立上海中学月薪，高中平均135元，初中平均115元；县立中学按标准最低为40元，最高为90元；私立中学月薪在30—130元之间。新中国成立后的

20 多年中，一直使用并延续 1956 年制定的国家机关和事业单位的工资制度，并未随国民经济的发展和各方面情况的变化进行必要的改革，农村初中教师的工资水平也相应未发生什么改变。改革开放以来，中国农村教师工资制度历经三个阶段。一是从 1985—1993 年以职务工资为主要内容的结构工资制度。这一时期，农村教师工资在"三级办学、两级管理、以乡镇为主""人民教育人民办"的体制下，主要由地方政府特别是乡镇政府负责。由于当时地方财力大于中央财力，暂时没有暴露出太大问题。二是从 1993—2006 年以"教师平均工资水平应当不低于当地公务员的平均工资水平"为参照的工资制度。这一时期，农村教师工资制度在地方政府负责、分级管理、以县为主的体制下，主要由县负责。而税费改革与各地县域财政的不平衡，导致拖欠工资成为这一时期非常突出的问题。1999 年，全国人大常委会执法检查组《关于检查〈中华人民共和国义务教育法〉实施情况》的报告指出，全国有 2/3 的省、自治区、直辖市拖欠教师工资。而对 14 个省、自治区、直辖市的 125 个县市的统计，自 1998 年 1 月至 1999 年 3 月底，拖欠额为 7.1 亿元，拖欠人数达 58 万，拖欠时间最长的达 1 年零 3 个月。2001 年，全国有 26 个省、自治区、直辖市仍然存在拖欠教师工资问题。2004 年 1—9 月，全国新欠教师工资 10 亿之多，累计欠发工资高达 163 亿元。这其中，农村乡镇与边远学校比例无疑占据绝大多数。三是从 2006 年至今的岗位绩效工资制度。这一时期，农村教师工资制度在以县为主、省级统筹、中央支持的体制下，开始出现新问题，即如何扩大政府财政保障的工资范围，切实提高农村教师工资水平，缩小农村教师和城镇教师、教师和公务员工资之间的差距。2009 年，在对江苏苏北某市进行初中教育现状调研时，谈及教师待遇尤其是农村教师工资待遇，从校长到教师反应相当强烈：这么多年了，我们的教龄津贴还是 10 元，以前可以买 7 斤肉，现在只可以买 7 两肉，在现在的情况下我们宁可不要。还有国家讲的"不低于当地公务员"是指同一时刻而不是滞后，但现在的情形却是常常滞后。可以说，不少骨干教师离开农村中小学，其工资待遇缺少制度性保障不能不说是一个重要缘由。从这一问题衍生开去，初中教育自主发展中存在的诸多制度性障碍亟须进一步突破。

3. 发展动力的窄化与断裂

一方面如上所言，资源配置中的马太效应尤其是深层配置中的马太效应，使得强的越强，弱的更弱；另一方面，即使在获取应有的发展动力，更确切地说是外在发展动力后，内在的发展动力仍然难以激发，更有将发展动力不足简单或单一归因于外在动力因素的可能，此时发展动力就被窄化为外在资源获取。

同样以资源配置为例。一是政府和教育行政资源拨配中国家意志与跟踪反馈的断裂，带来的后果是发展的外在动力时续时断，即当拨配了一定教育资源时，就认为学校的发展动力会强；而在一段时间后，又会出现资源需求不足的情况，发展动力就会相应减弱。作为中国教育的决策群体，政府和教育行政在资源配置与享用方面的政策导向，对教育的内涵发展与全面提升无疑起到至关重要的作用。中国义务教育在从重点发展到基本均衡发展的相对进程中，均彰显出各不相同的资源分配特质。从中可以发现的一个事实是：作为教育资源拨配主体的政府和教育行政群体，其资源拨配中的国家意志无疑占据主位，而理应紧随其后的跟踪反馈机制却与资源拨配中这种强烈的国家意志之间几近断裂。关键问题是，政府和教育行政在对资源、资源拨配、资源享用、资源再生等问题进行思考时，是否摈弃了物化、窄化、弱化、异化、断裂等可能的情形？对借助资源拨配推动资源接受者进行资源再生产与再扩大以获取更多的发展动力，是否有过自觉的思考？

从中国教育资源配置政策调整和配置格局变迁历程的相关研究中可以看出，新中国成立以来至 2001 年，中国教育资源配置政策基本上奉行的是重点配置取向，其中重点学校政策取向和城市优先、城乡分治政策取向，对义务教育阶段的学校发展影响深刻。1953 年 5 月，中共中央政治局会议决定"要办重点中学"，教育部确定"有重点地办好一些中学与师范"，并在全国确定 194 所重点中学，占全国中学的 4.4%；1962 年，教育部颁发了《关于有重点地办好一批全日制中、小学校的通知》；十年"文化大革命"一结束，1978 年 1 月，教育部颁布了《关于办好一批重点中小学试行方案》；1980 年 10 月又颁布了《关于分期分批办好重点中学的决定》。[①] 在这两段不同的教育历史时期，教育资源的稀缺与匮乏成为特有的中国国情，因此，义务教育阶段重点中小学的发展导向，引发出政府和教育行政在教育资源拨配上的精英主义政策取向，即资源拨配的主要

---

① 参见朱丽《个人利益抑或公共利益：教育改革的两难困境——从我国重点学校制度的沿革说起》，《基础教育》2009 年第 1 期。

对象是重点学校和重点人群。这一时期，政府和教育行政有意识地对相关重点中小学尤其是城市重点中小学进行资源投资与扶持，并在一系列国家政策之中体现出鲜明的国家意志。这些鲜明的国家意志无疑成为国家特定历史时期特定发展政策的解释与说明，但问题是这些解释与说明如何应对实际存在的复杂教育现状以及教育现状的复杂多变？事实上，作为政府与教育行政，资源拨配过程中的国家意志与跟踪反馈之间起码存在着两大断裂：第一是一系列教育政策颁布后的多种教育后果与系统调研和翔实分析之间的断裂；第二是规划下一阶段的教育发展方略时，对已有事实的表面纠偏与真正科学合理且并非事后诸葛亮式的可行性论证之间的断裂。

　　大约 2001 年后，随着中国在基本公共服务均等化方面的意识增强，义务教育的基本均衡发展提上议事日程，教育资源拨配的政策取向也发生一定转变。大力扶持薄弱，向薄弱倾斜，成为政府与教育行政此一阶段的主旋律。以江苏为例，自 2002 年以来，为了促进县（区）区域内义务教育阶段公办学校的均衡发展，推进了六大"均衡工程"建设，即布局调整工程、危房改造工程、"三新一亮"工程、"六有"工程、"校校通"工程以及"教育设备配套"工程。不可否认，这六大工程的建设，极大地改善了经济薄弱地区中小学的办学条件，实现了全省义务教育资源配置的初步均衡。但正因为还只是初步均衡，或者更确切地说，只是物化层面的初步均衡，所以值得进一步探究的问题就是：对政府和教育行政而言，在这种提倡义务教育均衡发展的阶段，是否只需要出台一系列政策尤其是物质建设的资源政策，表明对不同学校实行的是相同的均衡投资就可以了？问题是，在进行这种有理由认为的教育资源均衡拨配前，政府和教育行政是否对原先同样因为政策原因造成的不均衡教育现状作过一番深入细致的调研？是否对各地、各学校不均衡发展的程度作过一番客观科学的评估？教育资源拨配政策的理想设计与教育现实之间的矛盾缺口到底有多大？这种教育资源拨配中的国家意志与跟踪反馈的断裂，使得在调研时经常听到这样的对话："上面不是给你们拨配了……吗？""那么点东西哪够啊？只能维持基本的日常支出，想要办点事就什么也办不起来了。"这样，一方面，教育秩序在表面均衡的教育资源拨配中似乎正常运作着，但却难掩事实上教育秩序中的暗流涌动，有关教育资源的争夺战可以说就从未停止过；另一方面，表面均衡的教育资源拨配，有意无意地造成只注重增量投入而忽略存量内涵的畸形发展现象。

近些年来，义务教育优质均衡发展开始成为又一种主体话语，虽然它与义务教育均衡发展之间并无明显界限，但由于更多强调的是内涵发展、特色发展、个性发展等，其优质教育资源的意识、配置与享用，在这一阶段也似乎提到前所未有的重要位置上。扩大优质教育资源，做大做强优质教育资源，使所有资源都成为优质教育资源，使每所学校都拥有同样的优质教育资源，最终实现优质均衡发展，几乎成为国家与全社会的期待。只是与之相匹配的优质教育资源配置，在很大程度上仍然处于初步均衡或基本均衡阶段的发展获取上。也就是说，就优质均衡发展而言，虽然其发展的动力在很大程度上取决于学校对自身的内涵、特色、个性等的设计，但优质教育资源的拨配与整合在很大程度上仍然是由政府和教育行政的国家意志所支配的。在这种情形下，优质教育资源的拨配与整合假如以每一所学校为前提，那么这种可能性到底有多大？这"每一所学校"是否会演化为实质上的"一部分学校"？或者更确切地说，这"一部分学校"是否还会是原先就拥有优质教育资源的学校？这就如同那些拥有早期家庭文化资本的学生在起点上就优于缺乏早期家庭文化资本的学生一样，扩大了的优质教育资源只能是先填平原先的凹坑，并不可能与原先就拥有较多优质资源的学校齐头并进。资源拨配政策表面的一视同仁与公平运作可能掩盖了隐匿的不一视同仁与非公平运作。问题的棘手之处还在于，无论是义务教育的基本均衡发展还是优质均衡发展，政府和教育行政在资源拨配中的国家意志总是被人们以共同认可的方式存在着，因此，既很少追究这种认可之中表面与实质的断裂，也很少追究发生在义务教育优质均衡发展阶段教育资源拨配中更深层次的断裂，由这些断裂所导致的学校以资源拨配多少估价做哪些发展，在实质上其发展动力不足也就不足为奇了。

二是学校资源接受与享有中不足与再生的断裂，带来的后果是发展的内在动力时续时断，即当获取了一定的教育资源时，发展动力就强；而一段时间后，又会出现资源需求不足的情况，发展动力就会相应减弱。如前所述，作为学校群体，虽然具备教育资源接受者和生产者的双重角色身份，但除了极少数教育资源与优质教育资源获取很多的学校，在提及资源配置时会带有满足感地承认"我们的投入的确不少"，并积极谋求满足感基础上的发展外，大多数学校仍然总是处于资源投入不足与不公的抱怨，或无奈，或顺其自然之中，并程度不同地出现在资源享有与自主发展面前，或只有不足而没有再生，或强调不足而忽视再生，或有意无意地混淆不足与再生的三种情形，进而导致这些不足与再生的断裂背后值得追究与剖析的东西。总体来说，上述三种情形均是对教育资源尤其是优质教育资源与发展动力之间的不解或误解。就第一种情形而言，主要涉及前述政府和教育行政拨配群体与学校资源享用群体之间的矛盾，引发的思考是，必须对整个初中教育的发展历程进行系统梳理，必须弄清初中教育整体发展水平较差到底是什么原因？若是从整体资源投入不足开始的，那么这样一个整体投入不足的发展轨迹到底是怎样的？① 就第二种情形而言，做大学校的规模或面子不是不需要也不是不可以，关键是若只盯着简单的物质性资源，就会使发展成为某种怪胎。现有不少初中学校，自身条件相当，教育资源投入相当，但办学水平差异很大的并不少见。这带来的相关问题是：物质性资源在学校发展中究竟占据怎样的位置和比重？除了物质性资源外，在制度性资源、文化性资源等其他方面，不同初中学校是否都有所思考？其相互之间思考的差异究竟在哪里？到底有多大？就第三种情形而言，则是把已经窄化的物质性资源更俗化在"钱"上。钱固然可以使学校办很多事，但并不是只要有钱别人能做的事自己也就能做。如果因为初中教育发展缓慢而使整体资源投入不足成为首当其冲的问题的话，那么需要进一步追究的就是：在这个过程中，是否存在以对物质性资源投入不足的过度强调掩饰学校内涵发展实质性不力的深层现象？学校发展如何有效地将外在动力演化为内在动力，并使内外动力形成合力？

（二）设计定位：转型初中发展方式

与教育均衡发展方式需要从外延式发展转型到内涵式发展具有相似性，初中发展的整体设计同样指向初中发展方式的转型，即如何从更多关注外部投入、外延扩张、粗放发展，到更多关注从外部到内在、从粗放到精细、从同质到异质、从模仿到创新的发展方式转型过程，涉及的是初中教育内在品质与综合实力的生成与提高，既包括初中教育自身需要秉持的理念、思想、行为、方式，也包括各类初中在学校自主发展规划、课程与教学改革、师资队伍建设、学校文化与特色追求等方面的诸多设计与实际行为。这里需要把握的主旨是：教育质量的要义是内涵发展与全面提升，

---

① 相关内容可参见拱雪、张熙《北京市义务教育资源配置差异性分析》，《教育科学研究》2009 年第 12 期。

合格公民培养的要义是立德树人，社会满意度的要义是从标准化转向多元化。

1. 教育质量的要义是内涵发展与全面提升

所谓教育质量，概括地说，就是将学校教育的各类教育资源有效地融合于教育教学过程中，所达到的教育结果或状态或水平的呈现。广义的教育质量指学生素质发展的水平，《国家中长期教育改革和发展规划纲要（2010—2020）》特别强调义务教育阶段要"注重品行培养，激发学习兴趣，培育健康体魄，养成良好习惯"。[①] 狭义的教育质量则指学生的学业水平，包括学科兴趣、学科能力、学科成绩等在内的学科素养。此时"教育质量"与"教学质量"概念大体一致。必须引起警觉的是，就初中教育而言，现在有一种所谓的教育质量，专指中考成绩，并以中考成绩作为衡量初中教育质量的近乎唯一的标准。这是一种偏颇的窄化或异化的教育质量观，但却又是较为流行的教育质量衡量方式。

究竟如何追求真教育质量观而非假教育质量观或非教育质量观？起码需要厘清两个相关问题。一是教育质量与教育资源的相关性。在教育质量全面提升的进程中，纯粹依靠"小米加步枪"的时代已经趋于终结，教育尤其是义务教育已经逐步走出几支粉笔一块黑板的传统教学方式，相关物质资源的投入，多媒体、高信息的教学介入，正预示着一个与高科技时代相匹配的教育新时代的到来。因为从理论上说，政府和教育行政对基础性物质资源的拨配，会给学校带来相应的教育变化和质量提升，也会由此带来社会和家庭相应的学校选择行为。但问题的关键是，"小米加步枪"时代的趋于终结与教育质量的全面、真正提升之间并非必然正相关。也就是说，相对简单的物质性资源投入会带来相对迅速的学校硬件增效，但能不能、会不会由此直接转化为教育质量的全面、真正提升？毋庸置疑，简单的物质性资源投入不会或难以直接转化为教育质量的全面提升，那么那些具有非物质属性的资源投入与教育质量全面提升之间是否就存在直接转化关系？答案恐怕也是不确定的。因为教育质量的提高既与教育资源投入的多少紧密相关，更与教育资源的配置、组织、管理的科学性、合理性紧密相关。这表明的是，教育资源的投入并不是唯一的，无论是物质性教育

---

① 《国家中长期教育改革和发展规划纲要（2010—2020）》，www. gov. cn/jrzg/2010 – 07/29/content_ 1667143. htm.

资源还是制度性抑或文化性教育资源，因为资源配置策略可以造成成本效益的天壤之别，不是 2% 或 3% 的差异，有时甚至是 400% 或 500% 的差异。教育质量的提高还与学习者能否便捷、有效地获取教育资源紧密相关。一方面，信息技术尤其是网络技术进入教育领域，使全世界的教育资源得到沟通，形成一个充分开放的教育环境，为学习者充分、便捷地获取、利用网上教育资源创造了条件。但另一方面，如果学习者只是机械地接受网上教育资源以及其他教育资源，而缺少在此基础上的积极探索与主动创新，再好的教育资源其效果也只能被弱化和退化，更遑论提高教育质量了。二是教育质量与教育过程的相关性。毫无疑问，教育质量的达成不仅是某个点或某类数据的单一呈现，更是一个复杂的教育过程的多元呈现。它既与教的过程的科学性、合理性相关，必然要求高素质的教师；它也与教学组织方式的科学性、合理性相关，必然要求按照教育教学规律进行教学；它还与满足学生学习需求，实现个性化、多样化的学习相关，必然要求研究学生、研究学习，不能以为只要大量投入时间和精力就必然能提高教育质量。教育质量的比拼实质上是学校教育综合实力的比拼，提高教育质量的过程是全面提高学校综合实力的过程，是内涵发展与全面提升的过程。"如果说普及九年义务教育确保了每一个儿童受教育的机会，实现了基本的教育公平，那么关注和提高教育质量则涉及更高层面、更本质的教育公平问题。"①

2. 合格公民培养的要义是立德树人

基础教育的培养使命是合格公民的培养，合格公民培养的要义是立德树人，初中学段学生身心发展的特殊性以及初中学段学生面临的人生第一次重要选择的特殊性，决定了初中教育在这一培养使命中承载着重要的责任。如果说"立德树人"是对培养要义的高度概括，那么这里特别想提及与讨论的问题是，作为培养者的教师爱学生的责任与作为被培养者的学生被爱的权利之间的责权问题，这是一种既显又隐的权利保障问题，是立德树人的前提。

从教师方面看，"老师爱学生是一种责任与义务"可以说是一个经典话题。从"皮格马利翁效应"出发，这个命题似乎无需作进一步求证。

---

① 朱小曼：《对策与建议——2006—2007 年度教育热点、难点问题分析》，教育科学出版社 2007 年版。

但这带来两个问题，更确切地说是一个问题的两个方面：如何解读教师的世俗性与神圣性？就教师的自然属性或世俗性而言，在要求教师爱学生且爱每一个学生时，我们是否也考虑到教师与学生一样有着作为一个"人"的基本质性？也就是说，教师承载的这份职业，与整个社会诸多职业相似，同样是一种谋生的手段。既是一种谋生的手段，就存在种种困难、不可能与不确定；同样是活生生的人，要让教师无条件地爱每一个学生，这样一种博爱与大爱的境界，委实是很难达成的高位境界。因此，当人们常常将"老师爱学生是一种责任与义务"作为一个当然存在且必需这样的前提时，势必常常导致事实上的预设与现实之间的巨大差异。这是问题的一个方面。问题的另一个方面是，教师承载的教育这一职业又具有相当的神圣性，这种神圣性需要他们对所教育的对象——学生，无差别无偏见地同等对待，这是超越了自然属性和世俗性的博爱与大爱，是作为社会属性的无私之爱。如此说来，教师的世俗化与神圣化之间的融通和谐问题就成为一个始终纠缠无法割裂又难以处理的问题。一方面，教师职业的世俗性会给他们带来种种教师职业倦怠，如职业角色过度负荷、社会交往环境相对封闭以及忽略工作的艺术和创造性等①，使教师们不可能不考虑自身的生存环境，也不可能不去寻找更有利于自身发展的生存环境。另一方面，教师职业的神圣性会给他们带来种种教师职业的优越感，在被要求爱学生的同时，他们也会不断进行社会关系的积累与社会资本的运作，而在此过程中，居高临下、话语霸权、缺乏民主等权力运作的现象随处可见。在我们的多次调研与座谈中，学生们不断反映的"你们是我教过的最差的班级""我只说一遍，没懂也不讲""混账！一知半解、不求甚解""连这么简单的题目都不会"等就是很好的明证。

从学生方面来看，就带来一个学生被爱是不是一种权利与权益，或学生被爱是否可能成为一种权利与权益的问题。此类话题以往似乎并无太多阐释。学生似乎一向总是爱的被动接受者，至于是否被爱，能被爱多少，从来就是外界的一种赏赐，极少有权利去作相关要求，更少有一种爱的权利的索取意识与爱的权益的维护意识。卢梭在《论人类不平等的起源》中

---

① 以前似乎还有教师社会地位相对低下问题，但按照《教师法》和新《义务教育法》，"教师的平均工资水平应当不低于当地公务员的平均工资水平"，按照《关于义务教育学校实施绩效工资的指导意见》，全国义务教育学校实施绩效工资后，此番现象似有所好转。

认为，差异性本身就足以导致不平等。① 以此类推，学生的差异性本身也就足以导致教师之爱的不平等，况且这已经成为教育日常生活中司空见惯、习以为常的事实。如果能够制定某种法律让学生被爱的权利获得保护，学生自己也可以据此维护这种被爱的权利（虽然中国的法制健全之路尚十分遥远），教育日常生活中的师生关系是否可能发展到一种新的境地？教育质量保障是否由此会从一种带有预设性的当然前提的显性保障，走向一种趋于消解现实与预设之间矛盾的显性保障与隐性保障相互融通的境地？进而是否也会促使立德树人在一个新的层面上重新加以定位与认知？

3. 社会满意度的要义是从单一转向多元

可以说，现实教育中的工具化、功利化，学校、家长、社会评价标准的单一化、唯一化，虽然历经多年教育改革，实质性的改变却捉襟见肘，甚至在某种程度上变得越来越只关注分数与升学率。初中教育在中考的压力下，自然也就不能免其"带着镣铐跳舞"的无奈。这里有一个教育质量短效与长效的培育保障问题，带来的是社会满意度的要义如何从单一转向多元。

在现行的教育体制下，要学校完全不考虑本校的教育质量，尤其不考虑升学率这个近乎唯一且刚性的教育质量评判标准，要学校完全不考虑在教育行政局部规则改变但总体规则依旧情况下的适度变通，同样是不近情理的。如同课题组在座谈会上听到不少校长们所说的那样：我们是实践者，不仅是理想主义者，不能只坚守自己的理想，还要考虑社会多方的评价。正因为如此，在当下的中国绝少不了与教育质量相关的短期培育，事实上，我们也不能否认这些短期培育在学生知识形成与掌握中的一定作用，关键是如何形成短期培育与长期培养的良性结构链？如何不只将短期培育作为唯一的培育形式？不只将分数升学率作为唯一的评价标准？在教育现实中，无论将补课与高考升学率直接链接，还是从学校到教师再到学生都有再熬几年就好的念头，都能看出中国教育的短期行为取向。更确切地说，过度的补课、分数、升学率、再熬几年都是一些中国教育问题的表象和消极应对方法，其隐匿在背后的问题还是一个如何看待短期质量观与长效质量观的问题，或者说是一个如何看待社会满意度的单一与多元的问题。

这一点法国的经验很值得借鉴。在法国中学生的学习生涯中，哲学教育与哲学考试占据着极其重要的位置，普通高中和技术高中的所有学生，

---

① 史哲：《从现在起，做一个享受纯粹奥运的人》，《南方周末》2012 年 8 月 2 日。

只有通过哲学会考，才能毕业并有资格进入大学。但重要的是，法国中学哲学教育的目的并不是造就哲学家，也不是让法国人掌握哲学，而是培养公民，因为哲学被认为有助于塑造具有自由精神、批判意识和政治责任的"开明公民"。这样，在教学内容上，法国按照哲学概念和主题来组织哲学课，训练学生对关乎人生、社会、政治的一些根本问题进行初步的哲学思考，如国家的权威、工作的价值、个人的权利和义务、自由的内涵和限度，等等；在教学组织方式上，没有任何正式教材，教师依据一个内容宽泛的大纲来选取教学内容，按照自己喜欢的方式来组织教学。学生不需要花时间去掌握哲学家的思想和哲学观念的演变，而是在老师的引导和激发下，围绕某些概念和文本来对最具有普遍性的问题进行自主思考；训练和考试则通过作文进行，没有国内考试中的填空题、选择题、问答题，等等。在会考中，学生有四个小时的时间来对一个问题或一段文字发表自己的看法。① 或许，有学校、老师认为，这些事情处于中国的特定教育体制下，处于社会满意度的巨大压力下，处于自己的卑微境地中很难实现，但是，深圳育才中学严凌君老师编写《青春读本》的努力却表明，在教育质量的短与长之间、在社会满意度的单一与多元之间，每个人都可能做出自己的努力与改变。作为一位普通的中学老师，严凌君编撰了七大卷约483万字的《青春读本》，只为让孩子们"在阅读好书中构建自己的精神家园"。北京大学著名教授钱理群先生在为《青春读本》写的长序中认为，可以说，中小学教育的全部工作和意义，就在于"为孩子打开一个

---

① 只要再看一下2012年6月18日星期一上午8时，全法国334464名报考普通类高中毕业会考的学生开始第一门科目——哲学考试的试题，就可以进一步加深对法国中学哲学教育的理解，并进一步引发我们的深思。每位考生可在三个题目中任选一题，考试时间为4个小时。

人文科考生试题——

题目1：通过工作我们获得什么？

题目2：所有信仰都违背理性吗？

题目3：解释斯宾诺莎《神学政治论》的一个节选段落。

科学科（理科）考生试题——

题目1：我们是否有责任寻求真理？

题目2：没有国家我们是否会更加自由？

题目3：解释卢梭《爱弥尔》的一个节选段落。

经济社会科考生试题——

题目1：存在着自然欲望吗？

题目2：工作，是否仅仅是为了有用？

题目3：解释乔治·柏克莱《论消极服从》的一个节选段落。

广阔的文化空间"。① 而在这个"打开"的空间里，教育现实中常常以短期质量冲淡或替换长效质量、以社会满意度为单一分数追求寻找借口的种种实践，足以引发我们对转型初中发展方式设计定位的深度反思。因为转型初中发展方式、实现社会满意度，不能仅是作为短时激励的"再熬几年"的话语提示，而且应当是能够作为长效受益、终身受用、多元发展的精神与品质塑造的重要力量。

（三）设计主旨：寻求初中发展的合力

上文对初中教育诸多问题的阐释表明，初中教育内涵发展与全面提升的最终落脚点，一是作为育人本质回归的学生发展；二是作为关键内核的校长与教师；三是作为变革之本的课程与课堂；四是作为深度追求的学校文化与特色。这些将在以下诸章中进一步分而论之，而这里寻求初中发展合力的设计主旨，则主要指的是在把握初中教育内涵发展与全面提升的四大落脚点基础上，如何整合共享各类资源，形成多种教育资源环境的整体合力；如何唤醒各类主体活力，形成学校软实力与竞争力的整体合力；如何跳出教育看教育、跳出初中看初中，形成教育内部的统筹决策和教育内外部相融协调的整体合力。

整合共享各类资源，形成多种教育资源环境的整体合力。资源具有整合的与多种的属性特质，既不仅是单一的物质属性，也并非只有抽象的非物质意涵，而是在多种属性的整合中整体发挥资源功能并改变实际行为的指向。这一观点可以从几种具有代表性的资源不同分类中获得进一步描述与阐释。第一种是从资源的支配结构出发，分为物质性资源与非物质性资源。这以吉登斯的观点为代表。吉登斯认为，构成支配结构的资源主要有两种：一种是配置性资源；另一种是权威性资源。配置性资源（allocative resources）指的是在权力实施过程中所使用的物质性资源，包括自然环境以及各种人工制成品，其源泉是人类对自然界的支配；而权威性资源（authoritative resources）则是指在权力实施过程中的非物质性资源，其源泉是一些人相对于另一些人的支配地位。② 第二种是从资源尤其是稀缺资

---

① 钱理群：《我的教师梦——钱理群教育讲演录》，华东师范大学出版社 2013 年版。
② ［英］安东尼·吉登斯：《社会的构成》，李康、李猛译，三联书店 1998 年版，第 378 页。

源的分配原则出发，分为弥散性配置与一体化配置。这以孙立平的观点为代表。所谓弥散性配置指分配不同种类资源时实行的是不同的原则。在这样的社会中，拥有某种资源较多的人或群体不一定也拥有较多其他种类的资源。而所谓一体化配置则指各种不同的资源按照一种单一的原则进行分配，其结果往往是各种资源都集中到同一部分人的手中。① 第三种是依据人类发展需要，分为生存性资源、地位性资源、可持续资源。资源的意义首先是相对于人类需要而言的。经济学家凯恩斯认为："……人类的需要可能是没有边际的，但大体能分作两种——一种是人们在任何情况下都感到必不可缺的绝对需要，另一种是相对意义上的，能使我们超过他人、感到优越自豪的那一类需求。"因此，有学者提出，在社会分层的意义上，依据资源的绝对性与相对性，所有可分配的资源均可划分为生存资源与地位资源，且适用于所有资源分配领域。② 研究者以为，除了生存与地位资源外，还需要有持续性或再生产性资源，这类资源更具备资源过程的动态特性。这样，作为教育或学校的生存性资源，主要指那些具有外显性质的物质性资源，它们在整个教育发展中具有奠基与基础功能，如"办学条件"类。地位性资源相对于生存性资源来说，既有外显的一面又有内隐的一面，前者如学历、职称、班额等，其一旦达成，就会相应改变所在学校、地区、省别之间的统计数据与排名，这是可以直接观测的外显因素；后者如学历、职称与所拥有者的可匹配性、可相符度，虽然达成的过程也是教师成长的过程，但达成本身并不预示着相当的可匹配性与可相符度，因为这些是无法或很难直接观察与测评的，这就由外显因素演化为内隐因素。地位性资源在整个教育发展中具有支撑与提升功能。持续性资源主要指建立在上述两种资源基础之上的那些具有内隐性且短时间内并不明显见效的再生产性资源。如学校发展规划的制订、完善与实施的持续投入；教师专业能力发展的系统投入；分别或连续的小学、初中、高中的学生成长跟踪投入等。因为这三类资源具有各不相同的效益时空，所以又可以分别称之为短效资源、中效资源与长效资源。事实上，在初中教育内涵发展与全面提升中，三种不同效益时空的资源所形成的资源整合力，既有利于初中学校合理聚集人力、财力、精力，也有利于统筹思考学校中长期发展规

---

① 孙立平：《失衡——断裂社会的运作逻辑》，社会科学文献出版社 2004 年版，第 86 页。

② 转引自刘精明等《转型时期的中国社会教育》，辽宁教育出版社 2004 年版，第 2—3 页。

划，所形成的一些地方性经验，对突围优质教育资源的有限性与人民群众对优质教育资源需求的无限性困境，也具有重要的借鉴价值。一是在整合共享的范围里，以初中教育为圆心向教育内外两条线辐射；二是在整合共享的类别上，既有同类学校同质性的整合共享，更有不同学校异质性的合作；三是在整合共享的形式上，有借助城乡学校办学共同体或城乡学校间按照各种主题组成学校同盟而形成的"实体资源共享"，有通过教师、校长交流互动的"人力资源共享"，还有依托数字化教育资源共建共享平台而形成的"网络资源共享"。

唤醒各类主体活力，形成学校软实力与竞争力的整体合力。在现有教育体制内，依靠各类主体活力的激发，唤醒各类主体的自觉意识与行为，方能真正形成学校发展中软实力与竞争力的整体合力。这里的各类主体活力主要指三类关键主体：一是政府的责任力。强调的是政府这个教育公共产品包括初中教育公共产品提供者的"第一责任"，也就是说，政府在规划整体发展时，要有把学校发展作为各地整体发展之要、学校发展与城乡发展的功能定位相匹配、学校发展与城市化进程相协调的强烈意识。二是校长的引领力。所谓一个好校长就是一所好学校，要实现初中教育困境突围，提升校长引领力是关键。在实践平台上，可以通过校长共同体建设、名校长工作室、校长高层论坛、高级研修俱乐部等形式，激发其内驱力，提升其个人修养，发挥好引领力。三是教师的学习力。随着初中教师合格学历比例的提高和更高学历教师人数的增加，激发教师学习力需要关注三方面的新问题：首先是教师的职业生涯规划。在教师职业专业化大背景下，普遍的职业倦怠问题、成熟教师的发展高原现象问题以及教师精神成长发育的边缘化问题，均需要通过教师职业生涯规划的引领。其次是教师的学习文化。尤其要从职业认同、职业品质与职业精神的角度，重塑有学者描述的"日积月累的阅读、思考、写作，外表儒雅有书卷气；爱孩子、爱教育，慈祥、和善，精神长相对得起自己，对得起自己的职业"的教师形象，唤醒教师的学习文化自觉。再次是教师的研究能力。把研究初中学生作为研究的核心主题，认识学生、发现学生，引领学生发展。通过"同课异构""教学叙事""微型课题研究""教学沙龙"和"名师对话"等各种形式，不断提高研究和课程实施能力。唯有三方活力整合一体，初中发展方能寻找到内在发展的合力。

跳出教育看教育、跳出初中看初中，形成教育内部与教育内外部相融协调的整体合力。教育的问题绝不仅仅是教育自身的问题，而是社会问题与教育问题相互制约相互影响相互作用的问题，同样，初中发展的问题也绝不仅仅是初中教育自身的问题，而是整个基础教育系统、整个教育系统乃至整个社会系统相互制约相互影响相互作用的问题。如何形成教育内部与教育内外部相融协调的整体合力，并由此为初中教育带来发展合力，需要宏观地思考三方面问题。第一，在教育内部的运作系统中，教育行政部门的相关政策与规定，在给学校、教师、学生带来发展契机的同时，是否存在制约发展的隐性可能？不可否认，在教育系统内部，教育行政部门的相关政策、规定的基本初衷，大都是希望通过解决现行问题，给学校、教师、学生的发展带来契机。这一点常常被更多看重且以为必定会如此，却有意无意忽略或缄默可能同时隐匿的发展困境。譬如，江苏省教育行政部门实施"五严规定"后，在规定的不许老师上课、补课的时间内，学生想向老师求教问题也同样不被允许了；在不允许学校补课的同时，却导致社会大补课的日新月异，而在这类社会大补课的队伍里，又有谁能保证没有在职教师或公开或隐蔽的参与？相对于高考内容覆盖的面广量大和考题日趋灵活多样，中考的教学内容与学习任务要相对简单和单一。换句话说，追求中考升学率比追求高考升学率的难度相对偏小。不少教师反映，要想把中考升学率搞上去，学生勤奋认真，教师紧盯大纲、抠细抠全，学校管理到位，就会有不错的效果。不少初中校的脱颖而出也从一个侧面证明了这一点。既然如此，理论上初中学校应当发展迅速，发展势头也不会在高中学校之下，但事实上却为什么总是处于小学与高中迅速发展的"中间缓慢地带"？在调研时从与教师们的交谈中了解到，在初中学校的内涵发展与追求中考升学率之间，存在几种值得重视的现象：一是当下中考升学率还不高的学校，暂时不会把学校的内涵与长期发展放在议事日程上，他们尚在为提高升学率加紧努力；二是中考升学率已经不错的学校，理论上应当在学校的内涵与长期发展上下功夫，但现实是不少学校在完成升学任务后，不少教师认为，革命已经成功再无事可做，或者说，在升学率之后还应当做什么，不少教师处于集体无意识状态；三是中考升学率相对很好的学校，在力争保持升学率不让学校"掉下去"的同时，开始谋划学校的内涵与长期发展。在上述三种现象中，第二种现象恰恰成为一个非常容易掩盖的问题，而当人们总是在抱怨甚至指责初中校发展缓慢的时候，对其问题的准确诊断与把握尤其显得至关重要。不能否认，对升学率的褒扬是对学校、教师工作绩效的充分肯定和重要动力，但如同高考一样，单一评价标准的过度宣扬，致使不少学校陷入同样单一的发展怪圈，似乎除了升学率的动力追求外，教师就再少有主动创新、自觉发展的内外动力源。这样，中考升学率与高考升学率紧密衔接，造成基础教育阶段一种长时段的知识竞争的恶性循环。如此，就教育行政部门的政策、制度与相关规定而言，是否需要在出台前对教育实际问题进行现实调研，以便作出可行性论证？是否需要在执行过程中，不仅是进行督检，还要进行问题的梳理、归类，并对政策进行相应的调整？是否需要对政策执行后可能出现的问题进行相关预期，以合理避免常常以一种问题掩盖另一种问题的状况？第二，在中国社会的整体运作系统中，教育行政自身究竟有哪些困境、矛盾、尴尬与无奈，这些困境、矛盾、尴尬与无奈又可能导致他们的教育行为发生哪些变异？教育系统与社会系统之间既相互制约又相辅相成的状态无论社会怎样发展都会始终存在，只是寻找怎样的存在方式，其研究空间相当之大。一方面，即便看起来是教育系统内部的行为，也不可能是单一的教育行为，必定会受到社会系统的多方制约；另一方面，教育又必须做好自身的事情，否则教育就是不作为。这种困境与矛盾常常导致教育更多只关注自身，而少有与其他诸多方面相互关联的整体关注，或者说常常是作为教育政策局部到位的"各人自扫门前雪"，而不是作为教育、社会、文化诸多系统和谐运作的"协调他人瓦上霜"。反之亦然。这种"各人自扫门前雪"的运作模式，在现实生活中有时会带来更多的麻烦与困惑。譬如，国家对中小学教师实行绩效工资后，推动了教师待遇的均衡化，但出现的问题接踵而至。校长们反响更大的是：实行绩效工资之后，校长自主权缩小，管理难度增大；实行绩效工资之后带来很多管理问题，而原有的管理机构、管理思维、管理制度等都大致没变，难以引领素质教育的发展。对系统外部来说，教师实行绩效工资，提高生活待遇，相对缩小了教师与其他阶层之间的差距；但对系统内部来说，本来是要激励教师的绩效工资，现在反而成为削弱校长学校管理权限、削弱教师工作积极性的反向力量。校长说，实行绩效工资后，校长对教师的招聘权小了，许多事情教师都不想去做，也不肯去做；教师说，反正工资都一样，还不如到差一点的但升学压力较小的学校去。这些缺少动力、不想主动发展的思想与行为，无疑可以成为初中学校发展缓慢缘由的一个重要剖析点。第三，在整个中国，一种团结社会、和谐运作的系统保障是否可能？其实，上述诸多问题都与此相关。也就是说，在中国教育系统与社会系统之间的相通相融是否可能？虽说这一问题在若干年前就貌似以教育与社会的作用与反作用的问题形式一直被讨论与关注着，但在教育转型与社会转型的新的历史时期，需要进一步明晰的，一是教育行政部门角色扮演如何准确定位，如何防止角色的窄化或泛化或僵化的情形？在德国，政府究竟扮演什么样的经济角色是非常明晰的。即公共服务这件事是由政府去做的；让大家都遵纪守法，这也是政府要去做的；如何维护公平竞争，这需要政府去制定规则。有人问，在中国，政府该做什么和不该做什么呢？政府该做的事很简单：其一是避免负的外部性。凡是有负的外部性出现，政府就重重地罚，直罚到他们不敢再干下去为止。让全国人民都能喝上洁净的水，呼吸新鲜空气，吃上卫生的食品。其二是提供公共物品。让我们一定要有路走，一定要有书读，一定要有文化，一定要有安全。其三就是解决收入再分配问题，让穷人也能吃饱穿暖。政府不该做什么？2001 年，美国前财政部长鲁宾到清华大学来做讲座时说：政府不该做什么？政府不该进入竞争性的行业去经商办企业，政府不能做这些本该由市场去完成的事。① 这也就是说，在教育行政部门需要有所作为时，角色的窄化可能发生某种行为的合理推脱现象，角色的泛化则可能发生某种行为的越俎代庖现象，角色的僵化又可能发生某种行为的睁眼闭眼现象，从而在教育系统与社会系统之间的相通相融方面带来人为的阻力。二是教育行政部门角色扮演时是否需要考虑以及如何考虑使教育系统运作与整个社会系统运作之间的协调一致问题？起码需要考虑如何使教育系统的教育行政决策在整个社会系统中不会带来太多的负面效应。这个问题可以说贯穿整个中国社会改革的全过程，也贯穿整个中国教育改革的全过程。30 多年的改革开放，我们似乎总是伴随着此问题解决、彼问题出现，或彼问题解决、他问题又接踵而至的困惑。我们不可能企求有一剂药方就能全身通透，百病全消，但起码我们在进行社会改革或教育改革时应当努力学会望闻问切与全方位的统筹把握。在欧洲，"团结经济"这个概念被用来提倡使用更具改造力的手段解决经济行动主义的问题。其核心思想是：替代性经济形式到处存在，我们的任务是通过建立一致的、强大的社会运动的方式把它们识别出来，连接起来，以实现另一种经济体系；其核心目标是：进一步将各种经济替代方案

---

① 韩秀云：《政府扮演的经济角色》，《读者》2012 年第 5 期。

整合成社会运动，把社会运动整合成经济替代方案；以便使建立现实经济体过程中的某种"单个价值链"（value chain）变成"多重价值链"（values chain）。^①这对我们的启迪是，教育、社会之间的运作，不是一个狭隘的、变幻组合的故事讲述，而是一种系统保障的长期磨合，它需要对教育、社会的理解更为宽泛，更为联通，需要把教育与社会之间的价值链变得更为多元、相通、互融，以使教育成为人类社会共同满足其需求并创建生活的多样方式的总和，以使教育质量真正获取一种既局部又整体的系统保障。

（四）设计路径：动态分步项目选择

拟从四个方面有计划、有步骤、有层次地加以推进：一是从校域入手，转变生存、发展样态，建设一批初中新典型学校；二是从区域入手，推进同一区域不同学校、不同区域不同学校整体发展；三是从省域入手，规划与设计不同省域初中教育全面提升；四是从工程与项目入手，选择适合本校、本区、本省的重点工程与项目分步实施。

从校域入手，转变生存、发展样态，建设一批初中新典型学校。与前述初中学校"穷""乡""技""同"四大特点的老典型学校相比，建设一批初中学校新典型表达的意思主要在三方面：一是理念要新、设计要高，能够体现以学生发展为本的素质教育的思想和观念。如江苏省南京市五十中的"尊重教育"，认为"尊重教育"既是一种教育的伦理价值，也是一种教育的思维方式，还是一种教育的实践行为。作为教育伦理价值的"尊重教育"，不仅是对教育尊崇与敬重的态度，而且是在这种态度下师生人性与人格获取的价值关怀；作为教育思维方式的"尊重教育"，不仅是一种职业行为的惯性行使，而且是一种由对教育的使命感和责任感生成的思想起点和行为出发点；作为教育实践行为的"尊重教育"，不仅要求我们探索教育的发展规律，追求教育的人文本真，而且要求我们把这些探索和追求细化在日常教育生活的时时刻刻和边边角角。而"尊重教育"理念下的尊重学生、尊重教师、尊重管理，则成为五十中校本发展的具体体现。二是在学校内涵发展上要舍得投入，超越"管理规范严格型"的

① 伊桑·米勒（Ethan Miller）：《团结经济：主要概念和问题》，《开放时代》2012年第6期。

典型。内涵发展的投入包括校长、教师团队的建设，包括课程课堂的落地实践，包括学校文化与特色的追求等，重要的是在内涵发展的投入上，不是不要分数、不要中考升学率，而是力求在分数、升学率与教育理念更新、综合素质提升、教学方式转变上寻求一种平衡与融通。譬如在江苏常州市北环中学则针对本校施教区生源大量流失、四成以上学生为农民工子女的学校实际，做出了以班级文化建设作为撬动学校质量提升的重要选择。他们以管理结构变革作为班级文化建设的组织基础，以专业化班主任作为班级文化建设的核心力量，以班级自治作为班级文化建设的重要内容，逐步形成了学校教育的品牌。宜兴市实验中学则从课堂开始教育教学改革，其形成的"结构—建构"教学思想，坚持探索与实践多年，收获的是教师、学生、学校的全方位发展。三是要因校制宜，形成多样化而非同质化的学校典型。初中新典型学校需要更注重根据学校的不同地理位置、不同历史积淀、不同文化追求，形成具有自身独特特质的多样化的学校发展模式，即既具有"一类"学校的共同特质，又具有"这一个"学校的个性独到。在江苏，就既有以"传承与创新"为特征的一类百年老校，如苏州景范中学等；也有以"靠氛围、靠气场、靠文化熏陶渗透"为特征的一类年轻学校，如无锡河埒中学等；既有以"课程开发与设计"为特征的一类城市初中，如常州勤业中学等；也有以借助现代教育技术实现学校智慧化治理为特征的一类农村初中，如江阴云亭中学等。

从区域入手，推进同一区域不同学校、不同区域不同学校的整体发展。制定初中教育区域发展规划，是促进教育均衡、全面、协调发展的必然要求，也是应对区域化发展趋势、落实"人才强国"战略的重要举措。在这方面，江苏省在多年实践中开始形成了一些可供借鉴的探索。第一，不仅是一个区域的自我发展，而且是不同区域的不同特色发展。一是无锡市滨湖区自2000年建区以来，在对全区初中教育进行广泛调研、充分论证的基础上，制定完善了《滨湖区中学布局规划》，确定了2008—2010年学校布局调整行动纲要，科学推进布局调整优化，使全区初中学校的规划建设更加完善，布局更加均衡，方案更加细化。在学校规划建设过程中，不仅注重提高硬件水平，更注重帮助学校在内涵上推进均衡发展，主要表现在新校建设重规划先行，老校改建重文化传承；学校置换重转型发展，设施项目重理念先行；配建新校重筹划展望，嫁接联盟重顶层设计。第二，不仅是一所学校的校长、教师发展，而且是区域性校长、教师的共同发展。一是全省性的薄弱学校帮扶结队发展。二是校长俱乐部。南通海门市于 2006 年成立了初中校长俱乐部，俱乐部的一个重要使命就是，促进每一位校长成为有个性、有思想的校长。为此，他们以分享、合作为共同价值取向，以每月活动一次为基本制度，以项目研讨、沙龙、论坛为主要方式，以思想碰撞为重要途径，构建了开放、灵活、自由的运作机制。三是区域发展平台。海门市于 2009 年 5 月决定以区域的方式整体加入"新教育实验"，并以江苏省教育科学规划"十一五"课题"区域教育共同体建设与发展研究"为依托，构建起一种新型校际合作的横向与纵向双轨制教育发展平台。更重要的是，在城乡学校联动的层面上，由教研员牵头，建立起由一所城区初中带动多所乡镇初中的共同体，全面提升乡镇初中的教育发展水平。第三，不仅是提高一门学科的实施水平与一堂课的教学改革，而且是整个课程实施水平与课堂教学改革的区域性推进。宜兴市通过多年探索，逐渐形成了"有效教学—校本研究—教研组建设—课堂观察"的精细化管理基本逻辑，最终把落脚点放在推进区域性的课堂观察研究与实践上。2006 年，吴江市建立了以平望视导片为主体的课堂观察研究实验区，并在视导片层面进行推广。海门市精心研制出课堂"六度"评价要求，从参与度、亲和度、整合度、自由度、练习度、拓展度六个方面评价课堂，力图以有效的课堂管理机制促进课堂效率的全面提升。市教育局更在市级、区域共同体级和学校级之间建立"学程导航"经典课例培训机制，并形成常态，以全面提升全市初中学校的课堂教学水平。

从省域入手，规划与设计不同省域初中教育全面提升。中国的国情错综复杂，各省的省情千差万别，规划与设计初中教育的内涵发展与全面提升，不从各自不同的省情出发，无异于盲人摸象。这些年来，为了落实《国家中长期教育改革和发展规划纲要 （2010—2020）》精神，全面实现教育现代化战略目标，全面实现义务教育优质均衡发展要求，北京、上海、江苏等地针对本地初中教育现状，相继提出一些体现各自特点的初中发展整体设计思路与方案。就江苏而言，为确保江苏省义务教育的优势和在全国的领先地位，根据江苏省教育厅要求，我们课题组拟订了《江苏初中教育振兴行动建议书》的基本构想，包括目的与意义、性质目标与任务、基本思路与主要策略、重点工程与项目设置、实施年限与呈现方式五个部分。其中主要目标与任务是：第一，缩小差距，促进初中教育的均衡发展。缩小苏南、苏中、苏北初中教育差距，缩小城乡初中教育差距，缩小初中教育校际差距，办好每一所初中，促进每一所初中的进一步发展。第二，提高教育质量，推动初中教育的优质发展。全面提升初中教育质量，以促进学生素质全面提高为目的，以抓好校长队伍和教师队伍建设为重点，以课堂教学质量的提高为核心。第三，创造适合的教育，促进每一个学生的个性发展。适合学生发展的教育是最好的教育。要针对初中生的特点，根据学生差异，注重培养学生的兴趣，调整课程、教材内容，改进教育方式，促进学生个性发展。第四，加强文化建设，促进初中教育的特色发展。特色发展是初中教育改革发展的必然要求，也是整体提升全省初中教育的重要标志。特色发展要根植于学校的文化建设，要在基于学校办学传统和未来发展走向的基础上，确立学校核心理念和办学主张，逐步培育学校的独到特色。

从工程与项目入手，选择适合本校、本区、本省的重点工程与项目分步实施。这与上述分别从校域、区域、省域入手推进初中教育内涵发展与全面提升之间是相互交叉、相辅相成的关系，强调的是地区性与差异性。重点工程与项目的选择实施，是达成教育优质均衡目标的重要内容和具体体现，也是办好每一所初中的重要载体和抓手。几年前就有学者撰文建议，可以根据各省、市、县（市、区）的不同实际情况，有重点、有选择性地实施一些工程或项目，主要包括以现代化为目标的初中办学条件标准化建设工程，初中学校自主发展规划工程，初中学校文化建设工程，改革初中课堂教学提升教学质量工程，初中校长培养工程，初中教师队伍建设工程，初中教育专业引领和支持工程，素质教育先进校与素质教育先进县（市、区）创建工程等。① 近些年来，教育均衡发展的实施和推进表明，有些项目得到有效实施，也取得较为明显的效果，而有些项目则出现一些新问题、新动向，因此，重点工程与实施项目的选择，始终处于一种动态发展、持续完善的过程之中。

三　政策支撑：初中发展的重点扶持

政府支持或政策支撑是教育改革和发展是否取得成功的关键条件之

---

① 参见成尚荣《办好每一所初中——江苏全面提升初中教育几个重大问题的思考》，《江苏教育研究》2009 年第 10B 期。

一。以往的经验表明，政府支持或政策支撑程度在很大程度上延缓或加速着教育改革和发展的速度，而支持过度或支持不足又会在很大程度上弱化政府支持或政策支撑的效果。因而，政府的有效支持是教育改革取得成功的关键。① 初中发展的政策重点扶持问题，涉及初中发展方方面面的问题，如办学体制问题、中考与评价问题、师资建设问题以及学生评估问题，等等，此处的整体思路架构，既不想对现象与问题继续作简单罗列，也不想作"应当怎样"的自说自话，因为当下处于"应当怎样"的话语不是太少而是太多，之所以落实起来成效偏低，恰恰是因为有些现象背后的隐匿问题得不到正视与关注，过于头痛医头、脚痛医脚的政策制定又太多。因此，这一部分的思路架构体现的是，解剖以往政策制定中常常隐蔽而又重复出现的误区与症结，建立系统、整体、协调的政策制定观，并试图提出政策制定的生态链架构。与此同时，为防止笼统或泛化，仍然选择以资源配置政策为例，以此迁移至初中发展其他相关政策的重点扶持问题。

（一）期待异常：政策扶持的逆效应之戒

期待异常，说的是资源均衡补偿中补偿政策的逆效应问题。应当承认，义务教育基本均衡的发展理念，使政府和教育行政做了不少有利于"填谷"的实事和好事，一些被均衡的学校也获得不少发展机遇和发展可能。但是，不能忽略的是"填谷"和均衡中的不发展或逆效应问题。也就是说，一方面，学校的资源虽然比以前增多，但还是认为远远不能适应发展的需要，于是得不到资源增多后的应有发展；另一方面，即便学校获得的资源在理论上可以促使其增进发展，但由于发展并不仅仅是资源尤其是物质性资源的问题，而其他与发展相关的诸多事项得不到改善，结果"填谷"和"均衡"成为昙花一现。因此，不少学校在获得均衡补偿的资源后并未达到资源均衡补偿者的预先期待，出现的是并未发展的某种期待异常。在20世纪80年代，美国第二次重大教育改革的触发机制，就是因为联邦政府向各州提供的教育拨款与联邦政府的专项教育计划之间发生严重扭曲，导致《初等和中等教育法》提供的拨款并未改善处于不良状态

---

① 吴康宁：《教育领域综合改革需要怎样的社会支持》，《教育研究与实验》2013年第6期。

的贫穷学生的教育机会，也几乎没能消除学区之间生均经费的巨大差距。[1] 虽然两者之间有所差异，但教育资源拨配中初衷扭曲的相似教训，在教育资源期待均衡补偿、适时"填谷"的进程中不能不引以为戒。

（二）跟踪反馈：政策扶持的效用强化

中国义务教育在从重点发展到基本均衡发展的相对进程中，均彰显出各不相同的资源分配特质。从中可以发现的一个事实是：作为教育资源拨配主体的政府和教育行政群体，其资源拨配中的国家意志无疑占据主位，而理应紧随其后的跟踪反馈机制却与资源拨配中这种强烈的国家意志之间几近断裂。

从中国教育资源配置政策调整和配置格局变迁历程的相关研究中可以看出，新中国成立以来至 2001 年，中国教育资源配置政策基本上奉行的是重点配置取向，其中重点学校政策取向和城市优先、城乡分治政策取向，对义务教育阶段的学校发展影响深刻。1953 年 5 月，中共中央政治局会议决定"要办重点中学"，教育部确定"有重点地办好一些中学与师范"，并在全国确定 194 所重点中学，占全国中学的 4.4%；1962 年，教育部颁发了《关于有重点地办好一批全日制中、小学校的通知》；十年"文化大革命"一结束，1978 年 1 月，教育部颁布了《关于办好一批重点中小学试行方案》；1980 年 10 月，又颁布了《关于分期分批办好重点中学的决定》。[2] 在这两段不同的教育历史时期，教育资源的稀缺与匮乏成为特有的中国国情，因此，义务教育阶段重点中小学的发展导向，引发了政府和教育行政在教育资源拨配上的精英主义政策取向，即资源拨配的主要对象是重点学校和重点人群。这一时期，政府和教育行政有意识地对相关重点中小学尤其是城市重点中小学进行资源投资与扶持，并在一系列国家政策之中体现出鲜明的国家意志。这些鲜明的国家意志无疑成为国家特定历史时期特定发展政策的解释与说明，但问题是，这些解释与说明如何应对实际存在的复杂教育现状以及教育现状的复杂多变？事实上，在整个教育资源拨配过程中，其政策的国家意志与现实的跟踪

---

[1]　孙龙存、段作章：《美国联邦干预教育的政策选择及其触发机制》，《全球教育展望》2012 年第 8 期。

[2]　参见朱丽《个人利益抑或公共利益：教育改革的两难困境——从我国重点学校制度的沿革说起》，《基础教育》2009 年第 1 期。

反馈之间常常发生某些断裂，并由此导致义务教育（基础教育）的教育秩序与责任担当发生某些偏差。

以初中学校为例。考察从改革开放以来政府和教育行政的重点学校发展政策可以发现，在此一政策颁布、实施、转变的全过程中，初中教育的发展呈现出多种复杂且不确定情形：第一种是一些当时作为完全中学的初中学校，得到相当一部分重点倾斜的教育资源，获得相应的重点发展，且这种发展一直延续到非实质性的初高中剥离时期。总的来说，这部分初中的发展势头基本上没有减弱（更加之实质上的"名校办民校"效应）；第二种是一些当时作为完全中学的初中学校，虽然在重点学校重点投资过程中也获得一些发展，但其后由于初高中剥离，大部分资源被高中所占有，初中部发展逐渐沦为弱势（主要是公办初中）；第三种是一些初中学校在重点学校发展政策时期就没有获得过重点资源拨配的"重点关注"，这种先期的被边缘化使其失去"一次发展"的机会，而到提倡义务教育均衡发展时，原先的沟壑难填、追赶乏力，又使其"二次发展"陷入深度瓶颈；第四种是在九年一贯制学校中，初中阶段一直未得到教育资源的相应青睐。应当说，重点学校建设制度从新中国成立之初到改革开放的前二十多年里延续了几十年，虽然出现的各种教育现实也多有被指责与质疑，但作为政府与教育行政，资源拨配过程中的国家意志与跟踪反馈之间起码存在两大断裂：一是一系列教育政策颁布后的多种教育后果与系统调研和翔实分析之间的断裂；二是规划下一阶段的教育发展方略时，对已有事实的表面纠偏与真正科学合理且并非事后诸葛亮式的可行性论证之间的断裂。两大断裂导致的义务教育（基础教育）资源拨配制设计者并未设计到的偏差是：教育资源的重点拨配使一些学校在理所当然地接受资源、扩大资源、再生产资源的同时，也把另一些没有获得资源、发展缓慢的学校理所当然地变成自身的反面参照系，不是帮助其发展，而是以其衬托自己；不是希望缩小差距，而是有意无意地拉大差距，由此出现强者更强，弱者更弱的非正常现象。

大约 2001 年后，随着国家在基本公共服务均等化方面意识的增强，义务教育的基本均衡发展提上议事日程，教育资源拨配的政策取向也发生一定转变。大力扶持薄弱，向薄弱倾斜，成为政府与教育行政此一阶段的主旋律。以江苏为例，自 2002 年以来，为了促进县（区）区域内义务教育阶段的公办学校的均衡发展，推进了六大"均衡工程"建设，即布局调整工程、危房改造工程、"三新一亮"工程、"六有"工程、"校校通"工程以及"教育设备配套"工程。不可否认，这六大工程的建设，极大地改善了经济薄弱地区中小学的办学条件，实现了全省义务教育资源配置的初步均衡。但正因为还只是初步均衡，或者更确切地说，只是物化层面的初步均衡，所以值得进一步探究的问题就是：对政府和教育行政而言，在这种提倡义务教育均衡发展的阶段，是否只需要出台一系列政策尤其是物质建设的资源政策，表明对不同学校实行的是相同的均衡投资就可以了？问题的关键是，在进行这种有理由认为的教育资源均衡拨配前，政府和教育行政是否对原先同样因为政策原因而造成的不均衡教育现状作过一番深入细致的调研？是否对各地、各学校不均衡发展的程度作过一番客观科学的评估？教育资源拨配政策的理想设计与教育现实之间的矛盾缺口到底有多大？这种教育资源拨配中的国家意志与跟踪反馈的断裂，使得在调研时经常听到这样的对话："上面不是给你们拨配了……吗？""那么点东西哪够啊？只能维持基本的日常支出，想要办点事就什么也办不起来了。"这样，一方面，教育秩序在表面均衡的教育资源拨配中似乎正常运作着，但却难掩事实上教育秩序中的暗流涌动，有关教育资源的争夺战可以说就从未停止过；另一方面，表面均衡的教育资源拨配，有意无意地造成了只注重增量投入而忽略存量内涵的畸形发展现象。

　　近些年来，义务教育优质均衡发展开始成为又一种主体话语，虽然它与义务教育均衡发展之间并无明显界限，但由于更多强调的是内涵发展、特色发展、个性发展等，其优质教育资源的意识、配置与享用，在这一阶段似乎也提到了前所未有的重要位置。扩大优质教育资源，做大做强优质教育资源，使所有资源都成为优质教育资源，使每所学校都拥有同样的优质教育资源，最终实现优质均衡发展，几乎成为国家与全社会的期待。只是与之相匹配的优质教育资源配置，在很大程度上仍然处于初步均衡或基本均衡阶段的发展获取上。也就是说，就优质均衡发展而言，虽然其发展的动力在很大程度上取决于学校对自身的内涵、特色、个性等的设计，但优质教育资源的拨配与整合在很大程度上仍然是由政府和教育行政的国家意志所支配的。在这种情形下，优质教育资源的拨配与整合假如以每一所学校为前提，那么这种可能性到底有多大？这"每一所学校"是否会演化为实质上的"一部分学校"？或者更确切地说，是一部分原先就拥有优质教育资源的学校？这就如同那些拥有早期家庭文化资本的学生在起点上就优于缺乏早期家庭文化资本的学生一样，扩大了的优质教育资源只能是先填平原先的凹坑，并不可能与原先就拥有较多优质资源的学校齐头并进。资源拨配政策表面的一视同仁与公平运作可能掩盖了隐匿的不一视同仁与非公平运作。换句话说，在强调给予了一个教育资源拨配的公平起点时，其政策的制定本身已经不在一个公平起点上，因为在一个原先就有着太多差距的起点上强调起点公平，而又没有相应弥补原先不公平措施的公平政策实施，充其量只是在立足于达成某种教育起点公平的同时又制造了另一种不公平，作为消除不平等的教育资源拨配政策很可能演变为某种权力实施的媒介。问题的棘手之处还在于，无论是义务教育的基本均衡发展还是优质均衡发展，政府和教育行政在资源拨配中的国家意志总是被人们以共同认可的方式存在着，因此，既很少借助跟踪反馈来追究这种认可之中表面与实质的断裂，也很少借助跟踪反馈来追究发生在义务教育优质均衡发展阶段教育资源拨配中更深层次的断裂，无形之中恰恰不是强化而是弱化了政策扶持的实际效用。

（三）秩序张力：政策扶持的生态链建构

政策扶持的生态链建构如同教育资源配置的生态链设想一样，其关注对象都不只关涉到政策扶持的政府和教育行政一方，学校、学生家长同样不能置之度外也无法置之度外；其运作方式同样也都不只关涉到理论预设或方案论证或实施反馈中的任何一项，三方之中实在是不可或缺任何一项，并且呈现出纵横交错、相互叠加的融通形态。具体就教育资源而言，在纵向上，不仅是政府和教育行政群体在教育资源拨配之前、之中、之后的资源拨配链，而且是学校群体对教育资源接受与享有的资源生产链，还是学生家长群体对教育资源享用与期待的资源功能链。在横向上，不仅是政府和教育行政群体、学校群体、学生家长群体对待教育资源的各自独立行为，而且是三者之间无法分割的相互扶持、相互制约的联手行为。在运作中，政府和教育行政在教育资源拨配的现实行为中，通过各个时段的不同反馈，进行自我修正并再塑自身运作，达成一个潜在的结构建立过程，并最终形成资源拨配链；学校在教育资源的接受与享有的现实行为中，通过各不相同的实践，进行自我修正并再塑自身运作，达成一个潜在的能动性建构过程，并最终形成资源生产链；学生家长在教育资源的享用与期待的现实行为中，通过因时博弈的动员，进行自我修正并再塑自身运作，达成一个潜在的期待满意过程，并最终形成资源功能链，且可望形成教育资源拨配、生产、功能三链接之间的秩序张力与良性循环。

四　差异尊重：办学标准与区域特点

初中教育整体发展的思路架构，既表明初中教育的发展需要遵循国家相关统一的办学标准，也需要尊重不同区域的地方差异。前者是发展的底线设定，因为标准是现代社会有序化发展的技术基础，[①] 办学标准亦是教育领域有序化发展的技术基础；后者是发展的空间留白，因为没有留白就没有各地发展的特色彰显与创新能动，而千人一面的纯标准化发展与伪发展、假发展甚至不发展又有何本质差别？事实上，作为客观存在无法完全消除的差异本身，就表明了初中发展中的办学标准与区域特点之间共生存在的可能与必要。

（一）差异发展：教育规律应有之义

如前所述，遵循教育规律的首要规律就是学生成长的规律，也就是要遵循学生成长过程中的差异性、动态性、不确定性与多种可能性。而长期以来，在中国的教育教学实践中，面对学生的个性特征、兴趣爱好、认知风格、发展水平等，还是有太多的教师恪守统一的教学目标、统一的教学内容、统一的教学方法、统一的教学进度、统一的评价方式、统一的评价维度等"一刀切"的教育教学模式，批量生产了太多统一规格的"教育产品"，致使太多的学生成为缺乏个性、缺乏创新、缺乏活力的知识储存器。其实，与宇宙间一切生物体相似，如果说世界上没有两片完全相同的树叶，人就更是如此了。要让每个学生都得到健康良好的发展，只有承认差异、尊重差异，才能在基于差异的基础上，提供适合学生需要，促进学生个性发展、主动发展、充分发展的教育。

差异发展是教育规律的应有之义，包括三个层面的意思：第一，无差异不发展。差异是理解发展的关键一环。根据唯物辩证法的理解，发展不是同一事物的简单重复，而是新事物不断产生和旧事物不断灭亡的过程。在一个事物的内部，如果不出现新旧因素的分化或差别，那么事物就只能

---

① 郑卫华：《标准作用的再认识》，《标准科学》2003 年第 6 期。

维持原有的状态，就不会有所发展变化，发展正是以差异为动力，并打破原有差异、构建新的差异的过程。差异既是发展的动力，同时又是发展的具体表现样态。正如有学者所指出的那样，"差异是自然界人类社会的根本动力，是一切动力之源。没有差异就没有量子涨落，没有自组织、没有演化、没有系统、没有生命。没有差异就没有一切的存在，没有多元化的世界，就没有人类的进步。"① "物质的差异性（包括自身差异），它能使物质自身和物质之间引发相互吸引和排斥，发生引力作用。如果说在等同的状态下，一切都将进入静止，那么，没有差异就没有运动。差异是构成物质运动的根源，物质的差异性，提供了引力的本质。"② 第二，差异也是一种规律。差异是事物及其事物运动过程的不同或差别。与差异相似或相近的概念还有变异、分离、分化等，它们从不同的角度或方面表达着事物间或事物内部"差异"的含义。作为事物发展过程中固有的、本质的和必然的联系，差异也具有这样一些特征：一指普遍性。世界上一切事物、现象、过程与周围的其他事物、现象、过程之间存在着这样或那样的不同；任何事物、现象、过程的各个部分、要素、环节之间存在着这样或那样的不同；一切事物在其发展的各个时期或各个阶段存在着这样或那样的不同。二指客观性。事物是差异的事物，差异是事物的差异。既然事物是客观事物，那么差异也是客观差异，具有不以人的意志为转移的客观本性。三指多样性。有多少种事物就有多少种差异，差异是复杂多样的，有自然差异与社会差异，有本质差异与现象差异，有内在差异与外在差异，有正向差异与负向差异，等等。四指绝对性和相对性的统一。差异的绝对性表明事物之间、事物内部、事物的运动过程，都存在着种种差异，且这种种差异是普遍的、永恒的和无条件的；差异的相对性表明，事物间的差异不是凝固不变的，而是随着事物及其联系的变化而不断变化的，此一时空条件下事物间的差异和彼一时空条件下事物间的差异可以是完全不同的。③ 第三，教育需要差异发展。根据加德纳的"多元智能理论"，每一个个体都是相对独立的存在，每一个学生都是一座有待开发的金矿。教育的目的不是消除差异也不可能消除差异，而是敬畏差异、尊重差异、利导

---

① 乌杰：《关于差异的哲学概念》，《系统科学学报》2008年第2期。
② 彭有怀：《差异世界》，辽宁民族出版社1998年版，第481页。
③ 邱耕田：《差异性原理与科学发展》，《中国社会科学》2013年第7期。

差异，实现差异性发展。历来的教育大家都强调"各施其材，小以小成，大以大成，无弃人也"的差异教育思想，孔子提倡，育人要"深其深，浅其浅，益其益，尊其尊"；蔡元培主张教育要"尚自然，展个性"；美国教育家布鲁姆则认为，学生是具有独立人格、巨大潜能和个性差异的人，教育要弘扬人的主体性、个体性与独立人格的培养。

（二）初中整体发展：从尊重差异开始

《国家中长期教育改革与发展规划纲要（2010—2020）》明确把"形成惠及全民的公平教育"作为教育发展的战略目标，把均衡发展作为义务教育发展的战略性任务。对初中教育的整体发展而言，在完成主要依靠加大投入实现发展的原始积累阶段后，走向内涵发展与全面提升就成为一种必然与必需的选择。换句话说，新形势下推进初中教育整体发展的任务已经不再或不能仅仅着眼于追求发展速度和规模上的赶超或均衡，而是需要着眼于探索符合地区发展实际需求的教育模式和教育路径，走内涵发展、特色发展的差异发展之路。

初中教育整体发展从尊重差异开始，要实现的一个转变是，从宏观层面的差异普遍关注到微观层面的差异个体关怀。国务院教育督导委员会最新公布的资料显示，2012 年至 2013 年 8 月，全国有 22 个省（自治区、直辖市）人民政府对 325 个县（市、区）进行了义务教育均衡发展督导评估，其中 293 个县（市、区）达到了国家对义务教育发展基本均衡县（市、区）的要求。① 天津、江苏、浙江等许多地区已经实现了区域内初步均衡的目标。甚至部分地区已经开始从初步均衡向优质均衡的阶段性提升，开始从起点公平到过程公平、从权利平等到资源均衡的转变，并正在从过程公平向结果公平、从资源均衡向以质量为中心的优质均衡迈进。② 优质凸显的是高质量的教育结果，均衡强调的是公平公正的教育过程。因此，优质均衡体现的是真正的过程与结果的公平，也是真正意义上的教育公平。"没有差异的均衡不是均衡，是单一；没有均衡的差异不是差异，是差距。"③ 换句话说，当以办学条件为主的硬件投入差异逐渐缩小，以

---

① 《国务院教育督导委员会关于公布 2013 年全国义务教育发展基本均衡县（市、区）名单的决定》，《中国教育报》2014 年 2 月 24 日。

② 冯建军：《义务教育优质均衡发展的理论研究》，《全球教育展望》2013 年第 1 期。

③ 吴亮奎：《优质均衡发展：现实矛盾及理论思考》，《教育发展研究》2010 年第 18 期。

师资建设为主的软件建设差异就会逐渐彰显出来，要实现真正意义上的教育公平与教育均衡，需要从外延式发展转向内涵式发展，从关注教育"量"的局部增加到关注教育"质"的整体提升。而在这种整体发展中，不仅关注宏观层面的普遍差异，而且关注微观层面的个体差异，尤其关注学生群体中不同个体在教育过程中所受到的不同对待，满足个体生命成长的需求，提供适切的、异质的、多元化的教育，理应成为其所有教育教学活动的依据和出发点。正如若干年前美国著名学者科尔曼所作的当代关于教育机会均等的研究报告中揭示的学生之间的差异那样，"把学校的投入与学业成就联系起来的考察已表明，白人和黑人学生基本相似的投入特点很少对他们的学业成就产生影响。下面是白人学校与黑人学校之间差异的重要性排列：最不重要的是设备条件和课程上的差异，其次是教师素质上的差异，最重要的乃是学生的教育背景上的差异。这些投入对黑人学生学业成就的重要性的次序与上述次序相同：最不重要的是设备条件和课程，其次是教师素质，最重要的是学生背景"。① 或许随着时代的变迁，上述次序会发生一些可能的变化，但起码一些共性的东西依旧存在，如作为人的教师与学生的差异往往会高于作为物的设备条件之间的差异。

初中教育整体发展从尊重差异开始，要防止的相关误区，一是差异虚无主义。也就是说，只讲统一或同一而不讲差异，强调平均主义、强加于人等"一刀切"做法，出现忽视差异甚至消灭差异的现象。譬如，教育现实中有不少人把"削峰填谷"等同于实现教育公平，以为用相同的内容、相同的模式、相同的评价标准要求每一个学生，最终就能使所有学生达到相同的学业成绩。事实上，每一位学生的先天禀赋不同，心智结构各异，加上各自不同的家庭生活背景，必然表现出不同的兴趣爱好和能力差异，最终根本不可能取得假设中的相同学业成绩。二是差异放纵主义。也就是说，只讲差异而不讲统一，致使出现差异扩大化、过度化等现象。差异虽是一种客观存在，但承认差异、尊重差异必须有一个度，超过了这个度，同样也会影响义务教育的优质均衡发展效果。以城市化进程中新市民子女的教育问题为例。在教育过程中，如果一味

---

① ［美］詹姆斯·科尔曼：《教育机会均等的观念》，转引自张人杰《国外教育社会学基本文选》，华东师范大学出版社 2009 年版，第 155 页。

地强调新市民的文化背景、教育程度、经济条件和个人成长环境等因素，而不顾学生的认知规律和教育的发展规律，就会割裂个性与共性的关系，在突出新市民子女存在和发展的差异性和个性的同时，无形之中损害了新市民子女存在的整体性和共性。

　　初中教育整体发展从尊重差异开始，可能实现的路径多种多样，其中一条重要路径就是特色办学。特色办学要求学校从现实办学条件出发，尤其是从学生发展需求出发，充分挖掘与运用学校内外部资源，并以此作为学校发展的生长点，构筑起学校整体特色培育的重要平台。特色办学有一个从特色探寻到特色培育、从特色提升到特色发展的循序渐进过程。一是特色探寻。学校的"特"应该是一所学校不同于其他学校的"这一个"之所在，任何一所学校的存在，既有其特有的空间地域环境，也有其独到的社会历史和文化传统，更有学校发展过程中积淀下来的场域氛围。与此同时，任何一所学校都有与其他学校不同的学生、教师、家长、社区等构成的不同社会关系，并形成一所学校独一无二的特有资源。而学校的"色"则是相对的，因为任何学校的优异、出色，不论在空间范畴还是在时间范畴，都是相对的。一所学校的特色，在其所在的学区、县域，甚至省域内或许是特色，但在更大的范畴内或许就不再是特色；而一所学校的特色，随着学校的发展、时代的发展等因素的影响，特色不特也实属常见。在学校探寻特色过程中，先把学校蕴藏着的一些特质要素罗列出来，再在充分调研与论证基础上，进一步挖掘与突显其中的独特性与可塑性，长此以往就有可能凝结成区别于其他学校的本校特色来。二是特色培育。确定好具有独特性和可塑性的特质之后，学校要精心培育与打造，使之成为学校的特色项目，并切忌朝令夕改、变化莫测，特色项目甚至要"固化"在学校的常规活动之中。同时，特色项目还需要具有一定的辐射力。这种辐射力首先表现为全覆盖的辐射力，需要全校师生的共同参与，并作用于每一位师生的发展；其次表现为全方位的渗透力，需要将特色项目的影响力渗透到学校的课程、教学、管理、文化建设等各项工作之中，使原本可能单一的、扁平化的特色项目转变成多维的、立体的、丰满的特色项目，使特色项目成为牵引学校发展的"生命线"①。三是特色提升。在特色项目

---

　　① 高洪源：《如何创办特色学校》（上），《中小学管理》2000 年第 4 期。

发展成熟之后，学校需要将其进一步深化、锤炼，凝结出特色项目所蕴含的精神特质，使特色项目从表面的、形式的、浅层的形态中跳脱出来，生发、生成、提升为学校特色。从特色项目到学校特色的提升过程，是学校长期发展积累下来的文化底蕴得以彰显的过程。在这个过程中，不仅要关注学校的物质文化和制度文化，更要关注学校的精神文化，一旦物质文化、制度文化、精神文化深蕴于心，学校师生的共同发展就会紧紧凝聚在一起。四是特色发展。凝练与提升之后的学校特色，需要一个持续发展与完善发展的过程，这一过程也是学校实现整体发展、深度发展的过程。需要学校站在战略发展的高度，着眼于社会不同需求，着眼于学校长远发展，着眼于学生终身发展，如此，从尊重差异出发的特色办学之路探索，才能实现初中教育的整体发展。

第五章　初中发展的关键内核：
校长与教师

在初中教育整体发展中，作为这一艰巨任务实际承担者的校长与教师，其关键内核的作用与责任是无论怎么样评价都不为过的。本章的主旨是，描摹初中教师从职业情感到专业培训的现实状况，剖析初中教师发展中从认知到行为的差异性存在，发现初中教师发展依托与分享的多重格局，警醒农村初中师资建设薄弱与稀缺的困境，揭示初中校长与初中学校发展之间荣辱与共不可分离的共生关系。需要说明的是，这些主旨的实现，采取的是解剖麻雀、窥一见全的方式，即以江苏初中校长与教师为例进行剖析与阐释，并试图在更大范围与更深程度上产生辐射效应。

一　从职业情感到专业培训：教师现状调查

在从国家到地方大力推进义务教育基本均衡、优质均衡的进程中，大量数据统计让我们有理由相信，初中教育的"办学条件"包括校舍与图书、仪器设备、信息化水平等方面开始逐渐适应教育基本均衡的发展要求，甚至初中教育的"师资建设"包括本科及以上学历教师比、一级及以上职称教师比、生师比、超大班额比等方面，也都悄然发生着一些较大改变。这是问题的一个方面。问题的另一个方面是，在国家、地方对初中教育的投入力度日趋加大、投入机制日趋健全的同时，作为影响初中教育质量全面提升关键因素的教师，他们的内涵发展是否与硬件建设相互协调？他们的职业状态、教育教学理念以及专业发展等在教育改革全面深化推进的当下到底呈现出怎样的镜像？这里，试图通过2014年对江苏初中教师队伍现状所进行的问卷调查，既进一步佐证前述初中发展整体薄弱"弱"在内涵，尤其"弱"在作为关键内涵的师资的判断上，又进一步以此为观测点从中发现新的可能具有普遍意义的相关问题。

（一）方法描述：如何设计取样实施

2014 年对江苏初中教师队伍现状所进行的问卷调查分两个层面进行，一是校长层面，一是教师层面，且两个层面的信息可能形成互证也可能形成互斥。问卷调查内容涉及教师职业状态、教育教学基本理念、专业发展以及专业知识与技能需求等方面的相关问题，具体而言，校长问卷由七大部分 60 个选项构成，包括学校与校长基本情况、在职教师职业状态评估、教师专业发展状况评价、校长办学权利与相关教育政策的看法、当前教师队伍问题以及促进师资建设的建议，旨在从学校管理层面破解初中教师发展问题。教师问卷由四大部分 36 个选项构成，包括基本情况、本校教育教学管理评价、职业生存状态评价、自身素养评价等方面的选择题，以及"最缺乏的知识""最迫切需要提高的能力""合格初中教师需要的主要素质"三个开放题，旨在了解教师对职业、教学、发展的诸多需求，并寻求破解策略与途径。

问卷采用定向分层取样，样本选取的维度是：按地区地理位置分布，选取苏南的苏州市、苏中的南通市、苏北的宿迁市；按学校区域地理位置，选取城市、农村、城乡接合部的初中校；按学校办学性质，选取公办学校和民办学校；按学校类型，选取独立初中、九年一贯制学校中的初中部、完全中学里的初中部；按办学业绩的强弱，选取教育教学质量较好、一般、薄弱的相关初中校。同时，要求每个地级市的学校样本不少于九所学校，校长样本尽量抽取辖区内所有的初中校长，以确保样本选取的普遍性和典型性。问卷在 2014 年 3—5 月设计并修改形成"江苏省初中教师队伍现状问卷调查表"（校长卷/教师卷）后，于 2014 年 6 月分别向苏南的苏州市、苏中的南通市和苏北的宿迁市三个地级市发放，要求各市教育局在组织问卷调查过程中，逐校组织调查，并按照规定的指导语，采用匿名方式现场作答，20 分钟左右完成后即时收回，确保问卷调查的私密性和真实性。总共发放问卷 2005 份，其中校长卷 292 份，教师卷 1713 份。经过整理与统计，最后确定有效问卷数为校长卷 268 份，教师卷 1642 份。

（二）数据剖析：校长教师的不同描述

1. 来自校长的描述

关于教师职业的性质取向。

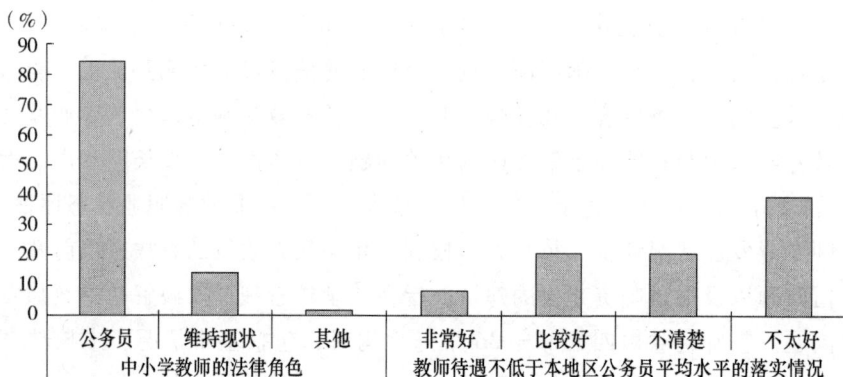

图 5.1　教师职业的性质取向

职业性质决定职业的价值取向和教师的工作态度，教师的职业身份在很大程度上影响着工作的实然状态。数据显示，绝大部分校长认同将教师的法律角色定位为公务员，其中的原因，一方面是因为在当下社会生态中，公务员的福利待遇明显高于教师，这在教师问卷中的"教师待遇不低于本地区公务员平均水平的落实情况"得以验证；另一方面也表明"教师"这一职业身份的相对尴尬地位，在江苏部分地区甚至大部分地区不仅没有能够落实《中华人民共和国教师法》中关于"教师的平均工资应当不低于或者高于国家公务员的平均工资水平，并逐步提高"的规定，而且似有与公务员待遇之间的差距越来越大的发展态势。这可能直接导致初中教师对职业身份的怀疑和职业情感的懈怠，也会在一定程度上影响校长在学校管理中对教师工作积极性的调动。

（1）关于学校管理

管理说到底就是人的管理。在学校管理中，一个重要因素就是校长在人员选聘过程中的人事自主权究竟有多大。进入新千年后，县级统配成为义务教育阶段公办学校教师任用的重要模式，校长的管理权限更多的是在"事"的管理上。在"校长的人事自主权上"，仅有 8.6% 的校

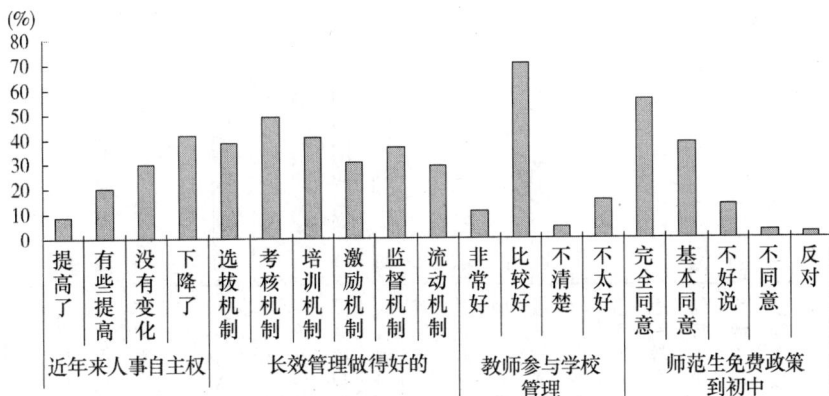

图 5.2　学校管理相关问题

长认为提高了，而 41.4% 的校长认为下降了，说明近五年来的教育体制改革还没有给校长更大的自主管理权，尤其是遇到结构性缺编、师资队伍质量不能满足教育改革需求时，校长们常常束手无策。而在"师范生免费政策扩大到初中"这一虚拟性政策问询中，94.4% 的校长同意这样的"决策"。这既说明初中学校师资队伍质量弱于小学和高中，已经不能满足初中教育的整体发展，亟须补充一批素质较高的受过正规师范教育的年轻教师；也从一个侧面表明，近几年来通过教育人才市场引进的新上岗教师对来之不易的工作的热情与勤奋倾注，特别是在能配合学校完成本职工作方面。

（2）关于教师管理

这组数据反映出当前教师管理中存在的问题主要集中在三个方面：第一是教师待遇问题，73.9% 的校长认为，激励教师成长的有效手段是提高福利待遇，认为最需要完善和健全的仍然是教师待遇政策。表明的是虽然教师待遇有所提高，但与教师对待遇的期望值相比仍然有一定的距离，这一差距体现在与公务员待遇之间的比值上。这也直接导致了管理中第二个问题的产生，即教师考核问题，62.7% 的校长认为，激励教师成长的第二个有效手段就是完善考核制度，认为最需要完善和健全的是教师的聘用与考核制度。事实上，将教师工资中的 30% 拿出来作为绩效考评，使得大部分教师对学校的考核制度产生对抗情绪。一是原先工资相对高的老教师认为，绩效考评让工资低的年轻教师拿走了原先属于他们的钱；二是现在

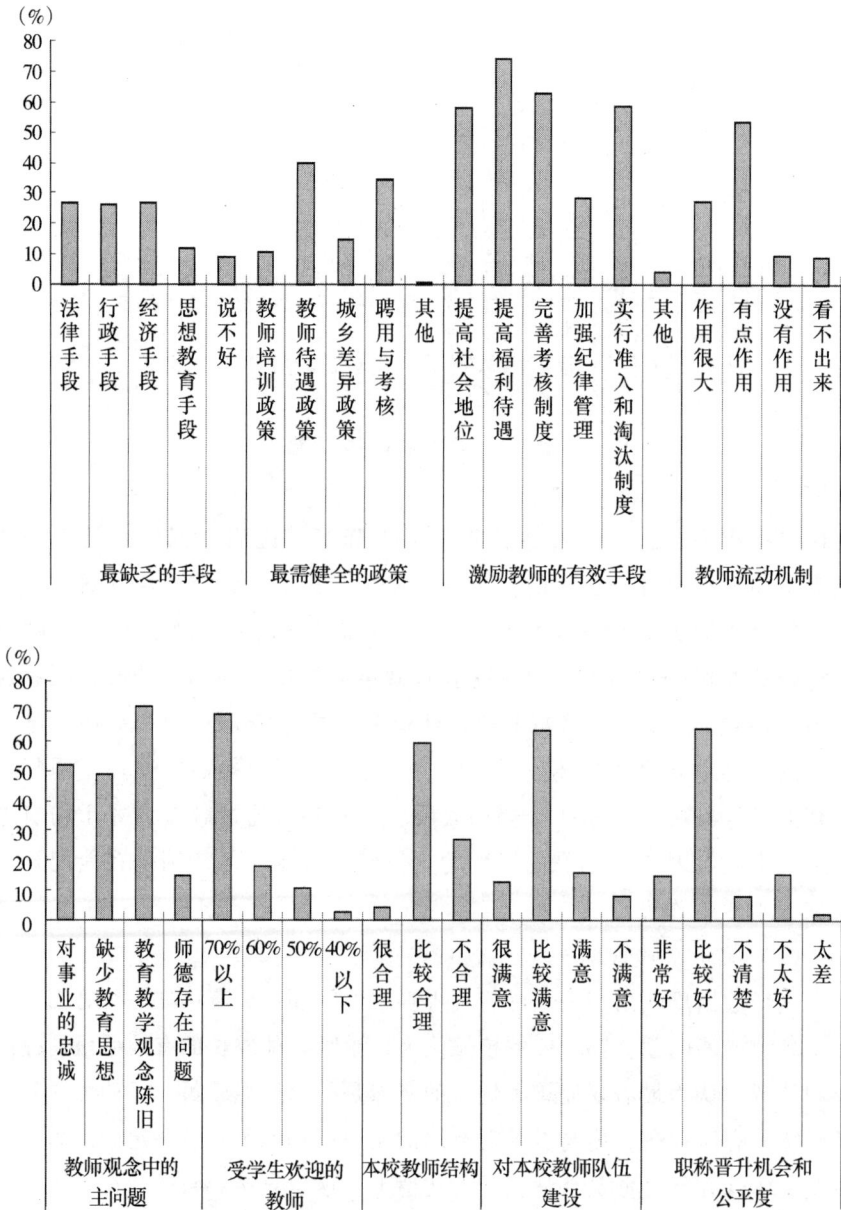

图5.3 教师管理相关问题

工作量相对较大的年轻教师认为，绩效考评没有在待遇上充分体现他们的
工作量；三是领导班子成员认为，从事相关管理工作的人工资理应比普通
教师高，但实际上却并未体现；四是普通教师认为，领导班子教学任务不

重，却拿了比较多的绩效工资。诸种矛盾使学校内部人与人之间的关系，在绩效工资实施之后发生了微妙变化，更使得教师的职业态度悄然发生了一些变化。这也导致了第三个问题的出现，即教师的观念系统中缺少了对教育事业的忠诚和对教学业务的钻研，似乎没有物质利益的刺激，精神的追求也就会随之发生一些改变，如教师对自我职业身份的怀疑以及对曾经的教育理想的质疑等。

（2）关于教师培训

教师专业成长的动力之一是外部力量。当前教师专业发展过程中，促进教师专业成长的外部形式主要还是各级各类的培训。数据显示，就培训方式而言，校长们认同的主要培训方式是师傅带徒弟（36.2%），最不认同的是脱产进修（6.7%）。与此同时，校长认为最有效的培养方式中"学历提高"占比最低（4.1%），"课题研究"占比次之（4.9%），而"教学与科研相结合"占比最高（82.5%）。这一观点既在学历提升对提升素质的选项中得到进一步佐证，"非常明显"的占比只有3.7%，而"不明显"的占比则达到53.4%；也在现在培训方式的选项中得到进一步佐证，"很有作用"的占比只有15.7%，而"有点作用"的占比却达60.1%。就培训内容而言，校长们认为，最有成效的培训内容由高到低依次是：学科教学（70.9%）、班主任工作（60.4%）和教育技术（48.9%）。就培训对象而言，在今后的重点选项中，"骨干教师的培养"占比（50.7%）和"青年教师的培养"占比（48.9%）都较高。上述数据可能说明的问题：一是校长们更认同经济而有效的培训方式。部分经验不足的年轻教师通过教学经验丰富的老教师在教育教学实践中面对面、手把手地指导，能较快适应教学需要和提高教学能力，且花费的人力、物力相对较小，还不影响校内的正常教学工作；二是校长们已经开始意识到初中学校骨干师资缺乏和青年教师成长速度迟缓的严重性，希望把培训重点放在骨干教师和青年教师身上；三是校长们对教育科研在初中学校整体发展中的作用并未得到应有的重视，抑或说明如何自觉有效地把课题研究成果转化为实际教育教学能力还有待做出努力。

教师专业成长的动力除了外部力量推动外，还有内在需求激励。但上述数据显示的"存在问题"中，校长认为教师"缺少职业生涯规划"的占比为84.7%，既可以认为这表明的是教师培训中的问题，也可以认为是教师专业发展内在需要的问题，二者之间并不能截然分割开来。

说明在校长们眼里，大多数初中教师在职业追求或职业理想方面，尚缺乏自觉且有意识的内在发展需求，尚缺乏自觉且有意识的近期与长远谋划。

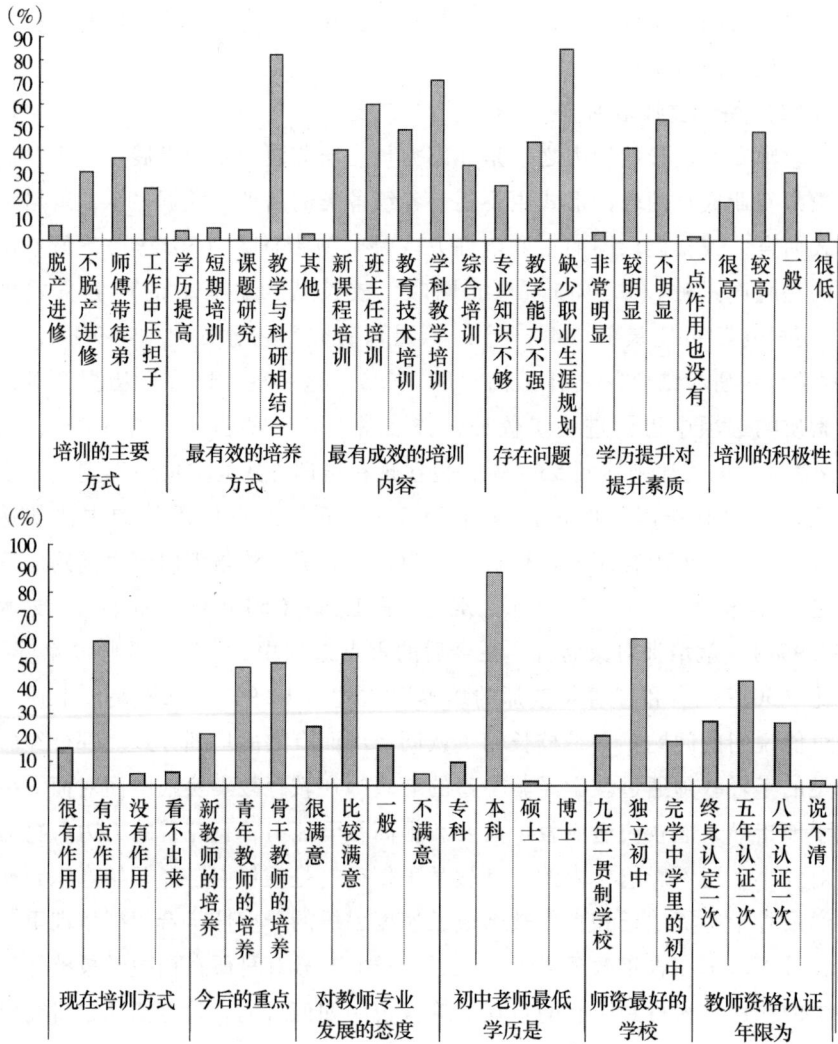

图 5.4　教师培训相关问题

（3）教师队伍的主要问题

表 5.1　　　　　　　　　　教师队伍的主要问题　　　　　　（单位:%）

选项 内容	非常严重	比较严重	说不清	不太严重	没问题
总体素质不高	0.7	14.6	2.2	58.2	21.6
对事业缺乏热情	4.5	24.3	8.6	40.7	20.1
部分学科教师缺编	4.9	34.3	0.7	28.7	11.2
超编现象	7.5	19.4	8.2	28.4	30.6
代课教师占比	1.5	2.6	1.5	18.3	73.5
年轻教师太多经验不足	1.1	13.1	1.9	44.0	37.3
职业倦怠	7.8	31.0	5.2	41.4	28.0
职称问题解决难度	9.3	24.6	3.7	33.2	19.4
工作压力	9.7	11.9	7.1	33.6	8.6
不适应新课改要求	3.4	30.2	9.7	35.4	18.7
教师缺乏团队合作意识	4.5	23.5	5.6	35.8	18.7
教师缺少培训素质提升慢	4.1	25.7	7.8	38.4	21.3
有偿家教等师德失范	3.4	3.0	7.8	20.5	62.7

　　由表 5.1 可以看出，日常教育教学现实中经常遭遇的初中教师队伍问题，在问卷调查获取的数据中大部分也得到了证实。这些问题归纳起来大致分为三类：一是与初中教师队伍总体素质不高相关的问题。以"比较严重"选项为例，包括职业倦怠（31.0%）、不适应新课改要求（30.2%）、对事业缺乏热情（24.3%）、教师缺乏团队合作意识（23.5%）等。二是与初中教师队伍结构相关的问题。以"比较严重"选项为例，包括部分学科教师缺编（34.3%）、超编现象（19.4%）、年轻教师大多经验不足（13.1%）等。三是与初中教师队伍建设的外力支持相关的问题。仍以"比较严重"选项为例，包括教师缺少培训、素质提升慢（25.7%），职称问题解决难（24.6%），工作压力（11.9%）等。其实，这三类问题并不是彼此孤立存在的，而是相互依存彼此影响的。一方面，外力支持肯定对教师队伍素质的整体提高有所推动，但若内在驱动力不足，即使再好的培训、再小的压力、再到位的职称解决，恐怕也无济于事；另一方面，教师队伍结构不合理，新老教师之间缺少应有的传递与交流，不少教师受制于职称评定制度的制约，缺少职称再晋升的可能，都

可能使教师的职业理想与工作热情遭遇挫折。

（4）教师队伍建设的建议

表5.2 　　　　　　　　　　教师队伍建设相关建议（单位:%）

内　容 ＼ 选　项	完全赞同	基本赞同	说不清	基本不同意	完全不同意
优秀教师校际间轮流任教	54.9	28.4	3.4	9.7	1.1
新任教师"电脑派位"	38.4	32.8	10.8	10.1	4.9
提高教师培训的绩效	56.0	38.4	1.9	1.1	0
提升教师准入门槛，使最优秀的人从事教育事业	79.1	17.2	1.1	0	0
建立教师动态流动机制	56.0	30.6	4.9	3.7	3.0
大幅提高教师待遇	76.5	16.4	1.9	1.5	0.4
使升学考试情况与教师业绩考核脱离	26.9	20.1	8.2	29.5	11.9
城乡教师结对帮扶	56.0	29.9	4.9	4.5	1.1
有针对性地培训教师	76.1	21.6	0.7	0	0
禁止有偿家教	80.2	9.3	4.9	0.4	0.7
开展教师职业忠诚教育	81.3	17.2	0.7	0	0
实行小班化教学	76.5	19.0	0.7	1.1	0

　　此处有关教师队伍建设的建议数据，一方面与上述教师队伍的主要问题，如职业倦怠，教师缺少培训，素质提升慢，有偿家教等师德失范形成相互印证，如81.3%的校长"完全赞同"开展教师职业忠诚教育，76.1%的校长"完全赞同"有针对性地培训教师，56.0%的校长"完全赞同"提高教师培训的绩效，80.2%的校长"完全赞同"禁止有偿家教；另一方面也发现，校长们更关心优秀教师的校际流动、新教师的准入与派位以及班级规模等更为现实的问题。一是优秀教师校际流动问题。大多数校长对优秀教师的校际间流动（54.9%）、城乡教师的结对帮扶（56.0%）表示"完全赞同"。当然，这些"大多数"可能更多的是相对薄弱学校的校长和农村学校校长。在面对多年因优秀教师流失而导致的办学质量、办学规模诸多因素制约学校发展的现状中，他们更加迫切地意识到教师在整个初中教育整体发展中的重要作用，更加迫切希望通过改善教师队伍现状、提升师资质量，来提高学校的整体教育教学质量，并希望通过相关制度支持，确保教师校际间特别是优秀教师向薄弱学校的流动，使

师资队伍不断得到优质资源的补充。二是新教师的准入与派位问题。绝大多数校长（79.1%）"完全赞同"提高教师准入门槛，以让最优秀的人从事教育事业，让优质年轻的教师及时补充进来。有意思的是，在对待新任教师的岗位安排问题上，以"电脑派位"的方式进行聘用并没有得到大多数校长（38.4%）的支持。虽然这还是一种虚拟方式，但却说明在新任教师的工作安排中，依据各个学校师资的实际配备情况进行合理调配，是一种更为恰当的"派位"方法。三是班级规模问题。调查中，95.5%的校长对实行小班化教学充满期待，可能的缘由是，近几年来，作为人口大省的江苏初中班额过大已成为不争的事实，尤其是在城区学校、优质学校成为热点学校后，这样的问题更加严峻。这既与江苏作为教育大省、教育强省的国际化发展趋势存在相当距离，更与全面深化教育领域综合改革，真正实现初中教育的内涵发展与全面提升存在相当距离。

2. 来自教师的描述

（1）对职业状态的自我评价

职业情感与态度。上组数据表明，超过半数以上的初中教师对学校目前的办学环境"基本满意"（52.8%），对教学条件与设施也"基本满意"（55.6%），说明近些年来在国家与地方政府的有效介入下，初中学校的硬件办学条件的确得到一定改善，也验证了江苏省在薄弱学校改造方面取得了预期效果。当然，在硬件环境得到一定改善、获得"基本满意"的同时，与上述校长对教师的相关判断相匹配，也有一些值得进一步探讨的新问题。譬如，数据显示，虽然有47.6%的教师认为有机会改行也不愿意，但也有30.9%的教师在面对有机会改行时仍然表示愿意；在面对公务员和教师两种角色时，选择公务员的比例（55.8%）还是大于选择教师的比例（44.2%）。虽然比例差距不是太大，但从中折射出的深层原因有待进一步洞悉。在这组数据中同样有意思的是，有74.2%的教师对教师职业很自信，66.4%的教师对未来的教师生涯充满期待，这与上述职业情感低迷的状态似乎又有些矛盾。究竟是一种由衷的职业自信，还是职业思想的波动显现？究竟是对职业理想有意识规划的结果，还是职业思想处于混沌状态的简单期待？这些新情况或新问题都需要得到进一步证明与解释。

对人际关系的自我评价。在人际关系上，教师的自我感觉总体良好，认为学生对自己"非常尊敬"的比例达78.3%，认为与学生的关系"非

(%)

对办学环境				对教学条件与设施		

柱状图横坐标标签：

第一组（对办学环境）：非常满意、基本满意、说不清、不满意、非常不满意

第二组（对教学条件与设施）：非常满意、基本满意、说不清、不满意、非常不满意

第三组（对开展的活动）：非常感兴趣、较感兴趣、无所谓、不感兴趣

第四组（如果有机会改行）：愿意、不愿意、无所谓

第五组（当初选择做教师）：自愿的、父母的要求、高（中）考成绩决定无可奈何

第六组（更愿意选择）：公务员、教师

(%)

柱状图横坐标标签：

把教书当作：谋生的方式、终生追求的事业、基他

对教师职业：很自信、不自信、没有感觉

对职业状态：非常落单、基本满意、不满意

感觉当教师：很合适、合适、说不清、不适合、很不合适

对职业理想：有过具体规划和设想、有一个大体的目标、从没有想过

对未来生涯：充满了期待、觉得很迷茫、没有想过，得过且过

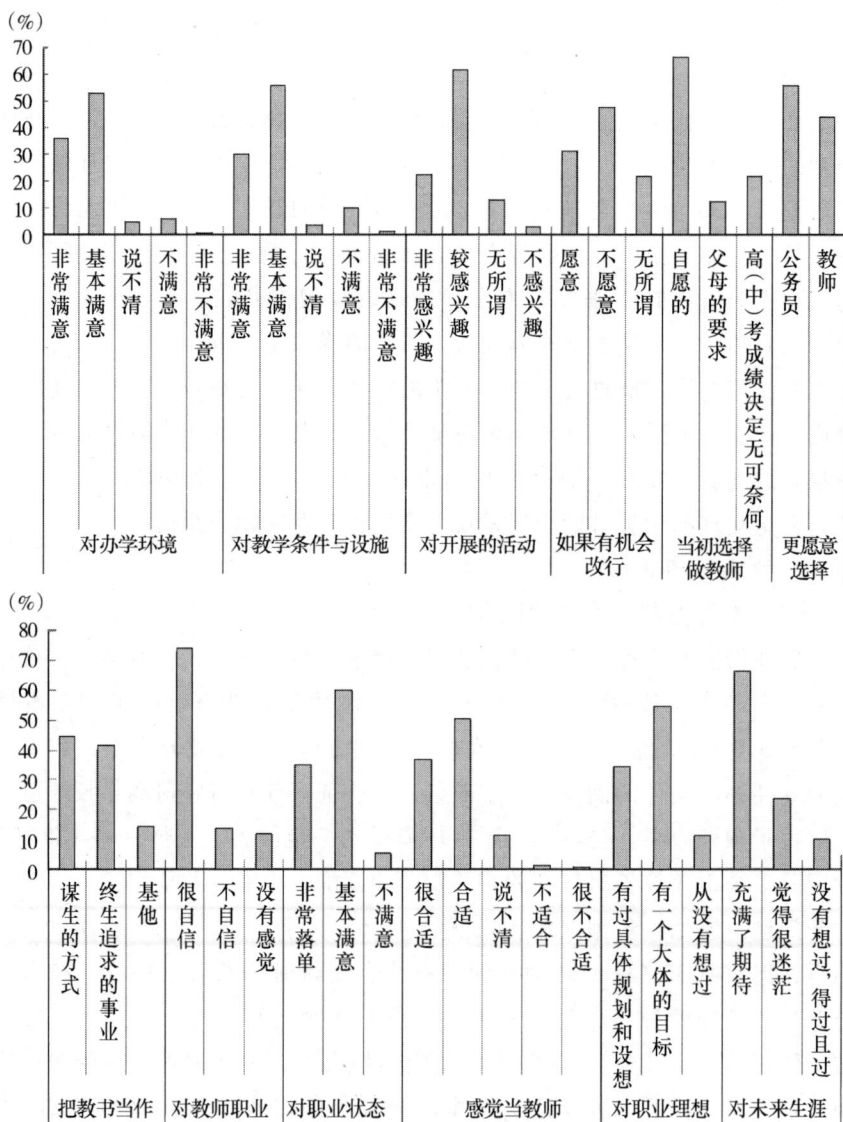

图 5.5　职业情感与态度

常好"的比例达 70.1% ，特别是在与同事的沟通合作上，认为"经常有"的教师比例达到 90.7% ，说明初中教师对所在学校的人际环境包括师生关系、同事关系持认同态度。但值得思考的是，这一数据却与校长问卷中"教师队伍的主要问题"之一——教师缺乏团队合作意识，其"比较严重"的选项占比达 23.5% 的数据有所矛盾。或许，在学校有着不同身份

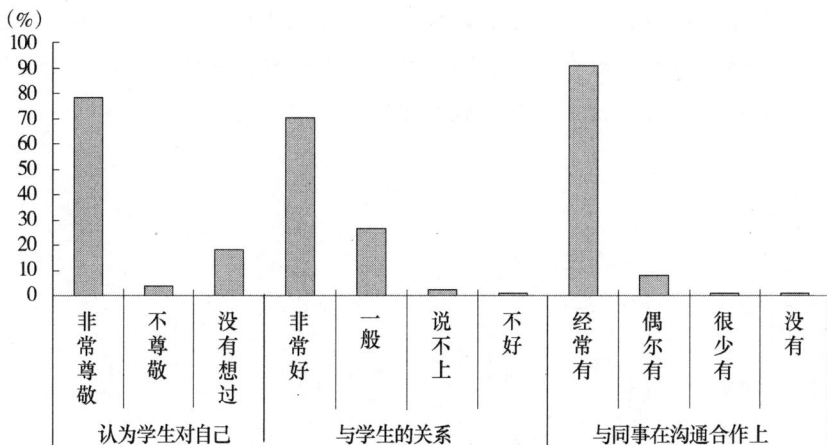

图 5.6　对人际关系的自我评价

的校长与教师，从各自不同的角度出发，对同一问题的内涵理解是有所偏差的。校长们对教师之间的"团队合作"的理解更趋向于教学业务上的合作，而教师们对"沟通合作"的理解更趋向于日常人际关系上的和睦。同样值得关注的是，虽然数据显示，只有 3.7% 的教师认为学生对自己不尊敬，0.9% 的教师认为与学生关系不好，0.9% 的教师与同事没有沟通合作，但这种占比很小的部分教师所显现出来的问题，若不引起足够的重视，很可能会扩大其占比，甚至演化为初中师资队伍建设中的难点。

（2）对专业发展的自我评价

对教学工作的自我评价。数据显示，大多数教师对自己的教育教学工作评价良好。认为"完全胜任"教育教学的为 68.9%，认为才华在教育教学中"能够施展"的为 79.4%，"基本认同"新课程理念的为 62.1%，尤其是认为"非常喜欢"和"比较喜欢"所教学科的占比之和为 97.6%，认为自己的教育教学业绩达到"优秀"与"良好"的占比之和为 97.5%。遗憾的是，这些大多数教师的自我认同感在校长问卷中却未获得很高的匹配度，如 20.1% 的校长认为，教师对事业缺乏热情，28% 的校长认为，教师出现职业倦怠等。当然，也有一些数据表明，极少部分教师对自己的教育教学工作持自我否定或不认同态度，如 2.0% 的教师认为"不怎么胜任"教育教学工作，2.4% 的教师认为"不喜欢"所教学科，2.4% 的教师认为自己的教育教学业绩只是"合格"。数据差异可能引发的思考有三：一是校长与教师在日常教育教学中的真正沟通交流究竟如何？二是是否有教师对自己的教育教学工作在进行真正意义上的自我解剖？三是极高的自我教育教学认同感是否存在一种劣质同化现象？即无论工作绩效如何，总是处于一种自我安逸状态？

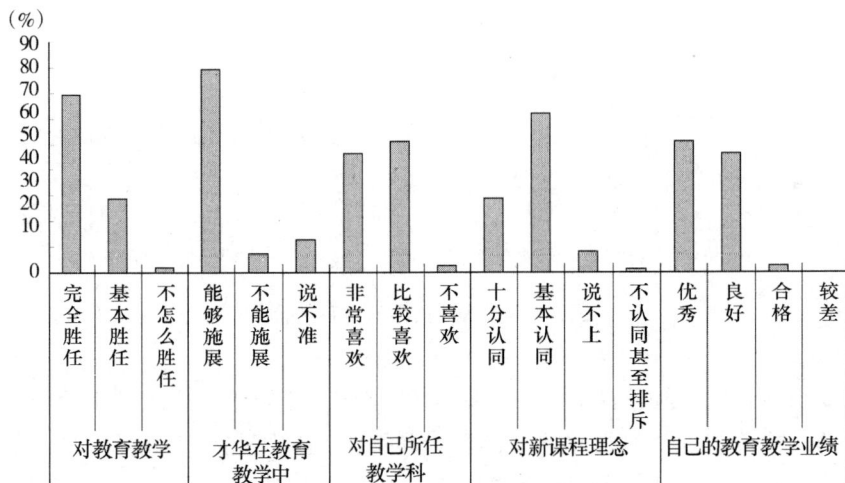

图 5.7　对教学工作的自我评价

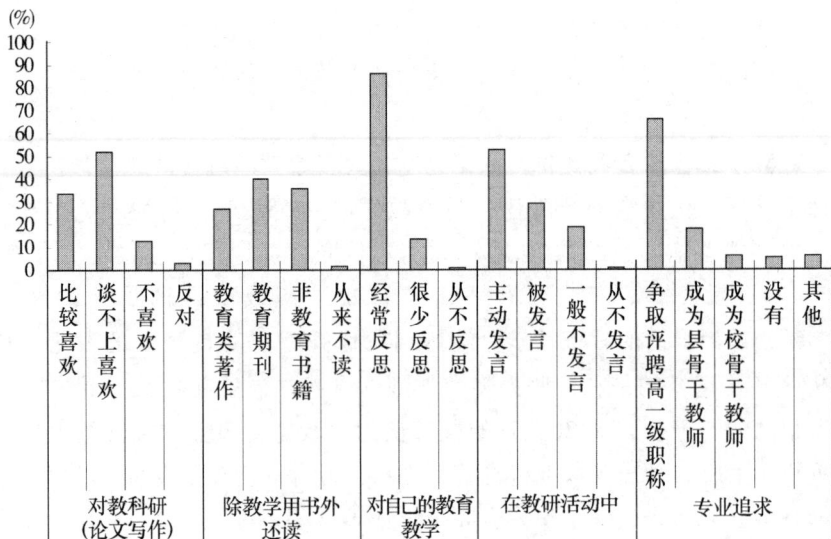

图 5.8　对专业追求的自我认识

　　对专业追求的自我认识。教研与科研是教师专业成长的重要途径与必要途径，离开这两块，教师的专业成长几乎无从谈起。在数据中可以发现，初中教师在这两方面的参与度并不理想或者说很不理想，"比较喜欢"教育科研的只占33.1%，"谈不上喜欢"的却占51.5%；在教研活动中，"主动发言"的也只占52.3%。这些选项比例不高的原因甚至可以在其他选项中获得部分佐证，如有65.6%的教师对专业追求仅仅停留在"争取评聘高一级职称"上，而对努力成为县（市、区）或校骨干教师的愿望则很低，分别仅为18.1%和5.6%。这些数据或多或少地暴露出当前不少教师对教育科研的狭隘理解观，或者将教育科研的作用更多地定位在争取评聘高一级职称上，或者将教育科研与科研论文的写作合二为一，这在下面"最迫切需要提高的能力"的相关数据中也可以得到验证。在这组数据中有些费解的是，有高达86.1%的教师对自己的教育教学"经常反思"，但在除教学用书外还读"教育类著作""教育期刊"和"非教育书籍"的占比也就分别为26.9%、40.0%和35.6%。虽说反思与读书之间并不形成必然相关性，但其中的内在关联至少不能完全排除，这倒留下了一些需要进一步反思的空间。

　　对专业知识与技能的需求。图5.9、图5.10、图5.11显示了问卷中"最缺乏的知识""最迫切需要提高的能力""合格初中教师需要的素养"三大选项的占比情况。

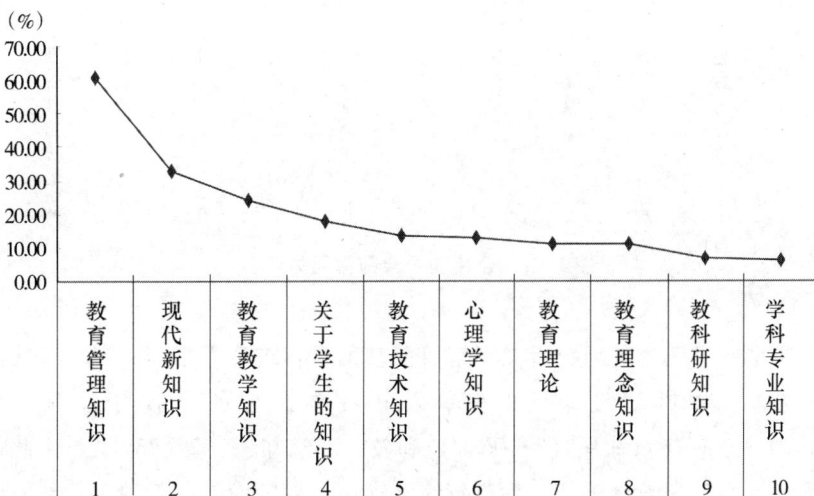

图5.9　最缺乏的知识

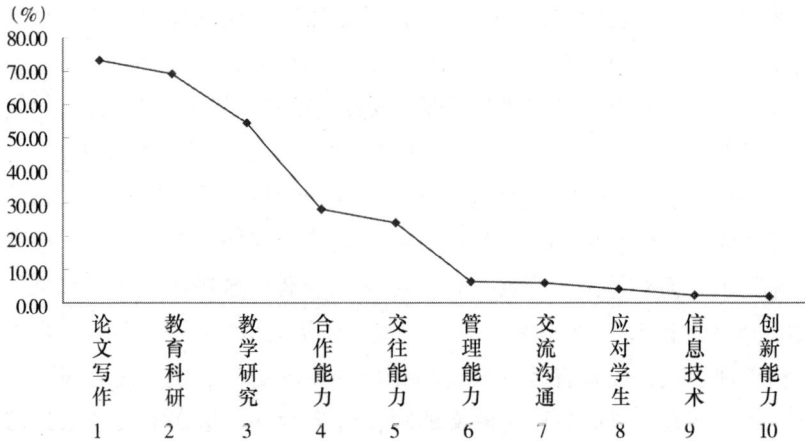

图 5.10　最迫切需要提高的能力

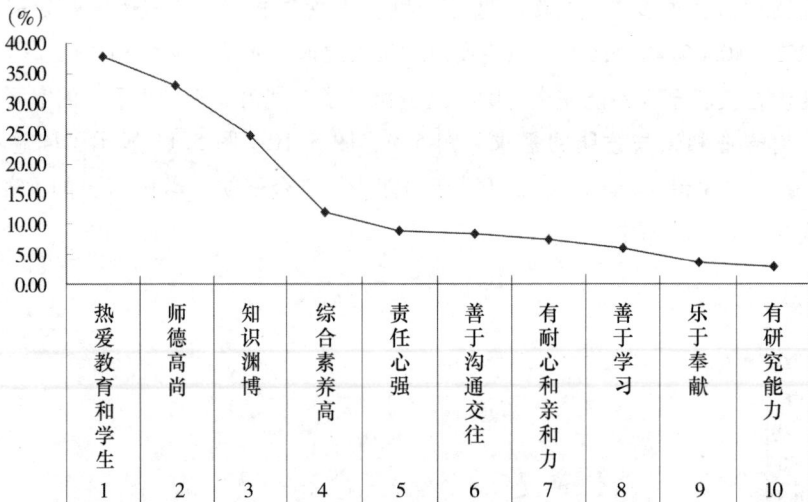

图 5.11　合格初中教师需要的素养

　　这是一组开放选项，旨在了解目前教师对各级各类培训的需求。从数据结果看，教师"最缺乏的知识"排在前三位的是教育管理知识（60.7%）、现代新知识（33.06%）和教育教学知识（24.26%）。由此可以推测，在日常教育管理特别是班级管理中，教师面临的新情况和新问题可能较多，当这些新情况和新问题仅凭传统的管理经验不能解决时，寻求新的解决路径和策略的需求就显得较为紧迫。这些新路径和新策略，必须通过不断学习和汲取新知来解决，而要将这些新知识、新理念运用到日常教育教学工作中去，必须借助科研的力量，所以，在"最迫切需要提高的能力"中，论文写作能力（73.25%）、教育科研能力（含课题研究）（69.32%）和教学研究能力（54.34%）排在前三位。一方面，虽然论文写作是科研能力中的一个重要义项，但对此能力的需求度高于教学研究能力18.91个百分点，倒与上述有65.6%的教师对专业追求仅仅停留在"争取评聘高一级职称"上的情况相互验证；另一方面，高比例需求的教育科研能力（69.32%）和教学研究能力（54.34%），似乎又验证着教师"对专业追求的自我认识"的结果，即对于教育科研（含论文写作）谈不上喜欢（51.5%）。如此，形成两者之间的因果关联，因为缺乏科研能力和教研能力，所以对科研和教研提不起兴趣。这种判断固然还需要进行更加深入的调查了解，但这一调查结果本身或许可以为初中教师培训提供一些指向性的参考。数据还显示，对"合格初中教师需要的素养选项"，排在前三位的分别是热爱教育和学生（37.93%）、师德高尚（33.06%）以及知识渊博（24.73%），这既说明初中教师们对一个合格初中教师的基本条件和必备条件"德才兼备"的认同，但并未超过半数的占比也留下不少值得进一步深究与探讨的问题，譬如，究竟是意识到自身尚不完善未加选择还是有其他不同见地？若是前者，可借助深度访谈进一步理解与解释；若是后者，至少在这组数据中并未显现出来，因为事实上从第四到第十选项的占比与第一到第三的占比相比，一下子低了很多。

（三）相关问题发现与讨论

第一，三类群体的相互走近（走进）与相互读懂是初中教育内涵发展的前提性条件。在上述数据中，分别来自校长与教师的不同描述，都是为了对江苏全省的初中教师队伍现状有一个较为全面的了解与总体把握。这样，所涉及的群体似乎是两类，一是校长群体，二是教师群体。上述诸多数据的分析表明，这两类群体之间的差异显而易见：其一，初中教师对所在学校的人际环境包括师生关系（70.1%）、同事关系（90.7%）持较高的认同态度，但有校长却认为，教师缺乏团队合作意识，选择"非常严重"和"比较严重"的达28.0%；其二，初中教师对自己的职业状态"非常满意"和"基本满意"之和达94.6%，但有校长认为，教师对事业缺乏热情，选择"非常严重"和"比较严重"的达28.8%，认为教师出现职业倦怠，选择"非常严重"和"比较严重"的达38.8%。应当说，作为学校中扮演着不同角色的两大群体，对相关问题的看法没有任何差异不是一种常态，说没有任何沟通也并非事实，问题的关键是，对这些或大或小、或多或少的差异，校长群体与教师群体之间的相互走近（进）与相互读懂究竟达成了多少？这些达成或不达成又对学校的内涵提升与整体发展带来怎样的影响？事实表明，两者之间的沟通、走近与读懂还有相当大的空间地带。值得一提的是，在数据呈现中其实还有一个未出场的群体，这就是似乎隐匿但又真切存在的学生群体，由此也带来差异之三，即初中教师认为与学生的关系"非常好"的占比达70.1%。这一方面需要对学生群体的进一步调研来作支撑，另一方面令人疑惑的是，假如"非常好"的意涵更多的是走近（进）学生与读懂学生，那么学校的教育教学质量可能会有一个相关性较高的提升，但当下初中教育教学质量总体相对薄弱的事实，又使得这一问题令人费解，因为教师的自我感觉与初中发展的实际现状之间似乎存在差距。

第二，职业理想、职业情感、职业认同与教师待遇之间并非简单的正相关。自1994年1月1日起施行《中华人民共和国教师法》后，"教师的平均工资水平应当不低于或者高于国家公务员的平均工资水平，并逐步提高"的相关规定，使教师的工资待遇水平在一定程度上获得相应提高和得到相应保障，这对教师职业理想的稳固、职业情感的提升与职业认同的增强事实上发挥了较大的正向功能。这在问卷调查的数据统计中可以得到确认，如有73.9%的校长认为，激励教师成长的有效平台是提高教师的福利待遇，有39.9%的校长认为，在教师管理中最需要健全和完善的是教师待遇政策。但是，从2009年后推行的基础教育系统绩效工资改革，各地各校的评价标准与执行力度多有不同，教师的聘用与考核尚缺乏比较科学的政策保障，直接导致部分教师的职业激情下降，甚至出现抵触情绪。问卷调查显示，39.6%的校长认为，教师待遇不低于当地公务员平均水平的政策没有落实好，55.8%的教师面对公务员和教师两种职业时更愿意选择公务员，31.7%的教师愿意改行，44.2%的教师将教师职业只当成谋生的手段。

应当承认，这些数据部分地解释了教师待遇与职业之间的正相关关系，但并不能够解释全部，更确切地说也不能够覆盖全部。这就是说，教师待遇改革与教师的职业理想、职业情感、职业认同之间并非简单的正相关，而是可能有多种面向。在校长问卷中，近80%的校长认为教师对事业没有激情，51.9%的校长认为教师观念系统中缺少对事业的忠诚，81.3%的校长建议开展教师职业忠诚教育，31.0%的校长认为教师的职业倦怠问题比较严重，84.7%的校长认为教师缺少职业生涯规划是教师专业发展中的主要问题。在教师问卷中，25.8%的教师对职业不自信，23.7%的教师觉得很迷茫，还有9.9%的老师对自己未来的教师生涯没有想过，持"过一天是一天"的职业态度；44.2%的教师将教师职业作为一种生存手段而非事业目标，其工作的价值取向只限定于"对得起自己的一份工资"。虽然我们并不要求也不可能魔幻化事实上作为谋生手段的教师职业，但至少说明占比并不低的这些数据从某个侧面呈现出江苏初中教师队伍的当下职业取向现状并非都缘于单一的教师待遇。又或者可以说，至少这些数据所表达的意涵并非全部由于教师待遇所致，其中有待进一步分析与解释的缘由还有很多。如不少校长就从不同于教师待遇的角度表达了对教师职业理想、职业情感、职业认同问题的相关态度，57.8%的校长认为，激励教师成长的有效手段是提高社会地位，62.7%的校长则认为是完善考核制度。这表明，当前江苏初中教师的职业理想、职业情感、职业认同还处在亚健康状态，需要从多方面着手，不断提升江苏初中教师的职业情感指数，促使全体教师以一种更为饱满和激昂的状态推动初中教育的可持续发展。

第三，教师培训的意识、内容、方式有待完善与重构。经过多年摸索与运作，教师培训似乎已形成一定规模和相关程序，但培训本身的针对性以及培训之后的实效性，仍然众说纷纭、褒贬不一。本次问卷调查发现，在培训意识提升、培训内容选择、培训实效方面，还存在很大的发展时空。就培训意识的提升而言，在校长问卷中，有71.3%的校长认为，教师观念中存在的主要问题是教育教学观念陈旧；有82.5%的校长认为，培养教师最有效的方式是教学与科研相结合。而在教师问卷中，关于教育教学工作的自我评价，认为完全胜任的有68.9%，基本胜任的有29.0%，不怎么胜任的只有2.0%。校长们认为，今后教师队伍建设的重点应该是骨干教师（50.7%）和青年教师（48.9%）的培养；而教师们在"专业的追求上"选择"成为县骨干教师"的占比只有18.1%，成为校骨干教师的占比只有5.6%。就培训内容的选择而言，校长们认为，最有效的培训分别是学科教学培训（70.9%）、班主任培训（60.4%）和教育技术培训（48.9%）；教师们在对专业知识与技能的需求中，排在前三位的占比分别是教育管理知识（含组织管理、班级管理）（60.76%）、现代新知识（33.06%）以及教育教学知识（24.26%），排在迫切需要提高的能力前三位的分别是论文写作能力（73.25%）、教育科研能力（69.32%）和教学研究能力（54.34%）。细细比较可以看出，教师们需求的培训与校长们认为的最有效的培训和实际所提供的培训之间尚存在差异。诚然，这些差异需求本身有待进一步深究，但事实上这样的培训需求差异，不但已经直接影响教师培训的效果，而且还会阻碍教师的专业化发展。就培训的实效而言，76.1%的校长认为，要有针对性地培训教师，60.1%的校长认为，现在的教师培训方式对教师素质的提升只是"有点作用"；在最有效的培训方式中，师傅带徒弟占比最高（36.2%）；至于提高教师培训实效方面，56.0%的校长完全赞同，38.4%的校长基本赞同。这其中的原因同样是多方面的。一是县（区）级以上的培训有远离课堂教学的"假大空"现象。以讲座为主要形式的专家引领，有时充盈着浓厚的商业气息，有时"娱乐化"倾向未免过高，教师们在会场上"哈哈一笑"，出了会场却"什么也不知道"。问卷调查显示，有51.3%的教师对于教育科研谈不上喜欢，12.6%的教师则持不喜欢态度。二是校本培训有就课堂研究课堂的"青菜炒青菜"现象。缺少相关教育教学理念的引领与提升，缺少专家的示范与指导，教师们对课堂教学的认识与研讨往往驻足不前，课堂教学水平常常原地徘徊，走不出狭隘的"草根研究"瓶颈。如有47.3%的教师在教研活动中被发言甚至不发言；还有11.7%的教师明确表示对专业没有什么追求。由此，教育行政组织、专家学者讲座、学校校长期待以及教师自身需求之间需要进一步沟通与融通，需要让作为"被培训者"的教师们真正知道"做什么""为什么做""怎么做""怎样做得更好"，如果骨干培养、教师培训、校本研修等这些看起来是有利于教师专业发展的有效途径，成为游离于教师工作状态和内在需求的额外负担，则"培训是最大的福利"的说辞就不会有教师真正心领。

二　从认知到行为：教师发展的差异性存在

不同地区、不同学校，教师队伍的发展状况肯定存在或多或少、或大或小的差异。就地区差异而言，区域社会、经济、教育发展状况的强弱，地域文化积淀与积累的多少，都会对初中教师队伍的发展产生影响。也就是说，地处城区、城郊或乡村的初中教师的发展状况是存在一定差别的。就学校差异而言，教育教学质量的高低是决定学校声誉高低的重要标志。问题是，对教育教学质量高低的评价本身，现阶段从国家到地方并没有一个统一的标准，即使有一个统一的标准，执行中也会因为诸多变异、偏差、走形等情况而不会真正统一标准。因此，这里对初中学校进行的所谓优质学校、一般学校与较弱学校的差异区分，更多的是依据较为定性的标准，也就是更多地依据社会、家庭的公共认同以及教育领域自身的公共认同来相对区分以便于研究的。这里，试图在上述对江苏初中教师队伍现状所进行的整体分析基础上，进一步进行不同地区、不同学校的初中教师队伍现状的对比分析，以寻求对初中教师队伍建设更具指向性和操作性的途径与策略。这里的不同地区指江苏苏南、苏中、苏北三个代表性地域，这里的不同学校指南通市通州区的六所三类学校。

（一）不同学校教师比较：中间现象明显

1. 对职业状态的自我评价

（1）职业情感与态度

教师的职业情感与态度，是影响初中内涵发展的至关因素。在上述数据呈现中，出现了非常有意思的"中间地带"现象，即质量一般学校除了对学校办学环境的"非常满意"选项（14.0%）比质量薄弱学校的"非常满意"选项（9.5%）稍高外，在其余11个项目中，质量一般学校的选项占比都不仅低于质量较好学校，而且也都低于质量较弱学校。如"对学校开展的活动"，质量一般学校"非常感兴趣"与"较感兴趣"的占比之和是45.9%，明显低于质量较好学校79.9%的占比之和以及质量较弱学校81.9%的占比之和。需要进一步求证的是，是否质量一般学校开展的活动停留在平板化状态，既不想追求质量较好学校所开展活动的"高品位"与"高质量"，也不屑于质量较弱学校所开展活动的"低起点"与"慢节奏"？面对"如有机会改行"，质量一般学校选择"愿意"的只占15.1%，而质量较好学校占42.1%，质量较弱学校占22.9%。这里一种可能的推测是，处于相对两极的质量较好学校与质量较弱学校的教师，其工作压力可能都大于质量一般学校的教师，前者需要不断地保质

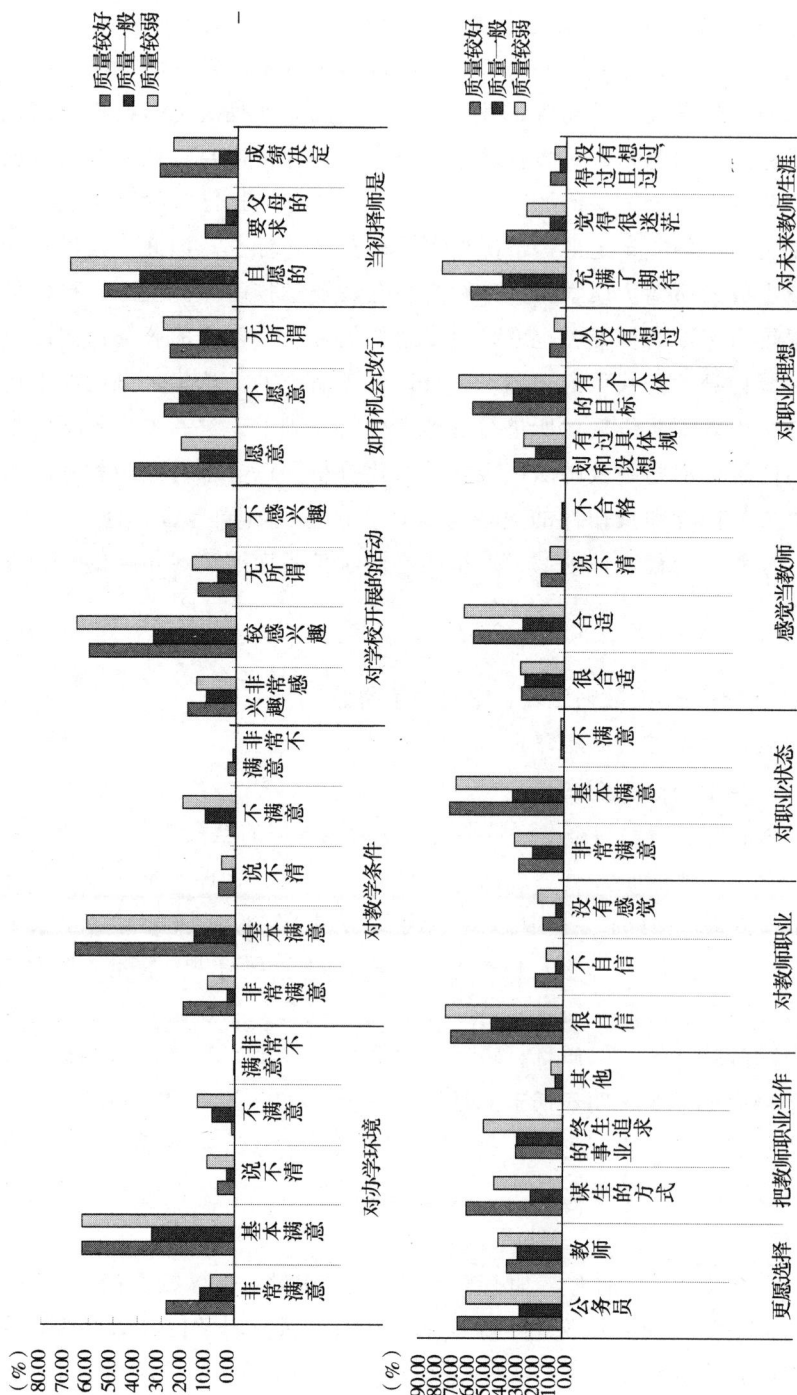

图 5.12　职业情感与态度

量，后者需要不断地追质量，处于中间地带的质量一般学校倒获得了某种相对平稳态势。这种推测似乎在"面对教师和公务员更愿选择公务员"的项目中得到一定验证，质量较好学校的教师占比为 65.4%，质量较弱学校的教师占比为 60.0%，质量一般学校的教师占比却只有 26.4%。在对教师职业、职业状态、职业理想、未来生涯的数据选项中，无论哪一种选项，质量一般学校的认同度同样都既低于质量较好学校，也低于质量较弱学校。这是否说明，当质量一般学校教师的工作压力小于质量较好学校与质量较弱学校时，可能工作状态相对轻松，进取之心也就相对弱于其他两类学校？

在上述数据中同样值得关注的一种现象是，质量较弱学校的教师对教师职业、职业状态、未来生涯的认同度既高于质量较好学校，也高于质量一般学校，对教师职业"很自信"的占比分别为 73.3%、69.8%、44.7%；对职业状态"非常满意"的占比分别为 30.5%、27.7%、19.5%；对未来教师生涯"充满了期待"的占比分别为 77.1%、59.1%、39.6%。这可能说明的问题，一是质量较弱学校的教师在面对逆境时，强烈的内在进取心并未泯灭，对教师职业依然充满自信，对未来发展依然充满期待；二是质量较弱学校的教师在学校办学质量相对落后的境况中，有一种潜在的无能为力，只能满足现实，寄情未来。这些推测同样有待进一步加以深度研究。

（2）对人际关系的自我评价

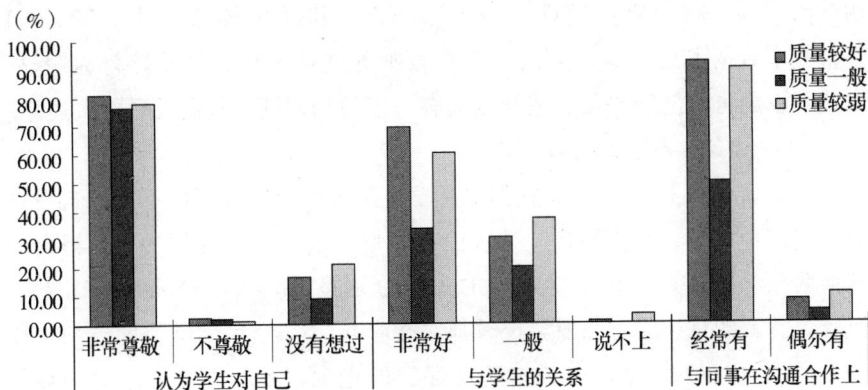

图 5.13 对人际关系的自我评价

在这一组数据中，上述"中间地带"现象依然存在。质量一般学校在人际关系上显然比不上质量较好学校和质量较弱学校，尤其是在与学生的关系选项"非常好"（占比依次是33.3%、69.2%、60.0%）和与同事沟通合作的选项"经常有"（占比依次是49.7%、91.8%、89.5%）上。这是否说明学校教育教学质量的高低与人际关系是否融洽之间有较高的相关性呢？其一，质量较好的学校由于教育教学质量较高，可以吸引更多更好的生源，教师面对优质生源，工作积极性相对较高，也容易提升业绩，所以师生之间、同事之间的交往比较经常，也比较融洽。其二，质量较弱的学校由于教育教学质量较差，无法吸引较好的生源，教师面对难以提升的空间，工作积极性相对较低，工作压力相对较小，因而对学生的要求也相对较低，师生之间、同事之间的沟通交往反而趋于平和。其三，质量一般学校教师的人际关系融洽度相比其他两类学校占比差异较大，这是不是说明身处这类学校的教师可能来自两端学校的压力较大，一方面希望教育教学质量在现有基础上有所提升，向质量较好学校靠拢；另一方面又担心如果不倍加努力，学校会降到质量较弱学校的行列，由此导致校内人与人之间的竞争实际较为激烈，人际相互之间缺少了较多合作与交流，进而形成与学校现状相匹配的"一般"情形呢？

2. 对专业发展的自我评价

（1）对教学工作的自我评价

图5.14对教学工作的自我评价数据与上述对职业状态的自我评价具有一定的相似性，即质量一般学校教师除对教育教学工作"完全胜任"的占比（81.4%）高于质量较好学校（73.6%）和质量较弱学校（79.0%）外，其余数据占比均低于另两类学校教师的选项占比，且差异较为明显。由此引发的可能解释也与上述推测具有一定的相似性，故此处不再赘述。

（2）对专业追求的自我认识

在专业认同上，图5.15数据显示三类学校的教师表现出不同的自我认识。在教育科研（论文写作）选项中，质量一般学校教师的参与热情高于其他两类学校，其"比较喜欢"的占比分别是34.9%、15.7%、25.7%。但令人费解的是，质量一般学校教师对教育教学"经常反思"的选项占比（49.7%）和在教研活动中"主动发言"的选项占比（27.7%）又明显低于质量较好学校（86.8%、36.5%）和质量较弱学校（87.6%、41.9%）的选项占比。这里折射出的问题可能需要借助深度访谈进行更为细致的调

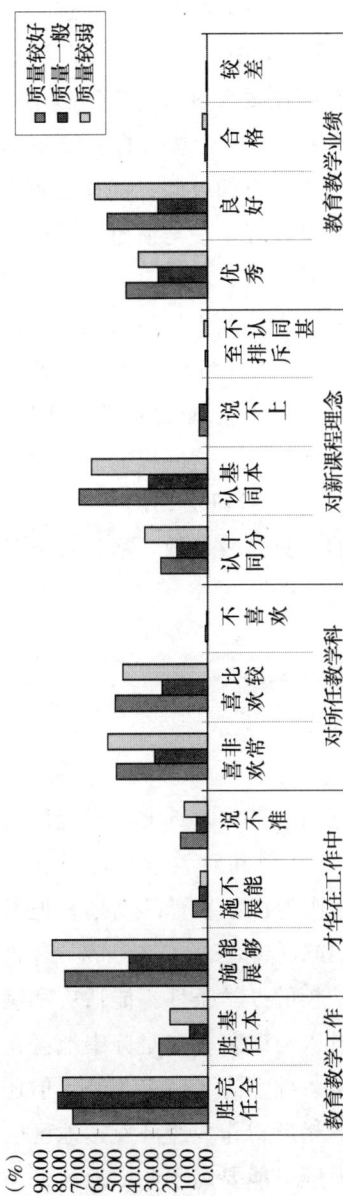

图 5.14 对教学工作的自我评价

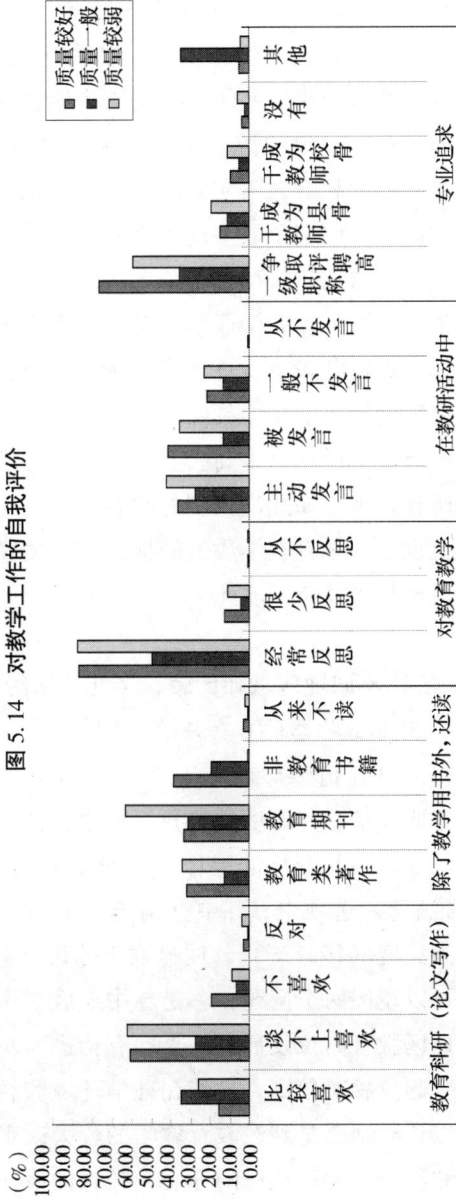

图 5.15 对专业追求的自我认识

研与分析。就质量一般学校的教师而言，教育科研（论文写作）选项占比高，而教育教学"经常反思"的占比和教研活动中"主动发言"的占比又低，两者似乎有些矛盾，是否表明这些教师在教育科研与实际教学反思之间还存在一定的游离性？因为从理论上说，比较喜欢教育科研的教师，在自己的教育教学实践中也理当是比较喜欢反思的教师，同样也可能是在教研活动中会争取主动发言的教师。就质量较好学校与质量较弱学校教师的选项占比比较而言，前者的选项占比均低于后者。这是否说明质量较好学校的教师在教学业绩、升学比率方面的压力要大于质量较弱学校的教师，以致使其没有太多时间、精力和兴趣关注教育科研、关注教研活动？而质量较弱学校的教师是否希望通过不断反思自己的教育教学实践，积极参与教研活动以提高教学水平，提升教育质量呢？这同样需要进一步深入研究，因为如此高比例的教育教学经常反思与教研活动的主动参与，理论上也是与教育教学质量的提升密切关联的。只是教育教学质量提升的制约因素相当复杂，非此一因素可以完全解释。

（二）不同地区教师比较：多元镜像纷呈

1. 对职业状态的自我评价

（1）职业情感与态度

在职业情感与态度的自我评价中，江苏苏南、苏中、苏北三类地区的数据呈现出多元变化的镜像。在对学校的办学环境和对教学条件设施的"非常满意"选项中，苏中（南通）地区虽然作为江苏教育的高地，但教师的满意度（19.1%）却明显低于苏南（41.0%）和苏北（38.4%）。这是否可以说明两个问题：一是苏中地区初中学校的办学条件不能适应和满足该地区教育高位发展的需求，有待进一步投入与改善；二是苏中地区初中教育起点相对较高，虽然在办学环境和教学条件上有了一定改善，但还不足以让教师感觉到对教育教学的较大改观。相反，作为经济发达地区的苏南和经济欠发达地区的苏北，教育的投入力度可能要高于苏中地区，至少可以让教师较为实在地感觉到学校办学条件的不断改善，尽管两地的占比都没有超过半数。在教师职业自信度选项中，数据显示，在绝大多数情况下都是苏南情况更好一些，苏中次之，苏北再次之。在对教师职业"很自信"的选项，苏北教师占比为66.3%，低于苏中的74.0%，更低于苏南的78.6%；在"不自信"的选项占比中，苏北为20.6%，高于苏

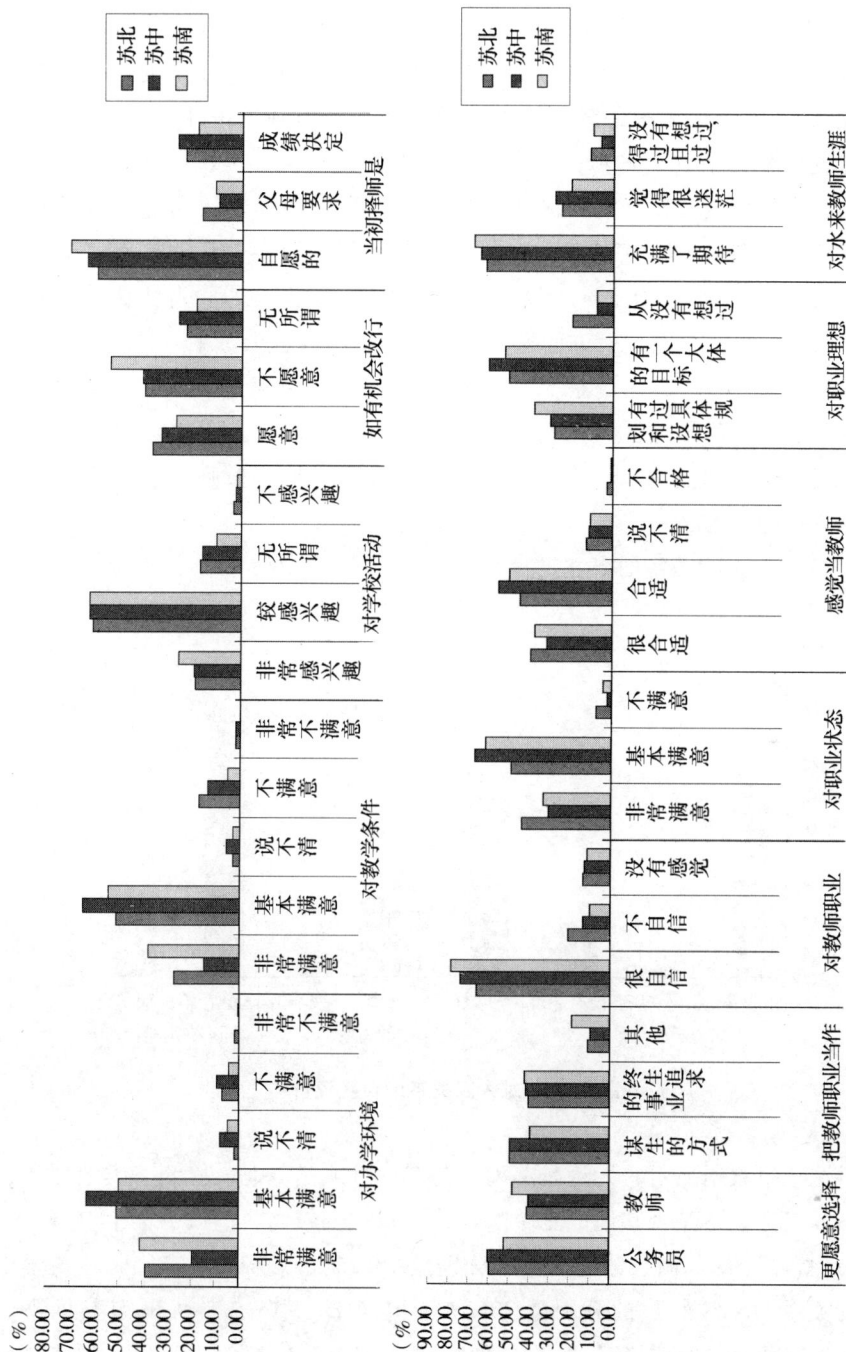

图 5.16 职业情感与态度

中的 13.4%，更高于苏南的 10.2%。对如果有机会改行，苏北教师的"愿意"度为 36.6%，苏中为 32.9%，苏南为 27.1%。在"对自己的职业理想""对自己未来的教师生涯"等选项中，呈现的也几乎都是"南"高"北"低的情况。这似乎表明，一个地区的社会、经济、文化等发展状况，虽不完全与教育发展状况呈正相关，但对教师的职业情感与态度的影响却是显在的。只有在面对教师和公务员的选项中，从北到南"更愿意"的占比分别是 59.2%、59.7%、52.3%。这里，苏中占比比苏北占比略高 0.5 个百分点，一方面这并不表明在此一问题上苏中、苏北两地之间差异很大，另一方面倒是 59.7% 的苏中地区"更愿意"的占比，进一步佐证了以上苏中地区教师对学校的办学环境和对教学条件设施的"非常满意"选项的低占比，这种低占比起码是苏中地区教师"更愿意"选择公务员的缘由之一。

（2）对人际关系的自我评价

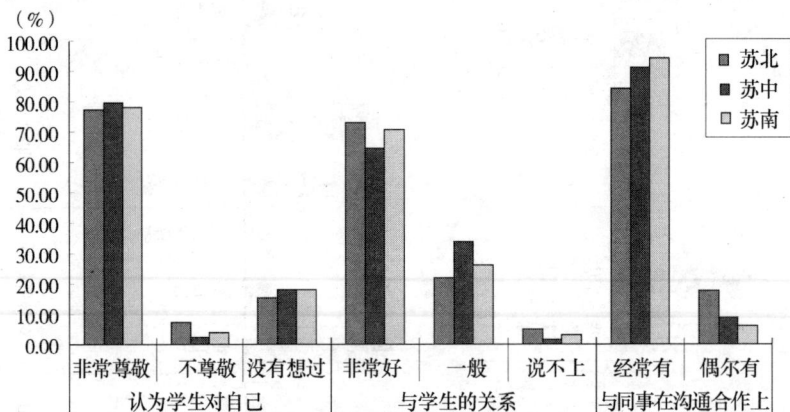

图 5.17　对人际关系的自我评价

这一组数据显示，无论是苏南还是苏中抑或是苏北，检测三类地区初中学校人际关系是否和谐的三个选项，其占比都较高，即认为学生对自己"非常尊敬"的苏南、苏北、苏中分别是 78.2%、79.7%、77.4%；与学生的关系"非常好"的分别是 70.7%、64.6%、73.2%；尤其是与同事在沟通合作上"经常有"的，分别高达 94.1%、91.1%、84.3%。这是否说明，江苏初中教师的总体人际生态环境趋于良好，可能与江苏整个教育大环境趋于良好密切相关的。当然，这一组不同地区教师对人际关系的自我评价数据与上述不同学校教师对人际关系的自我评价数据相比，似乎又有些不相一致，特别是苏中地区的中间地带现象此处并不显著。这其中是否存在地区的宏观普遍性部分遮掩了学校的微观个别性的可能？

2. 对专业发展的自我评价

（1）对教学工作的自我评价

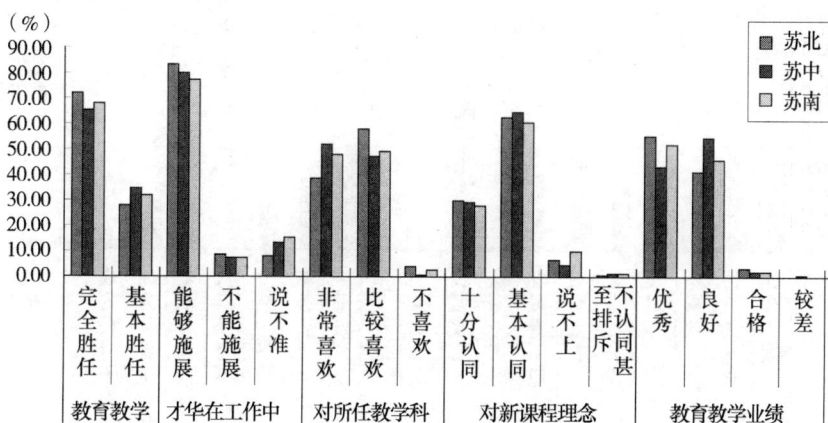

图5.18 对教学工作的自我评价

在对教学工作的自我评价中，三类地区反映出来的数据虽然差异并不是很大，但苏北地区在教育教学"完全胜任"（71.8%）、才华在教育教学工作中"能够施展"（83.3%）、对新课程理念"十分认同"（30.2%）以及认为教育教学业绩"优秀"（55.4%）的占比上，都略高于苏南（67.7%、77.3%、27.7%、51.8%）和苏中（65.4%、79.7%、29.1%、43.1%）地区。只有在对所任教学科"非常喜欢"的占比上，苏中地区分别高于苏南与苏北3.4与12.9个百分点。这一对比结果是不是可以作这样的解释：第一，苏北地区的初中教师虽然职业自信度低于苏南与苏中地区教师，但他们对教师这份工作比较珍惜，对自己的教学业务和专业水平比较自信，当然并不排除其中的盲目自信成分。第二，苏南地区的初中教师虽然整个教育环境很好，但由于引进了大量优秀教师，内部竞争相对比较激烈，使教师对自己的教学业务和专业水平反而不那么自信了，抑或是这部分教师在专业发展中已经进入高原期，前行力量与发展动力开始出现不足。第三，苏中地区的初中教师对所任教学科的认同度较高，而其他选项相对略低，会不会是对苏中地区一向较为务实、踏实特点的一种佐证？因为虽然对学校的办学环境和对教学条件设施等的满意度有所保留，但恪守教师职责、教好所任学科却并不因此而懈怠。当然，这些都需要相关研究的进一步支撑。

（3）对专业追求的自我认识

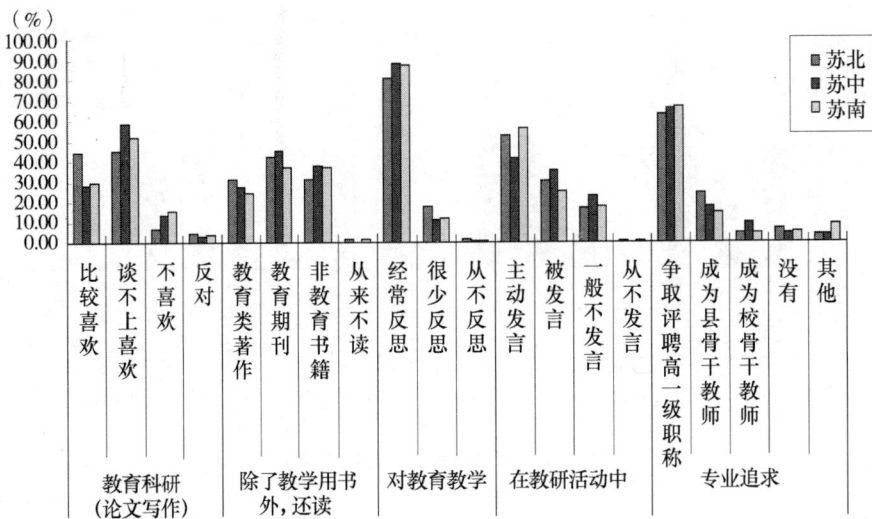

图 5.19　对专业追求的自我认识

　　如前所述，教研、科研是教师专业成长的重要路径，对专业发展的认识在某种程度上决定着教师在专业成长路上的行走姿态。这一组数据显示，不同地区的初中教师对专业成长的认识呈现出多样复杂的特点。苏北地区教师似乎对教育科研（含论文写作）的热情更高，"比较喜欢"占44.1%，高于苏南的29.3%和苏中的28.0%；但对教育教学"经常反思"的占比（80.9%）却低于苏南（87.6%）与苏中（88.3%）。苏中地区教师在对教育教学"经常反思"的占比较高（88.3%）的同时，在教研活动中主动发言的占比又最低（41.7%）。苏南地区教师在教研活动中"主动发言"的占比（56.6%）和专业的追求"争取评聘高一级职称"的占比（66.8%）相对较高，但在除了教学用书外还读"教育类著作"上的占比又相对较低（24.3%）。这些数据的多样复杂性，一方面表明三类地区在对专业追求的自我认识上并未形成一种固化不变的地区陈式，另一方面也增加了对这些数据进行深入解读的难度，更加彰显出教师专业成长与发展并非想象中的简单与线性，也反证了初中教育整体发展中对作为关键内核的教师与教师群体的深度了解与理解、深度沟通与交流的必需与必要。

（三）比较中的差异讨论

第一，三类不同学校差异中的中间地带现象，其发展空间具有相关不确定性。上述数据比较表明，江苏初中学校发展客观上已经形成一定差异，所谓优质学校、一般学校和薄弱学校的刻板印象，既或多或少固化了教师们对这种差异的主观认知，更直接影响了初中教师队伍的整体建设。这里尤其需要关注的是身处一般学校位置的教师的生存与发展。一是虽然进行比较的学校选择是以某一地区数量相同的不同类型学校作为样本，但在教育实际情境中，位于一般地带的学校数量可能大大超过位于优质与薄弱两端的学校数量。也就是说，就当下江苏初中发展现状而言，很大一部分教师是身处一般学校位置的，他们的生存与发展状况如何，直接关系到初中学校整体发展状况。遗忘或丢弃这一类的大多数教师，无论有意为之还是无意为之，都会对作为初中内涵发展关键内核之一的教师群体带来多方不利，并可能引发从认知到行为的诸多不确定性改变。二是数据比较中一般学校教师的诸多选择占比并不令人乐观。作为中间学校，他们既没有优质学校承受的高得分率和高升学率的高负担，也没有薄弱学校面临因低升学率而导致的相应生存危机。正因为如此，这类学校教师的工作相对比较轻松，对现有工作状态也比较满足，但也更容易安于现状不求发展，这种判断在教师职业、职业状态、职业理想、未来生涯等的调查选项中均得到验证。当然，在这种更容易安于现状不求发展中，其实同样潜隐着相当的不确定性。换句话说，"一般"的现状并未如铁板一块难以打破，在教育教学改革逐渐步入深水区，学校综合实力竞争愈益激烈的当下，想永葆"一般"也会成为一种不可能。这样，关注一般学校的教师队伍建设，就成为初中学校内涵发展的重要议题，因为发展的不确定性更加不允许由于关注的失却而使学校进一步向下滑落。

第二，三类不同地区差异中的苏北现象，可能同样存在多面性。应当承认，江苏苏南、苏中、苏北经济发展的不均衡，已经或可能继续对教育发展的不均衡造成一定影响，也可能由此影响初中教师队伍的均衡建设。但是，苏南、苏中、苏北三类不同地区的教育发展包括初中教师队伍建设又并非完全与地区经济发展状况呈正相关。数据中出现的对教学工作的自我评价中，"对教育教学工作"完全胜任、"自己的才华在教育教学工作中"能够施展、"对新课程理念"十分认同以及"自己的教育教学业绩"优秀占比上的"北高南低"现象，在一定程度上佐证了这一判断。虽然三地初中教师对同一类问题的选择没有出现过大的差距，但在这些差别不大的数据中也可以发现一些共性的问题。这是问题的一个方面。问题的另一个方面则是，苏北地区初中教师在问卷调查中对自身的高评价与高认可，会不会是一种标准降低、低质同化现象？这在下文阐释农村初中师资建设薄弱与稀缺的困境问题中给出了部分解释，更多的解释同样需要深度访谈予以互证。

第三，不同学校、不同地区的教师差异，为教师多样性发展提供了可能。上述数据分析表明，江苏初中教师队伍建设呈现出复杂多变的样态，不同的学校、不同的地区，因多种客观因素与主观因素，造成各地或各校初中教师从认知到行为的诸多差异。这些差异固然在一定程度上造成江苏初中教师队伍整体建设的不均衡，但这些复杂多样的差异样态，也在一定程度上提供了不同学校、不同地区教师多样性发展的可能。也就是说，不同学校的不同积累，不同地区的不同特色，都从各种不同的层面影响、打磨、锤炼教师们的成长轨迹与发展特质，由此可能形成既带有地域特色又不仅仅囿于地域，既带有学校风格又不仅仅拘泥于学校的多样化初中教师群体，这样的多样化初中教师群体才可能在初中教育的整体发展中真正起到内核作用。

三　依托与分享：教师群体发展的多重格局

与上述不同学校、不同地区的教师差异可能为多样化初中教师群体的形成留下诸多发展空间相似，这里教师群体发展的多重格局，则试图从另一个角度呈现江苏初中三类教师不同群体，在相互依托与共同分享理念下的不同发展。所关注的主要问题是：教师群体专业发展的首要条件究竟是什么？青年教师群体培养的必要保障究竟是什么？名师群体形成的重要路径究竟是什么？

（一）教师群体专业发展：师德自觉

教师职业是教育人、塑造人的事业，在某种意义上教师道德素养比教师文化素养更为关键，教师文化素养的高低决定教师会不会教的问题，而教师道德素养的优劣则决定教师教什么样的人的问题。初中教育承担着承上（小学）启下（高中）的重要职责，面临的是现阶段完成九年义务教育后学生的第一次人生重大选择，教师的道德认知、道德水准与道德行为直接影响着教育教学行为，进而直接关系到初中教育培养什么样的基本合格人才的问题，唯有将师德建设作为教师群体专业发展的首选义项，让师德自觉成为教师群体专业发展的内在素养，初中教师群体才有可能成为推动初中教育内涵发展与全面提升的关键要素。在这一方面，南京市雨花台中学作为一所位居省会城市的初中学校，用多年时间探索形成了一套修炼教师师德的经验。

路径一：勤学习，丰厚教师的师德内涵。一是定师德标准。学校对教师的师德和言行有明确的规范，《中小学教师职业道德规范》《三要八不准》是总体准绳；《雨花台中学教师十五种文明言行要求》《雨花台中学教职工文明礼仪行为规范》是日常行为细化准则，为的是让教师在教育教学实践中的价值判断和外显行为有德可依。二是创育德情境。学校分批次组织教师观看《悬崖上的教师》《放牛班的春天》《茉莉花开》《杨善洲》《焦裕禄》等，并进行观看心得交流，创设一种影像阅读式的师德建设氛围。三是养书卷之气。学校从 2006 年 4 月起举办第一届读书报告会，至今已举办 20 余期。从第一期的"走进大师走进经典"、第二期的"对话文本对话心灵"，到第十九期的"一盏一盏的灯：老班的读书故事"、第二十期的"向青草更青处漫溯"，由外向内地不断丰富师德教育的内涵。

路径二：重分享，升华教师的师德境界。一是隆重表彰"平凡的业绩"。教师每年都可以结合自己的工作和生活申报个性化的特别奖项。有班主任老师申报"不抛弃不放弃"奖、"守望"奖；有年轻教师申报"小蚂蚁"奖、"小蜜蜂"奖、"初生牛犊"奖；有中老年教师申报"勤奋"奖、"快乐成长"奖、"关灯锁门"奖。在年终表彰会上，所有申请奖项的教师都能走上领奖台，接受全校师生的掌声。二是宣讲"令我感动的一件事"。每年年底，学校都会让每位教师申报一件"本年度我身边同事最令我感动的一件事"，并公示在校园网上共同浏览；"令我感动的一件事"的精彩内容，还会在每年一度的师德报告会上进行宣讲，以此提醒每一位教师，日常教育教学工作完全可以做得好一些，再好一些。三是写"自己身边爱的故事"。学校倡导教师通过教育叙事彰显师德因子，让教师在自我反思中静悄悄地成长。每位教师每学年都会撰写至少两篇发生在自己教育教学中的故事，学校已编撰《2011，雨中的教育故事》和《故事，雨中漂来的花瓣》教育叙事集，共收录优秀教育叙事200余篇。其中，"必要时，我还是扶你一把""把我的心捧给你""有一种爱叫不放手""你的眼神他能察觉到"等故事一直感动着全校师生员工。

路径三：常评比，彰显教师的师德光辉。一是评最美"雨中"班主任。学校在学生中征集了"最美班主任"的特质：认真负责、宽容善良、平等民主。学校因此也就有了许多"最美班主任"：颖老师每次带新一届学生时，对学生说的第一句话总是"三年风雨，一生彩虹"；常老师会在每个清晨微笑着站在教室门口等候学生，会在每个中午陪着学生一起休息，会在每个晚上为学生答疑……二是评学生最喜爱的教师。学生的喜爱是对教师最好的认可和奖励。"学生最喜爱的教师"由学生公投产生，且已成为所有教师最看重的奖项。学生对学校一位教师的评价"真情付出，她给我们带来快乐和喜悦；智慧开解，她为我们减轻烦恼和压力"，表达的正是学生的内在心声。三是评感动校园十大人物。生命需要感动，心中有爱，就会自然涌出感动的情怀。学校不仅要求教师以爱心感受身边的凡人琐事，而且要用高尚的师德引领学生在平凡的生活中发现感动，让学生在感动中驱走冷漠，涤荡心灵。

路径四：多关爱，激发教师的师德情怀。学校对教师的关爱，则富有特色地体现在学校提出的口号上。一是健康第一。上班时间，在学校的体育馆里打球，校长会不会有看法？教师们开始未免有些担心。学校全体教职工大会上，校长表态：在学校的体育馆里锻炼身体，为什么有些教师还有顾虑呢？学校给每一位教师发了运动鞋，要求每天和学生一起跑步；每年组织教工排球赛、羽毛球赛等。学校坚信，有健康的体魄，才会有阳光的心态，才会有高尚的情怀。二是家庭第二。每年不同时段，学校都会组织教工与家属共同参与的多种活动，如登紫金山、环玄武湖行走、趣味运动会等，让教师和家人一起呼吸新鲜空气，一起欣赏湖光山色，一起嬉戏欢闹，享受爱与被爱的感受。三是工作第三。在健康的身体保障与和谐的家庭氛围中，教师们恰恰更加自觉地把师德情怀释放在每一天的教学与每一节课堂之中。

　　雨花台中学的典型经验给予的普遍启迪是，唯有教师师德自觉，才会有学校的长足发展。而学校需要做的是：让教师享受"真幸福"。教师获得可持续发展的幸福有必不可少的核心要素，如关爱、平等、成长、尊重等，把握这些核心要素，充分发挥这些要素的价值，就可以促进、推动教师在幸福之路上奔跑。要让教师沐浴"真平等"。学校力图营造的是公平公正的评价氛围，"教师成长档案"电子档案查询系统，向每一位教师开放；谁的工作态度认真，谁的论文较有质量，谁更有实力参加相关评比，每一位教师也都自清自明。要让教师体会"在发展"。只有不断进步并获得成功，才会有幸福的感觉。从写教学拾零到写教学反思、教学案例，再到教学论文，学校总是设法引导教师真切地感受自己教育理念的不断升华，教学策略的不断改善，教学水平的不断提升。

（二）青年教师群体发展：固基强能

　　青年教师是一所学校的未来和希望，尤其青年骨干教师的专业成长直接影响着学校的可持续发展。随着教育现代化工程的稳步推进，江苏初中教师队伍中青年教师的占比越来越大。问卷调查中也可以发现，当下初中学校对青年教师尤其是青年骨干教师的培养需求已越来越迫切，而对如何培养青年教师并使之迅速成长为初中教育的中坚力量，也已成为初中教育整体发展的又一重大命题，成为各初中学校着力探索的关键点。在这方面，苏州市吴江区盛泽二中面临的挑战与做出的努力似乎更有普遍意义。

　　路径一：准确定位教师发展现状。1998—2001 年，吴江区盛泽二中二次搬迁和扩容，2007 年学生猛增到 1500 多人，教师 102 人，其中 40 岁以下的青年教师超过 80%。为更好地促进青年教师的发展，学校花费近三个月时间，集中进行各种观察、访谈和问卷调查，并借鉴企业的 SWOT 分析法，全面分析和准确定位教师队伍的职业现状。一是超过 80% 的青年教师问题较为明显，"实而不精、智而不勤、博而不钻"是其基本现状，而优质师资学科分布不够均衡、学科教学改革尚未实现主动发展、校本课程研究能力相对较弱，则是迫切需要解决的瓶颈。二是学校面临的挑战较为明显。随着学校办学地址由镇区搬迁到镇西新城区，教学施教区有了相应的调整，大量的农村学生新增进来，加之外来务工人员子女的就近入学，使学校生源更加趋于多元化、复杂化；学生文化背景、家庭环境的差异，也使学校的教育教学难度随之增加。正是学校对教师尤其是青年教师专业成长内外环境的准确分析，对教师自身资源和条件的准确评估，最终确定以固基强能为着力点，帮助青年教师走上专业发展的良性循环之路。短短七八年间，学校培养出一支进取心强、业务精通、个性特色鲜明的骨干教师队伍。

路径二：努力夯实教师发展的基础。一是激发教师发展的意识。青年教师的专业发展是一个长期的过程，需要经历艰苦磨砺与挫折考验，没有自我发展的强烈愿望与适当激发，就无法长期坚守与坚持。学校从2008年开始，每年召开青年骨干教师座谈会，邀请教育行政部门领导介绍教师发展的政策和方向，邀请周边学校知名骨干教师介绍他们的成长经历，邀请友好学校知名专家为青年教师专业成长现场"把脉"，不仅激发了学校青年教师自我发展的内在意识，也让教师专业发展成为教师实现自身价值的重要指标。二是规划教师发展的步骤。教师有了自我发展的内驱力还远远不够，究竟如何发展，朝哪个方面发展，发展的短期、中期、长期目标各是什么，还需要有清晰的思考和循序渐进的步骤规划。为此，学校制定了《青年教师专业发展规划书》，包括从教经历与现状的自我剖析、发展的努力方向和目标、达成目标的措施和方法诸多方面，要求教师尤其是青年教师，结合自我发展需求，冷静分析自我现状，有效利用可依托资源，实事求是地规划三到五年的发展。三是搭建助师成长的平台。学校为促进青年教师专业发展，逐步健全"教、研、修一体化"培训体系，让青年教师在教学实践研究和理论学习发展的各种平台中，实现健康、自主发展。首先是学习平台。每学期至少读一本理论专著，做一次深刻的教学反思，写一篇较高质量的论文，构建以"读书—反思—行动"为核心的校本研修制度，促使教师不断更新教育理念，更新知识结构。其次是交流平台。通过各类沙龙和教科研活动，与校内外同行进行多种形式的互动交流。与此同时，开展名校访学活动，选拔优秀教师到同类名校进行短期培训，为专业基础好、有发展前途且在某些方面面临突破的青年教师提供机会。再次是展示平台。与省市区各级教科研部门、大学或学术组织建立合作关系，为青年教师争取展示自我的机会，鼓励他们参加著名特级教师承担的名师工作室活动。最后是技术平台。以校园网原有资源为基础，进一步挖掘各教研组资源，建立专题特色网站，逐步完善试题库、备课资料库、经典教案、课例研究、课题研究、师生数字化平台等，让广大青年教师在资源共享中提高教学质量，奠定发展的基础。

路径三：积极谋划教师发展的途径。一是借"功力"，优发展。教师的工作是创造性工作，老教师的很多教学经验和理论成果完全可以成为青年教师发展的基石。学校的物理学科就是依托特级教师杨勇诚校长的"项目学习"发展起来的，每学期都要承担苏州大学实施"国培计划"的课堂展示任务，许多青年物理教师从中获益匪浅。二是汇"合力"，共发展。教师的发展离不开同伴的互助，由于学校青年教师占比80%以上，部分学科一时缺少领军人物。学校英语组通过内部挖潜，精心培育了一批具有潜质的青年教师，并为这些青年教师争取出校、出省以及出国培训提供机会。三是蓄"张力"，拓发展。学校鼓励教师错位发展、多元发展，摒弃以前只以学生考试成绩为评价教师教育教学业绩的单一标准，鼓励教师找到自己的特长，先把"长板做宽"，再把"短板做长"。四是聚"实力"，助发展。学校在为全体教师搭建发展平台的同时，对"冒尖"的骨干教师采取资源适度倾向的方式，最大限度地聚集财力人力，帮助他们加速向更高层次发展。同时，也用他们成长的经历和经验鼓励、带动和影响更多教师的发展。

盛泽二中的经验告诉我们，青年教师的专业发展都要经历一个从一般教师到骨干教师再到专家型教师的过程。固基强能，不仅可以在短期内提升骨干教师的数量，而且可以让青年教师的专业发展上升到一个较高的平台。学校需要做的，一是正确剖析青年教师队伍现状，准确定位教师队伍尤其是青年教师队伍的发展起点，整理并寻找教师队伍发展的楔入点和路线图。二是从内部激发青年教师群体的工作热情和发展动力，采取内外并蓄的方式，为青年教师群体的发展不断鼓劲、打气，并为他们的成长进行科学规划和有序推进。三是打开青年教师专业发展的多维通道，因地制宜，因校制宜，因人制宜，让青年教师找到适合自己成长的专业平台和实践路径。

（三）名师群体形成路径：抱团成长

在优质师资相对集中的初中学校，如何发挥名师群体的作用，让他们在带动更多教师走专业成长之路时，进一步完善他们的"二次发展"，这也是当前江苏初中教师队伍建设必须面对与思考的一个问题。在这方面，位于苏州工业园区核心地带的苏州工业园区星湾学校，以其灵活的用人机制和抱团成长的发展思路，既吸收了来自全国各地的教育精英和优秀大学生加盟，又通过开展"名师共同体"的各项活动，促进了名师的专业再发展。

路径一：在共读中寻找相同尺码的人。"寻找尺码相同的人"源于童书《特别的女生萨哈拉》，意思是寻找到相同志趣、相同爱好、有共同语言的人。而为了寻找到尺码相同的人，学校秉持苏霍姆林斯基"无限相信书籍的力量"的理念，以共读教育经典，共赏文学、哲学名著，共议文本教学，共解教育叙事的方式，引导教师走上读书、思考、研究之路，收获的不仅是教师上出一节节好课，更有看不见的熏陶与浸染，教师们在阅读中逐渐有了对话、交流的基础，进而成为相同尺码的人。

路径二：在共研中深耕课堂田野。学校提倡教师们扎根于课堂，实践于课堂，研究于课堂。一是开展"深度研课"活动。所谓"深度研课"，就是要求"名师共同体"成员在充分研读教材基础上，对文本进行深入、细致而又多维度地解读，并据此设计课堂流程，写出教学预案，努力实现教师研读的"深入"和教学设计的"浅出"。二是开展"同课异构"教学活动，即同一篇课文由不同的人来执教，在相互交流、研讨中产生碰撞、共同成长。这些"同课异构"包括与特级教师同课异构、师徒之间同课异构、青年教师与骨干教师同课异构等，使身处共同体的名师们进一步获得来自多层面的激励与发展。

路径三：在共思中做思想的芦苇。学校倡导每位名师做实践的思考者和思考的实践者，既勤于实践，又勇于思考。一是要求教师具有强烈的问题意识，倡导从工作中发现的问题着手，尽量将感性问题变成理性思维。二是要有探索意识，做行动研究者，在思考中强化认识，揭示规律，升华理念，并自主改进教学策略。三是成为一个有思想的实践者应当是名师的追求，而教学主张是名师成熟、成功的核心要素。为此，学校经常开展"我的教学主张"研讨活动，力求在思想碰撞中不断提炼、形成具有一定影响力的主张和思想。

苏州工业园区星湾学校以"名师共同体"建设为着力点，促进了全校教师走上专业发展的快车道，其实践价值对于初中学校教师队伍的整体发展颇有启示。首先，名师共同体由获得区学科带头人以上称号的教师组成，他们基于共同的目标和兴趣，通过合作对话与分享性活动来促进教师自身专业成长，是一种学习型共同体。其次，名师共同体是教研组织与活动方式变革的新尝试。通过名师共同体的核心凝聚力，既有利于名师们突破自身专业发展的瓶颈期、高原期，也有利于形成促进教师自主发展的研训机制。最后，名师共同体也是实现教师职业共享文化的基础，同伴互助、专家引领、自我反思，不仅促进了共同体内成员的专业成长，也带动了全校教师的专业成长。

四　薄弱与稀缺：农村教师群体的发展困境

在关注初中教师队伍整体发展的过程中，除了上述青年教师群体与名师群体在整个教师群体中的特殊关注外，还有一类教师群体尤其值得重点关注，这就是相对处于边缘状态的农村教师群体，其发展困境集中表现为自身发展的相对薄弱与优秀人才的相对稀缺。更重要的是，农村教师群体作为初中教师群体中的重要部分，其发展与否，发展得强弱如何，直接关系到整个初中教师群体的整体素质，更是直接关系到初中教育能否整体发展的重要问题，这也是辟此节专门阐释农村教师群体问题的意义所在。

（一）"教师团队"的低质合并与弱质同化

从某种意义上可以这样说，当前初中教育的薄弱，集中表现为农村初中的薄弱；农村初中的薄弱，又集中表现为师资队伍的薄弱；师资队伍的薄弱，又集中表现为优秀教师的稀缺，即缺少必要的、一定数量的省特级教师、市县（区）学科带头人、骨干教师等领军式"种子选手"。对于这种判断与认定，如果说先前主要是日常接触形成的初步印象与估计，而现在则可以基于几组数据做出佐证与实验。

一是某区学科带头人、骨干教师、特级教师在中小学的分布情况。该区 2011 年和 2013 年两次共评出区级学科带头人、骨干教师 355 人，其中高中 118 人，占比 33.23%；初中 84 人，占比 23.67%；小学 153 人，占比 43.1%。2012 年和 2014 年两次共评出市级学科带头人、骨干教师 213 人，其中高中 109 人，占比 51.17%；初中 47 人，占比 22.07%；小学 57 人，占比 26.76%。现有在职特级教师共 20 人，其中高中 11 人，占比 55%；初中 3 人，占比 15%；小学 6 人，占比 30%。

二是江苏省第九到第十二批特级教师在中小学的分布情况。第九批 314 人，其中，高中 164 人，占比 52.23%；初中 29 人，占比 9.24%；小学 86 人，占比 27.39%，其他 35 人，占比 11.14%。第十批 382 人，其中，高中 182 人，占比 47.64%；初中 62 人，占比 16.23%；小学 113 人，占比 29.58%；其他 25 人，占比 6.54%。第十一批 312 人，其中，高中 147 人，占比 47.12%；初中 62 人，占比 19.87%；小学 84 人，占比 26.92%；其他 19 人，占比 6.09%。第十二批 328 人，其中，高中 130 人，占比 39.63%；初中 70 人，占比 21.34%；小学 91 人，占比 27.74%；其他 37 人，占比 11.28。

三是江苏省第一、二、三批人民教育家培养对象在中小学的分布情况。第一批 50 人，其中，高中 30 人，占比 60%；初中 3 人，占比 6%；小学（幼儿园）17 人，占比 34%；第二批 50 人，其中，高中（中专）28 人，占比 56%；初中 5 人，占比 10%；小学（幼儿园）17 人，占比 34%；第三批 50 人，其中，高中（中专）24 人，占比 48%；初中 7 人，占比 14%；小学（幼儿园）19 人，占比 38%。

四是 2013 年江苏省教学成果奖获奖项目初中占比情况。2013 年江苏省教学成果奖共评出特等奖 40 项，其中初中 3 项，占比 7.5%；一等奖 119 项，其中初中 2 项，占比 1.68%；二等奖 228 项，其中初中 18 项，占比 7.89%。

五是 2014 年国家级教学成果奖获奖项目初中占比情况。2014 年国家级教学成果奖共评出特等奖 2 项，其中初中 0 项；一等奖 48 项，其中初中全国 3 项，占比 6.25%，江苏 1 项，占比 2.08%；二等奖 367 项，其中初中全国 22 项，占比 5.99%，江苏 3 项，占比 0.82%。

以上数据让我们对初中师资现状有了"窥一斑而知全豹"式的了解，从不同层次优秀教师以及不同级别教学成果获奖情况看，无论在哪一层次和级别上，初中的占比都是最低的，而且随着优秀教师层次和教学成果获奖级别的提高，初中的占比似乎也越来越低。不仅如此，在现有优秀教师极低的初中占比中，农村初中更是"捉襟见肘"，远远低于城镇初中。仍以上文提到的某区为例，该区《2014 年普通教育事业统计资料》显示，全区初中专任教师 2028 人，其中城区学校 578 人，农村学校 1450 人。在全区初中教师中，2011 年和 2013 年评出区学科带头人、骨干教师 84 人，其中，城区初中 29 人，占城区初中教师总数的 5.02%；农村初中 55 人，占农村初中教师总数的 3.79%。2012 年和 2014 年评出市学科带头人、骨干教师 47 人，其中，城区初中 14 人，占城区初中教师总数的 2.42%；

农村初中 33 人，占农村初中教师总数的 2.28% 。现有在职省特级教师 3
人，全部在城区。在对上述数据作进一步统计与分析时，又有了进一步的
发现与更深入的了解。该区初中（含完全中学初中部和九年一贯制学校
初中部）27 所，其中城区初中 3 所，农村初中 24 所。农村初中的区、市
学科带头人、骨干教师，实际上又主要集中在镇区完全中学初中部或由完
全中学改为初中的 8 所学校中，其余 16 所地处农村的初中占比极小，不
少初中占比为 0。由此可见，农村初中师资的薄弱，特别是优秀教师的稀
缺，已经使农村初中教育到了难以为继的地步。这并不是个别现象，而且
带有一定的普遍性。

　　农村初中师资队伍的薄弱，特别是优秀教师的严重不足，或者说
"种子选手"的稀缺，是由多方面原因造成的。既有先天的不足，又有后
天的劫难，更有现实的逼迫。从历史上看，不少农村初中是由过去的
"农业中学"或"民中"以及部分小学"戴帽初中"转变、分离而产生
的，由此构成的师资当然也就带有明显的"农业""农民""小学"的印
记与痕迹。80 年代以后，随着原来"农中教师""民办教师""代课教
师"的退休与清退，加上较多师范毕业生等新教师的加盟，农村初中师
资队伍建设的活力开始增强，也确实涌现了一批优秀教师。可是好景不
长，到了 90 年代中期左右，随着教育产业化思潮的兴起，"名校办民校"
现象毫无节制地肆意蔓延，差不多所有的高中特别是已经剥离初中的老完
全中学都纷纷办起了自己的初中"民校"，城区初中也乘机办了自己的
"民校"。随着初中"民校"的增加，必然需要大量的教师。这些"民
校"教师主要是从农村初中抽调的，显然这种"抽调"都是经过筛选的。
又因为城乡的差别特别是农村学校与城区学校收入的过分悬殊，使得农村
初中不少比较优秀的教师（其中不少是校长、副校长、教导主任）都通
过各种途径进入城区初中和完全中学的初中部，致使农村初中的师资队伍
质量从此一下子又跌入了低谷。直到目前为止，这种状况并没有得到根本
改观。随着城镇化步伐的加快，农村人口的流动，特别是"择校"热有
增无减，只要有点门路且有一点点"冒尖"的教师又开始了挤向城区学
校的行程。这更使农村初中师资队伍"雪上加霜"，也使农村初中办学举
步维艰。

　　农村初中师资的薄弱，优秀教师的稀缺所带来的直接后果是，没有优
秀的教师，也就留不住优秀的学生，导致教师与学生在低水平、低层次上

恶性循环，进而也就很难走出教师群体"低质与弱质同化"的沼泽地。这是农村初中难以摆脱现实困境的根本原因所在。试想，在一个大家都"差不多"的教师群体中，而且这种"差不多"又是一种教师素养"低质与弱质"的"合并同类项"，没有人想"冒尖"，没有人能"冒尖"，最后也就真的没有人"冒尖"了，师资队伍建设就成为失去活力、毫无生气的死水一潭。其实，这种状况的持续存在并不难理解，因为在这样的教师群体中，没有优秀教师的榜样引领，没有名特教师的辐射效应，"低质与弱质"之间彼此同化、相互影响，必然导致正能量的削减与负能量的增长。长此以往，人们也就慢慢失去了对理想教育的追求，失去了对优秀教师的向往，失去了对自身人生境界的攀升，进而也就模糊了教育、教师和个人在价值取向上的是非界限。

（二）"种子选手"的榜样示范与鲶鱼效应

全面提升农村初中教师队伍的整体水平，是振兴初中特别是农村初中的当务之急。但要做到这一点，短期内显然不太可能，不仅因为农村初中面广量大，更重要的是，师资队伍整体水平的提高是一个长期的循序渐进过程，不可能一蹴而就。既然如此，要解决这个问题，就必须另辟蹊径。在这里可以而且应该借鉴中国经济发展的成功实践经验。改革开放初期，中国各行各业百废待兴，谁都希望让全体人民一下子富裕起来，但客观现实表明这只能是一种美好的愿望。正是邓小平审时度势提出的"先富带动后富"的指导思想与操作路径，即"一部分地区、一部分人可以先富起来，带动和帮助其他地区、其他的人，逐步达到共同富裕"①，才使国家的经济、社会有了巨大发展和长足进步，也由此不能不坚信"先富带后富，而后实现共富"思想与路径的正确性，以及对其他工作的普遍借鉴与指导意义。

联想到农村初中师资队伍建设，同样可能也可以按照这样的指导思想与操作路径来实施。也就是说，既然不能让全体教师一下子都"富"（这里的"富"特指教师的专业成长与持续发展）起来，但完全可以让一部分教师先"富"起来，进而由"先富"带动"后富"，最终实现"共富"。即通过多种途径和有效措施，让一部分教师的"专业成长与持续发

---

① 邓小平：《邓小平文选》第 3 卷，人民出版社 1993 年版，第 149 页。

展"更快更好些，进而影响和带动更多教师的"专业成长与持续发展"，最终实现全体教师的"专业成长与持续发展"。这也是破解农村初中师资建设困境，引领农村初中师资队伍质量提升的所谓"种子工程"建设的本质内涵之所在。显然，这里的"种子"，主要是取种子的"种一得二（春种一粒粟，秋收万颗子）""以一领众（以局部带动整体）"的意涵，而不完全等同于体育比赛中"种子队"或"种子选手"的内涵。农村初中师资队伍"种子工程"建设，指的就是根据农村初中师资队伍的实际情况，从中选择一部分具有专业成长潜能和持续发展优势的相对优秀教师，通过适切路径和恰当方法的培训和培育，使他们能在较短周期内成长为县（区）市学科带头人、骨干教师乃至省特级教师等领军式的"种子选手"，再进而发挥"种子选手"的榜样示范作用和鲶鱼互动效应，以此带动和影响整个初中特别是农村初中师资队伍水平不断提升的一种策略与路径。

在师资队伍建设中，重视和加强"种子选手"的培训与培育，已经引起越来越多的有识之士、有权之士的高度重视。《国家中长期教育改革和发展规划纲要（2010—2020年）》在第五十三条"提高教师业务水平"部分明确指出，要"通过研修培训、学术交流、项目资助等方式，培养教育教学骨干、'双师型'教师、学术带头人和校长，造就一批教学名师和学科领军人才"。党和国家特别强调培育"学科名师"和"领军人才"，实际上看重的就是"学科名师"和"领军人才"的榜样示范作用和鲶鱼互动效应。一所学校、一个团队一旦有了这样的"榜样"和"鲶鱼"，就一定会打破死气沉沉的局面而变得富有生机与活力，就一定会对那些得过且过、行动迟缓的人有所影响和触动，就一定会使学校或团队的正能量逐步放大并发挥主流作用。

其实，这种让一部分教师率先成长与发展起来，促使他们成为名特优教师，进而发挥他们的榜样示范作用和鲶鱼互动效应，引领和带动整个师资队伍质量提升的观念，已经被众多成功实践证明是非常行之有效的路径与方式。江苏省南通市通州区教育科学研究室正是基于这样的考虑，于2001年成立了"通州'名师之路'教育科研沙龙"。这是一个由全区具有较高教育科研素养和教育教学水平的骨干教师、学科带头人等参加的，进行教育教学研讨并接受名师指点的学习型、研究型组织，旨在通过教育科研来打造通州名师，又通过通州名师来提升通州教育科研品位。他们坚持教育科研为教育改革与发展服务、为提高教师素质服务的方向，遵循优秀教师、名特教师的成长规律，按照 21 世纪专家型、科研型教师所必备的综合素质结构要求，积极组织开展学习、研讨活动，在研究中学习，在学习中提高，同时接受知名教授和特级教师的指点，重视发挥沙龙的辐射、带动作用，进而更好地实现推动和促进全区教育教学质量和教育科研水平特别是全体教师整体素质不断跃上新台阶的功能。他们通过"阅读经典、名师讲坛、对话大师、话题研讨、集体会课、专题演讲、考察名校、区域交流、在岗研修、课题研究和月报制度、学期测评、年度考核"等活动与措施，初步实现了培育通州名师和提升科研品位的良性互动，先后走出 19 名江苏省特级教师和一大批市、区学科带头人、骨干教师，并由此引领了整个通州师资队伍建设的方向，加快了整个通州师资队伍建设的步伐，起到了四两拨千斤的作用。

（三）"种子工程"的多维推进与建设策略

实施和推进农村初中师资队伍"种子工程"建设，如何让一部分教师先"富"起来，也就是怎样使一部分教师更快更好地成长与发展，需要做的工作很多。总体而言，从行动主体来说，需要教育行政、学校自身、教师本人各尽其责；从建设策略来说，需要内部培养与外部引进各展其长；从活动形式来说，需要不同渠道与多个层次各显神通。

1. 全面落实教育行政的约束力与统合性

农村初中"种子选手"的形成和产生，教育行政部门可以而且应该发挥更大的作用。

第一，建立合理的流动机制。一要积极鼓励农村初中优秀教师留守农村。要制定并落实相应的激励政策，让农村初中教师真正得到城区学校教师不一定能得到的实惠。比如，在国家规定的基础上再适当上浮一定的经济补助，特别是经济发达地区更要先试一步，以弥补交通不便等所带来的额外开支。在评先评优、职称晋升、特级教师、学科带头人、骨干教师等的评选，以及优课竞赛、论文评比等各类选拔中，都给予适当的优先与照顾，必要的时候可以适当降低标准，以保证农村初中教师在其中能够占有一定比例。二要严格控制农村初中优秀教师流向城区。要对农村初中优秀教师向优质学校、城区学校集聚的态势加以动态监测与把关，一般情况下，没有非常必要和特殊情况，应该阻止这种"逆向"流动的发生。三要努力尝试城区初中优秀教师流向农村。要在评先评优、职称晋升等事关教师切身利益的刚性要求中，明文规定"必须有一定年限的农村工作经历"，以"倒逼"城区教师不得不走向农村初中。要逐步建立城区初中帮扶农村初中的制度，选拔优秀教师到农村初中支教，时间以一至两年为宜。要选拔优质学校、城区学校的副校长、中层领导和优秀教师到农村初中任职，让他们直接担任学校领导职务，或主持一个学校的工作，或分管某一方面的事务，或指导一个层次的活动，这对改变农村初中师资队伍的结构，特别是推动和促使"种子选手"的形成与产生必将大有裨益。

第二，提供更多的学习平台。一要为农村初中教师参加各级各类培训实行"计划单列"，不管哪一级培训，都要给农村初中教师留有指标。不仅要防止和杜绝城区初中教师挤占农村初中教师培训指标现象的发生，而且要在整体安排时适当提高农村初中教师的比例。二要让农村初中教师在初中"教育教学共同体（协作区）"，以及相关的"同研共进"活动中逐渐发挥主体作用，而不仅仅是陪衬者与倾听者。现在有不少地方在推进教育均衡、实现优势互补和结对帮扶过程中，根据自愿原则，把同一学段不同类别、不同层次的学校组织起来，成立"教育教学共同体（协作区）"，并且开展一系列"同研共进"活动，有效盘活了教育资源，发挥了$1+1>2$的作用。但美中不足的是，这些活动的主角常常由优势学校的优秀教师担纲，并未真正关注和重视农村初中和农村初中教师群体在此类组织与活动中的话语权和主导权，以致并没有对带动薄弱学校及其师资队伍建设起到预期的推进作用。三要吸收农村初中教师参加县（市、区）优秀教师发展沙龙活动。不少地区通过"名师工作室"和"优秀教师发展沙龙"等形式，把名优教师集中起来，实现叠加效应与辐射效应。如果在此过程中能有意识地适当吸收农村初中教师参与进来，无疑能促使他们正确认识自己的长与短，用心思考自己的理想与目标、教学与研究，进而努力使自己成为"种子选手"。

第三，构筑科学的优化系统。一要着眼把好初中新教师的"入口关"。要尽量避免将不合格高中教师淘汰到初中任教，并加大吸收优秀师范毕业生以及具有教师资格的非师范院校优秀毕业生到初中任教的力度。这除了要不断提高师范院校本科生定向到农村初中的比例，逐步提高初中教师入门的学历层次外，更重要的是要拓宽选择初中教师的渠道，在公开、公正、公平的前提下，坚持逢进必考，坚持教师基本教育素养和实际教育能力的全面考查与考核，真正选择优秀教师到初中任教。二要着手营造名特优教师的"伊甸园"。教育行政部门不仅要为学校提供良好的外部环境支撑，更要让学校在"待遇留人、情感留人、事业留人"上有更多的自主权和调控力，从而让优秀教师在农村初中这个"伊甸园"里，能够学习惬意、工作愉快、生活舒心。三要着力畅通不称职教师的"出口流"。不称职教师不能顺利流出，不仅对整个教师队伍声誉有负面影响，而且对不称职教师本人也是一种不负责任。因为有些人不适合做教师，并不意味着没有其他方面的"真才实学"，换一个岗位、调一个职业或许就能"大显身手"。不称职教师的"出口流"一旦畅通，初中师资队伍的整体素质必然会有较大提升，"种子选手"的能力与水平也就有可能"水涨船高"。

2. 不断放大学校自身的吸引力和共融性

学校是"种子选手"形成和产生的土壤，这块土壤是肥沃还是贫瘠，是适切还是排异，是促进还是阻碍，直接关系到"种子选手"能否形成和产生，以及形成和产生的数量多少、质量高低。对于学校来说，四项策略至关重要。

选准苗。这涉及的是"种子选手"培育对象的选择与确定问题，需要重点关注三点：第一，是否有强烈欲望。选择和确定的培育对象，一定要是教育的"志愿者"，而不仅仅"靠教育生存"，更重要的是要有较为远大的教育理想与人生抱负，对自己未来有较高的期待和仰望，而不是只满足于做一天和尚撞一天钟式的常规应付。第二，是否有良好基础。这里的基础有两个方面不可偏废：一是思想道德基础。即要有教育之爱、教育之情、教育之道、教育之德。二是业务水平基础。即在一定程度上要有对教育的独特认识与理解，要有课堂教学的基本技巧与能力，要有教育科研的创新思维与敏感。第三，是否有年龄优势。作为"种子选手"培育的对象，一般适宜在30—45岁之间，年纪太轻会缺乏经验的积累，年纪太大会削弱奋斗的激情，都不利于"种子选手"的形成与产生。当然，关键是因人因校制宜。

送出去。这需要根据培育对象实际情况的不同，选择和采取相应的路径和方式。对于那些缺少教育理论素养和教育科研方法的，要让他们到高等院校系统进修教育学与心理学等教育理论课程，参加上级教育科研部门组织的教育科研专题培训，使他们能够逐渐拥有先进的教育思想、教育理念，能够掌握系统的科研思维、科研方法，并用以指导和反思自己的教育教学行为。对于那些缺乏教育实践经验和教学机智的，要安排他们到优秀初中特别是办得富有成效且特色鲜明的城区优秀初中进行跟岗实习，并根据他们的工作内容（管理岗位或任教学科）配以相应的优秀指导老师，以让他们在面对面零距离的接触中，感悟和体会优秀领导或优秀教师的高尚师德和精湛教学技艺，更好地明晰和规划自己的奋斗目标。

压重担。"种子选手"的培育，固然离不开理论进修和跟岗实习，但更为重要的还是培育对象自身的教育教学及管理实践。要让"种子选手"更快更好地成长与发展，学校领导就要敢于和舍得把教育教学乃至管理的重担交到他们手里，压到他们肩上，如让他们走上领导岗位，分管或主持某一方面的学校事务；让他们承担更多的教学工作任务，持续在毕业班上磨炼，等等，使他们在深感压力的同时，也萌生责任感与自豪感。

重奖励。奖励不仅是对"正能量"的肯定，更能让"正能量"不断放大，"种子选手"应当成为学校生存与发展中一种非常重要的"正能量"。如何使这种"正能量"更好更大地发挥作用与效益，一个重要的方法就是要给予那些已经成为并且发挥了作用与效益的"种子选手"重奖。要奖得当事人激动，让"种子选手"切实体验和享受到"一分耕耘、一分收获"的愉悦和快乐，从而使他们向更高更远的层次与目标努力和迈进；要奖得其他人震动，让那些不思进取、得过且过的人的心情难以平静，从而逐步改变贪图安逸、着眼享受的习惯与风气；要奖得上进者心动，让那些本来基础不错只是努力不够的人觉得机遇不可错失，从而暗下决心、奋起直追；要奖得后来者行动，让全体教职工认识到自己与"种子选手"的差距主要是努力不够，从而不断改进和完善自己的学习与工作。当然，这其中要把握好物质奖励与精神奖励两者的度，使物质与精神相得益彰、互为补充，就显得十分重要。

3. 充分激发教师本人的内驱力和主动性

农村初中"种子选手"的产生与形成，最根本的还是要靠教师自己，有三种意识需要进一步确立。

目标意识。既然选择了教师职业，就要做一名合格教师；而从合格教师逐渐走向优秀教师、特级教师、知名教师，也理应成为每一个教师特别是有所追求的教师的理想与目标。因为有了理想与目标，不一定能实现和做到；但是没有理想与目标，一定实现不了和做不到。美国著名心理学家马斯洛的需要层次理论给予的启示就是，人不能没有生理、安全等低层次需求的满足，但是更值得为之努力奋斗甚至魂牵梦绕的则是自我实现（自我超越）需求的满足。

拼搏意识。当前农村初中教师队伍出不了"种子选手"，究其原因可能是多方面的，但是相当一部分教师缺少拼搏意识和进取精神，不能不说是重要原因之一。那些本来基础就有所欠缺且年龄较大的教师，总觉得"廉颇老矣"，再努力也不会有什么大发展，因而也就放弃努力，成为等工资、等假日、等退休的"三等"教师，每天所做的就是不断"重复昨天的故事"，其结果当然也就只能是"涛声依旧"。那些"80后""90后"新教师，由于独生子女居多，生活"衣食无忧"，更不乏所谓"看破红尘"一族，对什么都抱着无所谓的态度，什么也不要，什么也不争，不思教育教学技艺的长进与改善，不想自身的成长与发展，仅仅满足于书教了，课上了，渐渐被那些"三等"教师所同化，也就真的不可能进入"先进""优秀"的行列。因此，从一定意义上说，只有解决了初中教师拼搏意识和进取精神的问题，初中教师群体中学科带头人、骨干教师等领军式"种子选手"才能真正应运而生。

责任意识。所谓责任意识，实际上就是主体能够清楚地知道并从内心意识到，作为特定社会角色的自己，应该做好的工作，应该承担的任务，应该完成的使命，应该履行的责任，进而把这些工作、任务、使命、责任自觉转化为实际行为的一种社会心理特征。作为教师，应该承担的社会责任究竟是什么？"传道、授业、解惑"当然责无旁贷，问题是凭什么"传道、授业、解惑"，以其昏昏，何以使人昭昭？这就与教师本人的专业成长与持续发展有关。由此生发开去，作为一个农村初中教师，首先要负起对自己的责任。而这种责任，最重要的就是自我专业成长与持续发展的责任。其次要负起对学生的责任。教育之爱，最集中的表现就是教师对学生的无私之爱。这种爱应该公正、公开、公平地洒向每一个学生，不仅是教育均衡的规约与要求，更是为师的责任与义务。再次要负起对学校、对教育、对社会的责任。每一个教师不仅是学校人，更是教育人、社会人，需要从学校、教育、社会的视角思考自身的成长与发展，思考自身如何在学校、教育、社会的可持续发展中发挥作用，进而在双赢多赢中同生共长。

五　主张与行动：校长与初中学校发展

在初中教育整体发展关键内核的群体中，除了教师群体外，还有一个校长群体，且校长群体较之教师群体而言，其影响力与作用力可能更大。正是从这个意义上可以说，一个校长就是一所学校；而一个成功的校长，无疑也是有其独到教育主张，且能把这种独到教育主张有效转化为常态教育行为的校长。这里所关注的三位初中校长，只是众多成功发展的初中校长中的一分子，但是他们面对各自学校的不同境遇，利用各自学校的不同资源，凝练成适应各自学校发展的不同教育主张与行动，并形成各自学校特色的理念与实践，对初中学校的整体发展、内涵发展与特色发展不无启迪。

（一）百年名校的超越：顾苏云校长的文化行动

初中学校的优质高位发展，必然会带来继续前行的茫然与困惑，特别是已经具有"名校"范儿的初中学校，如何承继学校已有的办学业绩，继续在发展高地寻求发展的新亮点和新路径，是摆在这类名校校长面前的一项重要使命。江苏省苏州市景范中学是苏州市教育局直属初中，千年义庄文化熏陶和义学文脉滋养，为景范中学积淀了深厚的文化底蕴，学校因此拥有了办学的浑厚底气。近年来，在顾苏云校长的带领下，学校秉承"先忧后乐"校训，以"继承先忧后乐精神，培育既文且正学子"为办学理念，在校园环境建设、师资培养、教育教学改革、内部管理服务、教育质量提升等方面进行了全方位的探索与实践，形成"小规模、精品化、高质量"的办学特色和"生态景观园林化、环境氛围人文化、设施设备现代化、教师队伍专业化、教育教学素质化、管理制度人本化"的办学个性，凸显了高度的文化自觉的办学风格，实现了一所百年名校的超越式发展。

行动一：营造景范文化之场。一是让校名承载"景范"办学灵魂。"景范"即景仰范仲淹。如果说作为千年义庄、义学旧址，景范这块神异的土地承载更多的是一种大义、博爱精神和忧国忧民精神，那么，从崇范新学开启的那一刻起，其唱响的则是景仰范仲淹的主旋律。崇范、景范，不同的名称，表达的却始终是同一个主题。今日景范人，不仅领悟了校名的深意，更以行动实践景仰范仲淹的理念。二是让建筑陈述"景范"教育思想。景范拥有十大建筑，它们沿袭义庄格局，以中轴对称、长廊勾连成群的形式分布在不到20亩的校园内。景范人用原义庄建筑名称命名，让它们成为义庄文化的标签，同时表达今日景范人的信仰和追求。其中，矗立在学校中心的具有千年古韵的标志建筑原为"飨殿"，曾是义庄祭奠先祖、布施族人的地方，景范人将它辟为"范仲淹史迹陈列馆"并以"文正殿"命名；"先忧楼"（信息中心）与"后乐楼"（行政办公楼）分别为原义庄旧址的"先忧阁"与"后乐堂"，仍然基本沿用旧时名称；学校主体建筑"景范楼"（教学大楼），则以校名命名。所有这些表明的都是学校"继承先忧后乐精神，培育既文且正学子"之办学理念和景仰范公、学习范公之决心。三是让景点诠释"景范"文化源头。设置于学校大门左右的景点"木本""水源"，来自于对原义庄建筑"水源木本堂"的纪念，其宗旨是提醒景范人不忘景范立校之本——义庄文化，办学之源——范公精神；镶嵌在学校西侧复式长廊内的"范仲淹生平事迹"石刻长廊和"励志碑廊"，则以图文并茂的形式引导景范人师先人遗风，立报国之志，他日成为国家栋梁、民族骄傲；那些分散在校园内的众多碑刻及义庄建筑遗物，记录了自宋至明清的义庄历史变迁，是学校历史的活化石；至于校内金砖书法台、露天围棋桌、古筝练习亭的布置，更是"景范"文化对接古今、延伸日常的灵动诠释。四是让对联、匾额再叙"景范"之志。世济楼旁"闻道亭"内对联"历练人生知进退，经济时世共喜悲"，将先贤范公高尚人格与世济楼所诉志向完美融合，成为全体师生的座右铭；惠泽楼边"风雨亭"悬挂对联"义学精神隆盛世，范公思想育英才"，盛赞义学精神对国家、社会的积极影响，表达学校传承范公思想、为国培育英才之追求；排列在"范仲淹史迹陈列馆"东部的月洞门名为"怀忧""品乐"，讲述的是传承范公"先忧后乐"思想时的现代忧乐观，即时时拥有忧患意识，常常保持乐观心态。因拥有忧患意识而刻苦勤勉、锲而不舍；因拥有乐观心态而健康豁达、宠辱不惊。

　　行动二：传承景范文化之神。在穿越审视千年义庄文化历程中，景范人发现义庄文化之神主要凝结在一个"义"字上，主要指的是一种慷慨大气、宽容博爱的情怀。学校感动于一"义"贯穿千年，遂定"义"为景范立校之本。而追寻景范办学渊源，景范人又发现"义"其实生发于范公思想的核心——"先忧后乐"。这种以天下为己任的崇高思想境界、恢弘气度与宽广胸怀联结起义庄、义学，成就了古老义庄土地的精神源流和现今景范人的办学之源。"景范"文化就这样在"本"和"源"中生发，在高度自觉中获得传承和创新。

在文化兴校的今天，学校又确定了富有校本特色的办学理念——"继承先忧后乐精神、培育既文且正学子"，将传承范公精神的历史使命与培育优质人才的时代任务结合起来，以增强全体景范人的责任感与使命感。学校选取范公行为中蕴含的"自强不息、追求卓越"之秉性作为校风，激励师生不断进步、永不言弃；即使是"有教无类，诲人不倦"的教风确立与"学而不厌，孜孜不倦"的学风确立，也包蕴了范公一生重教育人的精神和矢志为学的态度。2008年校庆七十周年之际，学校觅得灵石一尊，因石状如"立"字，遂名之为"立"。"立"石尊放于文正殿的"知本斋"。学校巧借"立"石明志：强调景范办学以立人为本，提醒为师者正心立己、诚意立人，激励求学者立德修身、立志报国。学校还编辑出版《景范物语》《范仲淹事迹读本》《范仲淹诗文选读》《颂范公精神，展少年风采》等系列校本教材，作为全体师生员工的必学教材，让景范文化渗透每一位师生的心灵。"景范"文化所发散出的精、气、神不仅支撑着学校事业的发展，还涵养着师生独特的精神气质，赋予学校以文化的个性和灵光。

行动三：彰显景范文化之力。一是让"景范"文化成为学校发展的生命力。"景范"文化是景范生存之根、品牌之魂，奠定了景范"优质品牌学校"的基础，也必将成为学校新一轮持续发展的助推器。2008年，学校审时度势提出"以'景范'文化引领教师发展，促进学校发展"的办学策略，在规划学校发展蓝图时，有意让"景范"文化再现生命力和扩张力，即营造学校育人文化场，建立人文管理制度，探索"文化浸润，实践磨砺"德育途径，实施文化引领教师发展策略等。所有做法都意在让"景范"文化触角延伸到学校工作的各个方面，引领学校新一轮发展，促进景范特色的形成。二是让"景范"文化成为教师发展的提升力。教师是学校发展的根本，景范中学坚持将教师队伍建设放在首位。2008年9月，学校成立"景范中学教师发展学校"，提出"以'景范'文化凝结教师群体，用学校精神提升师资队伍"的教师发展战略。要求每一位教师自觉成为景范文化的传承者、学生道德的引领者以及师生相互陪伴的成长者，并且通过多种途径打造具有景范特质的师资队伍。一方面，通过校本教材学习、校本文化课程施教、范仲淹诗文朗诵等活动，让教师深层感受"景范"文化，从中寻求精神力量，获取专业发展和建功立业的动力；另一方面，学校借助文化课题的研究，引导教师深入体会学校文化内涵，激发教师师法先贤精神、培育今日学子的积极性，进而提升教师专业能力。三是让"景范"文化成为学生成长的推动力。景范中学 1996 届毕业生、北京大学博士陆胤在给母校老师的信中说："我所特别感叹的，是自己在中学时代所陶铸的人文素养，能这么快地和北大中文系的精神气质相对接，特别是'先忧后乐'的景范校训竟与北大所张扬的'爱国、进步、民主、科学'的现代民族国家追求如此契合，成为我治学及人生发展的方向和追求。"景范深厚的学校文化成就了一代又一代景范学子，更增添了今日景范人利用"景范"文化资源培育优秀人才的信心。2007 年，学校德育工作开始在原有基础上形成"文化涵养，实践磨砺"的特色，学校"既文且正"的育人目标，更多的是在文化浸润的无意间完成和无声处落实的，系列校本课程的提供，希望给予学生的是更多人生启迪和成长目标导航，而始于 20 世纪 90 年代的"景范少年系列活动"，时至今日，内容、形式不断完善丰富，特色也愈益鲜明。

顺应时代发展，传承才能超越。苏州景范中学以顾苏云校长为首实施的学校文化行动，诠释了名校校长在文化传承与超越中的教育追寻。一是名校校长要善于从学校办学历史中不断汲取前行的智慧和力量，将原有文化传统放大升级，垫高学校再发展、新超越的基点，既要善于回望过去，更要敏于眺望未来；二是要主动顺应时代的发展，勇立教育改革的潮头，敢于在文化继承中提出自己的办学主张，将学校传统中的优秀文化进一步提炼为软动力，成为学校新发展的凝聚力与综合力；三是无论提出什么样的文化理念，打造什么样的文化标识，都要指向学校的发展、教师的发展、学生的发展，指向教育教学质量的真正提升。

（二）薄弱学校的跃起：蔡林森校长的课改行动

在困境中谋发展，在改革中求效益，这大抵是中国农村初中做优做强的发展轨迹。唯有用发展的眼光、改革的思路和扎实的实践，才有可能突破薄弱学校发展的瓶颈。在这一过程中，校长无疑成为改革的设计师和践行者。泰兴市洋思中学原是一所办学质量较差的农村初级中学，在蔡林森校长的带领下，以教育改革为动力，创造了"先学后教，当堂训练"的课堂教学模式，结出了丰硕的教育成果，树立了全国薄弱初中教育改革的一面旗帜。

行动一："没有教不好的学生"——始终铭记学生、家长的需求。蔡林森校长说过："人民教师的追求应该是教好每一个学生，人民教师要能代表学生的根本利益，不然你还是什么人民教师？"正是在这个意义上，蔡林森校长和校领导一班人提出"在洋思中学，没有教不好的学生"的口号，并具体体现为四方面的实践。一是合理分班，调动竞争力量。2001年，他们将初一年级200多名两门功课不足120分的学生，按照每个学生的实际情况，合理搭配，平均分到两个分校20个班级中，并分别与分管校长、班主任签订"目标教育责任状"，定期对这些学生的转化情况进行验收。二是结对帮扶，调动合作力量。班主任将这些学生安排到教室前排，与优生同桌，结成学习对子。三是特别关注，调动情感力量。课上教师提问最多的是这些学生，板演最多的是这些学生，释疑、点拨最多的是这些学生，课后谈心交流最多的还是这些学生。四是设立信箱，调动沟通力量。学校设立了六个校长信箱，每月向学生家长发放一份问卷调查，征求家长对教师、对教学、对学校的意见和建议，并及时沟通交流、合理纠偏。

行动二："先学后教，当堂训练"——始终坚持教学模式的创新。蔡林森校长在教学管理中，大胆创新，开拓进取，创造性地提出"先学后教，当堂训练"的教学理念。"先学"，不是让学生泛泛地单独看书，而是在教师指导下自学。学生带着所提出的自学目标、内容、方法，在规定的时间内自学思考；自学形式也多种多样、灵活可变，如学例题、读课文、看注释、做实验、发现问题做记号等。"后教"，不是完全由教师讲，而是一种"互助式学习"，在学生充分自学后，将自学中的困难交给大家讨论，让已经学会的学生来教暂时还没有学会的学生，促使学生相互合作、相互帮助，达到"兵教兵"的目的。"当堂训练"，是在"先学""后教"的基础上，学生当堂作业，一般不少于15分钟，巩固所学知识，加深理解课堂上所学的重难点。

行动三："包班、分校"——实现管理方式的突破。在教学改革中，蔡林森校长借鉴中国农村改革的成功经验，灵活巧妙地将"家庭联产承包责任制"的"包"字请进学校，要求各科教师都要包教学质量，并制定了相应岗位责任制，其要义是教学责任无所不在。1997年，洋思中学只有 9 个班，2001 年就增加到 47 个班，规模的急剧膨胀很可能造成教学质量的滑坡。在严峻的现实面前，学校大胆改革管理体制，提出"分校制"概念，即把学校变成一个"集团"，将一个大学校分成 6 个小学校，实行"统一领导，分层管理，条块联动，以块为主"的学校内部管理模式。事实表明，这种整体部署、分组实施考核的管理模式，每天都能发现新问题，但每天又都在解决新问题，既提高了各分校间的竞争力，又增强了师生间的集体荣誉感。

可以说，以蔡林森校长为首的洋思中学，用他们自己的教育实践证明了他们自己提出的教育理念，因为他们不是从现成的理论出发，而是从教育实际出发，从学校面临的困境出发，去创造解决教育实际问题的办法。而实现学生由教育客体向教育主体的角色转变，实现教师由知识传授者向学生辅导者的角色转变，实现教育过程由高耗低效向低耗高效的转变，不仅仅是处于弱势境地的农村初中的追求，也不仅仅是初中学校的追求，更是基础教育所有学校的追求。

（三）农村学校的作为：居乾章校长的创特行动

现阶段新型城镇化的发展，一方面对农村初中学校带来发展机遇，但也在一定程度上对农村初中学校增加了发展难度，尤其是优质教育资源明显滞后于城区学校的农村初中。如何面对自身学校的发展现实，如何针对学校的自身特点，突破发展瓶颈，几乎是所有农村初中学校及其校长们迫切思考的问题。江阴市云亭中学是一所创办于 1958 年的乡镇初中，在居乾章校长的带领下，积极争取乡镇与教育行政的支持，突破了一所农村普通初中各方面条件有限的发展瓶颈，以有效实施"心理健康教育与法制教育有机结合""信息技术与学校教育教学有效整合""体育艺术特长教育"三大特色工程为抓手，探索出一条符合农村学校校情的改革、发展、创新、高效的办学之路。

行动一：心理健康教育与法制教育有机结合。针对处于特殊生理、心理发展阶段的初中学生，学校把健康、良好的心理培养作为学生健康良好地学习、生活、交往的保障性前提。学校分别与市司法局和计生委合作，创建了法制教育宣传室和青春期教育活动室——"青春家园"，分别包括青春期教育室、心理咨询室、音乐放松室、认知调节室、情绪宣泄室、沙盘游戏室、团体辅导活动室、法制教育室八个部分。譬如，"青春期教育室"主要以版面展览、视听阅览形式呈现，从新生命孕育、青春在线、快乐男生、快乐女生四个方面普及青春期知识，让青春期的少男少女了解生命的意义，正确认识自己，科学、有效地度过"心理断乳期"。"心理咨询室"是学生倾诉心声的地方，学生可以将自己内心纠结困惑、难以解决的问题倾诉出来，求得心理辅导老师的指导与帮助。"认知调节室"中设有爱心抱抱人、自信天使，通过赞美、强化、重复确认的方式，让来访者感受到赞美的满足感，感受到被人关爱与尊重，并在安静和思考中增进爱心，摆脱自卑，调节认知，重建自信。"情绪宣泄室"则设有基础宣泄人、宣泄墙、智能呐喊宣泄仪、宣泄人脸谱、宣泄棒、宣泄挂图等宣泄器材。它为个体提供一个安全、不受干扰的环境，将心中的烦恼与不快，在可控的范围内宣泄出来，从而有效释放压力和不良情绪。

行动二：信息技术与学校教育教学有效整合。虽然地处乡镇，但乡镇对云亭中学的大力支持，使学校得以以信息技术应用为突破口，并初步形成"感知教育，智慧云校"的办学特色。一是优化学科课程，让信息技术为践行有效教学服务。学校每年面向全市举办"信息技术与学科教学有效整合"大型研讨活动，邀请多位专家参与活动并进行现场点评指导，重在搭建师生信息技术与学科整合水平提升的展示平台。"十五"期间，学校组建"信息技术与学科整合"课题组，与之相关的各类课题研究如"网络环境下中学学科学与教的信息化实践研究""有效应用信息技术促进课堂教学的评价研究"等一直在持续，重在进行信息技术与学科整合的探索。学校教育教学信息资源不断充实、丰富，校本资源库容量已超过50G，内有教师自制课件 1000 多个，涵盖各学科教学设计，重在创建服务师生的信息技术与学科整合校本资源库。教育部教育管理信息中心选用了其中自制课件 25 个，向全国中学推广共享。2012 年 11 月，学校又成为江苏省首批数字化学习试点学校。二是构建校本课程，让信息技术为培养创新能力服务。创建良好的机器人教学环境。学校装备了两个机器人教学活动教室，每个教室六套机器人学习核心套装，12 台学生编程电脑。装备了一个机器人竞赛辅导活动教室，专门选派教师外出培训学习。组织编写了机器人教学校本教材，科学施教、因材施教，开设普及、提升、竞赛三个层次的培训。2012 年 9 月，随着学校"感知校园物联网综合管理平台"的初步建成，学校成立了"仰望星空""数字气象""开心农场""感知能耗"等 11 个学生项目研究组，每周五与其他音、体、美等 12 个社团同时开展学习研究活动，帮助学生走进物联网时代，体验感知技术，为全面提高学生科学素养和创新人才培养开辟了一条全新的信息化路径。三是拓展活动课程，让信息技术为培育健全人格服务。借助信息化技术创新创建"青春家园"。充分运用信息化技术手段，通过网络电脑、液晶投影、传感测试仪、认知机器人、自信小天使、智能宣泄仪、传感自行车，把有限的心理教育活动空间延展到广阔无限的网络世界。发挥网络优势创建"云中七彩阳光"心理教育网站。网站开设"心灵鸡汤""心海导航""青春飞扬""心理案例""家长课堂"等十个栏目。信息技术与心理健康教育的有效结合，使学校心理健康教育活动课程走出了校园，走向了社会，惠及更多的学生、家长和家庭，促进了学生的全面和谐发展。

行动三：体育艺术特长教育。云亭中学拥有一支师资力量相当雄厚的音、体、美教师队伍，为此，他们因校制宜，因师制宜，把体育艺术特长生的教育作为学校的又一特色工程。学校先后为中国美术学院、南京艺术学院、华东理工大学等一级音、体、美艺术学院输送了较高层次的后备人才；江阴、溧阳、张家港等锡剧团都留有云亭中学学生的足迹。

居乾章校长的办学主张和创特行动，大大提升了云亭中学的办学影响，为农村初中的升格发展提供了一个鲜活的样板。居乾章校长给予农村初中的最大启示是，农村初中办学必须坚持"面向全体抓基础，发展个性展特长"的办学理念，瞄准"办规范加特色学校，育合格加特长学生"的办学方向，围绕"现代化，高质量，有特色"的奋斗目标，培育特色项目，培植特色品牌，培养特长人才。唯有这样，农村初中才可以办得虎虎有生气，也才可能追求更高品位，实现优质发展。

第六章　初中发展的变革之本：
课程与课堂

　　"课程"与"课堂"是学校教育的核心，实现教育教学的变革与教育教学行为的完善，提升作为初中发展关键内核的校长群体与教师群体的整体素质，最终都需要落实在初中课程实施水平的全面提升与课堂教学效益的全面提高上。从这个意义上说，课程与课堂是初中发展的变革之本，要表达的意涵主要是：第一，学校课程是旨在儿童的成长与发展所组织的必要的文化行为，[①] 初中课程建设的关键在于，如何在开齐、上足、管好规定的国家课程基础上，创造性地实施国家课程，创造性地开发校本课程，确保初中这一特殊阶段学生的健康成长。第二，虽然所有课堂都可以被认为是学生主动建构知识以及师生、生生间交流与合作的互动过程，但这样的过程对处于儿童后期与成人前期的特殊学段的初中生来说，尤其难以把握其中的"度"。第三，有什么样的课程就会有什么样的课堂，课程改革最终要落实到微观层面也是核心层面的课堂变革上，因为课堂不变，教师不会变；教师不变，学校也不会变。由此，本章需要探讨的主要问题有三：一是如何从满足需要到提供选择，理清从初中课程建设到初中校本课程建设再到区域推进初中校本课程建设的实施意图；二是探讨具有个性特质的课程实践模式是什么样的，试图对如何借助课程与课堂的变革平台，为开发特色校本课程、构建特色课程体系、实现学生个性发展做出经验解读；三是探讨富有活力的教学形态如何创，突显的是从"结构—建构"，或从"项目学习"，或从"问题伴学"等不同角度对初中课堂教学做出的实践反思。

---

　　① 钟启泉：《生活与科学：从对立到统一》，《基础教育课程》2015 年第 4 期。

一 寻路问径：校本课程与课堂教学怎么走

从理论上说，国家课程计划与课程标准的全面实施，是为了满足学生的基本发展需求；读懂课堂，读懂课堂中的学生，读懂课堂中的"教"与"学"的方式，是为了让每个学生得到适当而健康的发展。但在实践中，这样一些看起来基本但却内涵极其丰富的发展需求和教学要求，对相当一部分初中学校而言并非一件易事。"每一所学校拥有课程编制的一部分权利，同时也承担着所开发课程能够体现'国家意志'、提升'教育效果'的责任"[①]，课堂教学要"以保障学生自主、合作、探究学习，保障教学方式的多样性，保障教师教学改革、教学研究的基本权利"为宗旨，这样的权与责，也从另一个方面不断"逼迫"相当一部分初中学校面对长期累积而成的诸多问题，寻求课程与课堂的行走路径。

（一）初中学校课程：从满足需要到提供选择

满足需要的初中课程建设。尽管关于课程有各种各样界说，如"学习程序""教程内容""计划化的学习经验""在学校保护下掌握的各种经验""一连串有意识地结构化了的学习结果"等，尽管其中有的强调"经验和活动的教育组织与计划"，有的强调学习对象—内容本身的独特意义，把课程视为"系统知识、智力技能与情意内容的复合物"，但是目前而言，注重课程实施水准的课程观已得到广泛接受。例如，经济合作与发展组织就把课程视为牵涉到儿童学习活动的整个框架的极其广泛的概念，不仅是单纯的教学计划，而且还包括计划付诸实施的过程与方法。也就是说，课程意味着学生在学校教师指导之下的整个生活活动的总体规划。在这样的理念下形成的国家课程开发模式是，从国家层面统整基础教育（尤其是义务教育）阶段的学习单元、学程和大纲、课标、计划等，尽可能满足社会需求与个人发展需要。由此，初中学校的课程建设也应当按照课程标准要求，严格实施国家课程，保证初中生基本知识、技能的掌握和基本发展目标的实现。不过，事实并不完全尽如人意。就初中教育尤其是江苏初中教育而言，师资条件限制、太过强调升学取向、初中学生面

---

① 钟启泉：《读懂课堂》，华东师范大学出版社 2015 年版，第 19 页。

临多种分流的严峻现实诸多因素，往往导致不少初中学校事实上并未能开足、开齐国家规定的课程，也就难以保证国家课程实施的质量。退一步说，即便能开足、开齐国家规定的课程，也只能满足学生成长的一般需要，因为国家课程开发考虑更多的是社会总体培养目标与学生同质特征，设定的也是所有学生普遍成长路径，远远不能满足社会多样化人才的培养需求与多形态学生的成长需求。在一种统一连贯的核心课程与国家课程开发模式之外，初中学校课程建设值得思考的方面还很多：课程设计如何体现教育的根本要求，既面向全体的共性，又体现学校的个性与特色？课程实施如何实现此学科与彼学科的相互关联，实现学科与学习者生活与社会的相互关联？课程指向如何让学生得到更好的发展，让每个接受教育的人的生命质量得到更多提升？所有这些对初中课程建设提出的一个重要问题是：如何从一般关注满足需要的初中课程建设走向重点关注满足多种需要的初中校本课程建设。

满足多种需要的初中校本课程建设。此处的"初中校本课程建设"与诸多论述中单一的国家课程开发或校本课程开发有所不同，主要指的是在实施国家课程纲要、课程计划、课程标准的过程中，在重建初中教学管理制度和新型教学文化的前提下，地方教育管理部门组织教育机构、课程专家、学校、教师，依据学生的学习需求、学校的性质特点、可开发利用的学习资源等，共同参与，各担其责，对国家规定的学习内容进行选择、补充、修正、改编、整合等一系列课程再开发的活动。进行校本课程建设就是要结合各初中学校的传统和优势，结合学生的兴趣和需要，以尊重人的差异为前提，以发展人的个性特长为目的，努力开发具有开放性、灵活性、多样性，并能体现学校特色的课程体系。《国家中长期教育改革和发展规划纲要（2010—2020年）》提出：着力提高学生服务国家服务人民的社会责任感、勇于探索的创新精神和善于解决问题的实践能力。这是教育发展和学校发展的总的培养方向，也是学生发展需要努力的方向，但作为学校课程规划的目标，还需要实现宏观层面与中观层面和微观层面的有机结合，需要通过校本课程建设建立国家、地方、学校各层面的课程联结与整合，使课程既能满足初中学生基础能力的提升，又能契合本校学生特定素养的形成。换句话说，国家与地方对初中课程目标、内容、实施方式等虽已有较明确规定，但这些课程在不同的初中学校中究竟是如何发生的？发生的大致轨迹怎样？发生过程中的利弊得失又是怎样的？都需要在校本课程的规划设计中获得进一步思考与落实。因此，初中校本课程建设，需要探索有效的课程方案设计，并使这种课程方案设计最大限度地符合学校愿景，符合学生的不同特质与多种需要，才能达成提供更适合学生需要的课程选择，从满足国家、地方的人才培养需求到满足学生的个性发展需要的建设主旨。当然，校本课程建设不是以校本课程取代国家课程，用"此一元"取代"彼一元"，就中国当下课程改革而言，只有相互适应取向的校本化课程设计与实施，才能使面向全国的、一统的课程改革方案更好地适切地方和初中学校的差异，一些比较笼统概括的目标才能获得具体实在的意义，一些新概念才能成为教师实践知识的一部分，一些创造性的变革也才能在实践中生成。

初中校本课程建设的影响因素。现代课程改革的历史揭示了课程建设中的三个基本要素，这就是学习者的性质、知识或学科内容的选择与组织、社会条件及社会理想，且成为课程设计与编制的重要资源和影响要素。就初中校本课程建设而言，学习者的性质和知识或学科内容的选择与组织两个要素显得关系更为密切。因为在校本课程建设中，不仅要考虑当代社会变迁和学科发展对课程开发的影响，而且要考虑初中学生究竟需要什么样的课程，什么样的课程才能适合初中生的身心发展水平。说到底，校本课程建设的过程既是学校办学思想的体现、学校文化特色塑造的过程，也是学生价值观念、个性思维、行为方式形成和发展的过程，初中生才是初中学校课程建设的起点和归宿，如果违背了初中生身心发展的规律，即便课程设计得再完美，也终究是一纸空文。因此，在进行校本课程建设之前，首要考虑的是学习者发展变化的需要，是学习者差异成长的需要。

初中生是处于特殊发展阶段的人。人从出生到死亡，每时每刻都发生着变化。从一个牙牙学语的儿童，到一个能够独立思考、做出判断的成年人，毫无疑问，生理上、心理上的发展伴随着学习者整个学习过程。所谓发展，既指个体的生长和成熟，也指个体与环境相互作用而产生的变化。初中阶段的学生在学习的同时，生理、心理都发生着显著的改变。生理的发展需要依靠丰富的营养、适当的运动、有规律的生活方式等，心理的发展则既有连续性又有跳跃性。根据皮亚杰的观点，儿童的认知发展有阶段性的特点。同样，虽然对于发展的划分标准和一些内容持不同意见，布鲁纳、埃里克森对于认知和心理社会性的论述也提到了阶段性发展的观点。

所要注意的是，除了这种阶段性外，人在某些阶段遇到某些事件时，也会爆发出一些跳跃性发展。博尔诺夫就认为："教育过程中不可避免地出现的各种困难和干扰常常给教育带来障碍，看似教育效果不佳，其实单纯把这种现象归为教育失败是不科学的。"① 从跳跃发展的观点来看，正确处理这些现象恰恰能够使危机成为教育的契机。初中生年龄大多在 12—16 周岁左右，多数初中生会经历人生中生理和心理发生剧烈变化的青春期（又称"心理狂飙期"），当然也是人生中很富有活力的时期，而烙印在这一特殊时期的学习，则体现为经常处于"跳跃"发展状态的学习者的角色。这样，课程的设置除了遵循一般发展规律（如儿童发展的阶段理论）外，还需要考虑这一阶段初中学生的灵活性和多样性特点，以适应特殊生长期不同情况的需要。

初中生是能动发展的人。学习是一种吸纳知识的过程，学习者在这个过程中扮演的是主角，没有学习者主动的学习，就不会产生积极的学习效果。孔子主张"不愤不启，不悱不发。举一隅不以三隅反，则不复也"，提出启发式教学与学生主动思考的观点和方法；卢梭非常强调儿童的主动学习：问题不在于告诉他一个真理，而在于教他怎样去发现真理；裴斯泰洛齐强调教学应从"自然的道路"而来，要求教师努力按照学生的天赋加以培养，努力理解他们的本性；② 罗杰斯则认为，人是个复杂而又自动的整体，包括情感和思维。教师的职责是促进学习而不是引起学习的产生。所有这些都表明，教育者要尊重学习者，要依据学习者的能力、兴趣和爱好组织活动、安排内容。与此相类似，可以说，围绕学习者展开的课程建设，符合学习者不同要求的课程，对作为能动的学习者的发展不无裨益。对一线教师和教育管理者就"初中学生学习特征"进行的访谈进一步证实，初中阶段的学习者已逐步具备独有的学习特征，逐步具备独立地观察、思考和解决问题的能力。校本课程建设中尊重他们，主要就是将他们视为独立的个体，不是只进行单纯的知识训练式学习活动，而是伴随着他们交往、选择、追求等各种情感积累过程，把学习活动变成能动发展的过程。

---

① O. F. 博尔诺夫：《教育人类学》，李其龙等译，华东师范大学出版社 1999 年版，第 56 页。

② 约翰·杜威（J. Dewey）：《我们怎样思维？经验与教育》，姜文闵译，人民教育出版社 2005 年版，第 136 页。

　　初中生也是生活在社会中的人。学习者生活在社会中，因此，学习行为不可能脱离社会而存在。杜威认为"学校即社会"，社会发生的各种变迁对于学习者产生的影响不可忽略，而学习者的学习终究是为了更好地融入社会，在服务社会的过程中实现自我价值。纵观近代社会，所发生的最主要变化在于现代化。现代化带来社会结构的变化，生活方式的变革，价值观念的更新，其中，对学习者影响最大的可能是价值观念的更新以及生活方式的改变。"人的发展在一定程度上可以说是由成熟（生理的发展）与学习（心理的发展）构成的。"① 初中阶段是学习者心理品质形成的高峰期，当代社会与信息技术无疑会对他们的学习、交往、生活发生种种影响与改变，其中的改变包括四个关键点：身份的多样性（人物、地点、活动、读写能力等），意识的可能性（发明新事物的可能、获取选择的可能、做中学的可能以及积极投入的可能等），活动的娱乐性（探索性动机的驱动），以及参与性（通过民主的对话，所有人都将受到欢迎）。这些都表明，生活在社会中的初中生，会不可避免地与他们所在的空间、所接触的人、所建立的身份、所参与的活动、所面临的多种材料发生联系，这些联系会促使他们更多地形成自己的想法，更多地向他人表达并争辩，更多地尝试说服他人。而初中生这种种自我意识的增强，在校本课程建设中会成为一种不可忽略的重要力量。

　　上述初中生发展阶段的独特性，使他们必然不满足于同一的课程内容与实施方式。一方面，科学技术的进步对人的培养提出新的要求，为课程的重新规划、实施提供了可能；另一方面，数字化时代学生的学习已经不完全依赖教师，教师的教学与学生的学习结果，也不再是一对一的教什么学什么的对等关系，而是一个不断互动碰撞的、不断产生思维新质的，不断将理解推向深度广度的多元关系。这不仅意味着教师的职能面临转型，而且意味着学校的课程建设也面临转型，初中生的发展需要也必然是多样化、多层次的。从江苏区域初中学校联盟举办的多次活动中发现，初中学校课程建设存在明显的分化现象。一是所设课程单一，师资薄弱，仅能（有的学科甚至缺少专任教师）应付国家规定的课程，即使有部分特色课程也形同虚设；二是开设课程看似门类繁多，实质大同小异；三是相当一部分课程资源并没有充分发挥助推校本课程建设的重要作用。如何从以教

---

　　①　施良方：《学习论》，人民教育出版社 2001 年版，第 45 页。

科书和教科书为主的学科知识为中心的课程，到以人的思维、想象和解决问题能力的培养为中心的课程，这个转型始终是一个难点。在承认知识和技能个人化建构的前提下，需要思考的是：如何掌握好牢固知识基础和个性化拓展、应用的关系？如何将初中生应具备的核心素养梳理出来，并整合成一体化的学习内容范畴和序列？如何在校本课程整体架构方面进行通盘谋划并产生推广价值？显然，仅仅靠一所初中学校的课程资源开发与课程建设力量，要满足多样化、多层次的学生需要，有些捉襟见肘。

区域推进初中校本课程建设的路径选择。有学者认为："如果试行'校本课程'，至少需要创设两个前提条件，即校长、教师要具备自主抉择课程的能力和角色转换的精神准备——从被动地实施既定的课程规范到形成课程理念、主动创设课程规范，并建立有效的非行政的课程宏观指导与微观监督机制。"① 增强学校课程开发自主权，形成健全的"校本课程"体制，是当今课程发展的趋势，但鉴于中国教育大背景以及校本课程开发中存在的种种问题，完善这种体制仍然需要长时间的实践经验累积与理论研究。与此同时，校本课程建设的主体是学校，很多学校已经开始思考并着手建设学校课程，且有些学校已经有了比较适切和相对完善的课程规划。但是，如何真正从回归学生的"学习"本质出发，进行一种视野较开阔、方案较实际且有足够育人品质的课程设计，相当一部分初中学校（尤其是薄弱初中校）普遍感到力不从心，更因校长课程领导力、教师课程开发力的相对不足而举步维艰。在这种情形下，整合不同学校的课程建设资源，从区域层面设计和推进初中校本课程建设，可能是一种经济且行之有效的路径选择。这些从区域层面进行的课程设计和实施，一是有可能为不同类型的学校校本课程建设提供必需的政策保障与专业支撑；二是有可能集区域教师之力开发不同层次、不同类型的课程，为不同学校、不同学生的发展提供选择，并可能形成初中校本课程规划共同体，"保障所开发的课程的品质并最大限度地发挥其教育成效，而在课程开发的设计、实施、改进的全过程中，持续地、发展性地解决一系列问题"②。

根据不同地区的实际情况和初中的任务特点，区域推进初中校本课程开发至少有三种类型：第一类是重在培养创新品质（或者说潜能开发取

① 陈桂生：《何谓"校本课程"》，《河北师范大学学报》1999 年第 4 期。
② 钟启泉：《读懂课堂》，华东师范大学出版社 2015 年版，第 20 页。

向）的校本课程。这种类型的校本课程内容一般由三部分组成：一是国家规定的必修学科，保证达到国家规定的最低标准；二是与高中相衔接和对应的提高性选修课，为学生未来发展做充分的准备；三是一部分活动课程，与学科课程相配合促进学生的全面发展，培养学生创新品质，让学有所长的学生潜能得到开发。采用这类校本课程的学校，一般生源基础好，师资力量雄厚，办学经费充足，教学设备精良，学生基本都能升学。这些学校一般在中国大中城市和经济发达的部分地区，也包括一些地区县市的重点中学。第二类是重在培养学以致用能力（或者说实践运用取向）的校本课程。在部分贫困地区的初中学校，从生源、师资到经费、设备等各方面条件都比较差，学生辍学率较高，大多数毕业生不能继续升学而进入社会。对这类地区来讲，经济不发展，学校教育就难以得到保障，学校若不能培养有劳动致富本领的人才，地区经济也难以发展。这些初中应该在保证达到国家基本要求的前提下，以对学生进行实践运用能力培养为主，培养一旦走上社会就能为经济建设、社会发展服务的人才。与此匹配的校本课程设计主要有：一是国家规定的必修课程和短期职业指导课，使学生达到义务教育初中的最低标准，为以后有机会继续学习打下基础；二是具有地方特色的职业性选修课，教给学生致富的一技之长，为其参加当地建设创造条件。第三类是潜能开发、实践运用兼顾的校本课程。即兼顾学生潜能开发和实践运用的综合式校本课程，学校承担起双重任务，使每一位学生都得到尽可能的发展。主要有两种形式：一种是分段式的，如 2 + 1、3 + 1 等。这种形式的课程在三年制学校和四年制学校中有所不同，两类学校根据各自的具体情况来确定前两年或三年开设国家规定的统一课程，保证基础教育的质量，在剩余时间设置提高型和职业型两类选修课，对分流的学生实施不同的教育。另一种是一贯制的，两类选修课与国家统一的基础课同时开设，学生在必修基础课的前提下，再根据自己的需要和兴趣选择一类选修课进行学习。一般来说，学校生源基础参差不齐，办学条件比较一般，毕业生部分升学，部分就业，学校双重任务相当明显的学校较适合这种课程形式。

以上三种课程类型都具有各自的独特性，但三者之间不存在不可逾越的界限，相反，随着社会的发展，它们会形成一种同向转化关系，即就业取向教育的课程逐步向综合型的课程转化，综合型的课程逐步向侧重升学教育的课程类型转化，侧重升学教育的课程自身也不断完善和提高。关键是，在从区域层面推进各种不同类型的校本课程建设中，既要赋予课程设计与实施者较大的课程自主权，更要注意提升不同课程设计与实施者的课程能力。因为课程目标、内容、实施与评价一旦发生改变，必然会带来课堂教学方式的改变，也必然会带来育人方式的改变。

（二）课堂教学方式：从怎样教到怎样学

国家《基础教育课程改革纲要》指出，教师在教学过程中应与学生积极互动、共同发展，引导学生质疑、探究，促使学生在教师指导下主动地、富有个性地学习。教师应创设能引导学生主动参与的教育环境，激发学生学习的积极性，培养学生掌握和运用知识的能力，使每个学生都能得到充分的发展。这一高教学要求的达成，要求教师确立新的教学观，积极转变旧的课堂"教"学方式，同时也要求学生适应与课程改革相匹配的教学需要，积极转变旧的课堂教"学"方式。因为说到底，课程实施视野中的课堂教学，是"师生"以信息为背景，以语言为中介的一种沟通活动。唯有真正的沟通，教师与学生才能用各自独特的精神表现方式，凭借各自的"教""学"经验，通过思想碰撞、意见交换、心灵对接、合作探讨，实现知识的共同拥有与个性的全面发展。因此，从 2001 年实施新课程改革以来，中国中小学课堂相继处于转型之中。教师纯粹"一言堂"的时代开始消解，灌输式教学方式也随着新课程理念的冲击而遭遇挑战。但是，"考试制度不变，课堂不变，教师不会变；教师不变，学校不会变，课堂也难变"的说法，表明的是考试与课堂、学校与教师之间千丝万缕的关联与利弊连带。初中教育的办学目标受中考影响，初中教育的课堂也就会受中考影响。在诸多课堂观察与调研中发现，不少初中课堂既少了些小学课堂的"润泽"与"灵动"，也少了些高中课堂的相对"民主"与"开放"，这使得初中课堂做出变革与转型的需求显得更为强烈也更为迫切，因为无论是教师的"教"还是学生的"学"，都无法脱离"课堂"的范畴，而初中课堂的变革与转型则又主要体现在课堂"教"与"学"方式的转变上。

1. 课堂教学内涵的再探究

在汉语中，"课堂"最初并不是作为一个专门的术语来使用的，"课"和"堂"各有其专门的含义。"课"，最初具有"考核""检验""赋税"等含义，在此基础上加以引申后，被赋予了"按规定的内容和分量教授、讲习、学习、作业"的含义。"堂"的本义是"殿堂"，指作祭祀之用的高房屋，后来被广用为指一般的房屋。把"课"与"堂"连起来用构成"课堂"一词，是在近代班级授课制传入中国以后出现的。一方面是由于班级授课形式主要表现为教师在固定的场所、特定的时间内对学生授课，需要一个相对稳定的地方开展教学活动；另一方面是由于长期以来对教师上课的权威性不容置疑，就把教师上课的地方尊称为"堂"。"课堂"从字面上讲为"课之堂"，就是用来上课的地方，现实生活中常被等义于"教室"，这是课堂的最初含义。英文中课堂和教室均为"classroom"，大多数英汉词典"classroom"的解释也是把教室、课堂并列一处。或许，这也是今天许多人将课堂理解为教室的原因之一。

随着社会的发展，对教育提出的要求越来越高。为了适应和满足这种要求，作为教育场所的"课堂"的形态和功能也不断发生着演化，逐渐成为教育教学活动的主要样态，其所涵盖的内容和要求也变得越来越复杂，课堂最终发展为体现多元文化、具备多种功能、完成多重任务的一种复杂的综合形态。至此，课堂的功能不再仅仅限于作为机械物质的物理空间，而是一个含有多种结构的功能体，课堂与教室出现了本质的差异。近些年来，随着课程与教学论研究的发展以及课堂专门研究的兴起，人们从不同角度对课堂进行考察和分析，有关对课堂的理解也有了许多新的认识。有研究者从社会学的视角加以考察，认为课堂是一个微型社会，是社会大系统中具有特殊功能的一个小系统。在这个系统中，教师、学生和环境之间不断发生作用，常常也会产生不可回避的矛盾和冲突。他们之间的相互作用和相互影响促进着课堂的不断变化和学生的不断发展。[①] 有研究者从管理学的视角进行研究，认为"课堂是以教室为活动场所，通过师生之间的分工合作和职权、职责的制度化而有计划地协调师生活动，以达到教育目标的一种组织系统"。[②] 有研究者从生态学视角加以理解，认为"课堂是一个生态系统，在这一系统中，课堂构成了一个特殊的环境，生活于这一特殊环境中的教师和学生为某种任务而行动"。[③]。有研究者通过历史的考察和对课堂存在模式与形态的分析，提出"课堂最少有三种主

---

① 吴康宁：《课堂教学社会学》，南京师范大学出版社1999年版，第3页。

② 皮连生：《学与教的心理学》，华东师范大学出版社1997年版，第332—333页。

③ R. I. Arends, *Classroom Instruction and Management* (New York：The McGraw Hill Co.，1997）, p. 17.

要的理解：第一种是指课堂教学的场所，即教室。第二种是指课堂教学，就是发生在教室里的教学活动。第三种是指课堂综合体，包括教学环境、教学活动、课程、师生关系等"①。有研究者通过对课堂本质的追问，认为"课堂不同于教室，也不同于班级。广而言之，教室主要是指教学的条件设施，班级主要是指教学的组织形式，课堂则是指课程与教学活动系统"②。综上所述，无论课堂如何集课堂环境、课堂关系、课堂组织与管理、课堂文化于一体，无论课堂是多少种要素构成的综合体或系统，可以确认的共同之处是，课堂是学生学习的场所，课堂教学的基本要素离不开教师、学生，离不开师生双向活动，离不开基本的条件、设施与方法。探究课堂教学内涵，主要是探究课堂教学的内在运行机制，探究课堂实践活动的过程规范机制，即按照课堂活动特定过程和作用原理所结成的要素、结构、功能与相互关系等。由此，对课堂教学的观察，一是要观察课堂教学各组成部分或各管理环节之间相互作用与制约的变化方式；二是要观察课堂整体运行中，各要素之间配置方式与调节功能的不同所引发的运行过程与特点的变化，并寻求把课堂各个部分联系起来协调发挥作用的运作方式。

2. 国内外课堂教学研究的指向差异

总体而言，国外课堂教学的研究指向是创建有意义的课堂。其代表性研究成果有：美国学者菲利普·杰克逊（Philip Jackson，1968）用分析数据论证了课堂的复杂多变和课堂决策实施的困难程度；多勒（Doyle，2002）则在此基础上提出课堂教学的五个特点：多层性、同时性、即时性、不可预测性、历时性；古德（Thomas L. Good，2002）和布罗菲（Jere E. Brophy，2002）全面论述了学生参与课堂、课堂组织管理、动机和指导之间的关系；里德利（D. S. Ridley，2001）和沃尔瑟（B. Walther，2001）则立足于营造积极的课堂环境，创建有意义的课堂。这些成果虽然视角取向、研究重点各不相同，但研究立足点都在于课堂中对形成学生有意义学习的内外部条件的创设，研究目的都旨在促进课堂运行机制的优化，并且都围绕当前世界教育改革的热点问题——"让学生成为学习的主人""学生作为研究者""创建有意义的课堂"等进行深入探讨。创建

---

① 王鉴：《论课堂的历史形态及其变革》，《西北师大学报》（社会科学版）2006 年第 2 期。
② 汪霞：《我们的课堂生态了吗》，《全球教育展望》2005 年第 5 期。

有意义的课堂，重点在于形成有意义的学习。按照加涅（Gagne，1974）的分析，产生有意义学习的条件有两类：内在条件和外在条件。前者指学习时所涉及的知识、过程、策略；后者指发生在学生外部的那些教学事件。

总体而言，国内课堂教学的研究指向更多地追求有效的课堂教学。中国近十年来的课堂教学研究，主要以译介、借鉴学习、自主研究等方式，从社会学、管理学、文化学等视角透视课堂，旨在针对当前课堂教学中存在的问题进行"课堂重构"。余文森（2007）等提出通过发挥学生的自学潜能来建构生命课堂；沈雁（2006）用生态学的原理和方法研究课堂，探讨建立一种和谐、系统和可持续发展的课堂形态；董小平、靳玉乐（2006）则从微观、中观、宏观三个层面，探讨优化课堂教学系统结构要素之间的关系，使教学各要素在教育系统内部能够良性、协同运行，以构建和谐课堂。从产生有意义学习条件的角度看，国内的研究立足于形成学生有意义学习的外部环境或条件创设，与当下课堂教学改革所倡导的"有效教学"理念不谋而合。这虽与国外创建有意义的课堂有相似之处，但对形成学生有意义学习的内部条件的研究尚不够深入，更缺少针对特定范围、对象（如初中生）学习类型、性向、支持系统的观察与探究。

3. 转变中的初中课堂教学

从"知识传递"到"学会学习"。从课堂教学实践看，在"知识传递"系统中，学习过程采用的是一个有利于知识传递和保持的机制，较为典型的模式是：阐明学习目标—引起注意—材料呈现和指导—教师概括和学生回忆—作业和练习强化。这一过程符合信息加工的原理，有利于学生对知识的学习与掌握。而作为承载这一过程的课堂教学，为了让学生完成知识存储和技能结构化活动，也有一个从知识获得的简单训练到知识转化为能力的技能训练过程，且希望在由易到难、由简单到复杂的有序训练中，达到知识、能力系统化、结构化，更好更快地完成传递知识的目标。问题是，不少教师在这样一种"知识传递"中，太多强调单一技能，太多强调同一技能的重复训练，在一定程度上阻碍了处于生理、心理跃动期的初中生日益增长的自主学习的需要。随着《基础教育课程改革纲要》的颁布和实施，新课程标准倡导"自主、合作、探究"的学习方式，引起了教者、学者、研究者对现有课堂教学方式的反思。"自主、合作、探究"隐含着一种期望，希望学生在主动实践的过程中获得知识，提高能力，获取全面的学科素养。这是课标制订者的期待，也是社会对人才培养的要求。各科课程标准虽然有不同的学科教学要求，但共同的要求都是"教师在教学中必须认识到学生是学习和发展的主体。课程必须根据学生身心发展和学习的特点，关注学生个体的差异和不同的学习需求，爱护学生的好奇心、求知欲，充分激发学生的主动意识和进取精神，倡导自主、合作、探究的学习方式。教学内容的确定，教学方法的选择，评价方式的设计，都应有助于这种学习方式的形成"。因此，初中课堂如何组织和设计才有助于这种学习方式形成的教学过程，成为教师进行教学设计的一个重要问题。课堂教学由"知识"到"能力"的转变，课堂教学形式由"传授"到"实践"的转变，需要伴随学生学习方式的转变，也需要伴随教学目标由"学会"到"会学"的转变。

从"能力生成"到"意义建构"。这主要指的是在"学会学习"过程中，不同的学习层级与能力层级的形式与目标。"能力生成"更多强调的是根据不同的学习任务重点，调整内容选择和学习策略，确定学习活动的不同模式，如基于情境的学习（着重于问题的发现、知识的应用），基于资源的学习（着重于信息的搜索与整合），基于项目的学习（着重于问题的解决）。而在每个阶段的学习性质和任务、学习策略和内容凭借中，教师更多的还是学生学习的主导者与设计者。"意义建构"则更多强调的是在探究与活动两种基本形式中，致力于学生学习活动的丰富性和能动性，让学生在情境互动中产生张力、交流争辩、协作学习、归纳问题、解决问题，最终以独立和投入的学习替代依赖和被动的学习。这里，虽然与能力生成一样，同样需要以知识为基础，只是这个知识基础已不仅是强调分化的知识，而且是强调整合的知识；不仅是强调机械的记忆和接受知识，而且是强调知识在情境中的应用和问题解决；不仅为学习者提供知识的多重表征，而且也鼓励学习者对知识进行多种方式的表征。在这样的意义建构中，虽然存在初中生学习目标的动态性、情境的复杂性和个体背景的差异性，虽然无法准确预见、设定和安排学生具体学科的学习内容和序列，但是，可以通过把握核心知识、活动过程等变量促进学生高层次思维能力的发展，并且让这些能力反过来进一步帮助学生应付变化的、随机的情境和问题。

4. 变革课堂教学方式的要义

一是拟订适切目标，帮助学生形成个性化学习方式。教育实践表明，处于不同发展阶段的学生在知识、能力、兴趣、认知风格、理解水平等方面都存在明显的差异性。为帮助初中学生形成个性化学习方式而拟订的目标，首先要适应初中阶段学生的学力差异、兴趣差异以及生活经验差异；其次要形成高质量的课堂学习活动，这样才能在学习方式与目标任务之间建立起有机关联（见表6.1）。

表6.1　　　　　　　　学习方式与目标任务之间的有机关联

目标任务	学习方式		
	参与式	研究式	建构式
认识水平	反应求真	改造求善	重建求新
认知特征	认同表征	解读加工	重组建构
思维活动	比较、分析、综合、抽象、概括、特殊化、一般化、知识习得、掌握	选择、增删、改造、探索、发现个性化、解读与加工	拓展、延伸、发散、重构对改造物的"统合表述"
理性水准	规律性运思	能动性改造	特质性建构
活动组织	营造氛围，建立联系，组织加工活动，形成网络或图式并自动化	创设认知冲突，确立研究主题，参与探索过程，指导研究发现	动态开放的情境，"大园式"观察探索，互动合作，建构意义，领悟反思

上述不同的目标任务与不同的学习方式，对于不同的学科课堂和课堂中的不同学生来说，具有各不相同的适应性与可选择性。对初中学生来说，从小学步入中学后，普遍存在学习方式不适应的现象，尤其当学习成绩不佳时，或表现出学习能力下降、无所适从的问题，或表现出心理上的自卑，行为上的羞怯、孤独，若经过努力仍得不到改善，甚至会出现责怪自己，怨恨自己，最后破罐破摔以求心理负担得到释放的情况。面对这些状况，需要适时调整学习目标，改变一味的"接受学习"方式，提供多样课堂学习方式选择，鼓励学生通过自身的努力去提高思维能力和学习能力，进而在学习过程中获得健康发展。

二是重建课堂文化，形成支持性的课堂学习环境。德国心理学家勒温认为：人的行为是人的内部张力和环境的外部张力的力场关系的结果。[1]这个命题表明，环境对主体及其活动是一个不可忽视的制约性因素。教学活动同样也不例外。课堂学习环境具有益智、健体、美育和养德功能，是

---

[1]　转引自施良方《学习论》，人民教育出版社2001年版，第157页。

影响学生学习动机、学习情感、学习行为的一个极其重要的变量。真正的知识不是简单地通过教师传授得到的，而是学习者在一定环境下，依靠与教师和学习伙伴交流与合作，利用必要的学习资源，通过能动地建构意义的方式获取的。形成支持性的课堂学习环境，需要充分考虑怎样把思维和情感有机整合到教学活动中来，学会对各种要素进行必要的选择、组合、控制和改善，不断密切教学环境与人的生命状态及其发展之间的关联，从而使教学环境的各种要素与学生学习特性之间具有亲和力，为学生的个性化学习、自主学习提供必要的优化条件。支持性的课堂学习环境需要重建课堂文化。在一种公平而又民主的和谐环境下，学生不会因地区差异、家庭背景差异以及成绩落后而遭受冷落和歧视；相反，学生会因得到教师的充分信任和有效期待而产生奋发向上的学习动机，引起跃跃欲试的思维需要，从而把教学内容内化为自己的认知与情感结构。实践证明，学生在沉闷压抑的学习环境和状态下学习，不可能产生理想的学习效果，一个内容开放、思维开放、心态开放的教学环境无疑是互动教学功能得以正常发挥和扩大的基础条件。

三是建立动态机制，形成多向互动的课堂形式。学习策略的获得是一个动态过程，包括对学习方式的选择和使用、学生自主学习活动的合理组织、调控和管理等。而受应试教育和课程资源短缺的影响，目前部分初中学生学习方式仍然比较单一。关注学生学习过程的有效教与学方式的形成，实质上就是要开发和创新可操作的有效教学策略和学习策略，建立学生获取自主学习策略的动态机制。这一机制的理论基础来自学习心理学，尤其是人本主义学习理论。其主要观点包括：学习内容如果对学生没有什么个人意义的话，学习就不大可能发生；每个人生来就具有学习的动力与学习的需求，教师的任务不是机械地教给学生知识，而是要为学生提供各种学习资源，提供促进学习的氛围；教师应由传统的知识传授者转变为学生学习的指导者、咨询者和合作者，教师与学生的关系应是双向沟通、双向参与、平等互助的关系。可见，建立学生自主学习策略的动态机制，形成多向互动的课堂形式，其面对的根本问题是教师"会不会教学生学"以及学生"会不会学"的问题，包括"如何教学生会学""如何教会学生学习"以及"如何引导和组织学生的有效学习"等。这是一个逐渐深入、不断拓展的过程。"如何教学生会学"，是教师在实施教学过程时一般都会考虑的问题，更多着眼于教师的"教"，涉及的是教的方式。"如何教会学生学习"，是处理"教"与"学"相互关系的问题，把教师教的方式和学生学的方式联系起来，着眼于教学过程的归宿——使学生学会学习，且是对前一问题的拓展。"如何引导和组织学生的有效学习"，是教学过程实施与目标追求的问题，着眼于教学组织形式、教学模式的选择、有效教学方法及手段的调配运用等方面，落脚在完成教学任务，达成教学目标的效果上，又是对前一问题的进一步拓展。正如加拿大教育家迈克·富兰说过的那样，变革是一个过程，而不是一个事件。从目前所观察到的初中课堂来看，这一机制的运行对于初中学生处理好个体的独立性与群体合作学习的关系、学习者与学习内容之间的关系、学习内容的内在关系、学习内容与媒体之间的关系，形成与现代社会相适应的学习方式至关重要。

（三）课程与课堂：为了不同学生的共同发展

这些年来，在《国家中长期教育改革和发展规划纲要（2010—2020年）》《基础教育课程改革纲要（试行）》《江苏省中长期教育改革和发展规划纲要（2010—2020年）》等各类政策文本中，一个明晰的政策标杆就是，学校教育包括课程与课堂应该"以学生为本位""为了每一个孩子的终身发展"。事实上，在对诸多学校尤其是初中学校课程实施与课堂教学的观察研究中发现，"以学生为本位"尚不能尽如人意，"为了每一个孩子的终身发展"更是一件难以系统谋划、有待时日的事情。但无论如何，初中学校在有创见地开齐、上足、管好课程，在从一元主导到多元发展的课堂探索中，关注学生必备素质的培养，尊重学生之间的相互差异，当是为了不同学生的共同发展的基本出发点。

校本课程与课堂转型实践困境。就校本课程建设而言，一是校本课程实施条件难以保障。校本课程建设应充分考虑学校条件、社区特性、家长期望、学生需求等相关因素，结合全体教师和社区资源，审慎规划。在国家或地方的中长期教育改革和发展规划纲要公布实施后，不少初中学校试图积极应对新课程挑战，投入校本课程建设，但由于长期缺少对课程设计能力的关注，更缺少与课程设计相匹配的课程理念引导与课程知识储备，带来的结果，或者是对进行课程设计没有信心和兴趣，教学现场普遍出现"上有政策，下有对策"、见招拆招现象；或者是并不真正理解"SWOT分析"和"学校愿景"，课程设计难免"移植"或"复制"；或者是虽然有 SWOT 分析，虽然有学校愿景，但实际上还是没有真正根据学校条件、学生需求、教学环境进行相关领域的课程设计，形成"SWOT 分析与学校愿景"是一套，课程计划是另一套，实际教学又是一套的"三套"现象，客观上背离了校本课程建设的学习主体需求、自主、实践等特性，教师专业能力提升与课程自主参与的理想沦为空谈，更直接导致学校文化建设原本的共塑愿景难免异化为共输愿景。二是校本课程难以实施。这与初中学校事实上一直面临的缺乏弹性课程活动时间的困境有关。在调研中，初中校长普遍反映弹性学习时间是落实校本课程的主要时空，但目前《江苏省义务教育课程设置实验方案（修订）》规定，每周课时数是 34 课时，又规定"3—9 年级综合实践活动课程的内容包括信息技术教育、劳动与技术教育、研究性学习、社区服务与社会实践等。综合实践活动课程的课时与地方课程、学校课程的课时结合起来使用，每个年级用于综合实践活动的平均周课时不得少于 3 节""晨（夕）会、班队会、科技文体活动等，由各学校自主安排"，通常各学校班会课或班队活动不少于一节。与此同时，江苏省教育厅的"五严规定"又要求，"严格控制学生在校集中教学活动时间，初中学生每天在校集中学习时间不得超过 7 小时""严格执行国家课程计划。各地各有关部门要按编制标准配齐配强中小学各科教师，督促所有中小学全面实施国家课程计划。各中小学要按照国家课程计划开齐开足全部课程，不得随意增减课程和课时"。按照这两个文件精神，初中学校每周 35 课时，加上课间休息时间，"每个年级用于综合实践活动的平均周课时不得少于 3 节"的要求已因为没有在校的时间、空间得以保证，有利于学生多元发展的特色活动难以开展，校本课程自然面临无法实施的困境。

就课堂转型而言，总体上初中课堂教学的活力有待激发。当今的小学课堂，由于没有了显性的小升初压力，课堂渐渐开始回归本真，恢复灵动，贴近孩子的需求与成长特点。至于高中课堂，经历了中考分流的高中生，虽然在高考压力的课堂上还缺乏几分独立的思考与相互的争辩，但生理、心理的开始成熟，使他们面对学习与生活，其自主性选择的成分要略优于初中生。相比之下，初中课堂的活力与效果未免有点令人忧心忡忡。据几年前以及近年来对初中课堂教学行为的观察、统计，初中课堂行为发生频率较高的仍然是"讲授"，可以说"讲授"在五个时间段（导入、新授、巩固、总结、布置作业）都发生的样本数占样本总数的 73.7%，在四个时间段（导入、新授、巩固、总结）都发生的样本数占样本总数的

87.9%。这一具有一定代表意义的研究表明，其实在一般的初中课堂上，讲授和板书仍然可以称得上是高频行为。教师的声音明显多于学生的声音，较多的知识讲授显然忽略了情感的沟通，至于现代教育技术的职能，只是将更多的讲解或板书内容搬到了屏幕上。若干年前学者们就提出并研究的让课堂焕发出生命的活力，对于整个初中课堂来说着实任重道远。

课程建设：整体规划与关注需求。综观国内外课程发展的历史不难发现，课程开发者总是在知识、学生和社会之间左右摆动、寻求平衡，而绝大多数校本课程开发者也总是希望把学科中心论、学生中心论和社会中心论三个基点有机结合起来，以保持课程的某种平衡。这里就有一个课程建设的整体规划与关注需求的问题。一方面，初中教育承载的多重任务，期待通过课程建设的整体规划，解决课程结构的相对稳定性与外部环境多样性的矛盾。所谓课程结构的稳定性，指的是课程结构制定后不可随意改动，在一定时间和条件下保持相对稳定的属性。课程结构的稳定性，既受社会发展速度的制约，也受国家进行统一管理的制约，不稳定的课程结构难以确定统一的基本要求和标准。但必须看到的是，课程结构所处的外部环境又是多种多样的，不同地区经济文化发展的水平、不同学校的办学条件和不同学生身心发展的特点等，对同一种课程结构的实施所提供的条件和提出的要求也是不同的。这就带来另一方面的问题，即初中课程建设在整体规划并在保证课程结构基本内核不变的前提下，需要关注不同学校的不同课程需求，充分利用各种条件来满足多种需要，并根据实际需求适当调整课程规划，设计出适合不同条件的初中校本课程。就目前而言，仍有为数不少的初中学校缺乏完整的课程整体规划，已有的课程实施与评价似乎又仅仅适应了国家统一的课程目标与课程内容，使处于具备多种发展可能性的初中生的发展潜质，往往被其青春期出现的问题、单调的课程体系、单一的评价方式遮蔽了。关注这一群体的发展潜质，需要对特定年龄段学生的课程进行进一步统整与谋划，需要建立上、下（小、初、高）联结、各学科相互联结，有利于形成初中生核心素养的课程。这样的联结与统整需要区域的整体规划与推进，需要重新设计初中学校办学指标评价系统，需要进行初中共同体建设，只有通过相当长时间的积淀与努力才有可能达到。

柯尔伯格对初中学生所做的实验研究表明，处在不同的道德阶段的学生通过被他们的老师放置在道德冲突情境中进行测试，其中很大部分的学生至少在原有的道德发展水平上提高了一个阶段。然而柯尔伯格承认，这样的发展过程并不只取决于几堂专门课程，而需要把公正原则贯穿整个学校生活。借助于初中校本课程建设，把公正原则贯穿整个学校生活，让不同的学生得到共同的发展，必须改变单一的学生学业成绩评价模式，建立初中学校办学指标绿色评价系统。"发挥科学教育评价的正确导向作用，引导区县、学校、家长和社会树立全面的教育质量观，丰富学业质量评价的内涵，引导区县、学校开展全面质量观指导下的教学与评价活动，减轻学生课业负担，促进学生全面发展。"[①] 上海市教委于 2011 年 11 月颁布的《上海市中小学生学业质量绿色指标（试行）》是一种"教育健康体检"，而在此基础上支持学校进行"有根据"的改进，值得学习与借鉴。从调研的江苏初中学校的课程状况看，不少学校不乏对教育及学校办学思想的思考，自发构建"理想的教育"，并且有意识地借助课程规划在学校有所实施。如无锡市蠡园中学试图将其提出的"孩子气、诗书气、浩然之气"的理念细化在接地气又可操作的各级指标之中，以让教师和学生在此过程中能实实在在地说出对某学科我能做到什么样。常州市勤业中学认为，学校要做的无非就是两件事：一是文化；二是课程。并且这两件事要通过每一件具体的事（如大课间活动、酬勤园课程、大声讲话、展评学习法等）来实现，才能达成"让我们的孩子喜欢我们的学校，让我们的教师喜欢我们的学校"的教育目标。

课堂教学：多元互补与关注差异。哈佛委员会明确提出："知识的扩展要求改变课程组织形式，更新教学内容、注重方法，培养学生学习态度、公民意识和思维能力。"[②] 当今世界教育教学发展趋势是从一元主导到多元发展，与之相适应，课程改革需要实现从单一目标向多元目标的转换，教与学的方式也需要实现从单一到多元的转变。就多元互补的课堂教学而言，一是要重新定位课堂教学的地位和作用，改变过去课堂教学单一的价值取向，把教师、学生、内容、策略、技术等教学构成要素放置到一个多元、立体教学系统之中，建立多层次、多角度、全方位的课堂教学生态；二是要对初中生的发展潜能进行进一步认知与开发，激活教学过程中的每一个

---

① 上海市教育委员会印发《〈上海市中小学生学业质量绿色指标（试行）〉的实施意见》，2011 年 11 月 8 日。

② 哈佛委员会：《哈佛通识教育红皮书》，北京大学出版社 2010 年版，第 45 页。

环节，为所有学生找到发展的合适位置，提供可以同等进步的条件与机会，无论学生本身的期望与天赋如何，无论学生的认知水平与认知类型如何。当然，在实现多元互补的课堂教学的同时，还要关注课堂教学的差异。因为每所学校都有其特殊的生情、教情、校情，学生的学业水平与学习能力之间也会有较大的差异性，这就要求在课堂教学过程中，需要针对各种因素与条件灵活运用不同的课堂教学设计与课堂教学形式，构建起使每一个学生差异得以形成交响的共同体，如同交响乐团每一位成员运用不同乐器演奏同一和谐的乐曲一样，"每一个人的经验得以交流与交欢的共同体就是'交响式沟通'，在这种'和而不同'的共同体中，每一个人的自立、亲和及其多样性是一个前提。每一个人通过亲力亲为的探究，形成与自我共生的众多异质的他者的关系，从而构成自我参与其中的共同体"①。

二　经验解读：个性化课程实施模式什么样

德赛图（De Certeau, M.）认为，理论作用于实践的方式是"静静地、几乎察觉不到，因为它不通过理论显示自己，而是通过使用理论的方式来显示自己"②。在对校本课程与课堂教学进行寻路问径式的探讨中，其实已经部分彰显了一些初中学校对个性化课程设计与实施的经验，而在对江苏部分城乡初中进行"课程建设"的专题调研中也发现，部分初中学校在探索体现学校个性化课程实施模式时，开始注重兼顾教育品位和质量提升、学校发展整体规划、课程改革促进三者之间的关系，开始注重从初中阶段学生学习与生活、成长与发展的特殊需求出发，并把学校的办学理念"静静地、几乎察觉不到"地融入各有特色的课程设计与实施之中。

（一）开发满足需要的特色校本课程

在对初中学校课程状况的考察中发现，校本课程开发作为学校文化建设的载体，在开发时必须考虑各个学校所处的地域、相应的生源、形成的制度、已有的文化传统和可能拥有的资源，每一方面形成的差异，都有可

---

① 佐藤学：《学校的挑战，创建学习共同体》，钟启泉译，华东师范大学出版社2010年版。
② Chamberlayne, P., J. Bornat & T. Wengraf (eds.) (2000), *The Turn to Biographical Methods in Social Science-Comparative Issues and Examples*, London: Routledge Publication, p. 7.

能使学校遭遇的问题和解决问题的途径方式有所不同。就部分地处城乡接合部的学校而言，学生有的是留守儿童，有的是流动儿童，有的是因拆迁安置就近入学的儿童，多数家长缺少为孩子发展提供较好学习条件的能力，学校需要为学生提供更多的原本由家庭提供的教育资源和发展机会。就部分城市初中学校而言，学生的家庭条件与生活环境较好，未来出国深造的需求或从事国际事务、业务往来的可能性较大，家长和学生对学校有较强的开展国际多元文化教育和国际交往能力培养的需求。就部分寄宿制学校而言，学生一周或一个月才能回家一次，家长和学生希望学校能提供洗衣做饭、家居布置、培育植物、照顾动物等家庭生活的能力和体验。因此，针对不同学校的不同课程需求，校本课程的开发、设计和组织实施，既要关注学校的发展走向，更需注意与学校的现实条件和发展可能性相匹配，才能形成满足不同需要且具有本校特色的校本课程。

在江苏省苏州市立达中学，学生可以有更多的选择，是学校的重要特色之一。学生可以在午餐时挑选自己喜爱的饭菜，可以自己设计校服并参与投票评选，还可以在"课程超市"里自主选择需要参加的综合实践活动课程。学校认为，学生们在这些选择中其实是在学习如何为自己今后的人生道路负责，因为他们将来会面临选择学校、选择职业、选择人生伴侣等诸多挑战，学校理当给予他们"学会选择"的机会。体现在开发满足需要的特色校本课程方面，学校从教育理念的核心——爱出发，将学校建校以来尚未形成体系的各类爱心活动（如爱心乐团、爱心音乐会等）与完善人格教育相结合，精心设计了"爱的课程"，把"爱自己、爱他人、爱学校、爱社区、爱城市、爱国家、爱世界、爱自然……"作为课程的主线，几乎囊括了学校学科课程以外的所有体验活动，让学生在爱的文化的浸濡中，学会选择满足需要的课程，形成健全的人格。学生们在"校园环保志愿者"和"学校安全隐患我发现"等活动中学会"爱学校"；在"我是社区志愿者"和"社区公益劳动"等活动中学会"爱社区"；在"追寻城市文化遗产"和"传统工艺传承"等活动中学会"爱城市"；在"中国梦、我的梦"等爱国主义系列主题教育活动中学会"爱国家"；在"梦想与团队"和"中美绿叶公民课程"等活动中学会"爱世界"；在"为鸟安个家"和"勿霾蓝天"等活动中学会"爱自然"。让学生按需选择的、菜单式的特色校本课程体系，为学生"主动学习"提供了更为广阔的舞台，也成为在实践中培养学生多方面才能的重要途径。值得一提的是，学校把"爱的课程"作为一辈子的课程来规划与设计，并用"爱心档案"记录爱的足迹。学生每参加一次爱心活动都可以记载在"爱心存折"里，爱心存折是学校在新生入学仪式上送给每位学生的礼物，三年之后当学生离开学校时，学生会在毕业典礼上将记载满满的"爱心存折"交给学校，既作为留给母校的永久纪念，也让母校永远珍藏学生初中三年在"爱的课程"中感受爱、学会爱和奉献爱的历程。

为使课程进一步满足需要，形成特色，学校还成立校本课程管理中心，以"培育文化、激发探究、扎根传统、放眼国际"为原则开发和管理校本课程的实施。其中，对中美公民教育文化交流的"绿叶课程"和英国文化协会的"梦想与团队"课程项目的开发，走出了一条国际课程理念有机融入本土课程的特色之路。尤其是与美国思库网合作，并与美国纽约州白原中学共同开展的公民教育文化交流"绿叶课程"，已经实施两年，中美学生网上同步上课，交流学习内容和作品，中美教师网络合作备课教研，不仅促进了学生外语水平的提高，更增进了学生的国际理解意识，加强了中美两国文化的互通交流。

（二）构建学科融合的特色课程体系

校本课程的开发从"活动类型"的角度分析，主要有三种形态：一是筛选已有的课程；二是改编已有的课程；三是开发全新的课程。无论"筛选"也好，"改编"也好，抑或"开发"也好，这三种形态的共同特点都是源自学生亲身经历的活动经验，关注学生的生活体验，注重活动内容上学科之间的相互融合，活动方式上认识、体验、感悟的相互结合，活动空间上课内外结合、校内外沟通。江苏省常州市勤业中学，曾经是城乡接合部的薄弱学校，曾经面临优质师资、生源流失的困境。从 2008 年起，学校从办学目标开始思考学校的办学走向，围绕"让我们的孩子喜欢我们的学校；让我们的教师体验成功的幸福；让我们的课堂充满创造的欢乐；让我们的学校焕发生命的华彩"的办学目标，开始科学规划课程，构建学校课程体系，力图把国家教育方针、学校的办学理念、教育思想、办学目标、学生培养目标落到实处。首先构建的是勤业中学课程结构体系，其特点是充分挖掘乡土教育资源，打造乡土教育文化，兼顾时代特征，让学生在浓郁的家乡特色与校园文化中快乐成长（见表 6.2）。

表 6.2　　　　　　　　　　常州市勤业中学课程结构体系

课程模块	课程名称
人文素养	思想政治、语文、英语、历史、音乐、美术、做人要做这样的人、良好学习习惯培养、公民与社会、生命与自然、我爱家乡、历史、地理、诗词朗诵与创作、外语交际、多元文化体验、琴棋书画、学唱京剧、说"勤"、国学经典讲坛……
科学精神	数学、物理、化学、生物、地理、信息技术、酬勤园、STC 课程、数字星球、光影动画、闪客 E 族、现代机器人、指尖上的地球、头脑奥林匹克、炫图秀……
生活情趣	体育与健康、健康教育、舞狮、打腰鼓、手工编织、剪纸与沙画、创意折纸、美术与涂鸦、学说方言、中国菜制作、视唱练声、音乐欣赏、乐器操练、艺术体操、花样跳绳……

其次构建的是勤业中学校本课程体系，其特点是领域广、门类多，适合学生个性发展（见表6.3）。

表 6.3　　　　　　　　　　常州市勤业中学校本课程体系

课程模块	课程名称
人文素养	古诗创作、英语交际、多元文化、书法、播音朗诵、京剧学唱、说"勤"、经典诵读、国学讲坛……
科学精神	酬勤园、STC 课程、数字星球、头脑奥林匹克、定格动画、闪客 E 族、炫图show、机器人、指尖上的地球、光影传奇……
生活情趣	舞狮、打腰鼓、毛线编织、剪刻纸、沙画、花卉折纸、创意美术、涂鸦艺术、学说常州话、学烧中国菜、视唱练耳、丝花霏雨、葫芦丝、健美操、花样跳绳……

虽然两者之间有包含关系，但是学校在构建两类课程体系时，所秉持的较为自觉的课程理念与课程目标却是难能可贵的。而与之相匹配的是校本化实施国家课程的真行动，即从编制课程纲要到教学资源共享，从选课制、走班制、学分制的课程管理，到学生读书节、艺术节等多种活动的课程化，学校投入大量的人力、物力，保证课程实施质量。事实表明，构建学科交融的动态课程体系，"对学校和社区所具有的独特资源进行充分的开发与配置，是构建特色学校的基础与条件。校本的课程开发实践是以学校为本的，无论是学校对国家预留空间的全新开发，还是学校对国家课程与地方课程的'校本化'实施，充分考虑学校的特点及学校所处的环境，充分利用学校和社区所具有的独特课程资源，既是课程开发活动的基本条件，也是特色学校形成的基础所在"[1]。

① 叶波：《论校本课程开发与特色学校建设》，《教育发展研究》2011 年第 20 期。

（三）谋划理想中的特色课程纲要

从某种意义上说，课程就是经过设计的教育。有什么样的设计，就有什么样的课程；有什么样的课程，就有什么样的教育。作为承担着升学与就业双重任务的普通初中学校，要达成这样的理念与设计，决非一件轻而易举之事。但是，江苏省无锡市蠡园中学就做过这样的追寻，因为他们坚信，理想中的教育源于理想中的课程。

《蠡园中学课程实施与评价综合改革总纲要》（简称《课程总纲要》）的主体部分，是由"五问"出发［即"为何而教（学）？教（学）到什么程度？教（学）什么？如何教（学）？用什么教（学）？"］提炼出有关课程建设五要素的总体构想，即方向与原则、水准与目标、结构与比例、方式与流程、资源与工具。具体而言，一是方向与原则。《课程总纲要》的课程方向是培养具有"孩子气、诗书气、浩然之气"的人，一切的课程建设必须服膺于这一理念；课程原则是"基于标准、源于心灵、成于智慧、显于展评"。二是水准与目标。其课程建设的总目标是，让学生真正实现"真实性毕业、素质性升学、微笑式成长"，而其中的"真实性毕业、素质性升学、微笑式成长"也是统领学校课程评价体系的三个基本点；"水准"指的是"助学水准体系"，是学校各类课程、各学科学习目标梯度化呈现的总和，也是学校课程设计与实施、评价等活动的重要依据。这里值得提及的是"基准线与级别设定"，是根据课程标准、教学目标、具体学情等因素，设定的各课程水准体系的总基准线（毕业合格线）及相应级别。在此基础上，再根据需要设定各阶段课程（学年度、学期、单元、课时等）的各级具体基准线（合格线）与相应级别。三是结构与比例。学校课程结构的设计理念是"弘扬共性、尊重差异、善待差距、成就卓越"；在时间覆盖上，树立"全程关爱"的教育服务理念，注重中小衔接、初高中衔接、学校与社会需求衔接，以促进学生的连续性、阶梯性发展。课程实施对象包括正式入学前的"准蠡中生"、入学的"蠡中生"以及已经毕业的"后蠡中生"。在课程主体结构上，分为"学习日课程"与"精彩假日课程"，前者指由常规学习日、综合实践周、集中评价日、"问学日"四部分构成的课程；后者则指由暑假、寒假、双休日、节假日四个板块构成的课程。在课时安排上，在严格执行"初中学生每天在校集中学习时间不超过七小时"的规定以及国家课程计划的基础上，从着眼于"时间形式"走向落脚于"课程实效"。在课程管理机制上，积极探索从"年级制"教学向"学级制"为主的教学转型；从单一的"行政班"教学向"学级班""特助班"为主的教学转轨；从单一的"校内课程"教学向"本校课程"为主、联通"外校课程"为辅的方式转变。在课程管理组织结构上，以课程质量为核心，积极梳理、整合、完善学校各内部管理部门的课程管理职责。四是方式与流程。课程设计方式先以集中专业设计的方式进行宏观设计，在此基础上，对各类课程、各门学科进行具体设计；课堂教学方式以"六助"（学习要点、层级、情状、基准、起点、目标）助学方略为主导；课程评价方式根据课程类别与不同课程要求，采取分类对应、多种方法相结合的方式；课程建设流程主要分为宏观总领类、课程准备类、课程实施类、课程评价类四种。五是资源与工具。课程资源分为中心资源与支持性资源两类，前者主要指教师、学生、教科书（课本）三大中心资源，后者则主要指校内支持性资源与校外支持性资源，包括图书报刊、校园空间环境、学术支持、校外课程信息等十多种资源。无论如何，作为一所普通的初中学校，所进行的上述课程整体设计中创新性探索的勇气与精神、理念与实践、结构与方法，其借鉴与参照价值都是客观存在的，无论其实际运作走了多远，又能走多远。

三　实践反思：富有活力的教学形态如何创

21 世纪是"课堂革命"的世纪，学校教育中的"教"与"学"通常是以"课堂教学"为核心活动展开的。那么，学校的课堂究竟是一种怎样的世界？应然的、带有诗意的界说可谓多种多样：课堂是"儿童成长"的场所；课堂是培育"文化传递力与文化创造力"的场所；课堂是儿童体验"文化创造的共同体"的场所，等等，都为人们呈现出课堂理应达到的百花齐放与满园春色。事实上，每天就在我们身边的课堂与课堂教学，看似平凡且毫无惊奇可言，但要在这种平凡且毫无惊奇的课堂与课堂教学中，把习得知识与技能、重视过程与方法、陶冶性情与人格有机结合起来，却并非一件轻而易举的事情。也就是说，百花齐放、满园春色的课堂与课堂教学，需要辛勤劳作、科学谋划、敏于反思、积极创新相伴随，需要师生双方的共同学习、共同探索、共同成长。这些年来，虽然初中课堂教学的整体提升尚有待时日，但却有不少初中学校仍然坚持行走在探索扎实求真、富有活力的课堂教学形态的路上。

（一）重在学科素养的结构—建构教学

可以说，三维目标彼此割裂，教学内容肤浅单一，学生学习潜能没有得到更好开发，是这些年初中课堂教学比较突出的问题。江苏省宜兴市实验中学一直开展"培养学生学科素养生成的结构—建构教学"研究，力图以"结构"为核心，引导学生掌握学科基本的知识结构和解决一类问题的方法结构，努力将知识升华为智慧，做到举一反三、触类旁通。同时，以"建构"为主线，确保学生在建构认知结构的同时，养成主动探究、积极合作的学习习惯，提升了课堂教学的价值和效率。

以"学科素养"为导向，整合教学目标。各学科新课程标准都把学科教学的目标定位于"培养基本的学科素养"，国内诸多学者把学科素养定义为："具有学科特点的知识技能、思维方法、情感态度、品质、以及运用学科知识解决实际问题和学习的能力等因素的综合"。宜兴实验中学认为，"学科素养"是指在学科学习和实践活动中养成的，具有该学科特征的基础知识、基本技能、基本品质和基本经验的综合。一是学科基础知识。由学科基本符号、基本事实、基本概念和基本结构组成。其中，学科基本概念是同一类事物的本质属性或关键特征的概括。学生掌握了学科基本概念，就会达到触类旁通、举一反三的效果。二是学科基本技能。这里的"技能"是广义知识观视角中的技能，指的是个人习得一套程序性知识并按这套程序去办事的能力。当学生掌握了概括化、结构化的操作步骤，即概括化、结构化的方法程序时，知识就容易升华为智慧。三是学科基本经验。所谓学科基本经验是指学生在学科学习过程中的经历和体验。在课堂教学中，教师要为学生积累学科基本经验创设良好的时空条件，让学生动手、动口、动脑，参加各种形式的学习活动，以此帮助学生积累经验。四是学科基本品质。新课程将基本的道德修养、精神境界和个人品位作为培养目标的一个重要组成部分，在帮助学生掌握学科基础知识，形成学科基本技能的过程中，必须使学生养成良好的学科学习态度和习惯，培养学生良好的心理品质和人格素养。学科素养是一个结构体系，是在三维课程目标理念指导下的具体实施策略，也是课堂教学应该达成的目标。

"学科素养"结构以"知识与技能"为外在主线，以"经验与品质"为隐性线索，两者之间以知识分类学习理论为中介，不同知识类型建立不同学习模式，采取不同学习策略，以实现学科素养诸要素之间的协同。

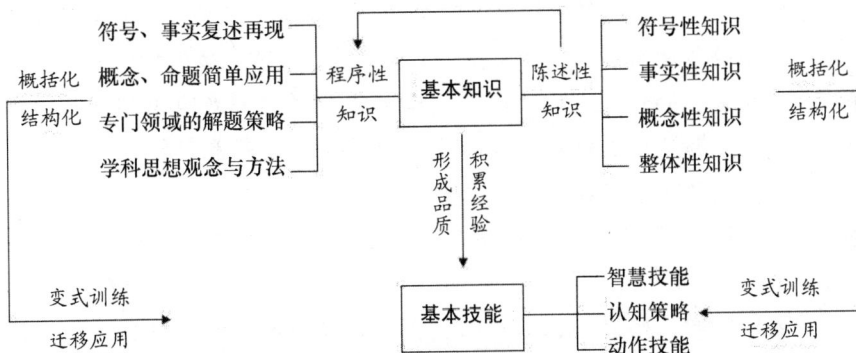

图6.1 "学科素养"结构图

以"两类结构"为载体，整合教学内容。教学内容是指开展阅读教学所凭借的材料，其主要形式是教材。新课程理念强调"用教材教""新的教材观突出了方法论知识和伦理性知识，单纯围绕'知识点'的说教式的教材设计是片面的，是背离'素质教育'要求的"。美国著名教育心理学家加涅从学与教的心理学角度提出了"学生素质结构观"，认为学生的素质可以分成三类：先天的、习得的和自然发展中形成的。习得的素质包括"智慧技能、认知策略、言语信息、态度和动作技能""素质教育实际上主要是对学生五种习得素质的教育"。从知识的内在构成来看，知识有不可分割的三个组成部分：符号表征、逻辑形式和意义系统。从中可以看出，关注方法论知识、逻辑形式知识已经成为整合教材内容的关键要素。在学科教学中，一方面要依托学科知识主线，帮助学生建构学科知识结构，另一方面也是更为重要的方面，就是帮助学生建构隐含在学科知识中的学习某一类知识或解决某一类问题的方法程序结构，培养学生的学科思想方法和思维能力。只有以知识内容结构和方法程序结构为有效载体，才能促进学习的有效迁移，较好地将知识转化为技能与智慧。

以"建构学习"为主线，整合教学过程。建构性学习，强调学习者在已有知识经验基础上，通过有主体意义的学习情境，主动获得知识，形成认知结构，建构知识意义。建构学习是一个知识与技能、过程与方法、情感态度与价值观统一的过程，其核心是激发学习者的需要，尊重学习者的经验和体验，注重创设各种有意义的认知情境包括合作、探究、互动等。这里，以学生的学习为中心来设计教学，需要抓住三个核心要素：一是以学生为主体；二是教师指导与学生自主相结合；三是以学科素养为指向。通过创设多种问题情境，围绕"两类结构"（学科知识结构和方法程序结构）设计主问题，依托"两类结构"强化学生问题意识和学科思维方式，并在掌握"两类结构"基础上，开展基于信任和理解的小组合作学习，最终实现有序有效的建构学习。

"结构—建构"教学的实施策略。一是合理确立教学目标。要点是：目标的准确定位。

主要依据学生已有的认知基础、所要学习的知识内容在学科知识体系中的地位和作用、所学知识的类型以及学生原有的学习习惯和学习方式等，理清所教内容包含哪些基本概念、基本原理、基本规则，包含哪些"知识结构"与"方法结构"，它和学生原有的"结构"之间有怎样的内在联系？以此确定学习起点，决定学习的组织形式和具体方式。目标的要素结构指的是合理处理"学科素养"四者之间的关系，"基本概念、基本技能"是基础目标，基本经验、基本品质是相互渗透、自然生成的，而不是直接操作、外在附加的。在设置目标时，要力图引导学生在掌握基本知识和基本技能的过程中，积累基本经验，培养良好的思维方式和思维品质。要对教育目标进行合理陈述。根据布卢姆的教育目标分类和加涅的学习结果分类理论，目标是学习结果的表征，学生习得的能力，在本质上是一种广义的知识，核心仍然是基本知识、基本原理。在目标陈述上，力求能对"基本知识、基本技能"从广度和深度两方面作出比较明确的陈述。

二是凸显"两类结构"。一方面，各学科可以围绕"两类结构"整合教材知识，构建各种层级的学科知识网络（见图6.2）；另一方面，各学科围绕"两类结构"思想，构建相应的"方法程序结构"（见图6.3）。

三是构建"三环两线一核心"的教学环节，其主要特点可用简图6.4示意。这里，"三环"是指以"例题找方法""习题悟方法""试题验方法"三个大环节构成的教学过程；"二线"是指以例题、习题、试题等教学内容构成的知识线（明线），以及贯穿其中的学习某一类知识或解决某

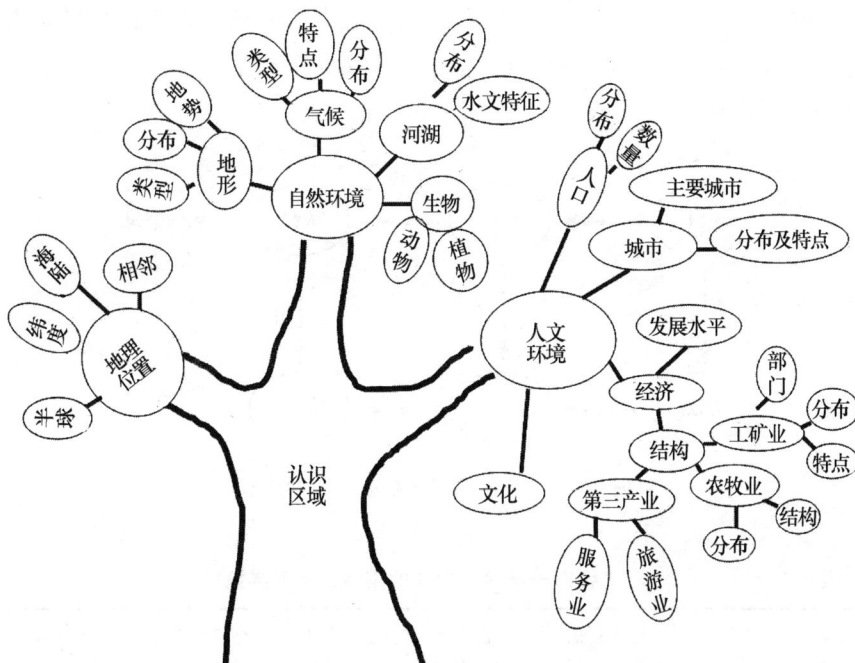

图 6.2 地理学科"认识区域"的知识结构知识树

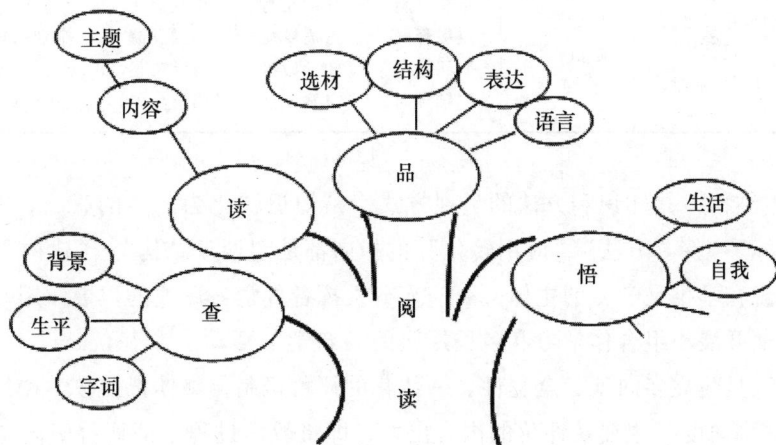

图 6.3 语文学科关于阅读的基本方法程序

一类问题的方法而构成的方法线（暗线）；"一核心"是指贯穿整个教学过程的学习某一类知识或解决某一类问题的思维方式。

四是基于师生合作的教学流程。在以"结构—建构"为核心的教学思想指导下，在"三环两线一核心"的教学框架基础上，可以概括出基本的课堂教学流程（见表6.4）。这里，贯穿各个教学环节的核心思想是"结构""建构"。

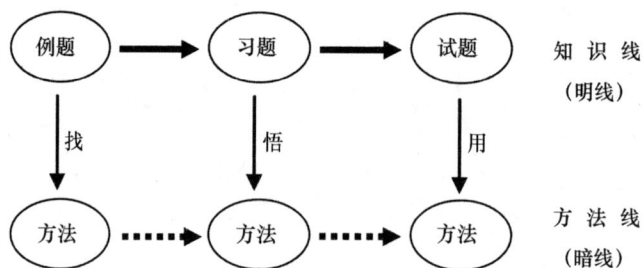

图6.4　"三环两线一核心"教学环节

表6.4　　　　　体现"结构—建构"思想的基本课堂教学流程

教学环节	互阅作业诊断反思	导入新课明确目标	知识为例探寻方法	变式训练应用转化	独立检测反馈矫正	布置作业整合提高
师生活动	提供学案指导批阅反馈矫正（零作业批改）	师生互动目标导向（感情先行）	问题导学自学自测点拨释疑归纳整合（问题导向）	独立练习互帮互测点拨释疑知者加速（自然分材）	当堂检测当堂批阅当堂反馈当堂矫正（当堂巩固）	非被动作业梳理归纳个别辅导互帮互学（最小作业量）

"结构"是知识和方法的呈现方式，是知识转化为能力的媒介，"明确目标""探寻方法""应用转化"的指向都是"两类结构"；"建构"主要体现在学生是学习的主体上，应充分发挥各种学习形式的积极作用，适时适地开展小组合作学习和各种层次的"自学"活动。

五是建立多向度、全程性、一体化的评价机制，整体把握教学评价结构。"多向度"主要从评价的内容出发，即将教学过程中的评价引向"学科素养结构"（基本知识、基本技能、基本经验、基本品质）这一核心目标，使评价具有切实的载体和可行的方向，避免评价的空洞、无序，提高了课堂教学评价的品质。"全程性"主要从评价的过程出发，即将评价贯穿课堂学习的始终，"自学自测""互帮互测""点拨释疑""当堂反馈"等环节的设计，都隐含着即时评价、学生自评、小组互评等操作策略，可实现评价的多元化和适时性，避免评价的单一与僵化。"一体化"主要从评价的主体出发，即评价的主体以学生为主，"小组互评""师生互评"为主要形式，以充分发挥评价的激励和发展功能。

（二）作为学习方式的综合实践活动

如果说"结构—建构"教学着眼的是一种全方位、体系化的教学形态探索，那么苏州市盛泽第二中学把综合实践活动作为一种学习方式来探讨的"项目学习"，则是从某一方面对初中教学尤其是初中物理形态的又一类探索。物理学科的最大特点是贴近生活、与时代发展同步，综合实践活动倡导的是以学生自主学习、合作学习为基本学习方式的学习，是通过学生知识与技能上的差异，彼此影响同伴的学习过程。尝试性地通过项目学习将综合实践活动作为一种学习方式引入初中物理教学中，为探究"不教之教"之术拓展了无限的空间。所谓"项目学习"是指通过学生制作某一个特定的"产品"或完成某一项特定的"任务"，充分选择和利用最优化的学习资源，在实践体验、内化吸收、探索创新中获得较为完整而具体的知识，进而发展技能、培养习惯、陶冶情操、学会合作的学习。开发此类学习项目的途径大致包括：一是物理课程与劳动技术教育课程整合形成学习项目。这类项目实质上是将物理学习寓于劳技技术教育课程中，学生在实际操作中，通过教师指导、查资料、看说明书等方法，加上学生间的口口相传，来实现物理知识与技能的传授。二是在物理教学中引入研究性学习，形成学习项目。在课程标准范围内提出研究指南，让学生按兴趣选择，在教师指导下开展研究。三是将课堂实验探究转化为学习项目。这是针对课堂教学某项探究活动，为学生创设一个寓物理现象或物理规律于其中的生活原型，让学生在解决实际问题中体验物理过程，发现物理规律，构建物理模型。四是把课后的体验性小实验、小制作和小发明移到课前形成学习项目。就是将课后的体验性小实验、小制作和小发明，转化为导入教学内容、组织课堂探究或体验物理过程的素材。有意识的多种学习项目的开发，有效地改善着盛泽二中教师的"教"与学生的"学"的方式，学生的学习兴趣、学习情绪、学习能力以及学业成绩都发生着一些静悄悄的变化。毕竟"Tell me, I forget; Show me, I remember; Involve me, I understand."即如果讲述给我听，我会忘掉；如果分析给我看，我能记住；只有让我参与，我才理解。以下以《长度的测量》为例的常规教学与项目学习的教学理念流程对照图、教师教学行为时间分配对照表、学生学习投入状态对照表清晰地表明了所发生的这些变化（分别见表6.5、6.6和图6.5）。

表6.5　　　　常规教学《长度的测量》教学行为时间分配对照表

教学方式	行为类别	时间（分）	百分比（%）	时间分配	时间（分）	百分比（%）
	教师讲解	23	48.9			51.1
	学生回答	7	17.8		23	
	学生实验	6	13.3			
	学生自学	4	8.9			
	训练反馈	5	11.1		22	48.9
	合计	45	100			
	教师讲解	15	33.3		15	33.3
	实验测量	9	20			
	方案设计交流评价	16	35.6			
	训练反馈	5	11.1		30	66.7
	合计	45	100			

表6.6　　　　　　《长度的测量》学生学习投入状态对照表

统计时段（分）	常规教学		项目学习	
	注意力分散人数（人）	注意力分散人数占比（%）	注意力分散人数（人）	注意力分散人数占比（%）
1—10	2	4.76	0	0
11—20	5	11.90	2	4.76
21—30	9	21.43	3	7.14
31—40	7	16.67	4	9.52
41—45	3	7.14	2	4.76
各时段人数合计	26	61.9	11	26.18

当然，教学实践也表明，想用一种教学方式或者方法来解决所有教学中的问题是不切实际的。"项目学习"也一样，虽然有将课程学习的内容和要求寓于完成任务的过程之中，即根据学生在执行任务中的实际需要来传授知识与技能的"任务驱动"特点，但缺乏"逻辑性和整体性"也是

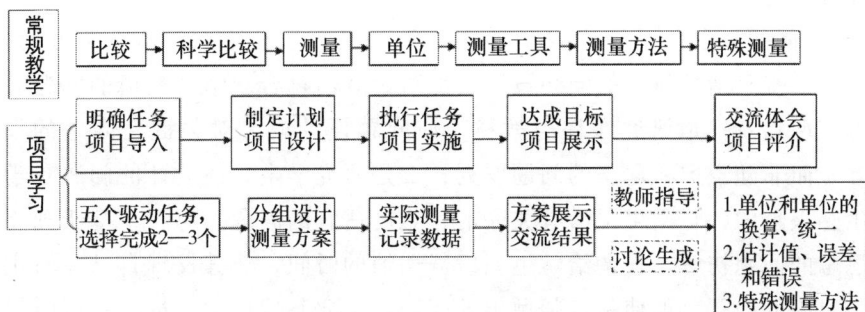

图 6.5 《长度测量》常规教学与项目学习教学流程对照图

其自身的明显不足。无论如何，"项目学习"只是众多教学方法中的一种，只有与其他教学方法有机结合，才能更好地发挥应有的优势。

（三）"问题伴学"中的问题智慧

在初中课堂教学中，学生的发展既是课堂教学赖以存在的基础，也是课堂教学诸因素共同作用于学生的结果。处于"正在成长"期的初中学生，虽说应当成为学习的主体，但这一特殊时期的特殊成长阶段又决定了初中生有异于普通主体的特殊性，这就是他们是一类主体性受到自身发展程度限制的主体。这一特性造成的另一种特殊现象就是，理论上拥有学习主体身份的初中学生，经常会处于一种实质上的被动状态。虽然在已有的课堂教学改革中，有些学校为了突显学生的学习主体地位，改变教师一讲到底的"满堂灌"现象，一味主张要由教师主讲变为学生主讲，甚至强行规定教师讲课时间不能超过 15 分钟。应当说，这些主张的初衷大多是想把更多的时间让给学生自主开展学习活动，本无可厚非，但实际运行过程中的一刀切现象和为了主体而主体的人为设计，却或多或少地异化了最初的预想，结果，在课堂上互动的发起者更多的还是教师，而学生主动学习、主动互动，且能主动解决问题的人数还是相对较少。在这一点上，江苏南通如东县景安初中探索的"问题伴学"模式，将目光更多地聚焦课堂问题，基于问题实现小组合作，基于问题实现互动展示，基于问题实现有效评价，这种在一定程度上更适合成长中的初中生的课堂教学形态，倒更具有启发和借鉴价值，因为学习的过程就是一个师生双方共同发现问题、解决问题、创生问题的螺旋式提升的过程。

"问题伴学"的课堂教学模式需要把握的基本要素包括七个方面。第一，基于学情研究的问题设计。能否设计出符合学情、教情的问题关键有两点：一是研究课程与教材，使问题设计成为对关键性问题的设计，而非随意堆积起来的问题罗列；二是研究学生，使设计的问题是学生感兴趣的、与学生生活有关联的、难度适宜的问题。第二，基于独立思考的问题初解。强调给学生一段静悄悄的时间，让其发现自己在自主学习中的问题。即使是老师抛出的问题，也要坚持让学生进行一段时间的独立思考，不要怕课堂"冷场"，静悄悄的背后是学生思维的强烈碰撞。当然，独立思考不等于教师没有作为，教师的作用是讲解共性的预习问题，并辅导学生如何合作、如何展示。第三，基于同伴学习的问题再解。基本形式有两种：一对一，一对五。这里的关键是对学习困难生的关注。在一对一同伴学习环节中，若预计学困生问题太多时，教师就要适时做好前置补弱工作。而在一对五同伴学习环节中，创生点是小组内展示。其互动要求是，不是一个学生一讲到底，而是抛出问题留下空间，让学困生有更多参与和发言的机会。第四，基于师生智慧的问题汇聚。教师要十分清楚本班学生学习中的主要问题，然后让理解并做对习题的学生互动式进行讲解。教师在讲解时也不是重复学生的回答，而是重在对学生的思维过程进行追问，并用更有思考力的问题串联起学生的一系列问题。第五，基于能力拓展的问题提升。强调的是课堂中师生思维的深度碰撞。教师一方面要预设一些拓展性问题或情境，使课堂丰富而不单调；另一方面对学有余力的学生吃不饱的情况，针对性地设计一些探索性问题，让他们自主研究解决。第六，基于创新品质的问题再生。再生性问题可以是教师在教学过程中思考的问题，也可以是课堂现场直接生成的问题，这些问题的解决还是抛给学生，鼓励学生质疑，鼓励提出不同观点，鼓励有不同的解题思路。第七，基于体系构建的问题归类。基本方法是：课堂要有板书小结，帮助学生构建起最基础的知识体系；课堂要有问题回顾，帮助学生形成清晰的思维路径；课堂可以适当归类，或一个单元或一个主题，视具体情况具体实施。从"问题伴学"到问题智慧，若缺少了师生双方的互伴，则难以达成问题智慧；若缺少了师生双方的智慧，则问题伴学也难以持久的深伴。

第七章 初中发展的深度追求：
学校文化与特色

人的本质是文化的，教育的本质就是传承和创造文化，学校发展就是一个文化积累和文化建设的过程。迈克尔·富兰早就指出："如果要完成一场深刻的、更加持久的变革，最为重要的就是'重塑'学校文化。否则，变革就会肤浅和不持久。"① 作为一项系统工程的初中发展，固然需要从校容校貌、设施设备、师资建设、课程教学、测量评价、组织架构、管理体制等全方位进行变革，但是，假如缺少了学校文化以及与之密切相关的学校特色的探讨和形成，初中教育恐怕很难深入、持久地发展。如此，探求初中教育的内涵发展与全面提升，在完成前述作为初中发展关键内核的校长与教师研究、作为初中发展变革之本的课程与课堂研究之后，亟待研究的便是作为初中发展深度追求的学校文化与特色问题。这既是顺理成章的，也是不可或缺的。因此，本章关注的主要问题是：学校文化与学校特色之间究竟是一种怎样的关系；那些影响初中发展的诸多因素是如何对学校文化与学校特色建设发生具体而深刻影响的；初中学校文化建设的冲突可否完全消解，能否适度缓解；作为关系存在的初中学校特色建设，如何保持与共同文化、学校文化、学校发展之间的适度"黏合"。

一 学校文化与学校特色：内涵与关系

学校文化建设的核心价值观，是以人的发展为本，要求建设的是一种人本的、人性的、人文的学校文化。学校特色是学校文化的整体表现，是学校理念和精神由内而外的自然呈现与自然生成，而不是外加的；是与学

---

① ［加］迈克尔·富兰：《教育变革新意义》，教育科学出版社 2005 年版，第 155—156 页。

校文化包括学校的制度文化、组织文化、行为文化整体一致与协调的，而不是相互抵触的或毫不相干的；是全体师生共同认可并能够表现为师生基本行为的，而不是与师生无关的；是在学校氛围中能够感觉到并形成明显学校标志的，而不是需要刻意讲解和阐述的。可见，学校文化建设与学校特色形成是同一个概念的不同表述：学校文化应该是基于学校的，本来就是校本化和特色化的；而真正的学校文化又是特色化的，真正的学校特色理当是文化性的。学校文化与学校特色，都是当下学校发展的热点与重点问题，厘清二者之间的内涵与关系，是初中学校文化与特色建设的首要前提。

（一）学校文化：一种泛在的学校生态系统

关于文化，目前还没有一种被普遍认同的定义，美国人类学家克鲁伯和克拉克洪罗列的在 1871—1951 年间关于文化的概念就达 164 种，中国学者郑金洲收集的有关文化的定义更是达到 310 余种。① 尽管对"文化是什么"这一问题还远未达成共识，但有一点却得到普遍认同，这就是真正的文化都不是被"制造"出来的，而是经过长期的孕育，自发地"生长"出来的。这种生长不是在真空环境，而是在特定的文化情境中完成的。换句话说，文化的形成、发展是一个不断适应、磨合、变异的过程，新生文化在受到其他文化制约和影响的同时，也会对所在的文化环境产生反作用，甚至会重构已有的文化格局。在这个意义上可以说，每一个相对独立的文化单元都是一个文化生态系统。② 作为具有特定功能的社会组织，学校无疑是一个相对独立的文化单元，具有自己独特的文化生态结构。

在学校组织中，学校文化虽然自成一个生态系统，但并不是与其他组织要素截然分开的。如果把学校比喻成一个人体的话，那么学校文化就是血液系统，虽然有自己的运行脉络，但同时也渗透到机体的每一个角落，为机体提供能量。可以说，学校文化与学校其他组织要素"血肉相连"、密不可分，学校文化是一个泛在的生态系统。学校文化的泛在性，可以从三个方面进行分析。一是作为文化实体的泛在性。研究表明，"文化概念

---

① 郑金洲：《教育文化学》，人民教育出版社 2000 年版，第 2 页。
② 杨孝如：《论学校文化生态》，《当代教育科学》2007 年第 17 期。

的发展，大体遵循了两条不同的发展道路：静态的'文化实体'与动态的'文化活动'"①。作为"文化实体"的学校文化是一个名词，表现为若干生态要素相互作用形成的相对稳定的组织结构。这种组织结构不是单面的，从不同的棱面来看，可以看到不同的文化要素和结构。譬如，从存在状态来看，学校文化可以解析为显在文化、潜在文化和悖反文化；从权力支配关系来看，学校文化可以解析为主导文化、从属文化、边缘文化和反文化；从呈现形态来看，学校文化可以解析为器物文化、制度文化、精神文化和行为文化；从文化主体来看，学校文化可以解析为领导者文化、教师文化、学生文化和职工文化……②学校文化的多面性折射出了它的泛在性：可以是显在的，也可以是潜在的；可以是主导的，也可以是从属的；可以是物质的，也可以是精神；可以是教师的，也可以是学生的……总而言之，它以各种形态弥散于学校的每一个角落，渗透于学校的每一个组织中。二是作为文化活动的泛在性。荷兰哲学家皮尔森认为："'文化'这个术语与其说是名词，不如说是动词。"③作为"文化活动"，学校文化主要表现为教育教学活动及日常的师生行为活动。学校教育承担着文化传承与创新的功能，而教育教学活动是学校教育完成这一任务的主要载体，因此，教育教学活动就是一种文化活动。教育教学是学校工作的主体与核心，对学校的其他工作有着重要的影响，由此，内涵于教育教学活动的学校文化渗透到了学校工作的方方面面。作为学校文化活动的另一重要载体，师生行为活动尽管有时是制度化的、组织化的，但更多的时候是日常化的、习惯化的。日常化意味着内涵于师生活动中的学校文化在学校中持久地、稳定地运行着，日复一日，绵延不绝；习惯化意味着内涵于师生活动中的学校文化的运行是潜在的、自动的，潜移默化，濡滋浸染。可见，无论是作为教育教学活动，还是作为师生行为活动，学校文化都是泛在性的、弥散性的。三是作为文化影响的泛在性。一方面，学校文化是"学校的"文化、"教育的"文化。通常认为，教育是指"教育者根据一定的社会要求，有目的、有计划、有组织地对受教育者的身心施加影响，把他们培养成为社会所需要的人的活动"。无论是作为文化实体还是文化活

---

①　赵中建：《学校文化》，华东师范大学出版社 2004 年版，第 7 页。

②　杨孝如：《论学校文化生态》，《当代教育科学》2007 年第 17 期。

③　[荷] C. A. 冯·皮尔森：《文化战略——对我们的思维和生活方式今天正在发生的变化所持的一种观点》，刘利圭等译，中国社会科学出版社 1992 年版，第 2 页。

动，学校文化都具有教育性，其根本目的是影响人、塑造人、培养人。由此，作为一种文化影响，学校文化与教育的根本目标深度融合，影响着学校的教育教学活动。另一方面，学校文化还是学校的"文化"。皮尔森认为："所有的文化，即使是最原始民族的文化也不例外。都可以看做是人对周围力量施加影响的方式。"① 学校文化当然也不例外。它不仅充盈着整体学校，无时无刻不在对学生、教师、职工等教育相关者产生影响，而且还溢出校园，影响着家庭、社区乃至整个社会。

（二）学校特色：一种独特的学校文化标识

在一般意义上，"特色"是一个中性词，既可以指称好的个性，也可以指称坏的特点。但是，特色学校中的"特色"通常用的是褒义，与优质、特长等概念密切相关。有学者认为："学校特色，就是学校文化个性的积淀。"在这个概念中，"文化""个性""积淀"三个关键词缺一不可。② 可见，学校特色是独树一帜的，是长期积累的，是一所学校区别于其他学校的个性化的文化标识。学校特色让学校从同区域、同类型的学校中脱颖而出，成为与众不同的"这一个"。

作为独特的学校文化标识，学校特色不是始终存在的。历史地考察发现，学校特色是教育发展到一定阶段的产物。在普及基础教育阶段，学校发展以数量扩张为主要目标，以满足人们"有学上"的教育需求。在这一阶段，提供基本的、全纳的教育服务是教育发展最重要的任务，作为更高追求的学校特色建设尚未引起普遍的关注，"千校一面"的现象相当普遍地存在着；有些学校虽然形成了自己的特色，往往也是学校发展的"副产品"，而不是自觉追求的产物。当基础教育进入"后普及"阶段之后，学校发展目标由数量扩张逐渐转变为内涵提升，以提供优质的、个性的教育服务，满足人们"上好学"的教育需求。学校特色作为提升教育质量、推动内涵发展的重要力量受到重视，很多学校开始追求更高的水平、更有特色的教育。特别是第八次基础教育课程改革建立的三级课程管理体制，赋予学校更多的课程权力，使学校有了更多的办学自主权，发展

---

① ［荷］C. A. 冯·皮尔森：《文化战略——对我们的思维和生活方式今天正在发生的变化所持的一种观点》，刘利圭等译，中国社会科学出版社1992年版，第17页。

② 孙孔懿：《学校特色论》，人民教育出版社2007年版，第36页。

学校特色、形成学校个性拥有了更大的空间、更好的条件。在学校特色建设的实践探索渐热之际，2010年颁布的《国家中长期教育改革和发展规划纲要（2010—2020年）》明确提出"树立以提高质量为核心的教育发展观，注重教育内涵发展，鼓励学校办出特色、办出水平，出名师，育英才"的要求，进一步肯定了学校特色建设的价值和意义。

作为独特的学校文化标识，学校特色也不是普遍存在的。在现实中，很多学校只是具备基本的办学条件，完成常规的办学任务，达到一般的办学水平，在学校管理、文化建设、师资发展、教育教学等方面都与其他学校相差无几，并没有形成自己的特色。需要强调的是，在通常情况下，学校特色是学校在完成基本建设基础上的更高位追求（当然，也有少数学校的特色建设与基本建设同步进行，后将论及），因此，并不是每一所学校都有必要追求学校特色的。假使学校处于发展的低位，基本的办学条件还不具备，基本的办学水平还未达到，基本的办学任务还不能完成，那么就应该把更多的时间和精力投入到学校的基本建设中，以夯实学校的发展基础。如果此时急于追求学校特色而忽视基本建设，就会本末倒置，影响学校的发展。同时，也不是每一所学校都有能力追求学校特色的。学校特色需要精要提炼、反复论证、合理设计、逐步建设、准确评估、适时调整……需要一定条件和能力的支撑。如果缺乏相应的条件和能力，急于求成地发展学校特色，往往也会因先天不足、后天乏力而效果欠佳，甚至半途而废。总而言之，追求学校特色要考虑到学校的办学基础，否则即便形成了学校特色，拥有了个性标识，也只可能是表面文章、面子工程，很难对学校的质量提升和内涵发展起到实质性推动作用。

（三）学校文化与学校特色：内在的一致性

从上述分析可以看出，学校文化与学校特色是两个不同的概念，二者有很多区别，譬如，学校文化是泛在的，而学校特色是"个在"的；学校文化是与生俱来的，而学校特色是特定时代的产物。但是，这并不意味着二者是水火不容的，恰恰相反，学校文化与学校特色存在着本质的、内在的一致性。"'学校特色'就是'学校文化特色'，它是一种有独到思想，有个性风格，有行为体现，有生命依托的'有特色的文化完形'。"[1]

---

[1] 孙孔懿：《学校特色论》，人民教育出版社2007年版，第34页。

　　一是学校文化蕴含着学校特色的基因。"在一定意义上，文化本身就是某种'与众不同'，就是某种'差异'，某种'特色'。"① 作为一个整体概念，学校文化是一种特殊性的文化存在，正是这种特殊性，让学校文化形成了自己的特色和个性，成为一种相对独立的社会亚文化，与企业文化、机关文化、家庭文化等形态各异的亚文化并立。当然，特色基因不只蕴含在作为整体概念的学校文化中，每一所学校的文化都潜藏着特色的基因。"不同的学校构成不同的'文化生态圈'，可视为一种微观的文化模式。"② 学＝校的"文化生态圈"是一个相对独立的系统，与学校的办学历史、人文传统、地域环境、组织结构、运行方式等都有着密切的关系，因此，每一所学校的"文化生态圈"都是不可移植，也不可能完全相同的。正是"文化生态圈"的独特性、差异性，潜藏着学校特色的基因，埋下了学校特色的种子，让学校特色建设成为可能。

　　二是学校文化建设以学校特色为追求。现实中，学校在设计、建设、宣传本校的文化时，总是喜欢突出与众不同的那一部分。这就导致在一所学校中，特色文化或许不是学校文化的主体，但一定是最引人注目的部分。这种行为既具有现实合理性，也符合文化建设的内在要求。美国著名人类学家露丝·本尼迪克特认为："（文化）是通过某个民族的活动而表现出来的一种思维和行动方式，一种使这个民族不同于其他任何民族的方式。"③ 正是在对差异的追求中，不同的文化才能建立自足的系统。同样，对于具体的学校来说，文化建设主要就是为了表现出不同于其他任何学校的"思维和行动方式"，形成学校独特的个性和品质。即便在学校文化建设中没有有意识地去追求学校特色，学校特色还是会如影随形、潜滋暗长。

　　三是学校特色建设以学校文化为基质。"言而无文，行之不远。"同样，学校特色如果离开了学校文化的滋养，也很难茁壮成长。一方面，文化凝聚了人们的共同价值观，影响着人们的思维和行动方式，具有巨大的力量。学校文化是一种泛在性的、基质性的存在，它弥散于学校的每一个角落，为学校的每一项工作提供能量，是学校发展最为强劲、最为持久的

---

① 孙孔懿：《学校特色论》，人民教育出版社 2007 年版，第 21 页。

② 同上书，第 21—22 页。

③ ［法］维克多·埃尔：《文化概念》，康新文、晓文译，上海人民出版社 1988 年版，第 5 页。

动力系统。学校特色建设同样也需要学校文化养分的滋育，需要学校文化力量的推动。另一方面，如果把学校特色比喻成鲜花的话，那么学校文化就是土壤。是学校文化决定学校特色，而不是相反。这就要求学校特色必须与学校文化保持内在的一致性，否则难免会因"水土不服"而委顿衰颓，乃至枯萎凋谢。当然，学校特色也能对学校文化产生"水土改良"的反作用力，但这必须以适应学校文化为前提、为基础。

二　初中学校文化与特色：问题与成因

可以说，初中教育的相对薄弱既体现在设备、课程、师资等外显的层面，也体现在文化、特色等内隐的层面。相对于外显层面的薄弱，内隐层面的薄弱更加深层、更加隐蔽，也更加具有深远的影响，因此，对初中文化与特色的薄弱之处进行探查与分析，对于初中教育的内涵发展具有重要的意义。

（一）政策频繁调整导致学校文化与特色难以积淀

文化是人类精神财富与物质财富的总和，是人类在长期的社会历史发展过程中慢慢积淀下来的文明成果。和所有文化一样，学校文化的形成需要一定数量的文化积累和一定条件的文化酵化，而文化积累和文化酵化都是需要时间的——外在的物质文化、制度文化建设或许可以在短时间内见效，但是，心理文化、观念文化以及行为文化建设却很难有立竿见影的效应，需要通过日积月累的酵化逐渐形成。学校特色作为一种独特的学校文化标识，需要在丰饶的学校文化土壤中方能生长出来，而学校文化的丰富积淀与长期酵化，对于学校特色的形成与发展具有基础性的意义。然而，新世纪的十余年间，关于初中教育的政策调整比较频繁，由此带来了初中学校定位、学制等的调整，在一定程度上影响了初中学校文化与特色的积淀。

首先，初中定位的频繁变迁导致初中学校文化与特色难以积淀。一直以来，无论是《国际教育标准分类》（ISCED）还是中国的教育制度安排，都把初中与高中教育放在一起，统称为"中等教育"。在中国，初中、高中一体化设置的完全中学一直大量存在。这一现象到20世纪初发生了很大的改变：一是初、高中分离成为大势所趋。1999年《教育部关于积极推进高中阶段教育事业发展的若干意见》指出："已经'普九'的地方，可以通过学校布局调整、高初中分离、重点学校与薄弱学校联合办学、灵活多样的授课制等形式，挖掘潜力，扩大现有公办普通高中的招生规模。"随后，越来越多的地区通过制定地方性教育政策弹性指导或强制实施，开始对完全中学进行初高中分离。① 二是九年一贯制学校大量出现。中国实行的是九年制义务教育，从义务教育的视角来审视，初中教育与小学教育是贯通一体的，九年一贯制学校的合法性由此得到确认。2012年颁发的《国务院关于深入推进义务教育均衡发展的意见》明确提出："支持初中与高中分设办学，推进九年一贯制学校建设。"这一规定在政策层面明确了初中教育的未来发展趋势：与高中教育脱钩，与小学教育贯通。一方面，由于初、高中分离的目的是发展高中阶段教育，再加上"高考GDP"日益受到重视，在初、高中分离过程中，包括优质文化资源在内的优质教育资源往往被留在高中，初中则出现了文化的滑坡，甚至是断层；另一方面，由于初中、小学在学生身心发展水平、教育目标、课程设置、教学方式、评价标准等方面存在巨大差异，大部分九年一贯制学校都没有真正做到"一贯"，而是小学、初中校区、管理、教学等都相对独立，往往被分为初中部和小学部。而相对于初中部，小学部是九年一贯制学校的主体，同时也没有升学压力，往往是学校文化与特色建设的主体，初中部的文化建设则相对被边缘化，学校特色建设更是处于边缘的边缘。

其次，近十年来初中学校的大量撤并也破坏了初中学校文化与特色建设的生态。2001年3月，国务院颁布《关于进一步做好农村税费改革试点工作的通知》，明确提出以"提高农村办学效益"为目标的农村中小学布局结构合理调整。同年6月，国务院召开改革开放以来第一次全国基础教育工作会议，会议将农村学校布局调整列为农村义务教育要重点抓好的六项工作之一，对农村学校布局调整做出行政部署，随后各地政府迅速制定了本区域内的布局调整规划并着手实施，自此，全国范围内大规模的农村学校撤并拉开了帷幕。② 尽管2012年9月国务院办公厅下发了《关于规范农村义务教育学校布局调整的意见》，明确提出"坚决制止盲目撤并

---

① 杨海燕：《初高中分离与合并的价值取向与利益诉求》，《教学与管理》（中学版）2014年第5期。

② 李涛：《撤点并校如何在执行中走样——一个西部农业县教育布局调整的30年》，《中国青年报》2015年9月14日。

农村义务教育学校，暂停农村义务教育学校撤并"，但是，十余年里，农村中小学已被大量撤并。统计数据显示，2001 年，全国有初级中学 58662 所，2013 年锐减为 38747 所，减少了 33.9%。初中学校撤并人为地改变了原有的学校文化发展进程，被撤学校的文化固然因此被中断，合并学校的文化生态也发生了巨大变化，影响到学校文化的积淀与酵化，进而影响到学校特色的生长与成熟。

（二）教育模式趋同导致学校文化与特色难以形成

根据儿童身心发展规律，初中学生处于青年初期或少年期向青年初期过渡阶段。在这一阶段里，儿童不仅在生理上迅速发育，而且心理也进入快速发展期，认知、情感、意志、行为等逐渐趋向成熟。由此总体来看，初中生与小学生在身心发展特征上具有很大的差异。基于这种差异，与小学相比，初中教育模式有了很大的改变，在德育与管理、课程与教学、测量与评价等方面都呈现出不同的特点。而不可否认的是，在当下的教育语境下，初中课程与教学的变化在很大程度上影响甚至主导着教育模式的转变。

在课程与教学上，小学是以综合课程为主，初中则以分科课程为主，更强调教学内容的系统性、学科性，学生学习的广度在拓展，强度在加大，难度在深化，学生学业成绩的分化日益明显。与此同时，学生评价制度、考试升学制度的不够完善，让学生的学业成绩显得极其重要，甚至影响到学生未来的发展方向。而独生子女时代父母对于子女的高期望值又客观加剧了学业竞争，强化了学业成绩的重要性。在这种情况下，尽力提高学生的学业成绩，成为绝大多数初中的核心任务，初中教育的生态普遍性地形成了课程教学一家独大的失衡状态，初中教育模式呈现出趋同的不良倾向。近二十年来崛起的困境突围型初中名校，如洋思中学、杜郎口中学、东庐中学、勤业中学等，其困境突围的方向都不约而同地选择了课程与教学，这从一个角度说明课程与教学在初中发展中起着决定性的作用，初中学校的生存与发展在很大程度上依赖于课程与教学的提升。

学校文化与特色建设追求和而不同，这种"不同"不是粉饰于学校教育表层的彩妆，也不是点缀在学校教育一隅的奇葩，而是扎根于学校教育精神内核、与学校教育理念与办学追求保持高度一致的个性标识。当绝大多数初中学校都将目光聚焦于学生的学业成绩时，"千校一面"的同质化现象在初中学校发展中就难以避免。在这种情况下，初中学校要么很难形成自己的办学文化与特色，要么形成的办学文化与特色和学校的教育理念与办学追求关联不大甚至相互矛盾，难以真正对学校的发展起到实质性的推动作用。

（三）办学整体薄弱导致学校文化与特色难以提升

长期以来，由于政策设计、学制变迁、目标定位等内外部因素的综合影响，初中教育相对薄弱，成为基础教育的"洼地"。初中教育的薄弱是全方位的，初中学校在历史传统、政策关照、师资水平等方面都相对薄弱，这对初中学校文化与特色建设形成了很大的制约作用。

首先，初中学校历史传统的薄弱制约了学校文化与特色的提升。受初高中分设、学校撤并等历史因素的影响，初中学校的历史传统相对薄弱，"家底"不够丰厚。以传统教育与现代教育都很发达的苏州市为例，2014 年的统计数据显示，苏州共有百年老校 146 所，其中高中 12 所（含完全中学 1 所），初中 5 所，九年一贯制学校 2 所，小学 127 所。[1] 另据统计，苏州目前有高中 65 所，初中 168 所，九年一贯制学校 28 所，小学 304 所。[2] 高中、初中、九年一贯制学校、小学中百年老校的比例分别为 42.9％、3.0％、7.1％、41.8％。可见，与高中、小学相比，初中百年老校无论从数量还是比例上看，都处于绝对弱势地位，其比例甚至小于作为新生事物的九年一贯制学校。因为文化与特色是需要时间来积淀和酵化的，所以，通常情况下，学校文化与特色的水平和学校的历史传统呈现出正相关关系，即学校历史越悠久、传统越优良，学校文化就越丰厚、特色就越鲜明。初中学校历史传统薄弱，在一定程度上制约了学校文化与特色的提升。

其次，初中学校政策关照的薄弱制约了学校文化与特色的提升。在当下的教育生态中，小学教育因为没有升学压力，所以可以把更多的时间和精力用在学生的素质发展、学校的文化建设等方面，容易产生影响、创出特色，是地方教育对外展示的"窗口"；高中教育与万众瞩目的高考升学直接相关，高考升学率一直是各地宣传的一张"名片"，高中教育甚至成为有

① 苏州教育网站"传承历史文脉、寻访百年老校"专题网页，http：//www.szedu.com/zt/cclswmxfbnlx/index.shtml。

② "苏州教育概况"，http：//www.szedu.com/jyzc/jygl1/szjygk/201110/t20111014_24672.shtml。

些地方的"一把手"工程。而初中教育则处于小学教育与高中教育的灰色地带：一方面，初中面临的升学压力比较大，主要精力集中于课堂教学上，在学校文化建设、特色发展上难有突破，难以形成"窗口效应"；另一方面，因有高中不得跨区域招生、优质高中生源部分分配到初中学校等政策，中考无论在竞争的范围还是在竞争的烈度方面与高考都不可同日而语，受到的关注相对较少。在这一背景下，初中教育往往很难得到地方政府和教育行政部门特殊的政策关照，甚至有意无意地被边缘化。初中学校在政策关照中处于弱势地位，不仅意味着无法获得与其他学校平等的政治地位、社会地位，而且意味着在财力、物力、人力等资源的分配中处于劣势。地位的弱势、资源的匮乏影响了初中学校教育教学活动的开展，也制约了初中学校文化与特色的提升。

最后，初中学校师资水平的薄弱制约了学校文化与特色的提升。人是学校办学的核心要素，教师队伍的整体素质在很大程度上影响着学校的办学水平。从教师来源上看，在1999年高校大规模扩招之前，中等师范学校一直拥有优质的生源，为小学教育培养了大批优秀的师资。同时，由于高中教育相对于初中教育又更有地位、更具吸引力，大专、本科层次的师范毕业生首选的是高中学校，其次才是初中学校。由此，相较于小学和高中，初中教师从源头上就相对薄弱。从教师流动来看，由于初中与高中在师资结构、课程设置上具有一定的同构性，高中学校对初中学校的师资形成了"虹吸效应"，大批优质的初中教师被选拔到高中学校任教。而与此同时，由于初中与小学在师资结构、课程设置上有较大的差异，且初中学校教学压力比较大，很难从小学吸纳优质师资。这样，初中学校的优质师资就形成了"有出无进"的单向流动态势，在很大程度上削弱了初中师资的整体水平。有学者通过研究江苏省第九至十二批特级教师、江苏省第一至三期人民教育家培养对象、国家和省基础教育教学成果奖获奖项目等在中小学的分布情况，得出了这样的结论："从不同层次优秀教育人才分布到不同级别教学成果获奖情况看，无论在哪一层次和级别上，初中的占比都是最低的。而且随着优秀人才层次和教学成果获奖级别的提高，初中的占比会越来越低。"[①] 教师是学校文化与特色建设的主体力量，初中教

---

① 秦德林：《"种子工程"：破解农村初中师资建设困境的杠杆》，《中国教师》2015年第6期。

师整体水平较低，对初中学校文化与特色的提升是非常不利的。

三　初中学校文化建设的冲突缓解

文化冲突是"指一个人或者一群人在两种不同文化之间产生的内心思想冲突，也指两种或两种以上的文化在相互接触中所产生的竞争或对抗状态"①。这里所讨论的文化冲突主要指涉后者。学校文化作为一个生态系统，文化要素比较复杂，文化结构比较多元，与之相伴随，文化冲突的存在也就是一种普遍的、长期的现象。特别是处于当下社会转型期，受社会多元文化的影响，学校文化呈现出繁复驳杂的图景，不同文化之间的冲突日趋频繁。同时，随着社会的发展，学校文化环境更加民主，文化态度更加宽容，许多潜在的文化冲突逐渐浮出水面，让学校文化冲突更加复杂。在学校中，文化冲突是一种正常的文化现象。研究表明，"冲突、对抗并不是只具有破坏作用的，它有可能成为凝聚社会群体的重要因素，产生积极的整合作用""正是由于冲突与整合的这种相互作用，社会与文化才不断向前发展，处于变动不居的状态"。② 所以，低烈度的学校文化冲突不仅不会破坏学校的文化生态，反而有助于不同亚文化的碰撞与交流，实现亚文化间的相互了解与相互尊重，实现"各美其美，美人之美，美美与共，天下大同"的和谐文化愿景，促进学校文化生态的动态平衡。但是，如果学校文化冲突超过了一定的限度，就会形成一种破坏性力量，不仅不利于不同亚文化的和谐共处，而且会造成学校文化生态的失衡，甚至灾变。因此，关注学校文化冲突，适时适度调控文化冲突，无疑有益于学校文化的健康、持续发展。

（一）育人文化与应试文化的张力

育人文化与应试文化的冲突，是当下初中学校最突出、最激烈的文化冲突。育人文化与应试文化冲突的根本在于初中教育的多种功能和多重属性。如同前述所言，初中教育既属于中等教育，又属于基础教育。作为基础教育，初中教育具有基础性；作为中等教育，初中教育又具有分流的功

---

① 韩玉敏、郝秀芬、王军：《新编社会学辞典》，中国物资出版社1998年版，第336页。
② 郑金洲：《教育文化学》，人民教育出版社2000年版，第133页。

能。在初中教育的终端，学生一般会向三个方向分流：一部分学生会接受普通高中教育，一部分学生会接受职业教育，另有一部分学生会选择就业。而在当下语境里，分流主要是通过选拔来实现的。中考成绩优秀的一般会选择接受普通高中教育，而成绩一般和较差的则会被动地选择接受职业教育或直接就业。初中教育的基础性要求所有学生都要达到一定的底线要求，而选拔性要求则以学业成绩为主要依据把学生分为不同的等级，目标的不同让二者之间存在一定的矛盾，这种矛盾体现在学校文化上，就是育人文化与应试文化之间的冲突。

文化是理念、制度、环境、行为等的复合体，初中学校育人文化与应试文化的冲突也是全方位的。在教育理念上，育人文化注重全体学生的全面发展、终身发展，而应试文化则主要着眼于学生应试能力的发展；在培养目标上，育人文化意在培养身心健全、素质全面，适应未来社会发展的人，而应试文化则意在最大限度地提高学生的学业成绩，特别是中考学科的学业成绩；在课程设置上，育人文化要求开齐开足全部国家课程，并根据学生的需要和学校的实际开设地方课程和校本课程，而应试文化则聚焦于中考科目，并在不同程度上忽视其他课程；在课堂教学上，育人文化主张"为学而教"，引导学生学会学习、学会合作、学会生活，而应试教育则注重"为考而教"，要求学生掌握学科知识，提高应试技能；在学生评价上，育人文化关注学生的身心发展水平和持续发展能力，而应试文化则关注学生的学业成绩。育人文化与应试文化的全方位冲突影响了初中教育的发展，让初中教育在育人与应试之间摇摆不定、左右为难。

要完全消弭育人文化与应试文化的冲突，不仅不可能，而且也没必要，保持适度的冲突张力对于初中发展乃至任何发展来说，都具有一定的积极意义。初中学校需要做的是，寻找二者的出发点、整合点、平衡点，努力缓解二者之间的矛盾和冲突。一是还原育人文化与应试文化的出发点，促进文化理解。育人文化与应试文化看似是两条完全不同的道路，但是，如果追根溯源、还原初衷，就会发现两者在一个重要出发点上是一致的——都是为了学生更好地生活。有学者认为，教育以人的生活为目的，而人的生活以幸福为目的，所以教育以幸福为目的。[1] 教育的一个重要功能就是提升人的生活品质，让人的生活更加幸福。育人文化自然是如此。

---

[1]　刘次林：《幸福教育论》，人民教育出版社 2003 年版，第 75 页。

应试文化看似加重了学生的负担，让学生痛苦不堪，但如果细细分析会发现，这并非它的初衷。有学者从人力资本理论的角度对"应试教育"进行分析，发现"应试教育"有着如下现实逻辑①：

> 因为，社会需要高人力资本的劳动者；
> 高人力资本的劳动者受教育程度高；
> 受教育程度高其拥有的文凭级别也高；
> 所以，社会需要高人力资本的劳动者就是需要有高级别文凭的劳动者。
> 而只有高级别的学校可以发放高级别的文凭；
> 能进入高级别的学校是因为考试成绩好；
> 考试成绩好是因为考试能力出众；
> 所以，教育培养的是考试的能力。

从这一逻辑推理中可以看出，"应试教育"的目的是培养能够适应社会需要的高人力资本的劳动者，帮助他们在"劳动力质量的竞争"中获得优势，并进而改善生活质量。讨论育人文化与应试文化在出发点上的一致性，可以在一定程度上减少二者的文化分歧，促进二者的文化理解，从而达到缓解冲突的目的。

二是挖掘育人文化与应试文化的融合点，寻求文化共识。育人文化与应试文化存在很多冲突，但这并不意味着二者就是截然对立、水火不容的。事实上，冲突与融合有时并不对立，在冲突的掩盖下，育人文化与应试文化存在着一些隐秘的融合点。一方面，应试文化具有一定的育人功能。应试文化可以让学生更全面、更牢固夯实知识基础，可以培养学生良好的意志力、注意力、自控力，可以培养学生的吃苦耐劳、踏实肯干的学习精神……这些对于学生的成长无疑具有正面促进作用。另一方面，育人文化有助于改良应试文化。育人文化注重培养身心健全、素质全面，适应未来社会发展的人，这既是培养目标，也是评价、检测标准。在育人文化的指引下，师生共同朝着这一目标前进，努力达到这一评价、检测标准。

---

① 江峰、林玲：《论教育的竞争与应试教育》，《南京师范大学学报》（社会科学版）1999年第3期。

从某种意义上讲，这种努力也是一种"应试"，只不过因为评价、检测标准是全面的、合理的，所以这种"应试"便具有了合理性。正是在这个意义上有学者指出："'应试教育'这一概念本身不具褒贬意义，因为，只要存在严格的考试选拔制度，就会有适应这种考试制度的教育，只要考试内容和形式是科学的、有效的、符合时代要求，这种'应试教育'就利大于弊。"① 这给予的启示是，以育人文化为指引，优化考试的目的、内容和形式，有利于改良应试文化，使之与育人文化有更多的融合点。文化融合能够让育人文化与应试文化更好地认识对方，从而寻求文化共识，缓解矛盾冲突。

三是寻找育人文化与应试文化的平衡点，防止文化失衡。尽管基于素质教育理念的育人文化代表着学校文化的"明亮那方"，而当下应试文化的弊要远远大于利，而在优质教育资源还不够丰富，社会上升通道还不够畅通的现实背景下，通过应试获取教育资源分配和社会地位提升的优先权，或许是"最不坏"的制度设计。在这个意义上，至少在将来的很长一段时间里，育人文化和应试文化的存在都有其现实合理性，强行打压甚至消灭应试文化，必然会加剧文化冲突，造成文化失衡。当然，反之亦然。教育不可能总存在于理想状态之中，立足现实，在育人文化与应试文化之间找到一个平衡点，有利于缓解二者的矛盾冲突，保持学校文化的动态平衡。当下，一些地方政府采取的诸如优质高中部分招生名额按比例分配到各初中、强化综合素质评价结果在高中招生录取中的作用、中考部分科目实行开卷考试等改革举措，都对平衡育人文化与应试文化具有积极的现实意义。

（二）少年文化与青年文化的互纳

在日常表达中，人们常笼统地说"青少年"，即把青年、少年作为一个一体的发展阶段来看待。而从生理、心理的角度来看，青年与少年是两个不同的发展阶段，二者之间既存在发展的连续性，又存在发展的差异性。关于少年与青年的年龄分期，目前尚未有一个公认的结论。从心理学角度看，一般认为少年期是指"个体从 11 岁或 12 岁—14 岁或 15 岁的时期，是童年期向青年期发展的过渡时期""是一个半幼稚、半成熟的时

---

① 黄崴：《"应试教育"提法之质疑》，《教育研究与实验》1997 年第 2 期。

期，是独立性和依赖性、自觉性和幼稚性、渴望他人理解又闭关自锁的错综矛盾时期"①。青年期是指"个体从 14 岁或 15 岁—27 岁或 28 岁的时期。通常又分为青年初期（14 岁或 15 岁—17 岁或 18 岁，又称青春期）、青年中期（17 岁或 18 岁—24 岁或 25 岁）和青年晚期（24 岁或 25 岁—27 岁或 28 岁）""是一个人从不成熟的童年期、少年期过渡到成熟的时期"②。一般来说，初中生主要处于少年阶段，同时，初中后期处于向青年初期过渡阶段。在短短的三年时间内，既要顺利度过少年期这一"错综矛盾时期"，又面临向成熟的青年期过渡的挑战，这使初中生经受着巨大的压力，极易产生生理和心理问题。正因为如此，初中阶段被心理学家称为"危险期"。

　　人的身心发展的客观规律决定了初中学校的学生文化以少年文化为主，青年文化为辅。在一般情况下，少年文化和青年文化表现为前后承接关系，但毕竟它们又是两种文化，在承接和过渡时产生一些矛盾冲突不可避免。一是不同年级之间的少年文化与青年文化冲突。在初中，总体看来，初一学生刚刚脱离童年期，过渡到少年期，而初三学生少年期已基本结束，正在向青年初期过渡。初中生的身心发展变化急剧，从少年期到青年期，从生理、认知、情绪、情感到自我意识、个性等方面，都发生着很大的变化，也生发出很大差异。就个性发展而言，少年期的学生"性格处于形成阶段，对现实生活环境中的人、物、事逐步形成较稳定的态度，但容易发生动摇，克服困难的毅力欠缺"；而青年期的学生"已形成了自己初步的世界观，并且用自己的世界观指导自己的行动；各种能力都趋于成熟，并且许多人具有自己独特的才能"③。正因为如此，在初中学校的低年级学生与高年级学生共处时，容易发生少年文化与青年文化的冲突。譬如，在偶像崇拜上，低年级学生多关注偶像的容貌、外形、衣着、行为等外在特征，且崇拜的偶像容易受流行风向的影响，稳定性较差；而高年级学生则在关注外在特征的同时，更加关注偶像的思想、情感、价值观等内在特征，崇拜的专注度、持久性、稳定性更好。低年级学生和高年级学生在交流偶像崇拜时，会因此产生隔阂，甚至形成矛盾冲突。二是不同学

---

① 俞国良：《当代青少年心理与教育大辞典》，山西人民出版社 2000 年版，第 3 页。
② 同上书，第 4 页。
③ 同上。

生之间的少年文化和青年文化冲突。由于身心发展的个体差异性，初中生
的文化发展也是参差不齐、前后不一的。在同一个年级、同一个班级，有
的学生还处于少年期，甚至是童年向少年的过渡期，而有的学生已经基本
上度过童年期，正在向青年初期过渡。因此，即便是同处一间教室，不同
学生、不同非正式群体之间也会有少年文化与青年文化的冲突。值得注意
的是，尽管与高年级和低年级的文化差异相比，同一班级的同学之间、非
正式群体之间文化差异相对较小，但是，由于处在同一个班级，缺乏缓冲
的时间和空间，因文化差异引发的文化冲突反而频度更高、烈度更强，也
更具有破坏性。因此，初中班级内部少年文化和青年文化的冲突应该引起
高度关注。三是个体内部的少年文化和青年文化冲突。个体的文化发展很
少能呈现出理想的、完美的状态，而是或多或少伴随着要素间的矛盾和时
序上的反复，表现出文化冲突。在初中生身上，文化要素间的矛盾主要表
现为身体发育与心理发育的不平衡性。在通常情况下，人的身心发育是同
步的，但有时也会出现例外。20 世纪 50 年代到 2000 年儿童身高的数据
显示，由于营养状况全面改善，半个世纪以来中国青少年儿童身高增长势
头强劲。[1] 在 1985—2000 的 15 年间，大城市、中小城市、较富裕乡村和
中下水平乡村的女孩初潮平均年龄分别提前了 0.51 岁、0.31 岁、0.6 岁
和 0.23 岁[2]，从一个侧面显示出青春期的提前。与生理发育提前不同的
是，初中生的心理发育并未提前，甚至还有所滞后。当下的初中生多为
独生子女，成长环境比较优越，人际关系比较简单，社会经验相对缺
乏，心理发育比较缓慢，很多初中生的心理素质较差、行为方式幼稚。
身心发展的不平衡，让很多学生在生理上已经进入青年期，但心理上还
处于少年期，身心的文化冲突在所难免。在初中生身上，还存在着文化
发展时序上的反复。少年期向青年期的过渡并非是线性推进的，而是前
后交错、时有反复，这让处于这一时期的初中生时而像个少年，时而表
现出青年的特征。在完全进入青年初期之前，这种个体内部的少年文化
与青年文化反复与冲突会不断发生。

　　有效缓解初中少年文化与青年文化的冲突，一是要推动少年文化与青
年文化的和谐共处。在初中，青年文化与少年文化的冲突主要体现为前者

---

① 季成叶：《儿童少年卫生学》，北京大学医学出版社 2006 年版，第 142 页。
② 同上书，第 145 页。

对后者的轻视与否定，认为后者是"幼稚的""不成熟的"。在学校教育中，要引导学生认识到，虽然少年文化与青年文化在时序上具有先后关系，青年文化相对于少年文化来说也更为成熟，但并不意味着青年文化就一定优于少年文化，或者说青年文化比少年文化有更高的价值。文化具有群体适应性，不同的民族、种族、国家、集体等都有适合自己群体价值观的文化，很难说这些文化孰是孰非、孰优孰劣。相反，如果强行要求一个群体接受另一种"先进的"文化，反而会造成文化的冲突。因此，青年文化应该认识到少年文化存在的合理性，理解、宽容少年文化，避免对少年文化的歧视与打压，实现二者的相互尊重、和谐共处。二是引导少年文化向青年文化的有序过渡。少年文化向青年文化的发展符合人的文化成长的客观规律，引导少年文化向青年文化的过渡，是初中教育的责任。但是，人的文化成长是循序渐进、水到渠成的，初中生若身心还处于少年期，就应该拥有少年文化；若身心发展到青年期，自然就应该逐渐形成青年文化。在初中教育中，既不能瞻前顾后、患得患失，压制青年学生对青年文化的需求和渴望，如对异性的追慕、对冒险的渴望、对成人世界的窥视、对社会现象的反思等，培养与身心发展不匹配的"文化侏儒"；也不能拔苗助长、急于求成，把青年文化强加于还处于少年期的学生身上，培养少年老成、老气横秋的所谓"成熟""懂事"的学生。有序过渡还意味着尊重个体发展的差异性，不强求少年文化向青年文化过渡的整齐划一、步调一致，要允许身心发展滞后的学生拥有更长的少年期。三是促进个体文化发展的平衡与稳定。尽管对于青少年生理发育提前这一现象的价值判断不一，但已成为一个事实的存在，初中教育不可能扭转这一局面，只能因势利导，密切关注学生身心的变化，及时给予必要的教育和指导，使学生的文化发展趋于平衡与稳定。生理的快速发育，让初中生在身体上拥有青年文化的特征，譬如对性的本能渴望；但在心理上，他们往往还停留在少年文化阶段，譬如对性的认识还很懵懂，对异性的情感也不稳定。此时，不仅要对学生开展卫生学上的性健康教育，而且还要让学生及时了解与性相关的文化信息，如性背后的情感要素、伦理规范、社会责任等，让学生心理的文化成长与生理的文化成长协调一致。

（三）代际文化与同伴文化的交融

从文化类型上看，学校文化的来源十分复杂，如民族文化、政治文化、地方文化、家庭文化等，但是，如果从文化主体上看，学校文化的来源相对比较简单，主要是作为教育者的教师①文化和作为受教育者的学生文化，正如最早使用"学校文化"的美国学者华勒（W. Waller）在其1932年出版的《教学社会学》中所指出的："学校文化形成的来源之一是年轻一代的文化，之二是成人有意安排的文化。前者是由学生群体中的各种习惯传统、价值观念以及受影响而产生的情感心理和表现行为等构成。而后者则代表了教师的成人文化，由教师群体的各种习惯传统、规范准则、价值观念和心态行为等组成。"② 教师文化、学生文化的多向互动又形成了代际文化和同伴文化。美国人类学家玛格丽特·米德认为，文化分为前喻文化、并喻文化和后喻文化三种类型。前喻文化，是指晚辈主要向长辈学习；并喻文化，是指晚辈和长辈的学习都发生在同辈人之间；而后喻文化，则是指长辈反过来向晚辈学习。"从迄今已有的事实来看，前喻文化是数千年前甚或是野蛮时代人类社会的基本特质。"③ 在前喻文化主导的数千年里，"不听老人言，吃亏在眼前"的忠告无疑是具有现实意义的。"伴随着自然资源的进一步开发、利用，人类文明不断地蓬勃发展，文化形态由前喻型转变为并喻型的条件日臻成熟。"④ 特别是进入工业社会之后，由于知识更新速度的不断加快，掌握新知识的晚辈越来越有信心挑战长辈，前喻文化与并喻文化的冲突也日趋激烈。而在进入信息社会的当下，米德写作《文化与承诺》的20世纪60年代初见端倪的后喻文化已经蔚为大观，长辈向晚辈请教已经成为一种普遍现象。

如果从代际关系来看，前喻文化和后喻文化都是发生在两代人之间，是一种代际文化；并喻文化发生在同辈之间，是一种同伴文化。具体到初中学校，教师文化与学生文化的互动构成了代际文化，教师文化与教师文化、学生文化与学生文化的互动则构成了同伴文化。由于不同群体的文化差异，特别是两代人之间的文化差异，代际文化和同伴文化的冲突不仅表现在两种文化之间，同时也存在于他们各自的内部。一是代际文化与同伴

---

① 这里的"教师"泛指学校内包括管理者、服务者、专职教师等在内的所有承担育人功能的人员。

② 郭继东：《学校组织与管理》，中国轻工业出版社2012年版，第148页。

③ ［美］玛格丽特·米德：《文化与承诺——一项关于代沟的研究》，周晓红、周怡译，河北人民出版社1987年版，第27页。

④ 同上书，第52页。

文化的冲突。在初中，代际文化与同伴文化之间的冲突主要表现为前喻文化与并喻文化之间的冲突。在数千年漫长的历史进程中，虽然也有"教学相长"之说，但总体上看来，教育是以前喻文化为基本形态，表现为长辈将长期积累的人类社会知识、经验传递给晚辈，以让他们更好地生存和发展。特别是近代学校产生之后，为了追求教育的效率，学校教育采用班级授课制，"师授生受"成为一种普遍的教学方式，教育的前喻文化得到了进一步强化，甚至成为一种根深蒂固的"传统"。同辈之间相互学习的并喻文化在学校文化中一直存在，只是在教师居于绝对权威地位的教育形态下，并喻文化一直处于被忽视、被压制的状态，并未引起足够的关注。随着教育理念的发展和教学改革的推进，儿童的学习能力不断被发现、被肯定，并喻式的同伴学习受到应有重视。2001 年颁布的《基础教育课程改革纲要（试行）》要求："改变课程实施过于强调接受学习、死记硬背、机械训练的现状，倡导学生主动参与、乐于探究、勤于动手，培养学生搜集和处理信息的能力、获取新知识的能力、分析和解决问题的能力以及交流与合作的能力。"在一定程度上就是要在课程教学领域改变前喻文化一家独大的扭曲现状，赋予并喻文化应有的地位。"虽然当下中国社会的并喻文化、后喻文化迅速崛起，形成了前喻、并喻、后喻文化多元并举的复杂图景，特别是儿童本位的教育观至少在理念层面被越来越多的人所接受，但是，传统教育观念的惯性是巨大的，它对当下教育的影响不可小视。"① 前喻文化并不愿意轻易让步，与并喻文化的矛盾冲突由此产生。这种文化冲突在初中学校表现得尤其剧烈。初中生正处于"心理断乳期"，急于从家长和教师的掌控中挣脱出来，融入同伴群体，对前喻文化的反抗和对并喻文化的向往同样强烈。与此同时，家长和教师则多把初中生看成是不成熟的孩子，不放心让学生与同伴一起自主学习和生活，学校中前喻文化的氛围还很浓厚。在初中学校，一方面前喻文化试图掌控全局，另一方面并喻文化试图自我做主，二者的矛盾冲突在所难免。二是代际文化内部的冲突。代际文化内部的冲突主要表现为前喻文化与后喻文化之间的冲突。前喻文化与后喻文化虽然在性质上都属于代际文化，但二者的文化立场、文化形态却截然相反，在同一个文化场域中，二者很容易产

---

① 杨孝如：《发现教育：让儿童发展从可能走向现实》，《教育理论与实践》2013 年第 10 期。

生矛盾冲突。在初中，很多教师都感叹"学生越来越难教了"，原因除了学生的自主意识、民主意识越来越强烈之外，还有重要的一点，就是学生懂的东西越来越多了，教师的知识权威地位受到前所未有的挑战。在前喻文化时代，教师掌握着人类长期以来积累的文化资源，处于知识垄断地位，学生很难有渠道接触到这些资源，因此，教师仅凭一本教学参考书（教师用书）就能掌控课堂。而到了当下的信息社会，随着信息传播渠道的丰富、信息获取方式的便捷，学生学习知识、了解信息越来越方便快捷，加之初中生已初步掌握自主学习的方法，知识储备量迅速增长，教师的知识垄断地位受到严重挑战。同时，信息时代知识更新速度越来越快，在不断涌现的新知识面前，初中生与教师是处于同一条起跑线上的，教师如果不加强学习，很快便会落后于对新知识充满好奇的学生，在很多方面不得不向学生学习，被动地接受后喻文化。在初中学校中，前喻文化和后喻文化本可各安其分，但是，由于对"师道尊严"的片面理解，很多教师很难放下面子向学生学习，而处于青春期的学生又对教师过度强调自己的权威地位心生反感，教师对后喻文化的排斥心理和学生对前喻文化的逆反心理让前喻文化与后喻文化短兵相接，文化冲突在所难免。三是同伴文化内部的冲突。同伴文化内部的冲突主要是指学生并喻文化的冲突。在初中生同辈群体中，虽然作为学生，初中生的身份、地位是相似的，在文化上具有天然的亲缘性，但他们的个性特征、家庭环境、社会视野、生活经验等都存在一定的差异，因此，文化个性必然也会有所不同。这导致在同辈群体中，既有文化的交流、认同和吸纳，也有文化的分歧、碰撞和冲突。学生并喻文化的冲突还表现在不同亚文化群间的冲突上。在初中，由于性格、兴趣、特长等方面的原因，学生自发形成了很多亚文化群。在这些亚文化群内部，成员具有共同的价值认同、文化追求、心理特征、行为规则（多为默会的）等，由此形成了亚文化群的个性特征。在通常情况下，这些亚文化群各自为政、相安无事，但在同一个文化场域（如班级、宿舍等）中，当两个或多个亚文化群的价值认同相互矛盾时，就很有可能引起亚文化群之间的冲突。

　　缓解初中代际文化与同伴文化的冲突，一是探求多元的教学方式，促进代际文化和同伴文化的交融。代际文化和同伴文化的冲突主要是教学方式的冲突，构建多元的教学方式，对于缓解二者的冲突具有积极意义。关于这一点，从杜郎口中学的教学改革中可见一斑。20世纪90年代末期，杜郎口中学教学质量低下，其中主要的原因就是因为教师的教学水平极低，"师授生受"式的教学受到学生的排斥，用学生的话来说就是："老师讲的课，还没我们自己讲得好呢！要他们干什么?"① 当时的校长为了改变这一局面，从改革教学方式入手，尝试把课堂还给学生，让学生自主学习、合作学习，逐渐形成了"三三六"自主学习课堂教学模式。这一举措激发了学生的主体性和积极性，大大提高了教学的效率和效果。可见，杜郎口中学当初陷入困境是因为传统的前喻教学方式遭遇学生的抵抗，陷入了文化困境；当学校承认并培育以自主、合作学习为主要内容的并喻教学方式之后，情况逐渐发生了改观。事实上，构建多元的教学方式，特别是承认并喻学习的价值，并构建以并喻学习为核心的课堂教学模式，是很多陷入困境初中的共同选择。杜郎口中学在"10＋35"的基础上总结出了"三三六"自主学习模式，洋思中学在实践中摸索出了"先学后教，当堂训练"的课堂教学模式，东庐中学基于"教学合一"思想推出了"讲学稿"，勤业中学进行了"展评学习法"的实践与研究……"它们都无一例外地翻转了传统的'师—生'课堂结构，建构了'生—生'、'生—师'、'师—生'、'生—本'等多元结构共存的课堂形态"②。当多元的教学方式形成之后，代际文化和同伴文化都得到了尊重，都有自己施展的空间，二者之间的冲突自然也就得到缓和。在走访常州市勤业中学时，听到一个很值得关注的细节：展评学习法在全校推行之后，当有教师不采用"展评学习法"，而采用传统的讲授法上课时，学生会到校长那儿"告状"，要求教师改变这一做法。可见，多元教学方式形成之后，若试图回归一元，会引起新的代际文化与同伴文化的冲突。

二是构建多维的师生关系，促进代际文化内部的融合。师生关系若呈现为单向度的教与学的关系，那么，一旦师生在教学上产生分歧或发生冲突，就很难找到其他的沟通和对话渠道，导致冲突难以解决。研究表明，"教师与学生的主导关系应是建基于教学活动的业务关系（即知识学习的关系）。当然，伴随着教学活动的其他活动，还会产生其他的关系，如情

---

① 茅卫东、李炳亭：《"杜郎口模式"：一所乡镇中学的颠覆性教学改革》，《基础教育》2006 年第 6 期。

② 杨孝如：《困境突围型初中品质追求的嬗变及其启示》，《教育科学研究》2015 年第 8 期。

感关系、伦理关系以及朋友关系等等"①。建立起多维的师生关系之后，一旦某一维关系出现了问题，关系渠道被堵塞时，师生可以通过其他维度的关系渠道沟通交流，寻求对话与和解，解决矛盾与冲突。2010 年 9 月，北京市第十一中学全面实施走班上课，传统意义上的行政班消亡，班主任这一角色自然也就淡出。一次，一位做过 20 多年班主任的教师找一个学生谈话，当时这位班主任认为 15 分钟就能把问题解决，但事实上用了一个下午，"使出了浑身解数"，还是没有多大效果。几天之后，这位教师与学生再次谈心时，首先因自己上次"带着一种一定要说服那位学生的先入之见""还未沟通即带着结果与学生对话"的预设态度向学生道歉，"老师的姿态有了立竿见影的效果，这位学生竟立刻向老师赔礼"，最后，"尽管该生并没有就原来那件事让步，但他们之间却有了一条通往融通的道路"②。在这一故事中，当行政班级被取消之后，原来建立在行政权威之上的"班主任—班级学生"关系维度马上失效，师生沟通难以进行，冲突浮出水面。好在这位教师很快转变了角色，用真诚道歉与学生建立了情感关系，沟通马上变得顺畅起来。

三是培育多样的同辈群体，促进同伴文化内部的融合。"同辈群体又称同龄群体，是由一些年龄、兴趣、爱好、态度、价值观、社会地位等方面较为接近的人所组成的一种非正式初级群体。"③ 很多学校对学生的同辈群体十分警惕，把学生自发形成的同辈群体看成是"拉帮结派"，把同辈群体的同伴文化看成异类，视为对学校主导文化的挑战。因此，常对同辈群体进行控制和打压。这种"权力主导下的学校文化垄断在一定程度上剥夺了学校成员的文化自由，无视他们的文化理性，把社会主导文化强加于他们"④，既不利于文化生态的平衡，也不利于文化冲突的解决。事实上，同辈群体对于学生的成长不可或缺。处于"心理断乳期"的初中生渴望走出家庭，走向社会，同辈群体是他们由家庭走向社会的重要跳板。在同辈群体中，他们能够学习社会交往的基本规则，获得生活经验和社会信息，发展自己的兴趣爱好，提高自己的社会适应能力。培育形态多样、特征各异的初中生同辈群体，可以让学生有更多的选择机会，在不同

---

① 裴娣娜：《现代教学论》第 2 卷，人民教育出版社 2005 年版，第 203 页。
② 李希贵：《面向个体的教育》，教育科学出版社 2014 年版，第 6—7 页。
③ 肖萍：《社会学概论》，天津大学出版社 2008 年版，第 89 页。
④ 杨孝如：《论学校文化的静态平衡》，《当代教育科学》2010 年第 1 期。

的同辈群体中找到自己的位置，发现自己的价值。这样，一旦某个同辈群体内部产生同伴文化冲突，学生一方面可以在其他的同辈群体中寻求解决冲突的帮助，另一方面也可以在冲突不可调和，不得不退出同辈群体时，还能在其他的同辈群体中寻求心灵的归宿和情感的慰藉。

四　初中学校特色建设的多维关系

研究表明，西方哲学的发展呈现出从"实体思维"向"关系思维"转变的过程。"所谓实体思维，是指把存在预设为实体，把实体理解为事物的属性及其关系的最终根据和载体，并以此为前提诠释一切的思维，或者说是以实体的眼光看待一切的思维。""相对于实体思维，关系思维就是指把存在预设为动态关系，存在者预设为关系的凝结物，并以此为前提诠释一切的思维，或者说是以关系的眼光看待一切的思维。"[1] 实体思维者把事物看成一个具有自足意义的独立实体，往往试图通过揭示事物的本质来论证其存在的合理性；而从关系思维的角度来看，"关系才是初始性的存在，实体不过是关系之网上的一个个'纽结'，任何事物只能存在于一定的过程并处于一定的关系之中，相互关系不仅能呈现事物的性质，而且关系的异动能改变事物的整个变化发展过程"[2]。实体思维视角下的初中学校特色建设，把学校特色视为独立的"实体"，把学校特色的选择、设计与建设视为自足的流程，进行专项建设，而较少关注学校特色与学校其他工作的协调，较少关注学校特色挖掘、提炼、论证的过程。这样的学校特色建设很容易与学校的其他工作脱节，一味地求新求异，可能会在很短的时间内使学校形成某些与众不同的"特色"。但由于这种特色建设较少考虑学校的历史传统、文化积淀、培养目标、课程教学、师资水平等实际情况，往往是缺乏根基支撑的，也是缺乏环境濡染的，一旦基于行政权力的专项建设力度削弱，或者学校建设流行风向发生转变，学校特色建设往往难以为继。基于关系思维视角的初中学校特色建设把学校特色视为关系的存在，视为学校工作的有机构成，在学校的发展甚至是教育的发展、

---

① 高云涌：《从实体的逻辑到关系的逻辑——马克思辩证法理解方式的范式转换》，《学习与探索》2006 年第 1 期。

② 黄秋生：《马克思批判理论的逻辑进路》，社会科学文献出版社 2013 年版，第 147 页。

社会的发展中统筹考虑学校特色的建设。一方面，以学校的历史与现状、教育的本质与内涵乃至社会的发展与进步为依据，进行特色的挖掘、提炼与论证，力求让学校特色既具有内在的合理性，又具有外在的适应力；另一方面，在学校特色的设计、建设、评价、调整等的过程中，注重与学校其他工作的协调与整合，让学校特色渗透、融入学校的相关工作中去，成为学校日常工作的一部分。这样建设出来的学校特色，与学校文化、学校发展有较高的"黏合度"，因而具有很强的生命力，不易因外力的变化而发生异动。

（一）共同文化与学校特色

20世纪五六十年代，英国马克思主义文化理论家、文化批评家雷蒙·威廉斯（Raymond Williams）提出并论证了"共同文化"这一概念。在威廉斯看来，"共同文化是全社会成员共同参与建设的文化，它要求知识分子放弃文化精英主义，以生存平等的价值观为基础，尊重普通民众日常生活中的无文字传统，认识到工会及其他劳工组织和制度是形成共同文化的重要机制"[①]。虽然威廉斯是在批判文化精英主义的语境下提出共同文化的，但这一理论的适用性远大于此。当下，宽松的文化环境、频繁的文化交流、便捷的文化传播、活跃的文化创新，让学校文化图景异常多彩，也使文化关系异常复杂，共同文化对于凝聚师生共识、形成学校共同愿景的意义不可小觑。表面上看起来，学校特色强调"不同"，而共同文化强调"同"，二者似乎是对立的。但如果稍加分析，便会发现二者又具有内在统一性。一方面，学校特色是相比较而言的，如果没有比较，也就无所谓特色不特色。既然是比较，就必然需要形成基本共识，建立共同标准，关于学校特色的共同文化由此产生。另一方面，如同同一片土地上可以长出不同的植物一样，共同文化的土壤也可以开出不同的学校特色之花，共同文化之于学校特色具有可能性；如果没有共同文化的土壤，学校特色之花便无可立足，共同文化之于学校特色具有必要性。可见，无论从哪个角度来看，共同文化都构成了学校特色的基础。

从关系思维的视角来看，以共同文化为基础建设学校特色，要处理好

---

① 赵国新：《新左派的文化政治：雷蒙·威廉斯的文化理论》，外语教学与研究出版社2009年版，第99页。

三对关系。一是学校特色与人类文明的关系。人类文明是人类长期从事社会实践的结晶，是人类的共同财富，是最重要的人类共同文化。人类文明是学校教育的基石，继承、传播数千年来人类创造的文明成果，发展、创造人类新的文明，是学校教育的主要使命。初中学校特色建设首先应基于人类文明。学校特色建设不可能是无源之水、无本之木，人类文明是学校特色建设最丰沛的源头活水、最牢固的固木之本。有学者认为："当前学校文化建设所要追求的不同、特色是以'同'和'通'为前提的。""所谓以'同'为前提，就是指学校文化建设、特色的寻求应当首先尊重和认可人类文明发展至今的现代文明的价值共识、共同的精神财富和生活经验，不应当游离其外甚或以对立的姿态而出现。"① 这不是杞人忧天，而是有着很强的现实针对性的。譬如，一些学校为了建设所谓的传统文化特色，不加选择地把《三字经》《弟子规》等传统经典直接拿来教给学生，而这些"经典"的有些内容就是已经被淘洗了的文明糟粕。再如，近年来，常有学校组织学生跪拜父母、跪拜老师、跪拜孔子的新闻见诸报端，这些活动的确有"特色"，但无论是外在形式还是内在精神都是与现代文明背道而驰的。初中生处于人生观、价值观、世界观形成的关键时期，初中学校在进行学校特色建设时，一定要把优秀的人类文明成果教给他们，帮助他们打好精神的底色。学校特色建设其次应为了人类文明。文明是不断发展进步的，学校是人类文明创新的重要场所，承担着发现、梳理、总结、提炼、研究、实践人类文明新成果，推动文明进步的任务。有学者在《现代性与教育》中对历史退步论、"犬儒主义"及当代反文明思潮进行了批判，认为"倡导文明进步的教育观迫在眉睫"②。作为学校建设的有机构成，学校特色建设应确立为了人类文明的立场，为人类文明的创新贡献力量。文明创新看似是一个宏大命题，与初中学校无关，但事实上，量变导致质变，任何一次伟大的文明创新都是由若干"微创新"累积、酵化而成的。初中学校也许不能承担文明创新的主体责任，但却可以以"微创新"的方式参与其中。譬如，学校可以创建科技教育特色，组织学生开展小发明、小创造活动，开展科技创新；可以创建生态教育特色，研究、实践并倡导绿色生活方式，投入生态文明建设……这些学校特色看似

---

① 唐汉卫：《学校文化特色建设的几个误区》，《教育研究与实验》2014 年第 5 期。

② 于伟：《现代性与教育》，北京师范大学出版社 2008 年版，第 153 页。

微不足道，但都与文明的创新、进步紧密相连。

　　二是学校特色与时代精神的关系。黑格尔认为，时代精神是每一个时代特有的普遍精神实质，是一种超脱个人的共同的集体意识。每个时代都有属于自己的时代精神，它反映了时代整体的价值取向、思想观念、精神状态、社会风貌、生活方式等，凝聚了时代大多数人思想和行动的共识，萃取了时代物质文明与精神文明的精华，决定了时代发展的趋势与方向。没有人能脱离时代而生存，学校教育虽然要与时代保持适当的距离，但也不能超然世外，与时代精神格格不入。特别是进入教育大众化时代之后，学校更不应成为"象牙塔"，成为独守一方水泼不进的"净土"。学校特色建设要处理好与时代精神的关系，一方面应密切与时代的联系，汲取时代精神的养分，参与时代精神的建构；另一方面要理性地看待时代精神，坚守教育的价值，不为时代精神所左右。二者看似相互矛盾，实则辩证统一。学校特色总是存在于特定时代的，时代的核心精神应该成为学校特色建设的基石。和所有的教育活动一样，学校特色建设的最终目标是培养人。人既是自然的人，也是社会的人，学校特色建设要帮助学生适应社会、适应时代，而不是相反。因此，学校特色建设要顺应并体现时代的核心精神，并通过教育活动，帮助学生理解、内化这些精神，使学生的成长与社会的发展、时代的发展同频振动。这样，才能培养出适应时代发展、推动社会进步的合格公民，而不是逆时代潮流而动、反社会反文明的问题人。譬如，培育和践行社会主义核心价值观是当前的时代主题，初中学校在建设学校特色时，就应该遵循社会主义核心价值观的基本要求，渗透社会主义核心价值观的内在精神。同时，时代精神具有时代特色，初中学校特色建设可以从时代精神中寻找特色追求的方向和主题，以实现学校特色先进性与独特性的统一。譬如，改革开放以来，随着文化开放程度的提高和文化交流的频繁，随着人口迁移规模的扩大和速度的加快，不同文化间的冲突与融合成为一种普遍的社会现象，由此，"以多元社会、文化并存为核心的宽容精神"[1] 成为一种时代精神。在经济发达地区的初中，针对外来务工人员子女与本地学生之间的文化融合问题，可以从文化宽容、文化融合的时代精神中找到突破方向，建设学校特色。南通市东方中学的学校特色建设就是很好的例子。随着经济社会的发展，位于江苏南通经济技

---

　　[1]　钱理群：《当今之中国青年和时代精神——震灾中的思考》，《随笔》2008 年第 5 期。

术开发区内的南通市东方中学非本籍学生和教师日益增多，"为了使东西南北中文化融合，教师教学理念融和，学校人际关系融和，将不同区域的先进教育理念和文化差异内化到学校自身的特色建设之中，学校提出了'和融教育'校本的实践研究课题，构建独具特色的'和融教育'体系，在更高层面上打造具有东方特色的学校教育品牌"①。

　　三是学校特色与教育文化的关系。教育文化是一种社会亚文化。从内涵上看，教育文化是指"在教育领域这一特定范围内，教育工作者和学生在其教育活动中，所形成和创造出来的物质和精神产品及其形成和创造的过程"②；从外延上看，教育文化的范围是"教育的一切和一切教育"③；从特征上看，"无论是从时间维度还是从空间维度上，教育文化都是具有鲜明的大尺度、广视角、整体性品质的理论"④。可见，教育文化具有广泛的包容性，涵盖了教育的全部历史、整个过程、所有活动、一切成果，是教育的基质。学校是教育系统的有机构成，教育文化是与学校特色建设关系最紧密的共同文化。有学者关于文化视野下的教育观认为："学校是教育的一条途径，而教育则是文化的一个功能。因此，要认识学校的本质，不能将视野局限于学校内部，而应将学校看成文化的一个组成部分，只有这样，才能对学校作出切合实际的定位。"⑤ 同样，初中学校要做好学校特色建设，也不能将视野局限于学校特色内部，而应放在教育文化的视野下进行观照。学校特色建设要以"通"为前提。"所谓'通'，是指学校所倡导的文化特色尽管相异，但相互之间要能够相互对话，尊重多元，能以平等、宽容、相互借鉴的态度看待其他文化样式、文化选择和文化特色，不能孤芳自赏、自以为是，拒绝和其他文化选择之间的对话。"⑥ "通"是以"同"为基础的。初中学校特色建设是一种"求异存同"的活动，尽管着眼点是"异"，更加强调独特性、个性化，但这种"异"是建立在"同"的基础之上的；如果没有了"同"，"异"便失去了沟通交流的共同文化、共同语言，失去了赖以生存、发展的基础，也便

---

　　① 羌松延：《"和融教育"理念下的学校发展策略初探》，《基础教育研究》2011 年第 10 期。

　　② 刘尧：《教育评论研究论纲》，江苏大学出版社 2012 年版，第 87 页。

　　③ 同上。

　　④ 宋志臣：《教育文化论》，《教育研究》2012 年第 10 期。

　　⑤ 范燕莹：《布鲁纳》，北京师范大学出版社 2012 年版，第 137 页。

　　⑥ 唐汉卫：《学校文化特色建设的几个误区》，《教育研究与实验》2014 年第 5 期。

失去了存在的意义和价值。而学校特色建设的"同"，就是教育文化。如果把学校文化比喻成一座冰山的话，那么学校特色就是海面上的一小部分冰山，而隐藏在海面以下的绝大部分则是教育文化。正因为教育文化往往是一种"沉默的存在"，也往往被人们所忽视。"许多学校正是没有遵守基本的共同规则，没有遵循基本的教育规律，没有坚守教育和学校的基本精神，于是，也就缺少了讨论个性的基础"，从而导致学校特色建设较为普遍存在着"共性不共，个性不个"问题。① 在教育文化的基础上建设学校特色，学校特色才会既有浓厚的根底，又有鲜明的个性。

（二）学校文化与学校特色

　　学校文化与学校特色有着内在一致性，学校文化是学校特色的基质，离开了学校文化，学校特色就失去了根性，失去了灵魂，难以持久而有效地发展。学校文化是学校在长期的办学过程中逐渐积累的，具有稳定而持久的影响力，以学校文化为内核建设学校特色，可以让学校特色有内涵、有定力、有影响，真正发挥推动学校发展之功效。

　　一是处理好学校特色与文化传统的关系。在日常表达中，人们常常会不加区分地使用"传统文化"与"文化传统"两个概念，其实严格加以分析，这是两个不同的概念。学者庞朴对二者的论述很具有代表性："传统文化的全称大概是传统的文化（Traditional culture），落脚在文化，对应于当代文化和外来文化而谓。其内容当为历代存在过的种种物质的、制度的和精神的文化实体和文化意识。""文化传统的全称大概是文化的传统（Cultural tradition），落脚在传统。文化传统与传统文化不同，它不具有形的实体，不可抚摸，仿佛无所在；但它却无所不在，既在一切传统文化之中，也在一切现实文化之中，而且还在你我的灵魂之中。如愿套用一下古老的说法，可以说，文化传统是形而上的道，传统文化是形而下的器；道在器中，器不离道。"② 可见，相对于传统文化，文化传统是一种更深层、更本质的存在。作为"器"，学校的传统文化是特定时代的产物，常会随时代的变迁而变动不居，因此，不是所有的传统文化都值得传承；而作为"道"，学校文化传统则是在历史发展过程中积累、淘洗、凝练、抽象出

---

① 杨九俊：《学校特色建设："寻找属于自己的句子"》，《教育研究》2013 年第 10 期。
② 刘贻群：《庞朴文集》第 3 卷，山东大学出版社 2005 年版，第 254—265 页。

来的，更具稳定性、持久性，对学校办学具有更大、更深的影响力。因此，在学校特色建设中，有选择地保留学校的传统文化是必要的，但传承和发扬学校的文化传统更为重要。文化传统是在学校的办学过程中慢慢酵化出来的，学校的理念、文化、历史、环境、特长等"原料"不同，酵化出的文化传统自然也就会有所不同。因此，在一定意义上，学校文化传统就是一种个性化的存在，从中可以寻绎学校特色的方向和主题。譬如，苏州市景范中学源于1938年兴办的"崇范新学"，校址为北宋名相范仲淹所办的义庄、义学旧址。"如果说作为千年义庄、义学旧址，景范这块神异的土地承载更多的是一种大义（博爱精神和忧国忧民精神），那么，从崇范新学开启的那一刻起，她唱响的则是景仰范仲淹的主旋律。"① 在70多年的发展历程中，学校形成了传承、发扬范仲淹精神的文化传统。这一极具校本特色的文化传统对景范中学的特色建设产生了积极的影响：在学校2013年颁布的文化建设纲要中，无论是"有担当、勤学问、能达用"的培养目标、"先忧后乐"的核心价值观，还是包括"范学"课程实施工程、"书院式"教学构建工程、"三学"教师培养工程在内的"三大特色工程"，无不"以不可替代性彰显景范中学的文化特色"。

　　二是处理好学校特色与文化风格的关系。"风格"，是美国伯明翰学派在研究亚文化时经常使用的一个关键词。该学派代表人物迪克·赫伯迪格的成名作《亚文化：风格的意义》更是以"风格"作为关键的理论突破口，他认为："亚文化的意义向来都不乏争议，而风格是对立的定义以最戏剧性的力量相互冲突的领域。"② 亚文化通过"整套风格——由服装、舞蹈、行话、音乐等形成的耀眼的组合"③，来宣告自己与其他文化特别是主流文化的不同。当然，这里所说的"风格"比亚文化的风格要温和得多，但总体看来，风格对于文化特征具有一定的标识意义。文化风格表现为具有鲜明特色的器物、语言、行为、装扮、仪式等，这些构成一个文化群落最突出、最明显的外在表征，成为不同文化区分彼此的重要标识。在初中学校特色建设中，文化风格是一种重要的资源，从学校的校址、建筑、环境、色调、史料、标识、仪式等校本文化"风格物"中，可以找到学校特色建设的突

　　① 顾苏云：《景范：我们的文化追求》，《江苏教育研究》2010年第9C期。
　　② ［美］迪克·赫伯迪格：《亚文化：风格的意义》，陆道夫、胡疆锋译，北京大学出版社2009年版，第3页。
　　③ 同上书，第126页。

破口和出发点。譬如，江苏省海门市正余初级中学的主楼正中有一座钟楼，围绕这一文化"风格物"，学校开展了"全校师生捐款建钟楼，国旗下讲话师生谈钟楼，班会、校会、家长会、研讨会、座谈会、演讲会"① 等主题活动，为学校特色建设奠定了基础，提供了条件。文化风格当然不是只表现为学校文化的外在表征，还深层地嵌入在学校文化的内在结构之中。法国作家布封在论及文学创作时，认为"风格即人"，简洁而深刻地阐明了风格的深刻本质。针对亚里士多德把风格看作"甜化了的语言"，看作只是"放在思想之上的装饰品"，当代批评家则倾向于认为"风格是内含意思的组织，好的风格就是'明暗意思的逻辑和谐'"②。在学校文化中，作为外在表征的文化风格是"明的意思"，而作为内在理念的风格则是"暗的意思"。如果把学校文化风格比喻成一棵树的话，那么，外在表征就是可见的树干、树枝、树叶，在其之下，还有作为根系存在的深层的内在理念。内在理念不仅为文化风格的外在表征提供养分，而且还能以其系统化、个性化的文化主张，让学校特色根深叶茂。从文化风格的外在表征中可以找到学校文化建设的突破口、出发点，但是，如果停留于此，则难免只能形成表面意义上的"个性"，进而难以形成实质意义上的"特色"，使学校特色名不副实，甚至有名无实。因此，学校特色建设还要深入文化风格的内在理念中去，找到自己的"根"。仍以海门市正余初中为例，学校围绕钟楼举行了一系列的主题活动之后，提炼出了"令人可敬可赞、可学可做的钟的品质——准确真实，不报假时；与时俱进，不停分秒；坚持规律，不急不躁；埋头苦干，不事张扬……"③ 这种钟的品质，就是学校文化风格的内在理念。在此基础上，学校建设了独具校本特色的"钟文化"，形成了"精·实"的办学特色。

三是处理好学校特色与文化品质的关系。作为泛在的文化生态系统，学校文化是一种复杂的存在。它既包括主导文化，也包括从属文化；既包括核心文化，也包括边缘文化；既包括主流文化，也包括背反文化；既包括显在文化，也包括潜在文化；既包括先进文化，也包括落后文化……形

---

① 吴勇：《学校记忆：教育的一种力量——以海门市中小学校为例》，《江苏教育研究》2011年第7C期。

② 董学文、江溶：《当代世界美学艺术学辞典》，江苏文艺出版社1990年版，第692页。

③ 吴勇：《学校记忆：教育的一种力量——以海门市中小学校为例》，《江苏教育研究》2011年第7C期。

态多样、内涵各异的种种文化要素，必然有品质的高下之分。而学校文化生态系统是一个开放的动态平衡系统，在培育高品质的主流文化，保持学校文化优质的同时，也必须适度容忍低品质文化的存在。学校特色则不同。尽管客观来看，"特色"也有品质的高下之分，但是，学校特色是在学校文化的基础上着意打造的，至少在主观上，学校不会为了追求与众不同而不择手段地"秀下限"，用劣质甚至低俗的特色来求关注、博眼球。在这个意义上，学校特色在内涵上自然就剔除了劣质的部分，成为一种狭义的存在："指事物的出类拔萃之处，即事物的某些方面优于其他方面且优于其他同类事物同一方面的优秀品质。"① 学校特色的高品质追求与学校文化的包容性存在构成了一对矛盾，但二者并非不可调和。一方面，学校可以选择优质的文化作为特色建设的基础和方向。学校文化中的优质文化一般表现为"人无我有，人有我精"，而这恰恰也是学校特色建设追求的目标，二者存在内在的一致性。同时，学校文化中优质的部分往往也是学校最为人所称道、最具有校本特色的部分，本身就包含了特色的因子，在此基础上建设学校特色既省时省力，又易见成效，是很多学校的通行做法。譬如，南京市东庐中学针对教与学"二元分离"的现状，以"教学合一"为理念、以"讲学稿"为载体，实现了教与学的"二元合一"，成功地实现了教学文化的重建。在优质教学文化的基础上，东庐中学又进一步挖掘教学特色的内涵，从中提炼出以合群为基础、以合作为手段、以合享为目标的"合融教育"理念，"作为统领学校各项工作的指导思想"，并将之落实在培养目标、学校管理和教研活动中。② 这一系列"对文化进行领导"的行动，形成了东庐中学"合融教育"的学校特色。另一方面，学校特色建设也可以优化学校文化品质。在通常情况下，学校特色建设采用的都是扬长避短、锦上添花的路径，这样的路径具有稳妥、高效的优点，也能让学校的优质文化更加优质，特色品质更具特色，产生更大的社会影响，但有时也会产生"强者愈强，弱者愈弱"的马太效应，容易使学校文化出现品质上的两极分化，不利于学校文化融合发展、整体优化。如果在特色建设中能理性地分析学校文化的长与短，直面学校文化建设中

---

① 孙孔懿：《学校特色论》，人民教育出版社 2007 年版，第 32 页。
② 陈康金：《从"讲学稿"到"合融教育"——江苏东庐中学提升学校特色建设水平的经验与反思》，《中小学管理》2010 年第 8 期。

的问题，采取"避长扬短"、雪中送炭的路径，或弥补学校文化中的空白点，或改造学校文化中薄弱、劣质的部分，形成新的学校特色，那么对学校文化的健康、和谐、整体发展无疑更有价值。

（三）学校发展与学校特色

学校特色建设不是为了特色而特色，而是要在学校发展的整体框架之内，为了推动学校发展而展开。而"学校发展的目的并不在于'学校'这个组织实体本身的发展，而在于学校中的人的发展和学校所承载的功能的有效实现"①，因此，学校特色建设不仅指向学校组织的发展，还指向学校功能的实现。学校发展是一个庞大的系统工程，从环境营造到文化建设，从理念聚焦到行为改进，从课程优化到活动设计，从学生成长到教师发展……内涵非常丰富，外延十分广泛。在学校特色建设中，要特别处理好与办学理念、学生成长以及课程教学之间的关系。

一是处理好学校特色与办学理念的关系。学校的办学理念是学校对"用什么样教育培养什么样的人"这一办学根本问题的回答，凝结着全校师生对"教育是什么""教育为什么""教育怎么办"等教育本质问题的基本共识和校本理解。办学理念居于学校文化的核心层，是学校发展的核心目标和内在动力，对于学校各项工作都发挥着统率和引领的作用。作为学校发展的一部分，学校特色建设与学校办学理念有着密不可分的联系。一方面，特色建设需要灌注学校的办学理念。办学理念决定了学校发展的方向和路径，学校特色建设不一定与办学理念完全重合，但至少要在总体方向和办学理念上保持一致。如果二者存在分歧甚至矛盾，则特色建设越"成功"，建成的特色越"鲜明"，对学校发展的干扰、牵制就越大，甚至可能产生负面作用，消解学校发展的成效。如果学校特色建设独立于办学理念之外，形成一个"独立王国"，久而久之，特色建设就会与学校其他工作渐行渐远。脱离学校发展大环境的特色建设或许能够在一段时间内红红火火，但由于缺少环境的支持和资源的供给，最终会慢慢枯萎，失去活力。另一方面，特色建设能够催化学校的办学理念。学校的办学理念具有很强的稳定性，但也并非一成不变，而是要随着社会、教育以及学校的发

---

① 蔡春、张爽：《论回到"学校""教育"本身的学校发展》，《教育研究》2011 年第 6 期。

展进行调整和优化。"'特色'之'色'，不是仅仅作用于人们视觉器官的颜色的'色'，而是与音色、货色、成色、足色等词中的'色'一样，指物品的质量。"① 学校特色是有别于其他学校的办学亮点，是超越于学校其他工作的办学强项，往往蕴含着卓越性、引领性、前瞻性等特质，具有优秀的品质和先进的理念。挖掘办学特色的思想，提炼办学特色的精神，在一定程度上可以丰富学校办学理念的内涵，引领学校办学理念的发展。譬如，吴江经济技术开发区实验初级中学在基础教育课程改革的背景下，基于本地传统的"百工文化"，依托 30 多个工坊，融合国家课程和校内外相关资源，打造了极具校本特色的"百工教育"课程。"作为一种原创性的校本课程，百工教育业已呈现出体系性、生态性和实践性特征，在推进教师课程开发能力和学生个性化、多元化能力发展上产生了积极作用，取得了显著成效和广泛影响，初步具备了品牌价值。"② 在此基础上，学校提炼"百工教育"的精神内核，确立了"活力教育"的办学追求，形成了"让师生充满生命的活力"的办学理念。

二是处理好学校特色与学生成长的关系。学校是培养人的场所，促进学生成长是学校教育的核心任务，是学校一切工作的最初起点和最终目标。和学校的所有工作一样，学校特色建设也要以学生为根本，致力于促进学生的成长。因为"文化的根本功能是化人，其他功能都由此派生而出"；学校特色作为学校文化个性的积淀，其首要功能就是"为人才成长创设特定情境"。③ 在学校特色的"特定情境"中，学生或潜心追索、着力构建，或耳濡目染、潜移默化，实现着具有校本特色的成长。一方面，学校特色建设要促进全体学生的成长。当下，一些学校把特色建设当成是装点门面的工作，设立一些只有少数人能参加的特色项目，培养少数在某方面有特长的学生，以作宣传展示之用。这样的特色建设偏离了教育的根本，很难对学生成长、学校发展产生实质性、持久性的作用。学校是所有学生的学校，而不是少数学生的学校；特色是所有学生的特色，而不是少数学生的特色。只有让所有学生都实现了特色成长，才能称之为"学校特色"。初中学校确定学校特色时要面向全体学生，要具有一定的普适性

---

① 孙孔懿：《学校特色论》，人民教育出版社 2007 年版，第 31 页。

② 盛颖等：《基于学科特质的初中活力百工课堂构建促进学校特色发展的研究》，http：// www. jswjedu. gov. cn：82/firstpage/Users/ShowClassContent. aspx？id＝9049＆Ccid＝2。

③ 孙孔懿：《学校特色论》，第 79 页。

和包容性，让全体学生都能从中受益，实现能力的提升、素质的发展。譬如，作为一所学生中外来务工人员子女过半的学校，无锡市凤翔实验学校"在实现教育公平公正、均衡发展上担当起自己应有的责任和使命""统筹城市居民和农民工及其子女的教育问题，打破城市内部针对农民随迁子女的教育制度歧视，形成了独具特色的'新平民教育'观"，努力实现"让每一个生命得到尊重，每一个生命都有均等出彩的机会"的教育期望。[①] 另一方面，学校特色建设要促进学生的特色发展。"一所学校毕业生素质的某些共同特征，就是这所学校特色的物化形态，就是这所学校特色的最后归宿。"[②] 学校特色体现在学校的很多方面，如环境、课程、活动等，但最终还是要体现在学生身上。学校特色如果不能对学生产生影响，并最终转化成学生的特色，终究是流于表层的。当然，学校特色向学生特色的转化不是通过单向的知识灌输，也不是通过枯燥的道德说教，更不是通过硬性的行为强制，而是要通过环境、课程、活动等平台的建设，循序渐进地教育学生，潜移默化地影响学生，最终实现学生特色的形成和内化，培养具有鲜明校本特色的学生。

三是处理好学校特色与课程教学的关系。课程是学校教育的基础性载体，学校育人目标主要靠课程教学来实现。有学者认为："长期以来脱离课程与教学的学校特色建设，在课程与教学之外另搞特色，是学校特色建设的根本性误区。"[③] 课程教学[④]不仅承载、体现着学校特色，而且还是将学校特色传递给学生，促进学生特色发展的基本路径。一方面，学校特色要以课程教学来承载。学校特色不只是一套理念系统，还需要具体的平台来承载、来体现，课程教学就是最重要的学校特色承载平台。在课程教学领域，学校特色主要体现为特色课程和课程特色：特色课程是学校为特色

---

① 许昌良、向颖：《"新平民教育"：为学生的幸福成长奠基》，《现代中小学教育》2015年第5期。

② 孙孔懿：《学校特色论》，人民教育出版社2007年版，第78页。

③ 彭钢：《在学校文化建设中形成学校特色》，《教育发展研究》2008年第2期。

④ 现代课程论一般认为，"课程"是一个宽泛的概念，"既包括学校所教各门学科，也包括有目的有组织的社会实践活动和课外活动；不仅指这些教育活动内容本身，还包括对活动内容的安排、实施进程、期限等。同时，课程实施的过程是课程的一个重要组成部分，课堂情境中发生的事情，教师和学生在课堂中的表现，标志着课程实际达到的水平"（陈坤华、彭拥军：《现代教育学》，中南大学出版社2009年版，第122页）。因此，从严格意义上讲，"课程"包含了"教学"，但二者并不能并列。但在日常表达上，人们往往笼统地提"课程教学"或"课程与教学"。为方便论述，本章不严格区分"课程"与"教学"。

建设而专门开发的校本课程，承载着学校特色的主要内容；课程特色是渗透在各门学科课程教学中的学校特色，主要体现着学校特色的精神内涵。二者相辅相成、相互补充，形成了具有学校特色的课程体系。譬如，徐州市铜山区清华中学为建构阳光化育人的特色教育模式，开展了"初中阳光生活课程整体建构的实践研究"。一方面，从艺术、运动、科技、综合文化、学科拓展五个领域开发了 70 余门选修课，构建了阳光生活校本特色课程；另一方面以"人"为核心要素，从教师和学生两个维度，从九个方面提出了 28 条参考意见，研究制定了"阳光课堂"标准，形成了鲜明的课程特色。[①] 另一方面，学校特色要以课程教学来传递。前已论述，学校特色需要通过环境、课程、活动等平台来转化为学生的特色，课程教学是其中最重要的平台。学校教育主要通过课程教学来对学生进行培养与塑造，学生在校的大部分时间都是在进行课程学习，舍弃了课程教学，学校特色向学生传递的通道就十分狭窄，教育的效果就会大打折扣。因此，初中学校在特色建设中要充分利用课程教学这一通道，向学生传递学校特色的主题、内涵、内容、要求等，把学校特色内化为学生的精神底色，外化为学生的言行举止。课程教学不仅承载着、传递着学校特色，很多时候甚至就是学校特色本身。因为课程教学是学校最重要的工作，初中学校在学校发展时，首选的突破领域往往就是课程教学，从而形成了鲜明的课程教学特色，人们所熟知的杜郎口中学、洋思中学、东庐中学、后六中学等初中名校莫不如此。可见，课程教学特色在学校特色中占有很大的比例，是学校特色不可或缺的重要组成部分。

　　"文化是现代文明最稀缺的资源，是国际教育竞争的核心竞争力。学校是一个文化实体，教育是一种文化存在，文化是教育对经济社会主要的作用点和作用方式。"[②] 当基础教育进入后普及化时代，初中学校办学条件得到有力改善、教育质量得到有效提升、教育公平得到基本保障之后，学校发展逐渐由外力推动转向内力驱动，学校竞争逐渐由外在的资源竞争转向内在的文化竞争，文化发展以及与之密切相关的特色发展已成为初中教育的重要主题。在可以预见的将来，学校文化将成为初中学校最重要的外在标识和内在力源，文化力将成为初中学校最重要的竞争实力，文化论

---

① 经志芹：《阳光生活课程体系的基本框架》，《初中生世界》2014 年第 44 期。
② 樊浩：《现代教育的文化矛盾》，《北京师范大学学报》（社会科学版）2005 年第 4 期。

证、规划、实施、平衡、评估、调整等能力将成为初中教育工作者特别是初中校长的重要能力构成。而文化的积累、特色的形成是一个长期的过程，需要初中教育工作者立足当下、着眼未来，总体设计、分步实施，逐步把学校文化建设成有特色的文化，把学校特色打造成有文化的特色，为初中教育提供源源不断的内在发展动力。

第八章　初中发展整体推进的多元实践

可以说，所有有关初中教育内涵发展与全面提升的研究，归根结底，都要在教育实践中植根、生长、检验、收获。法国学者布迪厄曾引用智者希比阿的故事，对研究与实践之间的关系作过一种十分形象的描述。在柏拉图的《小希比阿篇》中，希比阿表现得就像一个笨伯，不能使自己超出任何具体的事例。当他被问及"美"的本质时，他顽固地坚持通过列举各种特定的事例来作答：一个"美"的水壶，一位"美"的少女，等等。他这么做有自己明确的意图，即拒绝一般化的概括以及这种概括所形成的抽象概念的物化。布迪厄认为，除了像希比阿这样在经验事例中进行思考的方式，我们不可能有别的更好的方式了。[①] 也许这是一个典型的特例，但借此来表明初中教育理论研究与初中教育实践研究之间不可分离的关系，倒不失为一个生动而形象的注脚。因此，虽然在前述诸多阐释中已有诸多坐落于教育实践的探索，但本章试图集中关注初中发展整体推进的多元实践问题，包括三大板块：省域层面总体设计的全面推进实践；区域层面因地制宜的重点推进实践；校域层面形态各异的联手推进实践。

一　省域实践：总体设计的全面推进

在国家对基础教育、义务教育的大政方针与战略规划下，省域层面的顶层设计，既是对国家教育理念、方针政策的省级落实，更是基于对本省省情的具体解读，创造性地落实国家教育理念、方针政策的总体设计。就江苏而言，在省级层面直面初中教育发展之弱所作的思考主要是：如何借助课程基地建设改造初中薄弱学校？如何提供多种特殊平台以重点扶持初

---

① 陈向明：《质的研究方法与社会科学研究》，教育科学出版社 2000 年版，第 322 页。

中教师？如何着眼整体提升以形成初中科研协作联盟？

（一）课程基地建设：改造初中薄弱学校①

虽说义务教育是基础教育的重中之重，初中教育是基础教育中承上启下的重要阶段，但是，从江苏全省初中教育的发展来看，不仅区域之间初中教育水平差距较大（如苏南与苏北），即使同一区域内，不同学校之间也存在一定差距。在江苏省各区域内都有一些基础设施还没有全面实现现代化，教育水平相对比较落后的学校，特别是农村还有不少这样的学校，这些学校被称为"薄弱初中"。薄弱初中的办学水平和教育质量，关系全省基础教育的优质发展，关系着广大初中生的健康成长。基于此，江苏省教育厅在 2012 年启动普通高中课程基地建设项目之后，又开始启动实施薄弱初中教育质量提升工程，试图从省级层面集中人力、物力、财力，着力提升以农村薄弱初中为重点的学校教育质量和办学水平，加快缩小城乡之间、地区之间、学校之间教育差距的步伐，推动初中教育从注重规模向质量提高转变、从外延发展向内涵提升转变、从硬件建设向软件建设转变，实现区域内义务教育优质均衡发展。实施薄弱初中教育质量提升工程的要点主要包括：

一是着力于理念转变。教育改革理念先行。初中教育质量提升工程引入课程基地的理念，可以有效促进教育观、教学观、质量观等教育理念的转变。转变教育理念，就是要把义务教育的工作重心进一步落实到办好每一所学校、关注每一个孩子健康成长上来；转变教学理念，就是要强调通过多种学习平台的建设，转变学生学习方式，进而转变教师教学方式；转变质量理念，就是要改变以往更多盯住试题、紧抓考题的片面教学状况，让学生肯学习、会学习、能学习以及创造性学习，实现教育教学质量的真正提升。

二是着力于专业能力。就上级教育主管部门而言，在编制职数、在职培训、继续教育、出国进修、评优晋级等方面，有意识地向农村学校倾斜，向农村薄弱初中教师倾斜；在中青年教师培养方面，加快优化初中学校教师队伍学科结构、知识结构和年龄结构，提供多种发展可能，让一批

---

① 这一部分根据省教育厅、财政厅《关于启动实施薄弱初中质量提升工程的通知》和《省教育厅办公室关于做好 2014 年薄弱初中课程建设项目申报工作的通知》的精神改写。

中青年教师在教育教学改革中脱颖而出。就初中学校而言，要根据事业规模和队伍现状，指导教师制定以专业能力为重点的个人专业成长规划和年度实施计划，努力成为学习型教师。

三是着力于方法创新。鼓励教师参加各级各类科研课题研究与校本研修，重在教育教学方法的科学掌握与运用，向科研要质量。摒弃简单灌输和机械训练等做法，积极探索符合学生个性和成长规律的减负增效、富有创新的教学思想、教学技能、教学方法和教学手段；加强教具学具的研发和制作，增强教师直观教学和学生动手学习，普遍提高课堂教学质量和效益；重视学科课程的教学与研究，围绕学科教学难点重点，组织集中攻关和集体攻关；倡导研究性学习，开发学生智力，培养学生自主学习和主动学习能力。

四是着力于城乡学校结对挂钩。城市学校与农村学校是有机统一的整体，必须加大优质资源共享力度，以共享促均衡。可以主动学习与合理借鉴优质学校的做法与经验，包括学校教学计划制定、学科课程安排，教学重点把握以及教学进度的控制等。还可以通过校际合作、师徒结对、名师讲座、网上交流等方法，共享优质教育资源。结对帮扶要覆盖到所有薄弱初中，对于通过结对帮扶、成功输出和运用优质资源效果明显的学校，要及时推广成功做法和经验。

五是着力于数字化学习路径开发。信息技术的运用和基于网络环境的教学，代表着先进的教育改革方向，是现代化教学的重要标志，是提高教学效率的重要平台。要将学校信息化作为提升薄弱学校质量的重要突破口和切入点，重点研究、重点规划、重点建设、重点检查；要以优化教学环境、改变教学方式、提高教学效率为目标，进一步加强硬件和软件建设，普遍提高教师现代技术应用能力，了解、收集、完善基于网络的教学平台和教学资源，通过网络听课、互动评课、远程协作等教学活动，有效推进薄弱初中信息技术的同步发展和高效使用。

六是着力于经费投入。集中人力、财力、物力，高度重视薄弱初中的改造和提升，从最薄弱初中做起，逐校突破。要设立薄弱学校质量提升建设基金，对于农村等薄弱初中以及进城务工人员随迁子女较多的学校，经费投入要高于全县（市、区）初中投入的平均水平，使辖区内所有学校的办学条件和教学质量都达到优质均衡发展要求。

课程基地是一种教育创新，这种创新尤其强调关注教育现实，贴近学校实际，因此，需要根据薄弱学校质量提升的突破环节具体确定工程建设内容，可以围绕学科课程开发、知识呈现、学习方法等的展开，也可以围绕提升学生素质的综合性项目的展开。其关注内容①主要包括：第一，关注教学环境创设，凸显教育主题。长期以来，基础教育缺少应有的课程和学科教学环境建设，各门学科都在同一情境——教室中完成教学任务，没能也无法体现具有各学科特点的教学环境和专业特质，更谈不上学科细分和学科文化建设了。同时，教学内容缺少与社会生活的联系，学科知识缺少应有的拓展和生成，学科重点、学习难点缺少独特的解决办法。因此，营造学科情境、凸显专业特色，形成充分展现科学思想、学科思维、方法手段和文化品位的课程学科教学环境，应成为课程基地建设的第一任务。一是呈现学科精神，增强学生的专业志向；二是呈现学科细分，明晰学科在社会经济生活中的联系和运用；三是呈现学科文化，尤其要重视运用现代科学技术和手段，通过学科的历史演变、传承创新来传递学科文化，形成课程文化氛围和文化品位；四是呈现学科前沿知识，通过学生对未来学科前沿知识、发展态势的了解和展望，激发学生的好奇心和攀登科学技术高峰的激情、决心和志向。第二，关注核心内容，凸显模型建构。主要指的是通过物态和非物态相结合的模型展现，增强学生对抽象内容的直观理解和对具象事物的抽象概括，提高学生的学习兴趣和学习效能。学生对知识掌握的困难往往是缺少空间概念的立体思维，脑中"形象"不起来。课程基地就是要对学科重点难点等核心内容，通过物态和非物态相结合的模型展现，改进知识的呈现方式、表达方式和传导方式，通过以"物"取"象"的直观体验，引导学生演示、验证、巩固和拓展学习内容，增强学生对抽象内容的直观理解和对具体形象内容的抽象概括，不断提高学生的学习兴趣、学习效率和学习效能，使学生最终能透过现象看本质。一方面，要发动教师根据学生知识掌握的难点，分学科认真讨论，梳理教学重点难点等核心内容，排查出各个知识重点和难点；另一方面，要寻找直观呈现的思路和方法。从学生掌握知识的角度，围绕重点和难点，探讨进行物态和非物态模型建构的方法与途径。第三，关注自主学习，凸显互动平台。长期以来，评价一个教师课堂教学的好与差，很大程度上是以能否完成课堂教学任务为考量前提的，其间师生之间的"互动"明显受到时空的制约。课

---

① 这一部分根据江苏省教育厅基教处马斌处长关于课程基地的讲话与系列文章改写。

程基地试图突破时空限制，努力实现技术推进下的"人""机"互动。强调运用新理念、新技术、新方法、新手段，开发建设人机互动、自主测验的教学用具、设施设备和教学场所，在显示形式上，可以如发球机式的人机互动，也可以是系统即时自动判断式互动，还可以是体验游戏式的互动，等等。类似这些学科的"学习机器"，都需要学科教师、软件人员、企业工程师甚至学生的相互结合、相互启发、共同开发，而通过师生互动、生生互动和人机互动，可以突破时空的瓶颈制约，激发学生主动学习、自主学习、快乐学习的内在动力。第四，关注课程资源，凸显学校特色。一是加强国家课程的实施，不断提高教学效能，并形成难易不同的课程资源，为不同潜质、不同水平学生的发展提供个性化学习的选择和帮助，促进学生全面而有个性的发展；二是加强地方课程和校本课程开发，创新建设反映地方乡土特色的独特课程文化，努力提供丰富的学习素材和多样化的学习条件；三是与院校合作，建立选修模块的学生课程，为学有余力的学生的发展提供个性化学习的选择和帮助，为成为创新型人才打好基础。第五，关注教师成长，凸显专业特性。即形成教师专业成长的发展中心，通过教研组织建设在基地、教研活动开展在基地、成果首先应用在基地等措施，大力提高教师专业水平，以名师支撑基地，以基地促进教师成长，以教师引领学生发展。第六，关注实践学习，凸显有效创新。即让学生通过在课程基地的学习，加强对课程的体验和感知，在实践学习中提升认知能力，在实际动手中发现、创造、创新。一方面，鼓励学生实践动手印证学习知识，鼓励小制作、小发明、小创造探究知识；另一方面，鼓励学生对未来知识的研究性学习，寻求对已有知识体系的再发现。

省级层面对课程基地建设的设想与设计，为初中学校带来发展契机与发展可能。2012 年，以"薄弱初中教育质量提升"为主旨的初中课程基地，覆盖多种学科类别的建设项目达到 51 项，2013 年则达到 66 项。几年的实践表明，课程基地具有重要的辐射作用。一是学科辐射，课程基地建设虽然聚焦于某一学科，但对其他学科的辐射影响较为明显，尤其是教与学方式的改变，带动了其他学科的教学变革；二是区域辐射，同一区域不同学校之间、不同区域不同项目之间的相互借鉴与相互作用，带动了整个区域的初中教育发展。目前，江苏省教育厅已经决定，总体控制基地建设项目数量，重点立足于内涵建设，把现有项目向纵深推进向广度拓展。因为就整个初中课程基地建设而言，有待进一步研究与完善之处需要引起重点关注。就省级顶层设计而言,一是要进一步加强省教育厅、地方教育局、课程基地学校之间的沟通与联络。除了省级层面下达的课程基地建设相关通知外,除了一年一度的省级督导外,同样需要省教育厅、地方教育局、课程基地学校之间及时的、多方的实质性沟通与联络,需要增加无形的非督导式的沟通与联络,方能及时发现问题、反馈问题,促成政策的及时修正与弥补。二是要适度加大对初中改薄项目的投入。视导中发现,初中学校硬件建设与高中学校硬件建设之间差距相当大,而初中基地的资金拨配却比高中要少得多。一旦上级主管部门拨配资金的基数较少,无形中就会使地方政府与学校的相应匹配打上折扣,使得改薄初衷无法真正实现。视导中一位校长就深有感触地反复提及一句老话:仓廪实而知礼节。可见,上级主管部门的资金拨配与地方、学校的相应资金匹配对初中课程基地建设的重要性之所在。就学校层面而言,要切实提升初中学校校长与教师群体在课程基地建设中的整体素质与整体水平。初中学校的薄弱硬件建设固然是一个重要方面,但软件建设更为重要,尤其是校长队伍的配备与提升。作为学校领军人物的校长与校长群体是学校的"魂"之所在,其教育理念、教育思路、治理方法等会对学校课程基地建设产生举足轻重的影响。三是要妥善处理课程基地教学与日常教学以及学校其他工作的关系。视导与调研中发现,基地课程教学与日常其他课堂教学还存在两张皮现象,似乎课程基地是学校另外一块特区式自留地,致使基地利用率较低,且对日常教学的影响与改变并不明显;基地课程缺乏相应标准,基地中的教学随意性较大,不同教师有不同的标准,致使学生往往无所适从,更无从达成借助课程基地平台自主学习、能动学习、创新学习的预想目标。

(二) 多种特殊平台:重点扶持初中教师

省级规划课题研究为初中教师开辟了绿色通道。教育科研是推动教育发展和提升教师整体水平的重要手段。江苏省自 2009 年开始,为通过教育科研推进初中教育整体发展,在江苏省教育科学规划课题中专门增设"初中教育专项",为初中学校申报省级课题开辟绿色通道,明确规定只有初中学校或专门研究初中教育问题的单位才可申报。与此同时,其他各个领域或类别,如"基础教育""体卫艺专项"等也同样开放初中学校的申报机会。从江苏省教育科学"十二五"规划 2013 年度课题申报情况来看,申报课题总数 7137 项,其中基础教育 3807 项,职成教育 1257 项,高等教育

1046 项，幼儿教育与特殊教育 599 项，体育、卫生与艺术教育专项 417 项，教师教育专项 11 项，初中教育专项课题 337 项。即便如此，从初中学校项目评审通过的情况看，其在课题研究上的薄弱也可见一斑（见表 8.1）。

表 8.1　江苏省教育科学"十二五"规划 2013 年度初中课题立项情况一览表

领域	类别	课题数量（个）	初中项目（个）	初中占比（%）
基础教育	重点资助	119	19	16
	重点自筹	410	72	18
	立　项	800	142	18
基础教育青年专项	重点资助	10	3	30
	重点自筹	30	7	23
	立　项	64	12	19
体卫艺专项	重点资助	12	1	8
	重点自筹	43	3	7
	立　项	83	13	16
人民教育家专项	重点资助	5	1	20
	重点自筹	11	2	18
	立　项	15	2	13
初中专项	重点资助	11	11	100
	重点自筹	25	25	100
	立　项	51	51	100
合　计		1689	364	22

需要说明的是，表 8.1 中所统计的初中项目，专指由初中学校申报的项目，专门针对初中问题进行研究的教师进修学校、各级教科研部门等不计在内。根据现实的复杂性，初中学校分为三种不同的类型，即初级中学、九年一贯制学校及完全中学。由于单从课题名称上无法准确区分出是否完全针对初中教育问题进行研究，故将这三类学校的研究项目全部计入初中项目的数量之中。也就是说，这里所统计的初中项目数是最大数值，里面还掺杂了许多并非完全研究初中问题的项目。另外，九年一贯制及完全中学的占比超过初中项目总数的 1/3，所以从实际数量上看，专门研究初中教育问题的初中学校数远低于表 8.1 中的统计数。而即便在取初中项目数最高值的情况下，也不难发现，初中项目的占比仍然差强人意，除了"基础教育青年专项"的占比大致超过 20% 之外，其他类别中初中项目的占比都在

20%以下，在"体卫艺专项"中更是低于10%。通盘来看，立项总数为1689个，初中项目为364个，即便在专门为初中增设了"初中教育专项"，保证100%占比的情况下，初中项目在立项总数中的份额也只勉强达到22%，这足以看出初中学校在课题研究数量与质量上的弱势与劣势。

从"初中专项"课题申报情况审视当前初中教育科研发展，其主要特点是：从主题看，较为关注学科课堂教学改革、教师教学行为转变等。在申报的337项课题中，关于课堂教学和教师教学行为转变的项目201个，占59.6%，而"学校文化建设""学校办学理念哲学研究""课程资源开发""地方课程利用""学生素养提高""小班化教学""薄弱初中发展""苏派教育名师思想研究""家校互动"等，如此众多的主题只占40.4%。从方法上看，主要以实践研究、行动研究、个案研究、策略研究为主。仅从课题名称上来看，直接标明"实践研究"（或实验研究）的课题90项，占26.7%；标明"策略研究"的课题52项，占15.4%；标明"行动研究"的课题11项，占3.3%；标明"个案研究""课例研究""调查研究""应用研究"的课题18项，占5.3%。从视域上看，主要体现为以校为本的研究取向。只有15项课题体现了校外研究取向，主要涉及"地方文化资源的开发利用""乡土教材运用，家校合作，区域推进初中教育发展""准工作体验""外来务工人员子女、留守儿童教育"等，其余322项课题都是以学校为本进行的研究。其中，以学科教学为主的研究思路占据了重要部分，占61%，其他诸如"学生学习方式""师生交往关系""班级建设与管理""学校文化"等，只占39%。从研究类型看，实践研究成为主要类型，只有6项课题涉及理论研究或政策研究，如"初中阶段拔尖创新人才培养""学校文化标准化管理""平民学校建设的'慢教育'""尊重教育""非正式群体"等，涉及初中教育政策的相关研究基本缺失。

总的看来，初中教育科研发展过程中形成了一些研究优势，如关注教师课堂教学行为、凸显初中教育的实践研究定位、采取初中教师较容易掌握的研究方法等，但同时还存在一些问题：以"学生为本"的素质教育理念没有在初中教育科研中得到充分体现，带来初中教育科研的方向性偏差；过度的实践导向带来初中教育科研过程中缺乏足够的理论支撑，限制了科研课题意义的凸显；以学校或教师为研究主体，无法使义务教育均衡发展等重要发展任务在初中教育科研中得到体现；初中教育科研中以校为本的视域研究取向，忽视了教育行政部门、家长和社区相关者在学校办学中主体作用的发挥，阻碍了校内外交往关系的建立。初中教育科研发展的整体状况在一定程度上反映了初中教师对教育本身的理解程度以及教育教学的实际效能，不断提高初中教师的教科研能力有助于教师教育思想的更新、教育行为的改进。作为初中学校教育科研，需要遵循以"学生为本"的素质教育理念，将以"学生为本"作为主导性观念；需要不断拓宽研究视域，加强理论及中宏观层面的研究，实现初中教育科研从校本取向到区域视野的转向。作为省级教育科研部门，则需要进一步为初中教育科研设置更多更好的通道，并在此基础上，持续加强对初中教师在课题研究上的指导与培训，以期通过教育科研水平的提高来带动其他各种能力的发展。

省级培训机构要为初中教师定制专门项目。江苏省教师培训中心自1999 年 9 月成立以来，一直承担着江苏省中小学教师培训的统筹协调、业务指导、项目实施、示范引领、资源建设及服务管理等工作。目前，省教师培训中心已建立起层次分明、重点突出、推进均衡的宏观架构，呈现出高端的"点"与底层的"面"相互呼应，教学素养与师德修养共同提升，专家讲授与互动实践紧密融合，鼓励拔尖与促进均衡比肩并进的良好局面，实现了全省培训资源的科学合理配置，为全省教师综合素养的提升、师资队伍的建设和发展做出了有益的贡献。虽然省教师培训中心所服务的对象是中小学的全体教师，但对初中教师却有所偏爱，尤其是专门为初中教师量身定制培训项目，这对转变初中教育的整体薄弱以及初中教师在专业能力与专业水平上的同样整体薄弱不无裨益。从近些年来专门针对初中教师的培训活动来看，至少有以下特征。

一是培训形式多元。针对初中教师的培训，依托"国培计划""名师送培""引智培训""名师共培""远程教育培训"等项目展开，不仅有示范性的集中培训、高端研修项目、网络线上培训，还有与高校的合作培训，更有直接面向基层的送培活动，多元化的培训形式为初中教师提供了充分的培训机会与选择空间。二是全学科覆盖。培训项目主要以学科为类别，全面覆盖初中各科教师，不仅包含语数外、物化生等科目，还特别关照音乐、美术、体育及信息技术等长期不受重视的科目。与此同时，对初中班主任的培训力度也在不断增强。三是参训受众面广量大。调查发现，每个培训班的规模几乎都在百人以上，许多培训班更是超过 300 人。"名师送培"项目将优质的专家资源送到各个县市，初中教师培训活动在全省范围内全面铺开，可见参训人员数量之可观。四是培训主题丰富。培训主要以学科教学为核心，围绕"教育教学能力提升""课堂教学评价""教学设计""学业水平评价""考试评价研修"等主题展开，直指教师的课堂教学。对"校本课程开发""德育工作规范管理"等领域的问题也给予一定的关注。五是培训导师结构合理。导师团队既有来自高校的专家与学者，也有来自各级教育科研院所的科研及教研人员，更多的是来自基层一线的名师。在他们的共同参与下，培训活动呈现出丰富多彩的面貌，各种各样高端前沿的讲座精彩纷呈，具体案例的研究探讨细致入微，专家现场答疑解惑、交流互动激荡智慧，受训教师普遍感到收获颇丰、受益匪浅。

可以说，省级培训机构为初中教师定制专门项目，开展各式各样的培训活动，对于大力提升初中教师的专业素养具有举足轻重的作用，也是全面提高初中教育质量的核心关键。当然，与此同时，此类培训活动还存在一些需要重视的问题。例如，较为偏重学科教学的培训，对于教师教育观念的更新、科研能力的提升、课程能力的发展等问题关注得较少；较为偏重两头培训，即一方面骨干教师接受各级各类培训的机会较多，另一方面倾向于农村初中教师，而对处于中间段教师的关注尚显不足；较为偏重大规模培训，小规模、小范围、点对点的结对帮扶等项目还很少看到；较为偏重主题式培训，对于跟踪式、连续式项目的重视程度还不高等。这些问题都需要培训部门站在更高的位置、敞开更宽的视野来加以研究与探索，只有省级培训这一平台建设不断完善与深入下去，对初中教师的扶持才会是卓有成效的，而初中教师稳步快速地成长也是可以预期的。

（三）整体提升：初中科研协作联盟

江苏省初中科研协作联盟（以下简称"初中科研联盟"）是江苏省教科院组织实施的公益性联盟活动。在 2010 年由省内 16 所优秀初中学校自愿组成，2015 年着力于义务教育均衡发展的需要以及提升教育科研协作联盟的辐射作用，以大市为单位，全面改组学校构成，实现科研协作的新形式。初中科研联盟成立五年多来，以丰富的形式搭建起学校之间、校长之间、教师之间的交流平台，既合作又竞争，取得较为丰硕的教科研成果。[①]

---

① 这一部分参见朱伟《科研联盟巧搭台，初中名校共发展——关于初中教育科研协作联盟与初中校整体发展的调查报告》，《江苏教育研究》2014 年第 10B 期。

自由自愿：协作联盟的机制保障。初中科研协作联盟一开始就在章程中确立了自愿性、平等性、独立性、开放性四大原则，所有学校自愿加入，自觉遵守章程，主动履行义务，进退自由。联盟学校权益平等，资源、成果共享，平等交流，共同进步。联盟活动在各学校轮流举办。每次活动根据学校教学实际自愿参加，如果不参加，要提前通知活动承办学校。联盟学校各自制定发展目标，即学校和教师的自主发展不受联盟学校的限制。加强与非联盟学校、省内外教育科研院所、省内外优质教育资源之间的交流、协作、学习、借鉴。由此，初中科研联盟由最初的6所发展到现在的26所，加盟的学校中不乏苏南、苏中和苏北各地的初中名校，也有相对薄弱的初中学校。随着初中科研联盟影响力的不断扩大，成员的更迭也成为一种常态。

组合设计：助推协作联盟整体发展。一方面，初中科研联盟把省内一些知名初中校联系在一起，形成省教科院理论指导与各学校教育实践相联系的教科研态势。联盟活动在理论与实践两个层面，通过专家指导、专业培训、科研实践，引导和支持联盟学校创新教育思想、教育模式和教育方法，尤其鼓励大胆探索适应普通中小学教育的学校管理体制与办学模式，着力推出一批走在新课改前列、办学风格明显、有一定影响力的学校。另一方面，初中科研联盟把一些立志改革的初中校长与教师联系在一起，形成各联盟学校之间既竞争又合作的格局。联盟活动包括课堂教学、专家讲座（课）、校长论坛、教师论坛、与名师（名校长）对话等丰富多彩的活动，不仅要求校长、教师都要进课堂上课，还要求利用论坛和对话平台开展面对面的交流。由此成长起一批具有教育家特质、有一定影响力的初中校长和知名青年骨干教师，并以此为核心，发挥联盟学校的辐射作用，培育、拓展优质资源，使初中科研联盟成为实施"苏派教育"的重要人才基地。

主题推进：实现教师的专业成长。初中科研联盟通过加盟学校讨论研讨等形式，从一开始就在活动章程中有意识地提炼设计出2012—2016年的序列活动主题：服务学生自主需要的课程开发（2012年）；促进教师课程能力自觉（2013年）；课程变革成就每一个学生（2014年）；多样课程改善校园生活（2015年）；课程文化提升学校品质（2016年）。这些预设的主题，在每年初的筹备会上加以进一步确认或微调，一旦确定，就要求无论上半年开展学科教学展示活动，还是下半年进行综合展示活动，承办学校都必须围绕这一主题进行具体活动的设计。纵观以上五年的预设主题，最大的特点是以人本、生本为基础，让每一位校长、教师都能立足课堂，研究学生的需要，研究教学中的现实问题，使其有机会向学习型、研究型甚至专家型教师方向发展。虽然联盟学校之间有的已是省内知名初中校，有着丰富的教科研积淀，有的还是薄弱学校，各方面尚处于起步阶段，但这些差异并不妨碍他们坐在一起切磋、交流，反而成为他们相互学习借鉴的重要资源和关注探索的共同话题。在五年多来参加科研联盟活动的各校教师提供的44篇心得体会中，有25篇记录了骨干教师亲身经历的真实案例，展现的是他们在赛课、参加论坛活动过程中的心路历程，既有精心备课、痛苦磨课的纠结，又有课后研讨碰撞的收获；有19篇反映了参加联盟活动的教师在观摩青年教师赛课、特级教师示范课和教师论坛后的真切感受，展现的是青年教师在联盟活动中经受考验、经历头脑风暴、不断成长成熟的过程。

聚焦课堂：探索教学变革。聚焦课堂是科研协作联盟的主要活动，其聚焦的形式也多种多样。一种是专家示范课与教师展示课的同课异构。即通过特级教师与普通教师上相同内容的课，再通过同课异构之后的或说课，或对话交流，或专题讲座，既使普通教师们近距离聆听不同教学风格的特级教师们的课堂风采，感受他们对教育事业的执着追求、丰厚素养与长期积累，又使普通教师与特级教师之间相互对话、坦诚交流甚至相互争辩、思想碰撞，无论对特级教师还是对普通教师都成为一种无形激励，而在这些过程中，聚焦课堂的真正主旨也进一步获得突显，这就是把学生推上自主学习的舞台，真正把学习主动权交给学生，真正关注学生的发展。另一种是各校青年（骨干）教师之间的同课异构。这主要是对青年教师的一种课堂磨炼。首先需要克服心理纠结。面对科研联盟活动平台，面对未知的赛课对手，必然面临很多困难和压力，且有可能面对不成功的结局，但迎接挑战恰恰是成长的第一步。其次需要有"归零"心态。不少青年教师已经逐渐成长为青年骨干教师，取得过不少荣誉与奖励，但如果一直躺在以前的成绩上，必将止步不前。最后是精心备课，反复磨课。一节真正的好课都是要在经历自我、其他教师乃至专家的指导帮助，反复试上、研讨、修改，再试上、再研讨、再修改中完成的。很多教师在联盟活动的反馈中都提到类似这种痛苦的经历，当然也发现这种成长的"阵痛"是必须经历甚至必须主动经历的。

论坛交流：促进教育反思。对初中科研联盟设计与活动的反思主要集中在三个方面：一是需要让更多参加联盟活动的教师有机会发表自己的看法，说出自己的困惑，交流自己的设想，而现在著名教授、专家、特级教师们的话语时间相对更多一些。不妨把"教师论坛"环节根据主题需要进行分解，变一个主论坛为多个分论坛，加强对话环节，体验换位思考，以消除分歧，合力发展。二是需要让更多的学生真正参与进来。联盟活动的教师在完成赛课后，有学生参与评课的环节，目前看来，大多数学生的溢美之词甚至套话要多于对实质性问题的交流甚至质疑，虽然要做到这一点，并非一蹴而就的，但如果能向课堂上的学生提一些具体问题而非笼统询问，可能会更真实地反映学生的主观感受；如果每次从联盟活动的主题出发，围绕学生的主体作用修订评课标准，给上课的教师明确课堂教学目标，可能也会让课堂更成为学生的课堂。三是需要不断修正完善初中科研联盟的活动宗旨与设计，不仅要求对"规定动作"组织到位，更要提倡提供一些创造性的"自选动作"菜单，包括不定期开办一些读书沙龙；与特级教师"结对帮扶"，借助网络等方式得到及时指导与交流；邻近学校之间可以在联盟活动时间以外，以自愿原则开展各种活动，等等。这一切都表明，初中科研联盟正在逐步改进，并走向成熟。

二　区域实践：因地制宜的重点推进

如同中国的东、中、西部存在较大差异一样，江苏的苏南、苏中、苏北三地同样存在较大差异，甚至可以说就是国家东、中、西部的缩影。初中教育实现内涵发展与全面提升，在区域层面的实践就需要因地关注、因地制宜，才可能实现各尽其长、因地发展。由此，江苏的苏南地区呈现的是基于"文化提升"的初中发展整体推进格局；苏中地区呈现的是基于"课堂生态"的初中发展整体推进格局；苏北地区呈现的是基于"新问题关注"的初中发展整体推进格局。

（一）苏南：基于"文化提升"的整体推进

最近十多年来，"薄弱初中"的内涵与薄弱点，在苏南地区已发生很大变化。过去以"生源少、资源缺、硬件设施差"为特征的外在表象，已经不构成初中薄弱学校薄弱的根由，而以"学校文化"为特征的"软实力"的缺失，逐渐成为初中薄弱学校薄弱的关键所在。学校的发展说到底是文化的发展，文化的发展必然会推动学校更好更快地发展。正是基于对初中教育薄弱现状与学校文化品性缺失的认知，以苏州为代表的江苏苏南地区把文化建设、文化提升作为提高初中办学质量、提升初中办学品位的切入点与突破口。因为"教育的基本方向来源于文化"①，学校文化不仅仅是一所学校历史的沉淀，更是学校现实发展的主题和可持续发展的无形资产。

1. 文化缺位：初中发展薄弱现状的多元解读

可以这样说，在江苏苏南地区，初中发展水平总体上较之小学、高中相对薄弱，更多的不是硬件设施设备条件的薄弱，或者不仅是人们自然联想到的教育经费投入、校舍建设水平等方面的薄弱，而更多的是某种机制的缺失，或者说是文化、精神的缺失。因此，对初中学段教育发展薄弱的认知，以及对初中学段某所学校薄弱的认知，在教育基本现代化的苏南是需要作具体分析和判断的。以苏州吴江区为例，随着苏南教育现代化工程的持续推进，加之校安工程的全面启动，学校办学条件得到进一步改善。近五年来，吴江新建初中1所，重建和异地新建初中10所，完善建设初中8所，这些初中合起来约占整个初中的80%。在继续加大初中建设的同时，各初中按照江苏省关于学校教育技术装备标准要求配备，全部达到Ⅱ类，绝大部分已经达到Ⅰ类。与此同时，初中师资队伍从学历达标率、学历提升率、师生比、骨干教师比等方面与小学、高中相比，也都大致相当。就此而言，进入"十二五"以来，从吴江区初中教育现代化的硬件指标看，并不属于薄弱之列。但是，从老百姓与整个社会对初中学段的质量评价看，初中教育又明显弱于小学和高中，尤其还存在着一批老百姓心目中办学质量不尽如人意的薄弱学校。在对部分相对薄弱的初中学校进行多方调研后发现，尽管薄弱初中的个体各不相同，但是一些具有共性的特征依然存在。譬如，学校办学无目标、无方向、无特色，整体士气低落；组织松散，工作散漫，人心涣散，管理制度不健全；校领导得过且过、固步自封，缺乏凝聚力与亲和力。这样一种氛围造成薄弱学校整体上缺少综合竞争力，更缺少一种奋发进取向上的精神与动力。可见，以"学校文

① ［美］查尔斯·赫梅尔：《今日的教育为了明日的世界》，中国对外翻译出版公司1983年版，第161页。

化"为特征的"软实力"缺失才是薄弱学校薄弱的关键所在。

细加分析，以"学校文化"为特征的"软实力"的缺失，在教育现实中又可分为表层缺失与深层缺失两个层面。"表层缺失"更多指的是学校文化建设过程中的偏差。譬如，价值取向的"功利化"，纯粹把文化建设作为学校的形象工程、政绩工程，不惜人力、物力、财力，立校园雕塑、建长廊回廊、堆砌石头等，偏离了校园文化建设奠基学校品位的目标；建设内容的"片面化"，更多注重学校硬件、校容校貌、校园绿化等物质文化建设，却虚化、弱化、窄化了学校制度文化、精神文化建设；建设形式的"庸俗化"，缺乏核心校园文化理念引导，生搬硬套、特色不显，名人像、警句、格言过多，师生自己创作的内容却很少，导致师生对此熟视无睹，这些也就形同虚设一般。"深层缺失"更多指的是学校文化品性形成过程中的偏差，即学校文化主体能动性、多元开放性、合作生成性的缺失，这也是学校文化建设功利化、片面化、庸俗化的深层原因。学校文化主体能动性的缺失，表现为一种自主建设、能动变化、创造更新能力的缺失。其表现：一是教师文化主体性的缺失。一方面教师在学校管理中处于简单的被动服从地位，很少能有机会也很少有意愿向学校反映自己的要求和愿望；另一方面教师在专业教学中习惯于照本宣科式的教学，缺乏主动的课程建构意识，不越教材半步。二是学生文化主体性的缺失。更多的只是听从于教师和学校的安排，对于知识学习更多地成为被动接受者和被灌输对象，对于学校管理更无法提出自己的观点与见解。三是学校自身主体文化的缺失。重贯彻落实上级教育行政部门政策、指令，轻学校从自身实际出发的自主规划、自我发展设计，缺乏支撑学校内涵发展、长远发展、全面提升的内在文化驱动力，导致千校一面的同质化现象。学校文化多元开放性的缺失，表现为在面临更多更为复杂的文化形态与文化价值选择时，学校文化更多关注的是主流文化、本土文化、大众文化，而对西方文化、社区文化、家庭文化、班级文化、同辈文化等的关注则相对较少，这使得学校文化缺乏应有的活力与生命力。学校文化合作性与生成性的缺失，表现为由于长期以来强调中考、强调升学率，使学校内部以及学校之间形成一种激烈的竞争格局。特别是学校内部校长与教师之间、教师与教师之间、教师与学生之间、学生与学生之间，难以形成良性交流、沟通、合作关系，至于作为学校发展必不可少的家长，也很少能有实质性的机会参与课堂教学与学校其他教育教学环节的交流与合作。使得各种本应促进学校文化建设不断更新、生成的物质资源、课程资源、教师资源、文化资源不能彼此共享共生，导致学校文化的传统、守旧和迟滞。

2. 文化提升：初中学校全面提升的可行战略

目前，虽然不少初中校都在因时因地做出各自的探索，但总体而言，更多的初中还停留在执行和落实上级教育政策层面，从学校文化建设、文化提升角度，主动设计、系统思考、长远谋划、自主探索的还不多见。学校文化建设是一个系统工程，具有层次性、具体性和全面性等特点，需要占据战略制高点，通过对学生文化、教师文化、课程文化以及与之相适应的学校管理文化的重新解读，统筹兼顾，持之以恒，引领并建构学校基本发展思路、主要发展目标，从而全面提升初中教育教学质量，有效促进学校的内涵发展。

学生文化：着眼于人的发展、顺应学生天性。学校文化是人本的，而非物本的，理应围绕学生而非只围绕物或事；学校文化是人性的，理应尽力满足学生的基本需要；学校文化是人文的，理应着眼于提升学生的修养、品性和境界。苏州市吴江实验初级中学的"自成文化"建设就是基于这一认识的一种探索。《中庸》云："诚者自成也，而道自道也。"吴江区实验初中在学校文化的传承与创生中，把"自成教育"作为学校的办学理念和价值追求，创设出一种"四给"文化氛围。一是给学生自主。关注学生，信任学生，在适当点拨、指导的基础上大胆放手。二是给学生自由。不是约束、封闭学生的空间，而是使校园成为学生的自由天地。学生可以自由地言说，自由地思想，自由地发表自己的见解，老师则默默倾听、适时点拨。三是给学生尊重。尊重学生真实的体验，尊重学生不同的感悟，尊重学生独特的见解，尊重学生发展的需要，尊重学生的人格。四是给学生自我。让学生可以尽情展露自己的才艺、情感，让学生可以拥有师生共同开发的自己的课程，可以找到实现自我的舞台。与此同时，苏州市平江中学则以"达人秀"评选作为学生文化建设的突破口。学校从人本理念出发，力图培养学生的"三个转变"，即培养学生自主学习能力，由被动学向主动学、自主学转变；培养学生自主反思能力，由死读书向回头看、高效学转变；培养学生自主管理能力，由无计划、无条理向有目标、有计划学转变。如"学科达人秀"评选，以学生为评选主体，采用自荐、推荐的形式，设置优胜奖、进步奖和潜质奖，分步评选出学科周达人、学科月达人和学期达人，并颁发学科达人卡。所设计的学科达人卡分为两套，每套四张，一套为梅兰竹菊"四君子"图案，一套为中国古代四神兽图案，寓意平江学子通过不懈努力来实现自我价值和人生追求。为了顺应学生的天性，关注学生的发展，苏州市初中学校文化建设力图做到"三少"：少教训。对学生的教育应该是无痕的，是润物无声的，而不是依赖空洞的说教，即使墙壁也应当是该画的就画，该留白的就留白。少限制。各学校的物质文化特别是校园景点、休闲场所是为学生服务的，学生随意小坐，互相切磋，自娱自乐，才能体验到校园的快乐，不需要用所谓的规范、要求去限制学生。少划一。充分考虑学生学习成长的需要，特别是学生个性特点的需要，不作整齐划一的规定。

教师文化：从保守自闭转为开放合作。教师文化是教师在长期的教育实践过程中所形成的、代表教师群体共性的价值取向和职业行为特征。它是学校文化的核心部分，是维系教师团体的一种精神力量。当前初中学校的教师文化存在两个突出问题：一是中考指挥棒下的科际文化明显，即由学科组和年级组形成纵横两条坐标线，标识出了教师的基本位置。教师早已习惯依学科、年级产生次级团队，由此形成一种集体性自我封闭。二是个别化的职业认定。在教师观念中存在着明显的"地盘"意识，过多关注自身课堂教学领域的私密性，对同行有潜在的"防范"意识。要适应新课程改革对初中教育发展的要求，提升初中学校的办学品位，就要积极促使教师之间加强合作，改变封闭、保守的工作方式，形成关系融洽，共享资源，共负责任，集学习、对话、开放、探究为一体的教师文化。其一是在制定学校中长期发展规划和建构学校整体课程目标的同时，需要依托具体的形式和内容，确立教师相互合作的共同愿景和信念。沃伦·本尼斯说过："在人类组织中，愿景是唯一最有力的、最具激励性的因素。它可以把不同的人联结在一起。"① 其二是需要建立教师之间互动的水平组织关系。在学校有意识的协调下，通过完成共同任务，加强教师合作团队的建设。在建设中要关注团队领导人（学科组长）的选拔，还要关注教师团队的流动性，防止团队长期固化所带来的排他意识。其三是需要建立开放的校本教研文化和教科研文化。所谓开放，意指打通不同学科教师之间的界限，倡导不同学科、不同年级教师之间的研讨与交流，并让科研

---

① ［美］戴维·W. 约翰逊、罗杰·T. 约翰逊：《领导合作型学校》，唐宗清等译，上海教育出版社 2003 年版，第 52 页。

"接地气"，让教研"有云气"。其四是需要建立长效性的组织机构，并在教师评价、奖惩、工作量计算等制度建设上，营造持续有效的文化机制。

苏州市吴江区侧重从改善学校教师科研、教研文化，进行教师文化的重建和提升，具有一定的代表性。他们提出要转型初中科研与教研，让科研"接地气"，让教研"有云气"，并在科研与教研相互贴近、有机融合上下功夫，探索出打破学科式融合、虚实相生式融合、问题导向式融合、嵌入渗透式融合等方式和路径。其中，融合的突出关键词是"自己""问题""精细"。"自己"：第一是为了自己，以实践第一为价值取向，以解决自己教育教学中迫切需要解决的问题为首要任务，促进学生的发展，也促进自己的发展；第二是自己要做，以构建文化为研究机制，创设比较浓郁的研究氛围，引导教师把研究作为自觉行为；第三是研究自己，结合每天的工作、生活，把教育生活作为研究的素材和内容；第四是自己表达，要善于反思、总结自己的教学经验，用自己的话语阐述教育的现象、问题乃至规律。"问题"：自下而上，由困惑凝聚成问题，由问题升华为课题。不少初中学校在课题问题化上下功夫，既要求问题有层次，能根据不同年龄、不同学科、不同岗位向教师提出不一样的要求，让教师"跳一跳能摘到果子"；又要求问题"小"与"实"，研究的角度宜小，研究的内容宜实。"精细"：一方面是活动"前延后拓"。让每个参与教研的人在活动时有备而来，活动中全心投入，活动后再三反思。通过"明确主题—学习研究—现场研讨—行为跟进与反思"的过程来架构教研活动，也让科研的要素融进教研中。另一方面是研究视角微格化。吴江区把课堂观察、课例研究作为初中教研与科研融合的主要策略。如松陵一中把微教研作为教研方式转型的切入点和突破口，做到细水长流、聚沙成塔、见微知著。尽管选择微主题，但并不是要"浅入浅出"，而是要小切口，大剖析。要求教师把每个微主题看成信息丰富的"全息胚"，在活动中培养见微知著的能力，敏感地捕捉小问题，敏锐地发现小问题背后的大规律。通过微研究活动，引导教师把"教室"变成"探究室"，把"办公室"变成"讨论室"，教研活动由固定时空向开放时空极大延展。

课程文化：让课程成为滋养学生的文化绿地。学校是以人为主体的。一方面，学校中校长、教师、学生、一般行政及后勤人员等，因角色不同而交错联结成各种人际关系；另一方面，学校同社区、学生家长、周边人群也保持着密切来往。这些群体因各自特点、角色、职责、任务不同而形成各自的思想观念和行为方式。而能把这些复杂的人际关系或者说包括校长文化、教师文化、学生文化、家长文化等各类文化有机联系并加以整合的关键，可以说是学校课程。从某种意义上说，课程文化的内涵、理念、实施方式决定了学校各群体的文化内涵、理念、行为方式，进而最终决定了学校文化。因此，初中学校文化提升的着力点要放在学校最重要的活动——教学上，学校的育人功能凭借课程得以落在实处，另一方面凭借课程可以把学校文化系统中的诸因子——学生、教师、校长、家长、社区等整合起来，以关注学生的成长、发展、生命体验为主轴，实现教育元素的优化组合。着力"三个变"，是苏州市大力推进初中课程文化建设中的价值追求。一变学科意识为课程意识。初中面对中考升学的压力，无论学校的管理者还是教师，大都缺乏课程意识，缺乏课程的规划力，缺乏课程的开发建设力。为改变这种状况，提出从学科意识走向课程意识，就是要让初中学校走出狭隘的单一学科视角，"既见树木更见森林"。二变关注学校为关注学生。在校本课程建设、课堂教学改革中，做到目中有人，特别在课堂教学中要积极进行具有浓郁地方特色的"苏式课堂教学"的研究与实践。三变单一为多元。即开发对象的多元化、课程形态的多样化，增强课程的选择性与丰富性，使学校课程逐步从单一走向多样，为学生的自主发展、个性发展提供适性的资源。着力"三个整合"，是苏州市大力推进初中课程文化建设的策略选择。一是内容选择上整合学生的兴趣爱好，关注学生的个性特长。二是呈现形式上整合综合实践活动课程。各初中以构建综合实践型的校本课程为主线，将两者巧妙地结合起来，形成的校本教材呈主题单元系列分布，内容主线更加分明突出，操作方式更贴近学生，留有更多的思考探索余地，学生可以适时进行活动设计、资料搜集、调查访问、实验测量、总结交流、相互评价。三是与特色建设整合。各初中依托本校的特色主打项目，如科技、艺术、书法、地域文化等，形成特色项目设计课程主题，充分彰显了各学校的办学特色。

区域学校文化：系统谋划，区域整体推进。初中学校文化建设是一个系统，以往之所以会出现文化建设的"功利化""碎片化"现象，是因为区域内各校缺乏系统思考、科学策划和缜密推进。提升初中各校教育的综合实力，实施初中教育高位均衡发展，以县域为单位大力推进区域性学校文化建设，不失为一条有效途径。具有三千多年历史的国家文化名城苏州的常熟，在选择了这条从区域层面整体推进学校文化建设的有效途径中，进行了三方面的探索①：第一，紧紧抓住校长文化提升这一关键。学校办学品位的差异实质在于学校文化差异，而这种差异跟校长的理想信念、办学理念、教学思想和人格品质密不可分。因此，通过组织校长群体阅读教育著作、树立文化立校思想，聆听窗外声音、借鉴优秀企业文化，搭建交流平台、提升文化办学智慧，整体提升校长对学校文化建设的理论认识和实践水平。第二，以加强学校文化课题研究作为区域性推进学校文化建设的抓手。近十年来，该市围绕全面推进素质教育，建设现代化教育名城战略，深入基层与学校领导一起分析学校基础，挖掘教育资源，谋划可行策略。通过分步推进、不断完善、抓住重点、日趋优化几个过程，形成从"特色项目"到"学校特色"到"特色学校"到"品牌学校"的以课题发展促进文化发展的轨迹。第三，将建立评估表彰机制作为区域性推进学校文化建设的向导。该市2009年制定了《常熟市特色建设先进学校评估实施意见（试行）》，并在《常熟市教育局2010年工作要点》中，明确要求各校按照"一校一品"的要求，制定本校《2010—2015年特色建设规划》，总结提炼学校的办学精神和核心文化，整体规划，明确阶段项目，落实建设资金，培育骨干教师，广泛开展研究，推动校本特色建设，逐步形成常熟学校文化品牌。

（二）苏中：基于"课堂教学生态"的整体推进

当人们说要用"中国式"智慧与路径破解推进义务教育均衡发展的时代命题时，就意味着其中包含着关注处于弱势的初中教育，关注不同地区的初中发展，并探索出具有地域特色的初中发展之路。这样，基于学校发展的现实，基于课堂问题与问题解决的现实，基于师生共同成长的现实，谋求改课，谋求课改，谋求符合教育教学规律的真课改，就成为江苏以南通为代表的苏中地区整体推进初中发展的抓手与优势所在。

1. 初中教育怎么了：义务教育的"根"和"本"不能丢

新修订的《中华人民共和国义务教育法》第三条规定："……使适龄儿童、少年在品德、智力、体质等方面全面发展，为培养有理想、有道德、有文化、有纪律的社会主义建设者和接班人奠定基础。"这就意味着，义务教育的性质与地位决定了义务教育的本质是基础合格人才的培养。从宏观上说，是提高国民整体素养，实现社会公平与社会和谐的内在

① 周丽月：《区域推进学校文化建设的策略》，《江苏教育研究》2010年第22期。

需求；从微观上说，是对教育的道德、良知与本义的追求和回归。义务教育是"兜底"的教育，立足基础合格人才的培养，是义务教育的"根"和"本"。但是，现在这种"根"和"本"却发生了某些变异。

　　一是两张城、乡初中学校作息时间表的描述。

某中学（县城）冬季作息时间表（2011）
周一到周五
早上　6:50 到校早读，有三分之二的班级 6:30 前就到了
上午　四节课到 11:30
中午　12:20—13:00 上课，13:00—13:20 午休
下午　四节课，上到 17:15
晚上 17:45—21:45，分三节课，每节课 70 分钟，中考学科每晚轮流上一节。常授新课
周五、周日晚上　各上三节，每节课 70 分钟，6 个学科轮流上
周日下午 14：00—17:15 上三节课，中考 7 科轮流上

某中学（农村初中）冬季作息时间表（2011 年）
周一到周五
早上　6:00 起身，6:25—7:15 早读
上午　四节课到 11:30
中午　12:20—13:00 周考
13:00—13:20 午休
下午　四节课，上到 17:15
晚上 17:45—21:45，分三节课
每节课 70 分钟，中考学科每晚轮流上一节。常授新课
周五、周日晚上　各上三节，每节课 70 分钟，6 个学科轮流上
周日下午 14：00—17:15 上三节课，中考 7 科轮流上

图 8.1　城、乡初中学校作息时间对照

　　上面两份作息时间表选自笔者的调研日记《"流水线"上的学生能成长吗?》，可以说，类似的作息时间表在全国初中学校使用的不在少数。[①]十四五岁孩子的学校生活如此安排，初中教育的生态可见一斑。

---

　　① 近年来，笔者有机会到全国 20 多个省、市、区上课锻炼，交流师生近 10 万人，其中书面交流的师生近 2 万人，并撰写了近 15 万字的调研日记或报告，对初中课堂教学生态有了一定的了解和把握。本节中凡标有某市或某区或某校的图表数据等，均为在全国范围内（具体地名、校名略）的随机调研。

二是某市某县初一新生（小学生源分配）学业水平监测的描述。

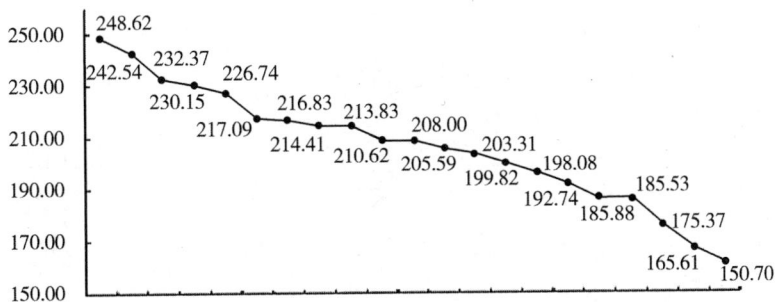

图 8.2　某县初一新生学业水平监测

由图 8.2 可见，某一区域内初中学校校与校之间学生学业水平之间差距很大，而此类现象在全国范围内也不在少数。

三是对学生问卷调查的描述。

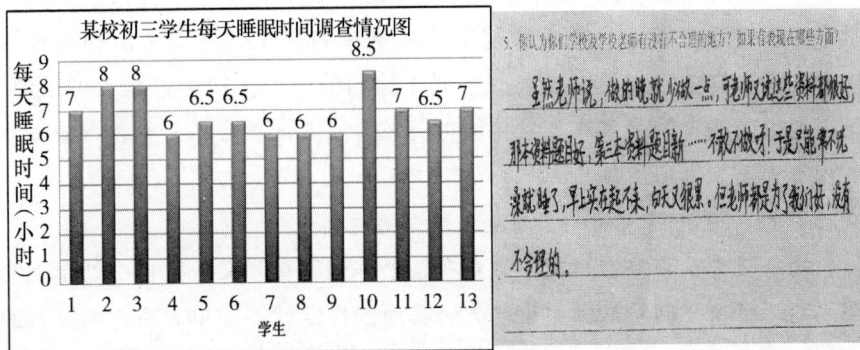

图 8.3　学生睡眠与学生作业调查

从随机问卷调查发现，学生没时间洗澡。这是某市教育局组织的"初中学生学业负担情况调查"活动中的情况反馈，3000 多人的样本，初二、初三学生达到规定睡眠要求的不足 20%。由图 8.3（随机调查某校某班 13 位同学）可知，13 个学生没有 1 个达到规定的"不少于 9 小时"的睡眠要求，而学生的回答中充满了矛盾、无奈、纠结与期盼。而且可以说，这种矛盾、无奈、纠结与期盼不仅体现在学生身上，也体现在问卷背后的教师身上。这种结局的责任究竟在谁？谁又能简单地说得清楚？

四是某学校中各科考试不及格人数的数据描述。

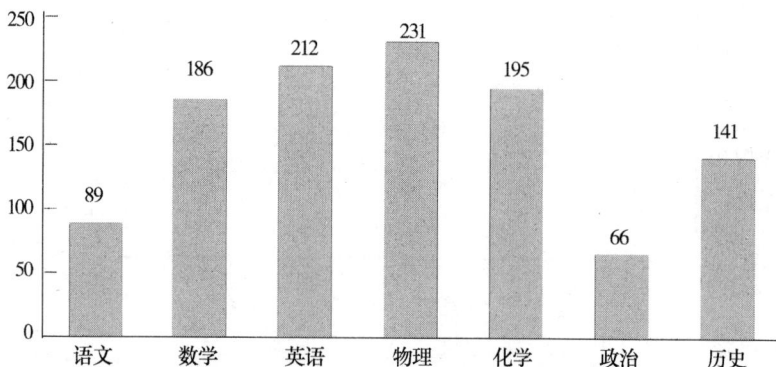

图 8.4　某学校 2013 年中考各科不及格人数

义务教育的底线是合格，但是某校在共计 392 名初三毕业生中，竟有 43.11% 总分不及格的学生，即将近一半的初中毕业学生不合格。只顾升学率，不管合格率；只顾分数至上和考试排名定位，不顾生源和师资均衡，使不少初中学生沮丧地离开本属于他们的学习、精神家园。可以说，不少地方的初中教育基本上异化为精英教育或考试教育，义务教育最本质的根本为不少人所忽视。

2. 初中教育因何如此：新老问题合力抱团

初中教育尤其是农村初中教育在整个基础教育和义务教育中处于相对薄弱的学段这一问题既然由来已久，其原因肯定就不简单。一方面原有的老问题尚未完全解决，另一方面新问题又不断生成，当新老问题纠缠在一起时，初中教育的发展就显得尤为艰难。概括地说，初中教育尚未完全解决的老问题主要表现在：第一，校舍及教学设施相对薄弱。对此问题，这些年里虽然得到一定程度的解决，但是在不少农村乡镇初中仍然存在。如有的学校教室外面下大雨，教室里面下小雨；有的学校连一台实物投影仪都没有，有的则是坏了不能用；还有不少英语老师至今还是拎着音质有问题的老式录音机进课堂等。第二，教师队伍整体水平薄弱。此问题更多地表现在初中教师队伍的被抽水上。以南通为例。南通原有三所师范学校，为小学优质教育资源提供了充足的师资，与此同时，规定小学与中学不能混岗，几乎没有优秀小学教师被抽调到初中，小学教师整体素质要好于初中。但是初中与高中之间就有所不同。高考是教育成果的地方标志，而上一轮高中规模迅速扩大（人口高峰和升学要求），导致高中教师紧缺。这样，高中就成为初中教师的"抽水机"，初中教育也就随之成为"抽水"后的洼地。第三，行政管理与研究指导相对薄弱。教育行政部门对小学的管理力量比较齐全且水平不俗，对中学的管理力量因对高中的倾斜而使初中成为弱势，由此带来的资源分配和管理水平的差距不言而喻。在研究指导方面，初中规模几乎是普高规模的一倍，但专职从事初中教研的人数却不足高中的一半，致使不少地区初中的教研指导不到位。

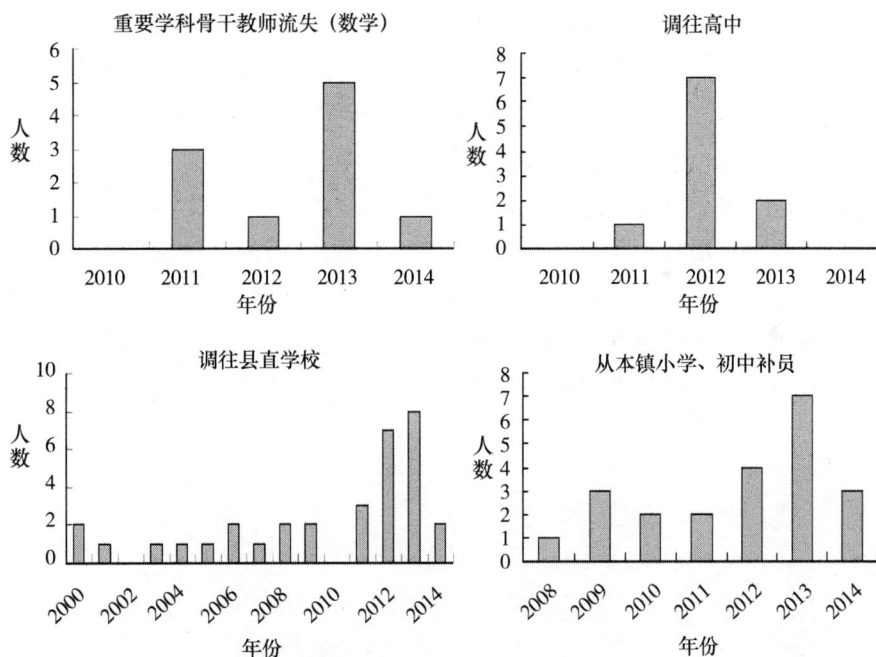

图8.5　某市部分初中优秀教师流失情况

上述几方面并非孤立存在，单独起作用，而是形成了一种恶性循环链：许多初中优秀教师流失或优秀教师不愿留在农村任教，导致初中教师队伍整体水平薄弱，自然会导致家长不放心把孩子托付给教学水平低的教师，从而导致学生人数越来越少，进而导致教育投入少教学条件设施越来越差，农村初中教育也越来越薄弱就不足为奇了。这一切又使教育行政与教研指导力量有意无意地更愿意投放到见效多、见效快的小学和高中阶段。从教师专业发展的角度看，学校办学条件差，骨干教师少，专业引路人缺乏，导致教学观点陈旧，教学方法落后；教学观点陈旧，教学方法落后，又导致教师群体没有专业目标追求和专业动力激励；没有专业目标追求和专业动力激励，必然导致教学质量下降，学生学习目标、学习动力、学习能力都相继出现问题。在这个意义上可以说，老问题也是新问题。

　　随着现代社会的飞速发展与城乡一体化建设进程的加快，初中教育又生发出一些新问题。表现在课堂教学生态方面，城镇化进程中流动学生的基础薄弱问题尤其突显。我们曾随机抽样南通市崇川区（主城区的城乡接合部）的某中学某班，发现全班学生来自全国 12 个省份，本地学生只有 4 人，占全班学生总数的 10% 不到（见图 8.6），本地原有生源绝大部分都通过买"学区房""移民"到其他学校。该班英语期中测试均分不到50 分（满分 100 分），主要原因是大部分学生小学的英语基础较差。因为不仅全国各地小学英语教材的版本不一样，而且教学要求也不一样，如有些地方小学低年级就开设英语课，而有些山区学校或小学则是不开设英语课的。这些英语基础较差或小学根本就没学过英语的学生集中到一个班上，不仅对初中英语教学带来相当大的难度，而且对这些学生初中三年的学习也带来很大的困难。如此学习起点的差异，在小学不大可能存在，在高中按分数录取的标准下也不大可能发生。

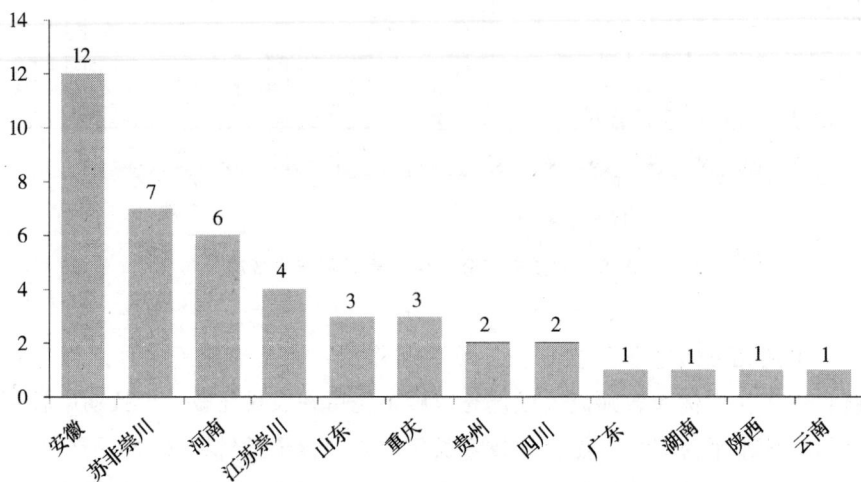

图 8.6　南通市某中学某班学生生源分布

3. 初中教育如何改变：基于课堂教学生态

可以说，初中教育的内涵发展是一个相当艰难的过程。虽然初中教育实现真正意义上改变的途径有多种多样，但是基于课堂教学生态的变革，是一个落在实处的重要突破口。课堂教学变革是学校内涵发展的核心，作为区域教育改革与均衡发展的基本实体单位的学校，课堂教学变革既能真实具体地体现学校的办学理念和对教育教学的理解，也是促进教师专业成长、实现学生真正发展的不可或缺的日常平台。

当然，正因为课堂教学是一个既日常又重要的师生发展平台，长期以来的情形是，一方面教师与学生每天都在这里学习、活动、思考，似乎无论如何都少不了它；但另一方面，这一平台又或显或隐地并不被真正关注，特别是从宏观的教育行政与教育法规政策层面，似乎成了被遗忘的角落。追究起来，其中的困难与原因是多方面的。第一，人们对学校变革的认知在很大程度上仍然停留在宏观与中观指令或文件要求层面去努力寻求学校变革的路径和方法。不能否认，这些做法与实践确实会给学校变革带来机遇，对学校改革发展具有推动作用。但是，这些思考最终还是需要通过实实在在的课堂教学微观实践获得落实，否则再美好的宏大设想都有落空的可能。第二，对课堂教学的认知仍然存在很大局限。课堂教学具有高度复杂性、互动性、不可预测性等特征，其师生个体、群体差异纷繁复杂，教学过程更是千变万化且不断生成，要对这些较难把握的课堂教学现实进行深入的研究，不花费很大气力是不行的。这导致不少对学校变革的研究有意无意地回避了这一事实上无法回避的话题。第三，课堂教学现实改革中缺乏更多的领军人物——校长。就初中当下教育现实而言，凡是课堂教学改革风生水起的学校，都有一个在课堂亲自示范和指导的校长以及他所带领的一群人在那里"闹革命"；凡是仅凭请几位高高在上或纸上谈兵的专家"传播革命"的地方，都是人来时轰轰烈烈，人一走茶就凉，其原因就在于缺乏课堂教学改革的现实基础。课堂教学改革，教师、学生是主体，没有学校的自主革命，课堂教学改革可能难以真正取得成功。第四，课堂教学现实改革中缺少社会各方力量的合力支持，这些支持力量主要包括社会环境、教育行政、体制机制、家校沟通等。正是这些问题与现象的存在，更彰显出以课堂教学改革为突破口、全面提升初中教育质量的重要与必要，而在这个意义上，课堂教学改革不仅是学校教育的微观问题，而且是作为国家教育改革核心环节的宏观和中观问题。

4. 培点、连线、铺面、构体：区域初中发展整体推进

承认与正视上述课堂教学改革与研究中的困难的最好办法，就是勇于实践、敢于探索。而这也为苏中的初中发展整体推进带来了看得见、摸得着的实效。

培"点"育"火种"。第八次全国课程改革启动课改实验至今，南通的如皋市经历了十年课堂教学改革的历程，他们区域推进课堂教学改革起步早、力度大、渐进性强、方向准、方法实，并在很短时间内呈现出焕然一新的课堂生态，特别是有形课堂变化的可操作性在周边地区产生了良好的反响，得到普遍认可。南通教育局抓住这一契机精心培育，共同建设，有效地推进了大市课堂教学的改革，为南通市初中课堂教学改革全面铺开起到培"点"育"火种"的作用。

如皋十多年的课改探索大体分为四个阶段：第一阶段，起航出发阶段（2002—2004 年）：把学习新课改、新课标理念作为全年工作重点，全市基础教育课程改革全面启动，如皋中学化学组尝试设计、使用教学活动单，新的课堂教学模式开始发轫。第二阶段，探索突破阶段（2005—2007 年）：基础教育课改稳步推进，"活动单导学"教学模式展现雏形。制定"阶段分解，分步推进"的课改推进方案，"活动单导学"教学模式基本成型。第三阶段，提升跨越阶段（2008—2010 年）："活动单导学"教学模式实现全学段、全学科全覆盖，课程改革向特色化迈进。深入推进"活动单导学"教学模式，如皋课程改革品牌力逐步凸显，课改研究水平进一步提升。课程改革向高位优质均衡、特色多元发展迈进，课改技术含量不断增加。制定《如皋市中长期教育改革和发展规划纲要》，全面规划描绘了全市未来十年教育改革发展的蓝图。第四阶段，深度推进阶段（2011—2014 年）：继续深化"活动单导学"教学模式改革，实践与研究入神入境。学校特色建设常态化实施、课程化研究、品牌化发展。成立"活动教学研究中心""如皋市教育质量监测中心"，为课程改革深入推进提供理论支撑与决策参考。2010 年第 19 期《人民教育》上刊登的《"活动单导学"推动日常课堂变革的力量》一文中有这样一段话：江苏省如皋市 6 年课堂教学改革成果——"活动单导学"，在这个有着 1 万多教师、17 万学生的教育大区域推开，取得了显著的效果。学生的学习行为和精神状态都发生了重大变化。学生说："学习不再是一件枯燥的事情。

一堂课太充实了，没时间走神"。教师的专业化进程大为加速，教学效率和教育质量显著提升。

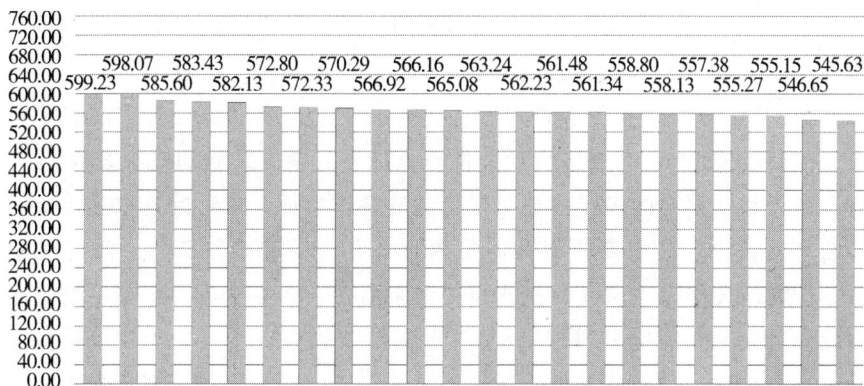

图 8.7　如皋各初中学校 2014 年中考总均分情况一览

　　课改"点"的培育，还与课堂教学改革的具体范式、操作原则、实施途径密不可分。近年来，南通地区连续以"南通市初中课堂教学改革现场推进会"的形式，加强"点"的培植与成功经验的辐射。一是通过组织开展南通课堂教学典型学校验收与展示、区域优秀课堂教学模式评比、30 个初中学科基地建设活动、全市课改现场推进会等形式，培育两至三所有影响的课改典型学校，引领全市 170 多所初中的课堂教学改革。二是加强对样板学校的调研与评价，及时跟踪与改进。目前，已经对第一轮和第二轮样板学校进行了调研与评价管理。通过样板学校的培植，全市各地各初中校的课堂教学改革呈现出积极、务实的健康状态。

　　联"线"各"景点"。点的作用带来的是全市各地的积极探索，其宗旨是把"景点"放大，把课改落实在具体的操作与载体上，不是用几个"景点"的一好遮百丑，而是让整个南通地区在多次义务教育学业水平监测中居全国领先地位的大多数指标，真正经得起现代教育科学的检验，让学校随时随地都经得起看，让教师的课堂随时随地都可以让别人进来看。在这样的追求中，南通全区出现了依据本地资源、形成自身特色的多种课堂教学模式。如海门市的达标创特，项目攻坚，"学程导航"打造闪亮教育品牌；启东市的变革思想，多维助力，"15/20/10"巧解轻负高效难题；通州区的强基固本，协作创新，"学的课堂"促进区域教育均衡发展；如东县的活动推进，多元发展，"真学课堂"在回归中实现超越；海安县的精心指导，资源重组，"导学案"创生模块菜单；崇川区的行政驱动，名师锻造，"情境课堂"彰显教育无穷魅力；港闸区的根植内涵，坚持落实，"自主合作探究"引领课改走向成熟；开发区的立足课堂，校本研发，"一校一品"推进区域教育特色发展；滨海园区的理念先行，模式论证，"自由生长"丰盈教育理想；南通二中（市直学校代表）的班子带头，细节攻关，"助学式"可操作性有力滋补着学生发展的核心素养。

课堂教学模式的多样性是课堂生命的基本特征，也是课堂教学改革进步的重要动力。这里需要把握的是两点：其一，建设新课堂，激发新活力，实现新突破，课堂教学模式需要博采众长，自觉交流、共鉴。这是不同课模之间相互借鉴、"取长补短"的过程，也是在学习、吸收他模式基础上丰富本模式内涵的过程，还是进一步完善、融汇多种课模特质生成新课堂的过程。其二，建模不为模所建，用模不为模所用；课模人为，更应为人；因材施教，因班而异，因课而异，入模出模，所有这一切，既需要教育者的一种潇洒自如，更应讲究的是遵循教育教学规律。

铺"面"不留空。课堂教学改革要在全区推开，一个重要的问题就是：薄弱学校怎么办？薄弱学校可不可以留空？学习困难的学生需不需要课改的课堂？这里需要的不仅是简单的回答，更需要实实在在的实证说明。作为最底层的一所农村初中校（非乡镇中心初中），如东县景安初中70%以上的学生都是留守儿童，留守儿童们在学习中缺少什么，需要什么，是景安初中一直探究的问题。而留守儿童情结也成为学校进行课堂教学改革的重要动力。学校对学生们提出"不比父母比明天"的响亮口号，并从细节入手，让课堂教学改革在薄弱学校也不留空。如细节1：课堂教学改革着力学生发展的核心素养；细节2：基于问题解决的合作学习；细节3：不仅仅是听更是互动的"围听"；细节4：学困生的前置补弱与后续培补，等等。经过全校师生几年的努力，现在景安初中已经在南通176所初中学校中位居第16名，2014届171名农家孩子参加中考，106人升入普通高中。与此同时，全校50多名农村教师中，有5名成为市优秀教师，其中市学科带头人1名，居南通市170多所城乡初中的前列。课堂教学改革不留白，既成长了学生，也成长了教师，初中优秀教师人数占比有了较大幅度的提高，体现初中教育生态优化核心指标的不合格毕业生数也有了较大幅度的下降。

在南通大市范围内，针对整体推进中"面"上可能存在的空白点，更多采取的是分层推进的策略。一是学校层面的分层推进，即遵循分类指导、分层要求、注重关联、整体提高的原则，对学校进行分层，实现区域内课堂教学改革的梯度推进，成果分步推广；二是培训层面的分层推进，即先组织培训者进行培训，再开展教师全员培训；先由单个学科实验，再到多学科推广；先从城里学校试点，再到农村学校铺开；先教会教师进行教学结构的设计，再指导教师领悟、把握教学细节。衡量课堂教学改革区域推进成效的重要指标之一是广度，没有基层学校和一线教师的广泛参与，就谈不上区域的整体推进。

构"体"多维处。课堂教学改革是一项系统工程，需要上下联动、左右协调，行政力量是实施这一系统工程的关键所在。为此，我们采取了行政助推等一系列策略，不断增进区域课堂教学改革的力度。首先是教育行政通过对学校教改的引领作用，强化课堂教学领导力。从南通分管全大市教学的教育局局长开始，坚持推门听课，坚持持续听课，而从所填写的《课堂教学评价表》中的给分情况，可以看出作为教育行政对课堂教学点的关注所在：一是特别关注学生课堂自主发现问题与质疑问题，独立进行课堂归纳小结的能力；二是特别关注课堂上学生"学"的表现，究竟怎么学，用什么方法学，学的效果如何；三是特别关注课堂上教师"教"的表现，究竟怎么教，用什么方法教，教的效果如何。其次是教研部门配合教育行政，形成保障系统。一是实施教研阵地规范化建设策略，使区域课堂教学改革推进活动科学化、制度化、常态化，并形成"学科基地、课改展示、考研引领"三大载体。二是出台一系列具体实施意见，如《南通市整体推进课堂教学改革的指导意见》《南通市高效课堂建设指导意见和考核要求》等。三是县（市、区）级教研部门研制辖区方案，如强调课堂教学改革中的校长责任以及各种专项经费的落实；组建市区"教研协作体"，开展学校课程执行与学生课业负担的调研；定期分层召开教学质量分析会、课堂教学改革点评会以及教学工作会议，分析、研究、部署地区、学段、学科课堂教学改革中的问题、对策与整改措施，通过教学管理优化增进区域课堂教学的改革力度。这其中，引领全市广大教师将教育科学研究与日常教育教学工作有效融为一体的项目"让老师们的集体备课、学科组活动成为教学研究的新常态"尤其突出，并已逐渐成为南通市教育科学研究中心"普惠教研，智慧服务"项目的品牌。

当然，南通地区的课堂教学改革仍然行走在路上，到2014年，南通市还有8000多初中学生学业考试不合格（见图8.8）。由此，负责任地走向课堂教学改革的深水区，应当是每个教育教学探索者的不懈使命。

2010—2014年南通中考总分450（456）分以下人数统计

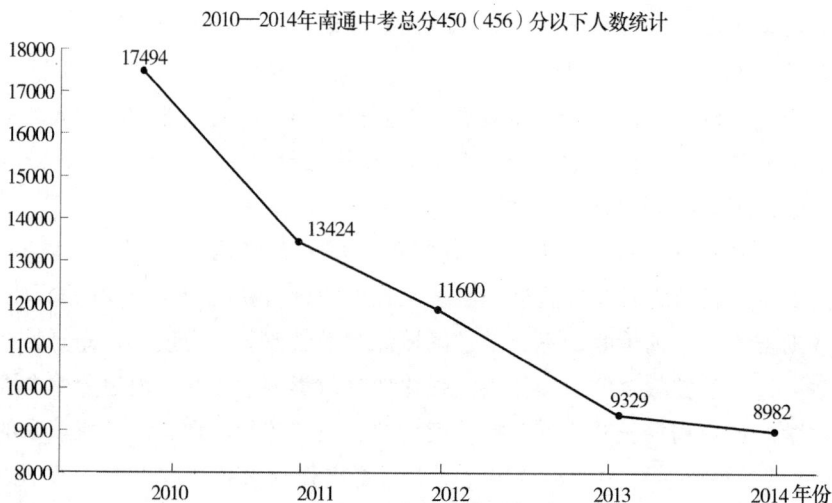

图8.8   2010—2014年南通中考总分线下人数（总分不合格）比较

（三）苏北：基于"新问题关注"的整体推进

虽然近几年来初中教育随着义务教育发展的水涨船高而呈整体提升态势，但由于地域、经济、社会发展状况与发展基础不同，全省初中发展呈现出较大的区域差异。尤其是苏北经济欠发达地区，整个发展还处于基本均衡阶段，而整个苏北地区的初中校在全省的占比却较高，其中苏北五市初中校911所，占全省初中数的43.9%；在校生831873人，占全省在校生数的44.8%。在国家城乡一体化推进和全面深化教育领域综合改革过程中，苏北初中发展又出现了一些新情况与新问题。这样，及时发现并重点关注新时代背景下的新问题，谋求省级加大支持力度以及本地区的相应努力，就成为江苏以宿迁为代表的苏北地区整体推进初中发展的主要立足点。

1. 苏北初中发展整体推进的新问题发现

近几年来，在全省扶持苏北经济社会发展的大背景下，苏北初中教育主要在三个方面推进均衡、提升内涵和提高质量：一是实施教育系列工程，改善办学条件。随着各级政府对民生的进一步关心与关注，各级政府都十分注重教育的优先发展，切实解决教育发展中存在的困难与问题，力图逐渐满足人民群众"学有所教"向"学有优教"转变的需求。新世纪，江苏省实施了危房改造、布局调整、三新一亮、六有、校校通、校舍安全等一系列旨在促进义务教育均衡发展的民生工程，农村中小学办学条件得到不断加强与提高。苏北某市也不例外。近三年来某市教育经费总投入达233亿元，其中，投入40亿元新建、重建和加固改造校舍397万平方米，投入3亿多元用于教育信息化"三通两平台"建设，新增计算机15000多台，新添电子白板、液晶投影仪等多媒体教学设备近千台（套），更新图书200多万册，为初中教育发展奠定了良好的基础。二是紧抓创建验收，推进均衡发展。随着江苏省不断加强教育现代化、江苏省义务教育优质均衡改革发展示范区和全国义务教育发展基本均衡县（区）等工程的创建，苏北初中均衡发展水平得到了进一步加强，也基本实现了校园环境一样美、教学设施一样全、生均公用经费一样多、学校安全一样得到保障等目标，校际之间、城乡之间和区域之间的差距不断缩小，进一步促进了初中教育的起点公平、过程公平和结果公平。三是开展课程基地建设，促进特色发展。苏北各市结合实际情况，创新开发初中课程文化，开展能体现学生天赋、潜能和特长的特色活动，努力提升学校内涵建设。特别是江苏省教育厅2012年实施薄弱初中质量提升工程以来，各市初中结合实际情况，加强薄弱初中课程项目建设，以此推动本区域内初中的均衡发展。三年来，苏北五市共创建省薄弱初中课程建设项目65个，初中特色发展得到了进一步加强与深化。

当然，在苏北初中得到整体发展的同时，随着经济社会的发展以及人民群众日益增长的教育需求，苏北初中教育发展过程中的一些新问题也开始"显山露水"。一是苏北经济社会发展进入新阶段，尤其是城市化的推进对初中发展带来了新的问题。如农村"超小规模学校"和城镇"超大规模学校"的两极并存、九年一贯制学校的被迫实施等。二是教育发展新要求对初中发展带来了新问题。如苏北教师结构性缺编这一老问题的新呈现、学生高层次"思维能力指数"偏低等。三是教育政策环境变化对初中发展带来了新问题。如民办公办学校转换引发的优势转换与移民生源问题等。

2. 苏北初中发展整体推进的新问题表现与根源剖析

苏北初中教育在整体提升过程中出现的一些新情况、新问题，有其历史原因与时代背景，也有其必然性与特殊性。

苏北经济社会发展进入新阶段，尤其是城市化的推进带来了初中发展的新问题。首先是乡镇"超小规模学校"和城镇"超大规模学校"的"两极"现象。近年来，苏北各地加快城市化、工业化发展步伐，随着大量农业人口转移，农村初中学生数量急剧锐减，进城务工人员随迁子女逐渐增多，出现了乡镇"超小规模学校"和城镇"超大规模学校"的两极现象。调查发现，截至2013年，某市共有159所初中，其中在校生200人以下的初中有43所，约占全市初中学校总数的27%；在校生200—500人的初中有59所，约占全市初中学校总数的37%。有的城乡接合部初中全校不到100人，有的一个年级只有十几人，出现了"超小规模学校"，学校只有采取"被小班化"教学。与之相反，城镇优质初中人数激增、规模扩大。某市在校生1000—3000人的初中有19所，约占全市初中学校总数的12%，80%以上集中在县镇；3000人以上的初中有6所，全部在县城。有的初中在校生甚至达到4000人以上，出现"超大规模学校"，学校只有采取"被大班额教学"（见表8.2）。

表8.2　　　　　　　　苏北某市初中规模情况统计表　　　　　　（单位：所）

县区 ＼ 规模	200人以下	200—300人	300—400人	400—500人	500—1000人	1000—1500人	1500—3000人	3000人以上	合计
××县	25	9	6	3	8		3	2	56
××县	2	2	7	3	6		1	1	22
××县	8	4	4	8	5	3	3	1	36
××区	4	2	2	1	2	1	1		13
××区	2	1	1	3	7	2	3		19
××区					1		1		2
××区	1	1	1	1	1				5
××区					2		1		3
市直	1						0	2	3
合计	43	19	21	19	32	6	13	6	159

其次是未来城乡初中教育资源相对短缺。随着计划生育基本国策的实施，近年来，中国人口的主要矛盾已经不再是增长过快，而是人口红利消失，临近超低生育率水平，在苏北初中生源变化上表现得尤为突出。2010年前，苏北某市每年初三毕业生有 8—9 万人，以后每年呈下降趋势，2013年下降到 5 万人。目前小学各年级生源变化情况比较大，五年级学生只有 4 万多人，但从四年级开始回升，二年级达到 6 万多人，一年级达到 8 万多人。这就意味着，今后几年初中生源将急剧增加。根据统计，未来 4—5 年，苏北某市适龄儿童入学人数每年将保持在 9 万人左右，初中在校生高峰期预计达 25 万人。虽然目前该市 159 所初中只有在校生 15 万人，平均每校 943 人，但未来入学高峰可能会激增 10 万人，起码激增 5 万人。按照省定标准，还需新建、扩建初中 37 所，这对初中学校资源带来严峻挑战，资源短缺不可避免。最后是九年一贯制学校在被迫实施中部分乡镇教育资源丢失。由于农村初中生源不断减少，小学适龄儿童每年又逐渐增多，苏北不少县区将初中与小学校舍、师资等教育资源整合在一起，选择了九年一贯制办学。如在某市 159 所初中里，有 92 所为九年一贯制学校，占全市初中总数的 57.86%。但需要指出的是，这种九年一贯制办学体制，看起来与基础教育的发展宗旨相符合，其实在更大程度上是一种出于无奈的被迫之举和出于利益的博弈之举。九年一贯制办学一方面成为各地应对小学和初中生源变化的简单应急之举，即通过中心小学和乡镇初中一体化办学，解决初中学生过少、小学生源过多的"燃眉之急"，但实际上并未更多地从教育教学规律出发，从中小学生的年龄、心理差异出发，更没有对初中和小学教育教学的复杂性进行深入研究与科学规划；另一方面，九年一贯制办学也成为当地政府利用教育资源整合，特别是校舍合并解决经济发展用地问题的权宜之计，即中小学合并后，原有的学校用地可另作他用，为地方经济发展带来一定的便利。总之，九年一贯制学校的大量出现，在某种程度上导致苏北部分乡镇教育资源与"阵地"的丢失。

教育发展新要求带来了初中发展的新问题。初中教育是基础教育中承上启下的一个重要阶段，国家、省中长期教育改革和发展规划纲要均明确指出，要把提高教育质量作为教育改革的核心任务。近年来，江苏省积极推动初中教育从注重规模向质量提高转变，从外延发展向内涵提升转变，从硬件建设向软件建设转变，以不断满足人民群众"学有优教"的需求。这些教育发展的新要求，也带来初中发展的新问题。

　　首先是农村薄弱初中课程建设项目遭遇"教师难"。2012 年，江苏省教育厅启动实施了薄弱初中质量提升工程，着力提升以农村薄弱初中为重点的学校教育质量和办学水平，加快缩小城乡之间、地区之间、学校之间教育差距的步伐，实现区域内义务教育优质均衡发展。但在具体项目实施过程中，一部分薄弱初中遭遇了"教师难"问题。一是难在师资结构不合理上。音乐、体育、美术、英语、计算机等学科教师数量不足，满足不了新课程实施和义务教育优质均衡发展的实际需要，呈现出总编制饱和但结构性缺编现象。截至 2013 年底，苏北某市初中专职音乐教师缺编 173人、美术教师缺编 38 人、体育教师缺编 195 人。农村中小学结构性缺编是个老问题，对于音、体、美等学科教师不仅需要数量达标，更需要质量过硬，才能支撑高质量的课程建设。但是目前加强课程建设，推进优质特色发展，不仅使原先的老问题更加突出，而且产生了新问题。二是难在师资水平偏低上。受民办教师转正、合同代课转制、年龄老化等多种因素的影响，一部分农村初中教师教育观念陈旧，教学方法落后，优秀教师占有率较低，名特优教师匮乏，教师团队整体力量薄弱，这在很大程度上制约了薄弱初中课程建设项目的顺利实施。三是难在教师发展动力不足上。随着改革开放的不断深入和市场经济的快速发展，受各种社会思潮和多元文化的影响，一部分教师敬业精神缺失，少数教干尤其是校长的管理理念还不先进，潜下心来谋发展、静下心来抓管理、沉下心来抓质量的不多，教师自我发展的内生动力不足。

　　其次是农村初中教师"库存"与隐性流失现象并存。一方面，农村初中学校学生数量减少，导致农村初中语文、数学等学科出现暂时富余或"库存"教师。而这些"库存"教师的流动相对比较困难，因为原有人事编制定到每一所学校，教师调配牵涉到方方面面和许多部门，而且部门之间的协调与沟通目前也不是很畅通，在一定程度上制约了师资的流动。另一方面，一部分教师特别是年轻骨干教师认为，农村中小学办学条件虽然不错，城乡教育也已基本均衡，但与城市相比，农村学校在生活环境和工作条件等方面还有一定的差距，在教学质量和特色发展方面还有不少差距，专业发展机会和平台也不如城市。因此，他们仍将心思放在如何进城教书上。而另一部分教书水平一般的教师则认为，生源减少是好事，带的学生越少越好，实施绩效工资，自己工资待遇并不比城里教师少，难得落个清闲，成为"等星期、等放假、等工资"的"三等"教师，从而导致农村师资水平的隐性流失。

最后是学生高层次思维能力培养不到位。从 2012 年义务教育质量监测看，苏北初中学生高层次思维能力监测指数与苏南、苏中的差距，明显高于基础知识掌握与苏南、苏中的差距。高层次思维能力主要包括知识迁移与综合运用能力，预测、观察和解释能力，推理能力，问题解决能力，批判性思维和创造性思维能力等，并且分为九级。监测表明，八年级学生高层次思维能力发展指数是：苏北 5 级、苏中 6 级、苏南 6 级，其中八年级数学苏北 4 级、苏中 6 级、苏南 5 级；语文苏北 5 级、苏中 5 级、苏南 6 级；英语苏北 5 级、苏中 7 级、苏南 7 级。导致苏北初中学生高层次思维能力不强的原因，主要有两方面：一是苏北初中新课程实施水平不高。课程改革追求知识与技能、过程与方法、情感态度与价值观的三维目标的达成，注重能力的培养，积极推进教与学方式的变革，倡导自主、合作、探究的学习方式。苏北由于教育基础薄弱，新课程推进的力度和效度与发达地区相比还有差距。一些初中往往只侧重于国家规定的学科科目，特别是考试学科的科目所占课时比例较高，超出了新课程标准要求。更有甚者，片面追求升学率现象在一些学校依然存在。从教师来看，初中教师缺乏课程管理的主体意识和能力，在课程开发、管理和实施中参与课程改革的主动性、积极性不够，他们往往把主要精力放在学科教学上，对非中考科目的教学普遍重视不够，从而导致学生高层次思维得不到培养和训练。二是教师队伍整体素质不高。学生高层次思维能力不高的背后是教师教学水平不高，苏北教师队伍特别是苏北初中教师队伍结构成分比较复杂，大多数初中教师是"应试教育"的产物，毕业后又在"应试教育"环境下从事着"应试教育"的实践，在新课程实施过程中，虽然部分教师参加过新课程培训，但受传统观念的束缚，他们往往无法真正理解和把握新课程理念，教学行为也没有得到真正转变，在教学中注重知识的传授，轻视能力培养，影响着整体教学质量提升和学生能力的发展。

教育政策环境变化带来了初中发展新问题。民办教育作为教育的一部分，是国民教育的重要组成部分。近年来，随着各级政府对农村义务教育阶段公办学校办学经费的投入力度加大，公办初中办学条件大大改善，这使得民办初中在办学条件、寄宿制等方面的原有优势逐渐转变为劣势，并面临严峻考验。一是办学成本逐步增大。公办初中教职工工资快速增加及绩效工资的实施，迫使民办初中对教职工工资也要"水涨船高"，仅此一项就使民办初中学校不堪重负。同时，按规定，民办学校为教职工缴纳社会保险费的事项要逐步落实，这项费用数额也较大。再者，校安工程建设的财政补助，政策规定只补助公办学校，不补助民办学校。这使本来发展就已十分困难的民办学校，不愿或无力挤出资金用于此项工程建设。二是教师队伍的稳定面临挑战。由于民办初中经费困难，部分学校不能为教职工缴纳社会保险，这无疑增加了教师的后顾之忧；又由于民办学校办学结余较少，教师工资不能与公办学校同步增长，致使部分骨干教师通过公开招聘等途径回流到公办初中，或流向区域以外的学校，或改行从事其他工作。三是民办学校特色优势不明显，生源空间缩小。苏北民办学校的兴起，是在特定时期和特殊域情背景下产生的，主要是弥补公办教育的不足，增加教育的选择性，提高教育的普及率。也就是说，苏北的民办学校基本上是一种"平民化"的发展定位，在当时历史条件下，只是以相对较好的办学条件吸引生源，并没有形成真正的优质与特色资源。这样，当政府财力薄弱，民办学校办学条件好于公办学校时，学生入学"择民"就较多；而当公办学校办学条件好于民办学校，加之实施免费入学，学生上学"入公"就较多，民办学校的生源、生存空间也就相应缩小。

3. 苏北初中发展整体推进的策略实施与设想

苏北作为全省经济欠发达地区，要实现初中发展的整体推进，特别需要省里加大对苏北初中教育发展政策的支持和帮扶力度，比如，实施苏北农村初中发展专项工程，在经费投入、名特优教师评选上实施单列政策等，以真正促进苏北农村以及连片地区初中教育办学条件上的改善和内涵发展，使基础教育的"腰板"成为"钢板"。就苏北地区而言，同样需要作出相应的努力与设计。一是深入推进城乡一体化均衡发展。针对苏北初中在三年左右时间将迎来入学高峰的情况，各地要把坚持教育用地"性质不变、总量增加"作为今后布局调整的基本原则，因地制宜，科学制定教育布局规划，积极扩大优质教育资源总量，超前应对人口生育高峰，促进初中学校健康、可持续发展。与此同时，要进一步依托全国义务教育发展基本均衡县（区）、江苏省义务教育优质均衡改革发展示范区、教育现代化等各项创建工作，深入推进全面改善农村义务教育办学条件工程，进一步改善农村初中办学条件，进一步缩小校际之间、城乡之间、地域之间的差异，推动城乡一体化的均衡发展。二是积极探索多种办学模式。各地在推进初中办学模式改革的过程中，要结合实际，科学审慎地推进义务教育"九年一贯制"办学模式改革，积极探索初高中衔接模式。既考虑目前生源"低谷"，又考虑将来入学"高峰"；既考虑改善办学条件的"硬件"，又考虑师资素质和学校管理水平的"软件"。要进一步推进农村初中办学优质提升工程，要以优质教育资源为龙头组建教育集团，积极探索名校＋弱校、名校＋新校、名校＋分校等办学途径，放大优质教育资源覆盖面，不断促进初中教育优质均衡发展。三是切实加强师资培训与治理工作。要不断加大区域初中教师培训，促进教师专业水平的进一步提升；加强初中名特优教师培养，相关政策向初中教师倾斜，为初中教师专业发展创造更多的机会，搭建更好的平台。与此同时，积极推进"县管校用"的教师管理体制，探索单位人向系统人的转变，促进教干与教师的合理流动。一是按照"区域统筹、逐步推广、规范操作、激发活力"的原则，实施城乡学校师资、公民办学校师资的有序流动，均衡配置教师资源，缩小师资校际差距、城乡差距；二是加强对农村初中暂时富余"库存"教师的培训与转岗，为新一轮入学高峰的来临储备"师源"；三是加强师德师风建设，努力提升广大教师爱岗敬业水平；四是促进民办学校健康发展。进一步提高社会各界尤其是各级党委政府对民办教育地位、作用的认识和重视程度，完善民办教育联席会制度，统筹研究、协调解决民办教育发展和管理过程中的突出问题。同时，鼓励民办学校融资扩股，做精做强，增强办学实力。鼓励引导薄弱民办学校向有经济实力者转让办学权或终止办学。鼓励支持有条件的企业、名校利用自身经济实力、品牌及管理优势，采取收购、合并、兼并、组建教育集团等多种形式，对薄弱及运转困难的民办学校进行兼并重组。此外，要鼓励引导民办学校进一步加大投入，完善教学设施设备，创新办学理念，开展特色办学，打造特色品牌，不断提高教育质量。加大对民办学校的扶持力度，将民办学校校安工程建设与公办学校同等对待，纳入省级政府经费补助范畴。

三 校域实践：形态各异的联手推进

在西方思想传统中，自亚里士多德开始即重视"共同体"的意义。近年来，随着全球化的扩展与科学技术的日新月异，人与人之间、群体与群体之间联系和交往的纽带已经不再受到传统血缘和地域的局限，科学共同体、学习共同体、职业共同体等"新兴"共同体概念不断出现。在各种特殊语境与话语体系中，"共同体"这一概念已经以完全不同甚至无法比较的方式被讨论、分析与理论化。随着国家推进义务教育均衡发展的不断深入，"学校共同体"建设也应运而生，并迅速在全国各地展开，呈现出形态各异的本土化实践模式。就广义而言，"学校共同体"指的是两所及两所以上学校为了实现管理目标而结成的联合体，把原本分散的、互不协调的组织肌体"黏合"起来，形成较强的组织力量，在学校管理、师资培养、课程设置、资源建设等方面实行整合共享，从而实现共同发展的模式。其具体"黏合"形式可以多种多样，就形成过程而言，有学校之间自发结合，也有教育主管部门行政推动；就成员性质而言，有同质学校之间的合作共进，也有异质学校之间的结对帮扶；就组织架构而言，有多法人学校之间的松散型联盟，也有"一长执两校"式的紧密型结合；就地域分布而言，有区域内的学校结盟，也有跨区域的学校联动。这是一项涉及多层面、多系统的协同发展工程。就狭义范围而言，一般是指办学综合实力具有相对优势的学校与薄弱学校结成平等、互助、开放的合作关系，在最终的教育评价中实行捆绑式综合评价，目的是激发教职员工的工作热情、责任感与成就欲，激活薄弱学校自身的"造血"功能，从而谋求独立发展的路径。无论是广义学校共同体还是狭义学校共同体，其最终目标都是促进基础教育的均衡发展与优质发展，实现真正意义上的教育公平。因此，这里在广义学校共同体①建设框架内主要关注两个问题：一是在初中同质学校之间如何实现共享共荣的联手推进；二是在初中异质学校之间如何实现结对帮扶的联手推进。

（一）同质学校：共享共荣式联手推进

就同质学校的发展共同体而言，其共享共荣的意味似乎更浓一些。可

---

① 需要说明的是，在作者所查阅的资料范围内，关于"学校共同体"与"集团化办学"两个概念，似乎暂时还没发现较为清晰的比较与辨析，致使两者概念存在多种界定和不确定性。有把集团化办学归入发展共同体范畴的，有把发展共同体归入集团化办学的，有把集团化办学等同于发展共同体的，有把学校发展共同体当成集团化办学升级版的。当然可以说，这二者都是对联合办学之路的一种探索，都是对教育均衡发展中所遭遇问题的一种探索，也都是对学校更好地生存与发展的一种探索。有鉴于此，本章中的"学校共同体"与"教育集团"可以视为相似概念，使用"学校共同体"是为了突显本章所要关注的初中同质学校之间如何实现共享共荣的联手推进和初中异质学校之间如何实现结对帮扶的联手推进问题，而用"教育集团"则是为了尊重对这些学校的称呼已经约定俗成的事实。

以说，能结成学校共同体的同质学校，都有其各自的特质所在，或者是具有一定历史积淀的学校，或者是具有独特教育创新的学校，或者是具有相当知名度的学校，而为了扩大并重组优质教育资源，满足人民群众对优质教育资源的需求，也为了学校能够更好地生存与发展，这些学校往往携手走到一起。

1. 共享共荣式学校共同体的主要类型

名校间的强强共创型。主要指的是名校与名校之间的强强联合。利用学校不同的优势资源，使之在特色碰撞中放大，差异营筹中激活，合力打造区域教育品牌。名校在发展过程中也会遭遇力量不足、资源短缺等窘境，通过强强联合的办学形式，一些稀缺资源可以通过集团化共有形式，实现互动有无与优势互补。如苏州立达教育集团，由苏州立达中学和苏州胥江实验中学两所学校组成。集团成立之后，通过教师交流、干部交流、课程资源共享和文化沟通等多方面融合，使"爱心乐团"表演艺术、"平面设计"创意美术以及"3D打印"前沿科技三大课程得到系统开发和综合利用，放大了两所学校的特色建设效应。这种强强共创型学校共同体，可以有效整合并互通使用共同体学校中相对稀缺的教育资源如艺术师资等，课程内容更加丰富，学校特色更加鲜明，较好地消除了学生家长在面临实力相当的多所学校选择时左右摇摆的两难困境，也使优质学校的办学品位获得进一步提升。需要强调的是，在一种强强联合强更强的实际追求下，既要提防以为学校共同体内一切都强的盲目自信，也要防止对共同体之外学校均衡发展的某种人为遗忘。

学校间治理的多种联动型。主要指的是由区域内的一所名校与区域内的多所学校建立的学校共同体。共同体设工作领导小组，组长由核心学校校长担任，全面负责共同体管理工作；各专项指导小组及其下属各研究组，负责共同体内各校德育、教学、科研的常态互动、优质均衡以及师生的共同进步和健康发展。共同体建立校长层面的联席例会、中层层面的专题研讨、骨干层面的活动策划等多种联动制度，通过条块之间的横向联动，打通校与校之间的阻隔，带动薄弱学校的整体提升。如南京市建邺区的新城教育集团，包括新城初中、新城初中黄山路分校、新城初中怡康街校区三所初中，新城小学、新城小学南校区、新城小学北校区三所小学。集团内三所初中、三所小学独立设置、集团运营、合作办学、错位发展。每年暑假，三所小学的教师和三所初中的教师都在一起进行集体培训；每月都有一次校长联席会；定期教师交流、定期学科教研活动等，更多突显出作为学校共同体的多种联动治理的共享共荣性。这种治理方式颇有一种联邦制的味道。优势是能共享优质教育资源，从条块上协调各成员学校的工作，从整体上放大品牌学校的办学效应，带动一个区域义务教育的发展；弊端则是集团内部有初中、有小学，各所学校又有较强的独立性和自主性，教育集团对成员校指导的强度以及条块之间的协同可能或多或少有所削弱。

学校间学科的深度合作型。主要指的是学校优势学科之间的强强联合，通过学校间优势学科的深度对话与合作，分享特色资源，互相体验不同教学风格，在发展个性的基础上共同提高学科课程建设与课堂教学水平，合理打造区域学科品牌。如昆山市第二中学教育集团在集团内部学校之间积极探索初二语文集体备课的工作流程，即一人主备—交流研讨—整理汇总—个人三次自主备课，就大致属于这种类型。学校共同体积极引导教师从单纯的抄写教案转变为真正开展教学研究，并制定集体备课实施条例和集体备课研讨记录表，让组内教师在集体备课中实实在在地获益，为提高课堂教学效率把好第一关。此外，共同体内部还以"翻转课堂"为抓手，在英语、物理、地理等学科中进行教学观念、教学方式、教学内容选择等多种尝试，以此提高课堂教学效益。学校间学科的深度合作，有助于形成某一区域内某一学科的教学特色，扩大区域教育影响力，但这种合作也存在一定的隐患：一是不利于成员学校教学特色的彰显，很容易在集团内部学校间造成"千篇一律"的教学风景；二是学科间的合作如果组织不力，很容易演变成为一种区域性的教学研讨活动，使合作流于表面肤浅。

学校间教师的研训联盟型。集团化办学的内核是"合"，"合"的纽带有多种，可以是课程融合、特色融合，也可以是体制融合、师资融合等，不同的教育集团可以根据自身实际情况选择不同的融合点。苏州工业园区星湾教育集团将教师研训作为集团内部融合的主要抓手。他们着眼"名师工程""成长工程""青蓝工程"三大工程，采取五步走的研训形式：创生集团文化，聚焦教师发展（解决教师的价值观问题）；聘请学术委员，引领专业成长（解决教师的引领问题）；内部师资互通，促进融合共生（加强教师之间的学习交流）；成立集团书院，增添提升动力（解决教师研训的读书问题）；倡导差异教学，研发校本课程（解决教师研训的平台问题）。这种在集团内部的学校间开展的教师研训联盟，整合、盘活、优化了集团内部学校之间的人力资源配置，有助于解决教师研训各自为政的问题，使教师研训得以一体化、系列化，较高效率地促进了教师的专业成长。但是，这些研训活动还没有从根本上消除教师"被研训"的状态，要实现集团内高素质教师团队的整体提升，还需要切实解决教师的外在研训与自我研修需求、自我发展需求有机融合的问题。

2. 一所共享共荣式初中的办学叙述

苏州高新区实验初级中学是苏州高新区教育局直属的一所公办初中，在苏州城区以及周边县区享有很高的办学声誉。为了放大苏州高新区实验初级中学优质办学的效应，2013 年秋，苏州高新区党工委、管委会决定，苏州高新区实验初级中学本部迁址苏州市文昌实验中学（文昌实验中学与浒关中学合并为文昌中学），原来的高新区实验初级中学作为东校区，同时，高新区实验初级中学还在浒关中学校内设置办班点。这样，就形成"一校两区一点"的办学格局。2015 年 5 月，苏州高新区第五中学正式挂牌成立，经高新区教育文体局批准，该校冠名苏州高新区实验初级中学分校。2015 年 9 月，浒关中学内的两个班级回归东校区，实验初级中学也全面接管原文昌实验中学。如今，苏州高新区实验初级中学的办学格局是：一所学校两个校区，外加一所分校，并形成"紧密型"与"松散型"兼而有之的学校共同体特征。所谓"紧密型"，是指高新区实验初级中学东校区与科技城校区之间的关系。虽然两个校区相隔近 20 公里，但彼此的管理、教师的发展、学生的成长，都是紧密相关相连的。所谓"松散型"，是指高新区实验初级中学和第五中学之间以及高新区实验初级中学与原浒关中学（现文昌中学）之间的关系。虽然在管理、教学、科研等方面，可以给予对方必要的指导和帮助，但两所学校相对于学校的两个校区而言，关系是松散的，彼此有着很强的独立性和自主性。

高新区实验初级中学"紧密型"与"松散型"兼而有之的办学格局，逼迫学校共同体把思考与研究的重点放在有效合理运行机制的形成与融合上，以实现诸学校之间既共享共荣又自主独立的发展。一是行政管理机制的研究。主要研究四个问题：如何设置，即在集团化办学新背景下，学校管理岗位该做出哪些相应变化？如何分工，即以条为主还是以块为主，才能处理好分工中交叉与独立的关系？如何运作，即怎样使条块之间的管理默契、和谐、高效，可否推行行政人员两校区定期轮换管理制度？如何搭建两校区信息化工作平台，即如何盘活学校活动直播系统，校园广播联网等。二是教师发展机制的研究。着重研究四个问题：如何流动，即如何处理好集团内部教师流动与区域内教师流动的关系，流动的频率、人数以多少为宜？如何培训，即怎样组织跨校区的校本研修、教学研究活动？如何整合，即怎样整合青年教师发展论坛、班主任论坛、名师讲坛、骨干教师讲坛等教师专业发展平台，使其既相对独立又联合发力？如何提高，即如何锤炼出一支与学校知名度、影响力相称的教师队伍，使教师逐渐从教书匠走向研究者？三是学生成长机制的研究。主要研究四个问题：如何促进两校区学生对学校的文化认同，即两校区怎样开展学生层面的定期交流，两校区的文化布置如何存同求异？如何形成特色鲜明的德育系列活动，即原有校区各有哪些教育特色？怎样对这些特色进行总结提炼？如何发挥校本课程在学生素养提升中的作用，即如何使现有选修活动的开展与校本课程的实施实现无缝对接？如何提高学生的自主学习能力，即如何借助课堂教学与课题研究，学会引导学生从被动接受者逐渐转变为主动学习者与主动思考者？

　　有效合理的运行机制使学校共同体的共享共荣预期得到初步显现，共同体内既初步形成包括核心价值观在内的文化体系，也初步实现项目研究与其他课题研究的相互融合；既大致形成良好的教师、学生成长机制，也进一步带动了校区间资源共享平台的建设。而学校共同体对下一步的愿景思考，则更多地放在进一步细化、完善相关机制，更多地体现合作交融共同发展上。或者说，学校共同体已经开始有意识地思考如何把教育的事、把教学的事、把教师与学生的事真正做实做好。一是完善信息资源共享机制。即加强两个校区录播教室建设，使重要会议、重要活动、重要信息等都能实现及时共享。二是完善行政人员走动机制。即每位行政人员每月要到另一个校区工作2天，加强熟悉各校区管理情况，加强行政管理人员与所有教师之间的沟通交流。三是完善教师交流机制。这包含两层意思：其一是人事交流，指两个校区之间的人事合理调配；其二是两个校区教师之间的业务交流，借助校本培训、同课异构、课题研究、发展论坛、青年教师风采展示等多种交流渠道，不断提高教师之间融合的深度与交流的效度。四是完善学生合作机制。即借助文化艺术节、体育节、毕业典礼、校本课程小项目、科技研究小项目的开展，加强两个校区学生之间的合作与交流，增进彼此对学校文化的认同感以及自身的归属感。

（二）异质学校：结对帮扶式联手推进

与同质学校之间更多彰显共享共荣特质的学校共同体相匹配，异质学校之间的学校共同体则更多彰显的是结对帮扶特质的联手推进。这些初中学校共同体的建设，近年来既呈现出明显的地域特征，如以江浙沪、重庆和成都、北京等为代表的区域学校发展共同体，也呈现出多种形式的帮扶结对学校共同体，如城区校输出管理团队的委托式管理、优质校和薄弱校一对一的共建模式、"一长执两校"方式的一体化管理等，其主旨都是促进优质教育资源在区域间的辐射和共享。

1. 结对帮扶型学校共同体的主要模式

考察目前各地初中学校结对帮扶型共同体的类型，尽管其产生环境与发展内容不同，但共同之处都在于：一是重建和重组学校资源；二是建立城乡间和校际间的共建机制；三是整合区域资源，协同提升学校办学水平。此学校共同体模式大致分为三种类型：紧密型、松散型、混合型。

紧密型：一体化管理和委托管理模式。"一体化管理"是指实行一个法人、一套班子，共同体学校内人、财、物、事统筹调配、统一管理，教师干部互相流动，通过管理重构、资源重组等实现一体化办学，带动新办校、薄弱校和农村校等快速发展。此类模式以北京为典型代表。北京市政府以顶层设计的形式出台了《北京市城乡新区一体化学校建设管理办法》，明确城乡新区初中校建设工程按照"一个法人、一体化管理"运行，目标是通过引入优质教育资源，在农村、城乡接合部和城市发展新区建设一批优质学校，加快实现基本公共教育服务均等化。在这种办学理念下，资源共享更为容易，作为优质学校，也会不遗余力地对帮扶校进行资源支持。"委托管理"则是在现行属地化管理体制下，实现学校之间的人、财、物等资源跨区域流动，使优质教育资源得以辐射的一种模式。此类模式以上海为代表。上海市农村义务教育学校委托管理已实施了四轮，累计托管农村学校（含小学）158 所。其具体运作是采取政府购买服务的方式，提供专项经费，并组织双方签订委托管理协议，通过签订契约委托优质学校管理薄弱学校，把优质学校的先进教育理念和学校文化植入结对学校中，以团队帮扶的形式整体性地快速提升帮扶学校的办学水平和教学效率。

松散型："多法人＋多学校"组合式发展模式。此种模式主要是共同体成员学校均为独立法人，人、财、物、事分置，校际关系平等。优质学校通过输出品牌、管理、资源以及教师共同培训、共同教研等多种方式与途径，带动成员学校教育管理水平和教育质量的提高。如杭州市形成"名校＋新校""名校＋民校""名校＋弱校""名校＋农校"等多种形式；成都市选出100所较好的学校与100所基础较弱的学校，采取"一对一"对口支援形式；重庆市将特色学校建设作为统筹城乡发展的重要战略路径，加强全市特色学校建设的整体规划和顶层设计，由不同区域学校、不同层次学校、不同特色学校组成各类研究共同体。在松散型共同体模式中，各个学校都是彼此独立的实体，对优质学校的要求稍低。

混合型：一体化管理（委托管理）＋组合式模式。混合型模式是指一所优质学校与不同性质的多所学校之间的合作，结合成异质和同质相混合的学校发展共同体。如江苏省太仓市第一中学形成了"委托式管理共同体＋品牌提升共同体"模式。与一所农村薄弱学校通过委托式管理结对帮扶，派出一名副校长和中层正职担任农村校的校长和副校长，通过输出管理人员、管理理念、师资结对、资源共享等形式全方位实行三年帮扶。同时，太仓市一中又与张家港市一中、常熟市一中结成"三市一中"品牌提升共同体，主要在教育创新、质量提升、课程改革、区域引领等方面共同研讨、共谋发展。

2. 结对帮扶型学校共同体的运行困境

学校发展共同体作为义务教育均衡发展的重要策略，尽管组建类型不同、发展内容各有侧重，但从本质上讲，都是强化优质学校的社会责任，在教育行政部门主导下，与数量不一的不同类学校之间的合作，是借助优质教育资源辐射带动区域内初中校办学水平的整体提升。当然，在实际运作过程中，也遇到很多问题和困难。

认识误区。一是定位不当。管理初期，优质校在输出先进理念、具体实践以及优秀经验的同时，容易把管理目标误解为发展目标，并把管理目标与发展目标同一化，结果造成教育理念上对优质校的简单机械复制，实践形式上也仅仅是优质校单方面资源输出，而薄弱校只是被动输入。事实上，美好的愿望并不能代替薄弱学校的自身发展，将共同体学校发展目标定位或理解为发展目标同一化，既是一种误区，在实践中更是事与愿违。二是评价功利。当前对于学校的评价依然是把学校自身的教育质量（分数）和硬件条件的改变作为主要标准，而不是把整个学校共同体对社会的贡献度作为指标来考核。因此，教育行政部门和学校管理者往往较多关注管理的短期效益，更希望能立竿见影，而对教育应有的长期功效和全面功能关注不够，尤其是忽略了需要长期积累和积淀的学校文化建设。从表面看起来，似乎帮扶结对学校在短时间内发生了一些变化，但如果过于功利、过于看重眼前、过于看重外在条件的改善，所谓帮扶结对的本意可能会被异化。

文化冲突。一是观念文化。薄弱学校因受地域文化和信息资源等因素的影响，表现出观念的相对滞后性，这种相对滞后的观念使得学校长期处于相对保守状态，久而久之，教师也往往安于现状、固守陈式、缺乏创新。譬如，在与一所农村学校结对之初，学校教师普遍反映，多年以来很少有机会外出参观学习，也很少有专家、学者和名师来校讲座和示范教学。在这种状态下，较为先进的文化理念、教育理念很难为学校广大教师学习和接受。二是人际关系。在共同体内部，理论上每个学校、每个教职员工其地位都是平等的，但实际情况是，若优质学校委派管理团队到薄弱学校甚至兼任薄弱学校校长，同时希望把原先学校成功的管理理念和管理模式加以推行时，则较容易受到排斥。可以说，优质学校与薄弱学校之间从接纳到磨合再到融合，还需要一个相当长的时间。

优质资源"透支"。一是使用过度。为了充分履行优质学校的社会责任，优质学校往往被"透支"使用。有的优质学校既要承担共同体学校内的各项任务，又要承担本区域新上岗教师的岗位培训任务，还要每年有一定比例的教师参与流动，学校和校长承受着难以承受之重。由于优质学校的资源和精力有限，如骨干教师数量和时间精力的有限性，导致对帮扶学校有心无力，甚至顾此失彼。二是能耗过高。共同体学校的协同管理，往往会受到空间距离的制约，特别是城乡学校之间会产生诸多问题。如学校行政管理运行成本较高，教师培训互动耗时耗力，校际公开教学交流受时空限制较大，骨干教师示范辐射作用受到影响等。而共同体建设刚开始时，要通过集群教研活动和输入骨干教师来推动共同体学校的发展。在这期间，骨干教师既要完成本校的教学任务，又要承担农村校的帮扶工作，奔走于两地，身心疲惫。在校际联动的过程中，大多数时间和精力花在调课和交通方面，造成极大的浪费。多年的实践表明，试图用传统的、形式上的学校结对和教师支教等方式来整体提升薄弱学校尤其是农村规模学校办学水平，其作用并不显著，因为无法也无力解决根本问题，甚至会陷入

"削峰填谷"的地步。

　　3. 结对帮扶型学校共同体的路径选择

　　初中学校共同体建设需要合理利用教育管理体制改革的政策，建立一种适合于共同体学校内部协同管理的运行机制，准确定位学校发展目标，优化整合现有资源，充分发挥系统内人与人、组织与组织之间的作用，构建起一个开放、协作、共享、进取的组织结构。这里主要以江苏苏州太仓市实验中学（在太仓城区）与太仓市沙溪镇第一中学（在太仓农村）实行的"一长执两校"形式的城乡学校一体化管理模式为例。

　　创设适合校情的管评机制。一是建立以"一长"为核心的管理团队。共同体学校管理，要建立以优质学校校长为核心的管理团队，把办学思想和理念化为教师共同的工作理念和统一的工作愿景，充分发挥各校原有优势，特别是充分发挥优质资源的辐射作用，整合资源、优势互补，使各所学校能得到各得其所的发展。在管理的过程中，一方面要加强管理团队的融合。在一个校长主持下，各校设立一个常务副校长或是执行校长主持日常工作（紧密型模式）；互派中层管理人员，建立双向互动的干部用人机制，进一步优化管理效能。建立校长办公会议制度，每周五召开校长办公会议，商议学校日常管理事务和重大决策；同时，不定期召开行政联席会议，协同商议解决管理过程中存在的问题。另一方面要加强师资发展融合。整合资源，建立共同体内"教师发展中心"，做到发展教师规划同一、导师同享、活动同行、培训同步。二是确立同质异景的学校发展目标。帮扶结对的目的不是把学校教育资源均衡分配，而是取长补短，差异发展。帮扶结对是把原本分散的、互不协调的组织肌体"黏合"起来，形成较强的组织力量，达到资源共享、优势互补、共同发展的目标；是帮助共同体学校激发教职员工的工作热情、责任感和成就欲，激活学校自身的"造血"功能，从而谋求独立发展的路径。在教育均衡化背景下，学校之间需要的是互惠互动，共同发展。例如，学校共同体在城乡两校一体化管理期间，提出两校在共同愿景和整体目标的引领下，坚守各自特色，做到同质异景。城市和农村具有不同的经济和文化特点，同时教育自身的特点也决定了城市教育和农村教育各自的特色。目前，处于城区的太仓市实验中学的楹联特色和处于太仓农村太仓市沙溪镇第一中学的桥牌教育均得到很好的彰显，不仅成为学校品牌，也成为区域名牌。三是建立科学合理的发展性评价机制。学期初可以邀请市级教研部门教研员团队来校作一日课堂诊断评价，学期中学校可以自己组织质量过程性诊断评价，学年内可以邀请专家团队来校作综合性学术评估等。还可以主动邀请教育行政部门、教育业务部门和大学科研院所专家来学校进行发展状态的周期性评估考核，内容涉及学校的行政管理绩效评估、课堂教学的效益评估、教师和学生的教学状态评估诸多方面，以提供诊断后解决问题的建议和政策支持，也为政府改进和完善教育效能评价体系提供依据。只有抓好了过程性发展质量评价，才能让共同体学校的教育目标得到落实，也才能让学校管理、课程建设、教学教研得到保障和改进，进而推动和保证学校之间的均衡发展。

培育基于内生性成长的学校文化。一是形成积极向上的精神共同体。在结对帮扶的过程中，更重要的是让薄弱学校分享优质学校在发展历程中所积淀和凝聚起来的积极进取、向上向善的文化，追求卓越、勇争一流的精神。在这个意义上，共同体学校的最高目标是形成一个学校精神的共同体。例如，针对帮扶学校的实际情况（三所农村学校合并，外来务工人员子女占一半以上），学校共同体既提出"崇德自律，合作共进"的理念，又提出"做一个有涵养的行政，做一个有学养的老师，做一个有教养的学生"的要求，同时对两校原有的学校文化进行反思和重新评价，不断实现文化的交融与提升。二是建立共同体学习型组织。"教师发展中心"是校内学习型组织，也是薄弱学校文化转型的重要载体。这个教师学习共同体根据具体情况又形成三个分支：学习型共同体（工作5年以内的教师）；学研型共同体（35周岁以下的县级教坛新秀或教学能手）；学者型共同体（县级及县级以上学科带头人）。三者之间既有相对独立又有相互融合，关键是借助导师团队、科研项目等平台，激发教师自主发展和自我实现的强烈愿望，帮助教师逐步实现专业发展与专业成长。如共同体中就有一批年轻人，他们加入了由校外导师创立的"班主任之家"，每周三进行一次有计划的研讨，每月进行一次研讨内容的评比，整个活动自发、自愿、自觉，没有一点行政干预。这至少在一定程度上表明，这批年轻教师已开始在喧闹和功利中追求宁静，并开始谋求自我发展与主动发展。三是营造开放融合的研修氛围。结对帮扶的目的是着重推动薄弱学校教师认识到自身的发展潜力，增强发展意识和危机感，最终变成学校发展的"造血"主体。因此，学校共同体建设，重在要求学校之间打破传统的封闭式格局，以开放的方式建立广泛联系，并且要主动提供优质资源共享平台，把结对学校融进比较高端的教研联盟之中，共同参与各种专家培训和课题研究，真正实现学科建设联动，校本课程设置联动，课堂教学改革联动。

创建基于网络环境的协同发展方式。为克服城乡空间距离等方面的制约，降低管理运行成本，提高管理效能，从 2014 年下半年开始，学校共同体利用建设"智慧校园"示范学校的契机，依托本市教育管理公共服务平台，以先进的物联网技术为基础，以"未来教室"应用研究为抓手，尝试探索基于网络环境的共同体学校协同发展方式。一是行政网络视频会议。重点提供数字行政管理服务，实现校行政联合视频和部门协调视频办公会议，商议学校日常事务和重大决策，支持校际各部门之间进行便捷的沟通与交流。二是教师远程教研与培训。联合网络教研，为教师提供跨时空、跨学校、跨区域交流的服务平台。重点实现各学科教研组异地组织同步听课、现场评课、实时交流，促进日常的联合教研活动；支持教师在线互动交流、资源分享、案例研讨等，为教师个性化发展提供指导。三是探索同步课堂教学。依托"未来教室"、教学资源云平台，实现校际之间远程实时授课服务，支持师生开展同步课堂教学，实现教育资源利用的最大化。网上在线课堂和远程教研让共同体学校建设开始步入网络化时代，它打破时空局限，使得跨校、跨区域互动交流变得轻而易举。这种新型有效的交流环境，展现了一种开放互动、多元多向的网上教研新格局，更节省了教师大量的时间和辅助资源。

诚然，帮扶结对是一个长期的发展过程，初中学校共同体建设更需要建立一种长效机制。作为教育行政部门需要做顶层设计，在政策、机制和体制方面予以保障；作为优质学校需要正确理解共同体建设的意义，既要勇于担当又要量力而行；作为薄弱学校需要以积极的心态和开放的视野，与优质学校主动融合、共同发展。如此，才能借助初中学校共同体建设的平台，真正推进与实现区域初中教育的均衡发展。

结语 一抹无限可能

在对初中发展问题的一系列梳理、叙述、解读、阐释中发现，中国基础教育处于小学与高中之间相对薄弱的初中教育整体发展的困境，说到底是进入深水区的教育领域综合改革的教育困境的某种折射，而这种教育困境的折射说到底是人的困境的折射，是人的生存困境与发展困境的折射。但即便是困境，也仍然孕育和包含着变革与变化的诸多潜在性与可能性。如同法国优秀影片《放牛班的春天》一样，其基调是"教育的困境"，片中把所有学生的"成长困境"放大并集中在问题儿童身上，使之获得突出而鲜明的表现。然而，整部影片的基调却既不灰暗也不可怕，讲述的是问题儿童的教育问题，严肃而且正经，但同时又以一种"法式幽默"，把极其生活化的真实而精彩的细节放大，让人能够超出现实存在和无奈困境的局限，获得情感与人格的提升，获得超越现实的具有震撼效果的强烈美感，并感受困境中的一缕阳光和清新。正是在这个意义上似乎可以说，困境中的教育是美丽的，或者说困境中的初中教育整体发展是美丽的，因为在困境中具有蕴藏无限可能性的发展时空。

多元复杂关系的无限可能性。列维—斯特劳斯在《野性的思维》中，就如何从"过去的历史碎片"逐步过渡到现实社会中的"活着的分类"的研究困境，提出"万花筒的思维"：万花筒用有限的碎片为我们提供了美丽而多样的图像，但每转一下眼前的图像就消失，不留任何痕迹。当我们的眼睛紧贴在万花筒上，迷恋于美丽而多样的图像时，却完全没有意识到，筒与镜所形成的结构始终是同一个结构。因此，对于"万花筒的思维"而言，"关系的存在"比"关系的内容"更为重要：在一系列异性基因的东西之间，往往能够发现共同性的东西，并使东西可以相互"置换"；或是相反，看上去没有任何联系的东西，通过带有对称性的特征，像"解剖台上缝纫机和洋伞的奇遇"那样，联系在一起。① 运用"万花筒思维"看初中发展的复杂关系与复杂情境，无论是处于中等教育、义务教育和基础教育三者交集区域和集中地带的多维属种关系与属性矛盾，还是教育现实中经常遭遇的都认为自己在遵循规律，都在指责对方偏离规律，其实各自都是在遵循自认为的规律的矛盾与尴尬，所揭示的都是教育复杂乃至人性复杂的丰富内涵、多样变化与深刻意蕴。若把初中发展问题置于整个基础教育、中国教育乃至世界教育的视野之下，置于整个教育、经济、文化、社会的看似"异性基因的东西之间"，所能发现的共同性的东西，也是可能相互"置换"的东西，这就是一种教育内外发展的融通。这种融通既是碧绿的嘉陵江水与褐黄色的长江之水激流撞击、两江汇流形成的清浊分明的边界奇观，更是在"左侧嘉陵江纳细流汇小川，纵流数千米，于此注入长江；右侧长江容嘉陵江水后，声势愈发浩荡，穿三峡，通江汉，一泻千里，成为长江上的黄金水段"的边界中你中有我、我中有你以及不分你我彼此的无限可能。

拱廊街相似计划的无限可能性。如果说古典时代的巴黎以圣母院和卢浮宫为城市标志的话，那么它们在现代巴黎的摹本则是埃菲尔铁塔和拱廊街。其中，拱廊街是体现城市街道本质的最现代、最特殊的一种，它是街道的精神标本。本雅明曾援引描绘拱廊街的一份当代巴黎导游图的解说：拱廊街是一个新的工业奢侈品的设计……玻璃覆盖着，大理石铺设的地面通道经过整个建筑群街区，它的所有人已经在赌注中加入了力量。在那些从上而至的灯光通道的两边，队列般排序着最为雅致的商店，以至于这样一个拱廊街是一座城市，的确，一个微型的世界。就其把小巷围以外墙或强行使走廊通过一栋栋建筑物的本质而言，拱廊街展现给我们的是一个充满矛盾和模棱两可的空间，这个空间允许进行一种不仅仅是空间之间也是居住和使用空间方式之间的相互渗透。② 当然，仅仅寻觅"巴黎迷离的地形学"只是本雅明曾经的意图，而在"拱廊街计划"中追寻一种现代性

① ［日］渡边公三：《列维—斯特劳斯结构》，周维宏等译，河北教育出版社2002年版，第184—187页。

② 参见张闳《拱廊街资本主义的空间寓言——读本雅明〈拱廊街计划〉》，www.blog.sina.com.cn；［英］戴维·弗里斯比《现代性的碎片》，卢晖临、周怡、李林艳译，商务印书馆2003年版，第321页；汤姆·甘宁《作为内景的外在世界：本雅明笔下的视觉侦探》，www.bbs.99read.com。

理论，似乎才是作者的真正意图。这里借用"拱廊街计划"作为某种隐喻，期待获取的不太困难的思考想象是，以"拱廊街计划"作为观测初中整体发展的"另类眼睛"，以期突显初中发展的不确定性、充满矛盾、充满变化以及无限可能性等特质。换句话说，从巴黎迷离的地形学的形式寻觅到一种现代性理论的实质追寻，似乎在提醒我们，初中发展问题肯定也不是一个固守一隅、始终不变的问题。如果说，以往的初中发展更多的是某种单一需求如资金投入、硬件改善、物质环境的话语叙述，那么现在是否更多地需要对作为关键内核的校长与教师、作为变革之本的课程与课堂、作为深度追求的学校文化与特色的深层彰显？如果说，以往的初中发展更多的是某种一统性、总体性的宏大关注，那么现在是否更多需要地钟情于那些写在边缘处、写在另一空间的扶贫补弱、缩小差距的书写实践？如果说，以往的初中发展更多的是某一教育阶段的发展或某一教育领域的发展，那么现在是否更多地需要不同教育学段的战略统筹与合作共赢，更多地需要进入深水区的教育领域综合改革的系统、整体与协同的重奏？说到底，就是要追寻在矛盾、变化、不确定与无限可能中初中发展深层的与持续的意义。

教育生态律动的无限可能性。作为第一位获得诺贝尔经济学奖的女性，政治学家、经济学家埃莉诺·奥斯特罗姆生前一直致力于公共资源、可持续发展、集体行动理论等方面的研究，她将分配制度、可再生稀缺资源和参与者这三个要素视为有机统一体，着力基于参与者自治的制度演化和规则形成，实现的是一种生态有机律动。一个典型的例子是土耳其阿亚兰渔村的渔民分配渔场。这个村子有100位渔民，其中大多数参加了一个合作社，另一些渔民则保持独立身份拒绝入社，再加上渔场分配，使得情况格外复杂。但是，在没有外力介入的情况下，土耳其渔民通过自我管理、自我约束，达成了很好的契约：每年9月发放登记表，对合格的渔民进行登记认证，不管他是不是合作社的社员；在渔场中设定100个捕捞点，并对其进行命名登记。这些捕捞点彼此间有足够的距离，以保证鱼群在这些捕捞点间游弋有足够的空间；每个渔民抽签决定自己去哪一个捕捞点；从9月到次年1月，每个渔民每天向东迁移一个点；次年1月到5月再改成每天向西迁移一个点。每年，渔民们都是在咖啡馆里达成这个协议，然后把协议交给当地的一个宪兵，由他来做仲裁或保人。但这么多年来，这个宪兵还从没有机会发挥实质性作用，因为一有鸡毛蒜皮的小纠纷，渔民们自己就解决了。① 极富意思的是，中国地处贵州地区的少数民族侗族的资源观念与这位诺贝尔经济学奖获得者的思想极为相似。由于黄岗侗族的生计是一种复合产业，涉及的内容不仅有种植，还有家畜和水产的养殖，以及野生生物资源的采集，还包括林业和林副产品的经营。这些产业从终极意义上而言，都得接受自然物候的规约，而黄岗侗族文化的适应正好体现为通过时间规序的社会共识，去实现资源配置的优化，形成一种时空同构的制度性设置，并通过这样的设置，使整个居民的生活节律与年周期恰好合拍。具体到黄岗寨内而言，每一个年周期的生产生活都有自己的拍节，他们执行着一种十分严格的地方性计时制度。按照这个制度的规定，对寨内所有的资源确实可以做到在共享的前提下，对资源的利用也能按时间的节律进行再配置。举例说，黄岗人至今仍然以木材为燃料。木材当然是一种可再生燃料，但即使这样，其产生和形成也有自己的时间节律，过量的消费都会导致资源的短缺。但在黄岗，由于允许砍柴的时间，全寨人都得按规定执行，而每个家庭的劳动力和燃料需求又是一个定数，允许砍柴的时间一经固定，每家能够获得的柴薪用量也就固定下来了，这就兑现了孟子的"斧斤以时入山林，柴薪不可胜用"的治国理想。可见，任何一个民族内部的规制建设在效用上都是等同的，都是力争达到资源的高效利用与生态环境的精心维护相兼容。② 与自然生态律动和经济生态律动带来诸多可能性一样，教育生态律动同样孕育着无限可能性。关键是，无论是政府与教育行政，还是学校、教师与学生，抑或是家长与社会，都有一个遵循节律恰当运行和使资源具备动力空间的再生产过程，而正是这样一个再生产的过程，可能带来发展的无限可能……

---

　　① 肉唐僧：《第三条道路》，《读者》2012 年第 21 期。

　　② 罗康隆、彭书佳：《时空规序的节律与资源配置的有效性——来自贵州省黄岗侗族村落的田野调查》，《中南民族大学学报》（人文社会科学版）2012 年第 1 期。

说明与致谢

"过去的就是历史",本书正在成为历史。成为历史与记忆历史并无冲突,或者说,记忆历史是为了更好地成为历史,由此生发出的是作为历史记忆且是历史的集体记忆的说明与致谢。

全书各章的作者分别是:

引　论　中国基础教育的历史使命与初中发展(彭钢、马维娜)

第一章　中国百余年基础教育初中发展之检视(马维娜)

第二章　新世纪基础教育初中发展之检视(许建国、马维娜、宗锦莲、喻小琴)

第三章　初中教育的本源性问题重提(彭钢、杨孝如)

第四章　初中教育整体发展的思路架构(彭钢、马维娜、许建国、张治升)

第五章　初中发展的关键内核:校长与教师(陆云峰、秦德林)

第六章　初中发展的变革之本:课程与课堂(乔晖、马维娜)

第七章　初中发展的深度追求:学校文化与特色(杨孝如)

第八章　初中发展整体推进的多元实践(王彦明、宗锦莲、姚浩宇、符永平、张德超、缪徐、张文)

结　语　一抹无限可能(彭钢、马维娜)

全书宏观指导与把关彭钢;全书修改与统稿马维娜。

除了上述这些显性作者外,还有许多隐性作者:一是作为课题组核心成员的成尚荣、朱文学、沈正元、孙景启等,他们对课题的全程参与和先期研究,为书稿的最终完成作出了重要贡献,尤其是原江苏省教育科学研究所所长、国家督学成尚荣先生对课题的宏观指导与精辟见解;二是为书稿提供相关资料的诸多学校,他们立体多元的丰富实践,才得以形成凝练为文字的书稿实践;三是所有为课题组考察、调研、座谈提供现场、交流对话的省内外市（县）区域和学校，他们的积极支持与辛勤付出，使课题顺利开展并持续进行，尤其是北京教育科学研究院和天津教育科学研究院的同仁们。在此一并表达深深的谢意！

本书得以顺利出版，离不开江苏省教育科学研究院的大力资助，在此对其表达深深的谢意！

作者 2015 年 11 月于金陵